安徽商贸职业技术学院课程思政案例集

课程优选
——教学设计与实践

安徽商贸职业技术学院 ◎ 主编

中国·武汉

图书在版编目（CIP）数据

课程优选：教学设计与实践/安徽商贸职业技术学院主编.—武汉：华中科技大学出版社，2023.12
ISBN 978-7-5772-0311-9

Ⅰ.①课… Ⅱ.①安… Ⅲ.①课程—教学设计—中等专业学校 Ⅳ.①G718.3

中国国家版本馆CIP数据核字（2023）第254910号

课程优选——教学设计与实践　　　　　　　　　　　　　　　　　安徽商贸职业技术学院　主编
Kecheng Youxuan —— Jiaoxue Sheji yu Shijian

策划编辑：江　畅
责任编辑：刘　静
封面设计：孢　子
责任监印：朱　玢
出版发行：华中科技大学出版社（中国·武汉）　　　电话：（027）81321913
　　　　　武汉市东湖新技术开发区华工科技园　　　邮编：430223
录　　排：武汉创易图文工作室
印　　刷：武汉科源印刷设计有限公司
开　　本：889 mm×1194 mm　1/16
印　　张：25
字　　数：726千字
版　　次：2023年12月第1版第1次印刷
定　　价：189.00元

本书若有印装质量问题，请向出版社营销中心调换
全国免费服务热线：400-6679-118　竭诚为您服务
版权所有　侵权必究

目录 Contents

公共基础类 /1

攀登"幸福之山" 奋斗"人生之旅":基于马斯洛需要层次理论的幸福路径探索
　　——"心理健康教育"课程思政案例 ·················· /2

花球啦啦操动作创编
　　——"体育"课程思政案例 ································ /15

共同努力,健康向上:排球正面双手垫球
　　——"体育"课程思政案例 ································ /27

涓滴成河,水滴石穿:无穷小与无穷大
　　——"高等数学(一)"课程思政案例 ···················· /35

文学批判法、文化对比法、历史印证法
　　——"英语视听说"课程思政案例 ························ /44

中华文化之美:京剧二三事
　　——"大学英语"课程思政案例 ·························· /49

绿色校园,向烟说"不"
　　——"综合英语"课程思政案例 ·························· /57

追逐梦想,永不言弃
　　——"大学英语"课程思政案例 ·························· /64

"英国文艺复兴:威廉·莎士比亚"教学中思政元素的融入
　　——"英美文学选读"课程思政案例 ···················· /72

经济贸易类 /79

知行合一,做实干家:会展招展实施
　　——"会展策划"课程思政案例 ·························· /80

广告策划创意制作
　　——"广告策划"课程思政案例 ·························· /93

连锁门店外部设计
———"门店开发与设计"课程思政案例 …… / 101

农业电商运营数据可视化报表制作
———"数据可视化"课程思政案例 …… / 110

虽道有难，而不时必达：认知配送
———"配送管理实务"课程思政案例 …… / 124

德技双修，塑造"最美"物流人
———"物流基础"课程思政案例 …… / 131

校企协同、育心育德：物业管理之业主入住准备工作
———"物业管理"课程思政案例 …… / 143

树立正确就业观与择业观：薪酬管理之认知薪酬
———"人力资源管理"课程思政案例 …… / 151

跨境直播话术现场展示
———"跨境电商英语"课程思政案例 …… / 157

理性消费，涵养美德
———"英语口语"课程思政案例 …… / 162

重启"丝绸之路"，筑梦"一带一路"
———"综合商务英语"课程思政案例 …… / 168

防疫物资通关实操
———"关务操作实务"课程思政案例 …… / 178

践行三结合、五融入教学模式，培养具有"四个自信"的未来餐饮管理者
———"餐饮服务与管理"课程思政案例 …… / 189

红色主题研学活动设计与实操："不忘初心，红星闪亮"井冈山小红军研学活动
———"研学旅行策划与管理"课程思政案例 …… / 198

领导权力与素养
———"管理学基础"课程思政案例 …… / 206

财会金融类 / 212

弘扬工匠精神，助推经济腾飞：时空穿越中的风险价值观念
———"财务管理"课程思政案例 …… / 213

作业成本法：降本增效，推进绿色发展
———"管理会计"课程思政案例 …… / 222

个税推新政，藏富为民强：走近个人所得税
　　——"纳税实务"课程思政案例 …………………………… / 231

税惠助力，创新赋能：研发费用加计扣除
　　——"纳税实务"课程思政案例 …………………………… / 242

全面构造"三位一体"的会计工作管理体制
　　——"财经法规与会计职业道德"课程思政案例 ………… / 254

销售与收款循环的审计
　　——"审计基础"课程思政案例 …………………………… / 262

从世界工厂迈向制造强国：固定资产的加速折旧法
　　——"初级会计实务"课程思政案例 ……………………… / 272

校园贷的高利贷陷阱与风险防范：资金时间价值的认知
　　——"财务管理"课程思政案例 …………………………… / 280

"双碳"背景下的汽车转型之路：倡导低碳出行
　　——"经济学基础"课程思政案例 ………………………… / 288

货币的起源与变迁：数字人民币，"钱"途无限，未来可期
　　——"金融基础"课程思政案例 …………………………… / 298

"宅"的精明：房贷还款方式的选择
　　——"个人理财"课程思政案例 …………………………… / 310

计算机类　　　　　　　　　　　　　　　　　　　　　　　/ 317

小元素，大影响：UI 图标设计
　　——"iOS 交互式 UI 设计"课程思政案例 ………………… / 318

灵活简洁 for 语句：不要小看积少成多的力量
　　——"C 语言程序设计"课程思政案例 …………………… / 326

共防时疫　同赴未来
　　——"计算机应用基础"课程思政案例 …………………… / 334

文化艺术类　　　　　　　　　　　　　　　　　　　　　　/ 341

凡事预则立：会前的会场布置
　　——"会务管理"课程思政案例 …………………………… / 342

璀璨的中国美术
　　——"美术鉴赏"课程思政案例 …………………………… / 363

一幅思政宣传主题公益平面海报的诞生
　　——"平面广告设计"课程思政案例 …………………………………………… / 368
为茶叶做"嫁衣"：茶叶包装主题设计
　　——"包装设计"课程思政案例 ……………………………………………… / 376

Kecheng Youxuan —— Jiaoxue Sheji yu Shijian

公共基础类

所属学院：马克思主义学院

课程名称：心理健康教育

课程类型：公共必修课

案例章节：感悟珍惜生命　拥抱幸福生活

案例名称：攀登"幸福"之山　奋斗"人生之旅"：基于马斯洛需要层次理论的幸福路径探索
　　　　　　——"心理健康教育"课程思政案例

案例作者：陶星宇，沈静，杨卫宏，翟淼

课程简介：本课程是一门集知识传授、心理体验与行为训练于一体的公共必修课。本课程主要介绍大学生心理健康的基本理论和相关知识，具体内容包括自我意识、人格、生命教育、情绪管理、人际心理、恋爱心理等。本课程思政建设将心理健康的理论知识与大学生成长需求和新时代的背景相结合，以积极心理学为指导，以项目活动为载体，搭建"学生－教师－辅导员"三位一体的课程思政教学体系，指导学生在学中做、做中体验，潜移默化地提升学生的担当意识和民族自豪感，引导学生树立正确的交往观、爱情观、生命观和幸福观，培养自尊自信、理性平和、积极向上的时代新人。

攀登"幸福之山"　奋斗"人生之旅"：基于马斯洛需要层次理论的幸福路径探索——"心理健康教育"课程思政案例

一、案例简介

1. 思政融入方式

①专题选择：初心引领，探寻幸福路。

为人民谋幸福，是中国共产党人的初心。将"人民幸福"落实为"个人幸福"，以"个人幸福"带动实现"人民幸福"是本门课程的教学目标之一。

②课前准备：师资保障，同备幸福课。

"心理健康教育"属于大思政课，心理健康教研室隶属于马克思主义学院。在备课阶段，本课程教师和思政课教师开展集体备课、共同讨论确定讲课内容。

③授课过程：正向引导，树立幸福观。

通过纠正享乐主义、展示正能量案例，引导学生树立正确的幸福观。

④教学目标：同向同行，共圆幸福梦。

"心理健康教育"与思政课的培养对象、培养方向、培养目标是一致的：培养对象都是全体学生，都是为了引导学生树立正确的世界观、人生观、价值观，助力学生适应社会、实现自我成长。本课程教师和思政课教师携手共进，助力学生成长，共同打造"幸福商贸"。

2. 教学方法及教学成效

①情景模拟法。

将探寻幸福的内涵化作一次"登山之旅",将追寻幸福的过程化作"制定登山宝典",化抽象为具体,激发学生的兴趣,提升学生的参与度,发挥学生的专业特长,方便学生理解和掌握课程逻辑框架。

②小组合作法。

课前将班级分小组进行以往学习内容的复习与总结,对"如何获得幸福"提前进行思考并做思路准备,随后在课上通过小组总结汇报的形式进行展示,配合使用信息化工具,提高学生的抬头率与参与度。

③自主探究法。

不管是对幸福内涵的解析还是对幸福途径的探索,都充分发挥学生的主体性,使学生通过自主探索获得经验,在学中做、在做中体验、在体验中感悟、在实践中践行。这既是由本门课程的教学目标与特点决定的,也是贴合学生实际、提升教学效果的重要方法。

二、案例实施

(一)教学目标

1. 知识目标

理解幸福的内涵,了解获得幸福的心理学方法。

2. 能力目标

掌握获得幸福的方法,并能落于实践。

3. 思政目标

形成对正确幸福观的情感认同,从而树立正确的世界观、人生观、价值观。

(二)教学设计

本次教学内容取自《感悟珍惜生命 拥抱幸福生活》后两个课时的内容《拥抱幸福生活》。《拥抱幸福生活》是本门课程六个专题中最后一个专题中的内容,对《拥抱幸福生活》内容的讲授也是本门课程最后一次授课。本次授课教学对象为旅游管理专业大二年级学生。

1. 本次授课的具体思路

①课前布置早思考。

课前通过雨课堂布置线上观看慕课视频的学习任务,总结以往学习内容与幸福之间的联系,为获得幸福的路径提供参考。

②陪伴成长解烦恼。

本门课程有一个贯穿始终的系列特色活动——"烦恼口袋"活动,任课教师和辅导员可通过"烦恼口袋"活动实时听取学生心声、陪伴学生成长,从中摘取案例进行课堂分析。

③依据特点巧设计。

首先,依据高职学生特点,在内容选择上轻理论、重体验;其次,依据专业特点,针对旅游管理专业,采取"规划旅行"的方式进行课程设计。

④逻辑框架有层次。

从"什么是幸福"到"如何获得幸福",前者从物质满足、情感满足、精神满足三个层面来明晰幸福的内涵,后者通过案例分析、小组讨论来进行探寻。

⑤善加引导重启发。

充分发挥学生的主体作用,通过小组讨论、情景创设等方式,引导学生积极表达、自主探索。

⑥所学所思见实践。

在课程结束后布置"做一次志愿服务"等实践活动,使学生践行、深化课程学习内容,并作为教学评价依据。

2. 思政融入方式

①专题选择:初心引领,探寻幸福路。

为人民谋幸福,是中国共产党人的初心。将"人民幸福"落实为"个人幸福",以"个人幸福"带动实现"人民幸福"是本门课程的教学目标之一。

②课前准备:师资保障,同备幸福课。

"心理健康教育"属于大思政课,心理健康教研室隶属于马克思主义学院。在备课阶段,本课程教师和思政课教师开展集体备课、共同讨论确定讲课内容。

③授课过程:正向引导,树立幸福观。

通过纠正享乐主义、展示正能量案例,引导学生树立正确的幸福观。

④教学目标:同向同行,共圆幸福梦。

"心理健康教育"与思政课的培养对象、培养方向、培养目标是一致的:培养对象都是全体学生,都是为了引导学生树立正确的世界观、人生观、价值观,助力学生适应社会、实现自我成长。本课程教师和思政课教师携手共进,助力学生成长,共同打造"幸福商贸"。

3. 主要教学活动历程

主要教学活动历程如图1所示。

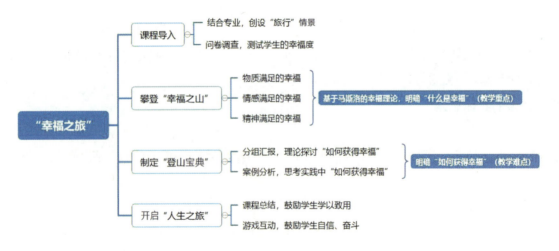

图1 主要教学活动历程

(三)教学过程

教学过程如表1所示。

表1 教学过程

教学内容提纲	课程思政元素及融入点
课前准备： 1. 参与主题为"说烦恼之找幸福"的"烦恼口袋"活动。 　"烦恼口袋"活动是贯穿本门课程始终、覆盖任课教师、辅导员的系列特色活动。任课教师和辅导员可通过"烦恼口袋"活动实时听取学生心声，陪伴学生成长。学生可随时匿名投稿（以小纸条、QQ群匿名聊天的形式），任课教师或辅导员会予以回复，群内的同学也可以予以回复。每节课任课教师会抽取1到2个典型问题进行分析。 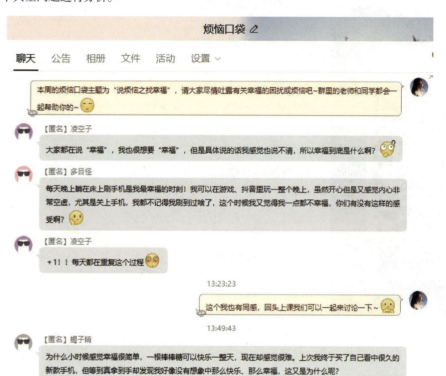 2. 分组观看慕课视频，思考以往学习内容与幸福之间的关系。 　我校在线学习平台上有四个专题的慕课视频，每个专题约20分钟，利用雨课堂在课前将资源推送给学生，请学生分组观看复习。本环节要达到两个目的：一是使学生对"如何获得幸福"提前进行思考并做好发言准备；二是总结与串联本门课程所有内容，点出本门课程的所有学习都是为获得幸福所做的准备。小组划分与命名于上次课中完成。  3. 教师提前布置活动室，将桌椅按小组围坐的形式摆放；学生扫码进入雨课堂线上课堂，借助雨课堂完成签到。	1. 通过"烦恼口袋"进行交流，培养学生的同理心，增进彼此之间的了解；课前任务布置重在培养学生自主学习、独立思考的能力。 2. 师资保障，同备幸福课：心理健康教研室隶属于马克思主义学院，"心理健康教育"任课教师与思政课教师集体备课、共同探讨。

教学内容提纲	课程思政元素及融入点
课程导入（5分钟）： 1. 回顾上节课内容，并结合旅游管理专业学生特长，提出规划一次旅行——"幸福之旅"，引出"幸福"主题； 2. 学生通过扫描"问卷星"二维码，填写"大学生生活满意度问卷"，测试各自的幸福度；  3. 结合问卷调查结果，说明进行此次"幸福之旅"的必要性。 教学内容之一：攀登"幸福之山"（什么是幸福）（20分钟） 1. 教师引导： 今天课堂上要解决的第一个问题就是要明确"什么是幸福"。 2. 学生讨论： ①组内分享：最近发生的一件让你感到幸福的事情； ②小组代表发言总结："我觉得什么是幸福"； ③讨论过程中开放雨课堂中的弹幕功能，学生编辑对于"幸福"的理解发送到弹幕，在讨论结束后关闭弹幕功能。 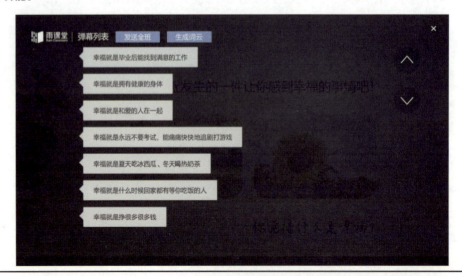	3. 初心引领，探寻幸福路：为人民谋幸福，是中国共产党人的初心。将"人民幸福"落实为"个人幸福"，以"个人幸福"带动实现"人民幸福"是本门课程的教学目标之一。

教学内容提纲	课程思政元素及融入点
【以下为无生上课片段，10分钟】 （一）"幸福"的定义 1.《现代汉语词典（第七版）》中对"幸福"的解读。 2. 马克思关于"幸福"的定义。 3. 心理学领域关于"幸福"的研究范式。 （二）马斯洛的幸福理论 　　基于马斯洛的需要层次理论，引出他的幸福理论"幸福是需要的满足"，并依据需要层次理论将幸福分为物质满足、情感满足、精神满足三个层次。  1. 物质满足的幸福（山脚）。 　　对应的需要层次为生理需要和安全需要。结合学生分享的"幸福就是夏天吃冰西瓜、冬天喝热奶茶""幸福就是永远不要考试，能痛痛快快地追剧打游戏"进行阐述，这种幸福感强烈但短暂。 2. 情感满足的幸福（山腰）。 　　对应的需要层次为社交需要。结合学生分享的"幸福就是和爱的人在一起"等进行阐述，这种幸福感相对持久。 3. 精神满足的幸福（山顶）。 　　对应的需要层次为尊重需要和自我实现需要。尊重需要和自我实现需要的满足需要通过"奋斗"、通过"利他"来实现，这种幸福感是最持久的。 　　展示正能量案例：《袁隆平的"幸福观"》。 袁隆平的"幸福观" （来源：《解放日报》，有改动） 解放周末：问您一个当下流行的话题，您幸福吗？ 袁隆平：呵呵！当然幸福！我感到这辈子没有白活！ 解放周末：您怎么理解"幸福"？ 袁隆平：每个人都有自己的幸福，幸福感也来自很多层面，<u>而我自己最大的幸福就来自我所从事的杂交水稻事业。能为社会、为人民做一点好事，我觉得这就是我最大的</u>安慰。 解放周末：什么时候您感到最幸福？ 袁隆平：我做过一个梦，<u>梦见杂交水稻的茎秆长得像高粱一样高，穗子像扫帚一样大，稻谷像一串串葡萄那么饱满，籽粒像花生那么大，我和大家一起在稻田里散步，在水稻下面乘凉</u>。那个梦真是太美了。梦见禾下乘凉，就是我最幸福的时候。这个梦我做过两次呢。（大笑） 教学内容之二：制定"登山宝典"（如何获得幸福） 　　明晰了幸福的内涵之后，我们开始着手制定"登山宝典"，来帮助我们更好地收获幸福、感受幸福。 （一）"登山宝典"之我"见"（35分钟） 　　分5个小组观看5个专题的慕课视频，各小组汇报各专题的学习内容与幸福之间的联系，并探索总结获得幸福、感受幸福的方法。同时，开启雨课堂中的弹幕与投稿功能，提高学生的参与度。	4. 正向引导，树立幸福观：选择正能量案例，引导学生明晰幸福的真正内涵。 5. 在小组分享与讨论中，培养学生积极的心态，鼓励学生勇于表达；依据课堂表现，引导学生培养礼貌、自信、自律的品质。

续表

教学内容提纲	课程思政元素及融入点
1. 心理健康与幸福之间的关系。 "心如花木，向阳而生"小组：观看慕课视频《关注心理健康　走近心理咨询》，并进行总结汇报。 教师启发引导（适当结合弹幕、结合专业）： ①心理健康水平高的人更容易获得幸福； ②掌握求助方法可以帮助我们克服困难，提高我们的幸福感； ③学习心理健康知识很重要。 2. 自我意识与幸福之间的关系。 "我是不一样的烟火"小组：观看慕课视频《客观认识自我　接纳发展自我》，并进行总结汇报。 教师启发引导（适当结合弹幕、结合专业）： ①接纳自我的人更容易感受幸福； ②正确的自我认识可以帮助我们制定适合自己的目标与规划； ③结合专业：如何结合旅游管理专业制定适合自己发展的目标——制定"自我和谐"的目标。 3. 人际交往与幸福之间的关系。 "得道多助"小组：观看慕课视频《学会有效沟通　创造和谐人际》，并进行总结汇报。 教师启发引导（适当结合弹幕、结合专业）： ①和谐的人际关系会让我们体会到更多的幸福感，在我们遇到挫折和困难时，人际支持是重要的保护机制； ②了解沟通的含义与有效沟通的技巧，点出"利他"可以帮助我们获得更好的人际关系。 ③结合专业：说明在求职与就业中人际交往的重要性，要注意人际交往中心理效应的运用。 4. 爱情与幸福之间的关系。 "爱情促成长"小组：观看慕课视频《探索爱情真谛　促进自我成长》，并进行总结汇报。 教师启发引导（适当结合弹幕、结合专业）： ①谈恋爱是很好的体验幸福的机会，良好的恋爱关系会让我们的幸福感更强烈； ②我们要理性对待失恋，理性对待人生挫折，要学会与不合理信念进行辩驳； ③树立正确的爱情观，爱是自我成长同时帮助他人成长的过程。 5. 完善人格与幸福之间的关系。 "我命由我不由天"小组：总结前一个专题《塑造健全人格　成就健康人生》的学习内容，并进行汇报。 教师启发引导（适当结合弹幕、结合专业）： ①塑造良好的性格有助于获得幸福； ②拥有强大自我意识的人更容易获得幸福，对自己既不能要求尽善尽美，也不能放任自流。 （二）"登山宝典"之我"践"（20分钟） 引导学生思考"我们如何实现人生的价值和意义，获得幸福或感受幸福"并落于实践。 1. 案例提出： 来自"烦恼口袋"的求助：关于"如何获得幸福"的困惑。 	6. 正向引导，树立幸福观：借助于身边榜样的力量，启发学生思考获得幸福的路径。

续表

教学内容提纲	课程思政元素及融入点

2. 分享榜样故事：
通过雨课堂将图文资料《章亚楠：飞翔的"拇指姑娘"》发送到学生手机上，讲述我校学子章亚楠克服困难、创造奇迹，一步步回馈社会、收获幸福的真实经历。

章亚楠：飞翔的"拇指姑娘"

有这样一位商贸女孩，她是伍明镇"优秀共产党员"、颍泉区"优秀扶贫专干"，"2012中国大学生年度人物"入围奖获得者，国家奖学金、国家励志奖学金、学校奖学金、学院奖学金获得者，芜湖市首届"瑞信杯"Office应用技能大赛三等奖获得者，连续两届"自立自强励志成才 报效祖国"大学生演讲比赛一等奖获得者，年年综合成绩排名第一的优秀学生。她是计算机多媒体技术101班学子，是你们的学姐：章亚楠。

每个人都会面临困境，但能从生死存亡的困境中昂起高贵的头颅，获得涅槃的新生却殊为不易。1998年的一场大火，瞬间让章亚楠从无忧无虑的幸福云端跌落黑暗中。在失去了灵巧的十指和美丽的容颜后，面对种种异样的眼光与猜测，面对那些凄冷的嘲笑，她曾抱怨过、伤心过，可是家人的鼓励和社会的关爱让她重新燃起了对生活的希望。她的翅膀断了，可是她的心依旧在飞翔。

3. 学生讨论：
结合章亚楠的故事以及之前小组分享的结论与收获，针对"烦恼口袋"中的案例，阐述如何身体力行地获得幸福感。

4. 教师引导：
①结合专业发展要求确立目标，消除迷茫感，并坚定信念、勇敢践行；
②了解认知行为疗法（CBT），培养积极的思维方式，正确看待人生中的挫折，学会与自己的不合理信念进行辩驳；
③积极行动，通过点滴小事获得价值感和意义感，心怀"利他"之心，在回馈社会、实现自身价值的过程中收获幸福。例如，参与公益活动、志愿服务活动，在毕业后走向农村，将祖国的大好河山通过旅游的方式展示给世界，助力乡村振兴等，做个温暖而强大的人，坚定自己，同时温暖他人。

教学总结：
开启"人生之旅"（10分钟）：

1. 教师总结：
通过课程学习，我们攀登了"幸福之山"（什么是幸福），制定了"登山宝典"（如何获得幸福），基本达到了本节课的教学目标。"幸福规划"初具雏形，"人生旅程"才刚刚开始，这需要同学们在以后的生活学习中学以致用。

2. 互动小游戏：
通过鼓掌小游戏"我的生命要奋斗"进行课程收尾，让学生明白永远不要低估自己的能力（你的能力超乎你的想象！）。请大家一往无前、乘风破浪，把握现在、珍惜生命，享受幸福的每一天，创造有意义的人生，寻找人生的幸福真谛。或许有一天我们会发现，寻找幸福的过程本身也是一种幸福。

我的生命要奋斗

指导语：
同学们，假如给你10秒钟的时间，你估计自己能鼓多少次掌？今天我们来做一个实验，看看自己的估计和实际是否一致。

第一步：预估自己在10秒钟内的鼓掌次数，将数字填入表格中。教师计时，学生默数，统计自己在10秒钟内的实际鼓掌次数。结束后把数字填入表格，比较差距。

第二步：先预估第二次鼓掌的次数，然后改进鼓掌的方法，即将双手间的距离控制在3~5厘米之间。想象一下，此刻你崇拜的偶像就在你的面前。你用自己最大的力气和最快的速度再次鼓掌，记录次数，比预估与实际的差距。

第三步：再次预估鼓掌次数。教师告知学生，据说这项世界最高记录是140次/10秒。再试一次，看看能否突破这个记录。记录次数，比较估计与实际的差距。

问题讨论：
1. 你的预估鼓掌次数和实际鼓掌次数最多相差多少？
2. 是否每一次鼓掌的次数都有提高？为什么会这样？
3. 这个活动给你带来什么启发？

---

7. 同向同行，共圆幸福梦："心理健康教育"课程与思政课的培养对象、培养方向与培养目标是一致的：培养对象都是学生，都是为了引导全体学生树立正确的三观，助力学生适应社会、实现自我成长、收获人生幸福

教学内容提纲	课程思政元素及融入点

课后任务布置：
　　参与一次志愿服务活动或心理健康月活动，在实践中探索"利他"行为、心理健康和幸福之间的联系，并以视频的形式把过程和感受记录下来，于学期结束前提交。

板书设计（结合具体教学情境展示）：

（四）教学实效

1. 知识层面——快乐学习课程知识

　　创造轻松、快乐的课堂氛围，让学生在体验中探索心理学中幸福的内涵，了解获得幸福的心理学方法。

2. 技能层面——课后实践学习成果

明确目标、分析路径，使学生掌握获得幸福的方法，并可以在课后落于实践、见到成效。

3. 素养层面——价值引领终身受益

引导学生形成对正确幸福观的情感认同，从而树立正确的世界观、人生观、价值观，让学生受益终身。

三、案例反思

（一）创新之处

1. 精准分析学情——因材施教

本次专题的授课对象是我校大二上学期的学生。从学情调查来看，这群00后喜欢在实践中探究问题，熟悉小组学习方式，适应信息化教学手段。因此，在组织教学中注重学生主体作用的发挥，以小组合作方式提高学习效果，运用雨课堂等信息化教学手段提高学生的参与度。

本次授课对象为旅游管理专业的学生，因此创设"旅游"这一他们最熟悉的情景，以方便他们理解课程内容。在案例选择与举例说明方面，注意贴合专业需求与专业特色。

本门课程有一个贯穿始终的系列特色活动——"烦恼口袋"活动。任课教师和辅导员可通过"烦恼口袋"活动实时听取学生心声、陪伴学生成长。"烦恼口袋"活动是课前了解学生心理状态的途径，是挖掘课堂案例的方式，也是实时调整教学内容的重要依据。

2. 架构教学内容——对接目标

本门课程结合教材进行内容凝练，采取专题的方式进行教学。为激发学生的兴趣，使教学效果最大化，尽量选择可以被学生理解的、能够发挥实际作用的知识点。例如，在解析幸福的内涵时，基于马斯洛的幸福理论，带领学生探索物质满足、情感满足、精神满足三个幸福层次，在"登山"之中探索幸福的内涵。学生通过自我探索了解接纳自我、获得他人的支持、认知行为疗法等易懂且可操作的获得幸福的心理学方法。

为发挥心理育人功能，着重在知识的学习、方法的探索中纠正学生错误的价值观，引导学生树立正确的世界观、人生观、价值观，培养自尊自信、理性平和、积极向上的时代新人。

3. 提炼思政基因——画龙点睛

心理健康教育与思政教育的关系是"你中有我、我中有你"，二者早已"骨肉相融"。在本次教学设计过程中，在尝试对思政基因进行提炼时发现，思政教育不仅贯穿在心理健康教育之中，而且起到了画龙点睛的作用，是心理健康教育的"亮点"。

幸福主题的引出是对"中国梦"的个体落实，对幸福内涵的解析过程其实也是树立正确幸福观的过程，追寻幸福的过程印证了习总书记说的"奋斗本身就是一种幸福"，而最终我们发现幸福感来源于价值观与意义感，这与思政教育中开篇章节"创造有意义的人生"不谋而合。

虽然在"课程思政"概念提出之前，本门课程就已蕴含上述思政基因，但通过这次的知识点梳理与思政点明晰，本次课程的逻辑顺序自然而然地呈现了出来，并使得本门课程的育人功能进一步发挥。

（二）下一步改进措施

1. 做好课堂"气氛组"

本次授课需要学生全程积极参与，如何营造轻松和谐的课堂气氛、调动学生的积极性、鼓励学生自信表达，还需进一步通过实践总结。

2. 做好课堂"掌舵人"

对第二部分"如何获得幸福"的学习主要通过小组讨论总结的方式进行，为确保不偏离主题，教师需要及时把控讨论的方向，这对教师本人的课堂掌控力提出一定的要求。

3. 做好学生"领航人"

"心理健康教育"是一门阶段性课程，为使得课堂教学影响尽可能深远，真正让学生受益终身，除了采用课后实践方式外，还需要探索其他的途径与方法。

四、案例资料

（一）课件资料

课件资料如图 2 所示。

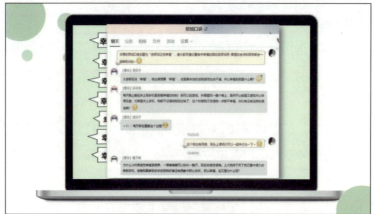

图 2　课件资料

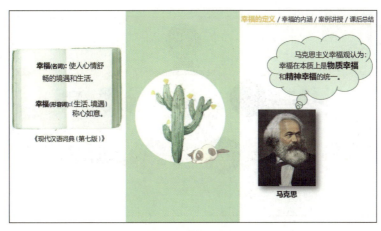

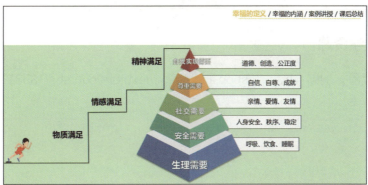

续图 2

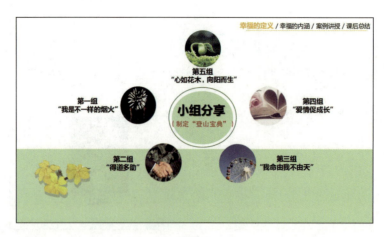

续图 2

（二）其他相关教学资源

《大学生心理健康教育》视频：http://spoc.abc.edu.cn/explore/courses/1353117297161379842。

所属学院：基础教学部
课程名称：体育
课程类型：公共必修课
案例章节：第四模块啦啦操技能拓展延伸中的第1、2课时"花球啦啦操动作与队形编排"
案例名称：花球啦啦操动作创编
——"体育"课程思政案例
案例作者：陈辰，陆邦慧
课程简介：花球啦啦操是倡导团队协作、时尚、充满活力，充分融合思政元素教育，具有培养团队协作精神和奉献意识作用的一项阳光体育运动。在社区、企业等对花球啦啦操表演需求进一步提高，学生体质健康水平下降、职业体能提高压力倍增，然而当前花球啦啦操人才培养与社会需求不相适应，对学生职业体能培养的效果不明显的背景下，本单元教学依据花球啦啦操课程标准，着力培养学生的花球啦啦操编排与讲演能力，发展学生的职业体能，并在融合思政教育时突出技能特色、强化实践育人。

花球啦啦操动作创编
——"体育"课程思政案例

一、案例简介

课堂实践讲求"理要通""技要精""演要真"，即编排动作原理讲解要透彻、技能教学要精准、成果展演要逼真。

在课前，学生利用学堂在线平台观看体现中国理念、中国精神、中国智慧主题的表演视频，提炼花球啦啦操动作创编的主题性，探究创编方法、创编原则，完成创编的学练，为学习花球啦啦操动作创编奠定基础。

在课中，检查和评价学生在课前团队建设初期起队名、编口号的完成情况，鼓励并引导学生使用中国特色元素起队名和编口号，体现健康向上的精神。创编主题动作的讲解融合课程思政教育：坚定文化自信。学生观察教师示范套路动作，寻找出体现主题的动作元素，并尝试讲解出来，同时思考音乐与动作之间的联系，锻炼自身的观察能力与讲解能力。学生通过尝试创编动作发现问题、解决问题（教师再次讲解主题选择），通过观看视频进一步理解主题选择和创编方法，并产生新的思路。创编过程融合课程思政教育：不断精益求精，追求卓越，没有最好，只有更好，锻炼学生的创新能力和实践能力。动作排练过程融合中华民族传统美德教育：团结协助，吃苦耐劳，做到动作快速到位、整齐划一。学生依据集体花球啦啦操评分标准对动作的要求完成自编套路的动作创编，分组演示，体现学生的自信、团队精神、时尚、活力，并进行实时评测。在自评互评时，倡导学生要有公平、公正、公开的体育精神。

在课后，继续巩固提高和拓展应用，延伸课堂教学，使学生体会坚持锻炼的意义。

二、案例实施

（一）教学目标

1. 知识目标

掌握花球啦啦操动作创编知识；了解预防过劳症的健康知识。

2. 能力目标

能利用音乐围绕主题创编花球啦啦操成套动作；能够进行相关的职业体能锻炼。

3. 思政目标

动作创编主题体现文化自信；团队口号体现健康向上的精神面貌；动作创编过程践行"不断精益求精，追求卓越，没有最好，只有更好"的创编理念；动作排练过程体现团结协助、吃苦耐劳的中华民族传统美德；分组演示，体现学生的自信、团队精神、时尚、活力；自评互评时，提请学生要有公平、公正、公开的体育精神；课后巩固和拓展应用，使学生体会坚持锻炼的意义。

（二）教学设计

教学设计如表 1 所示。

表 1 教学设计

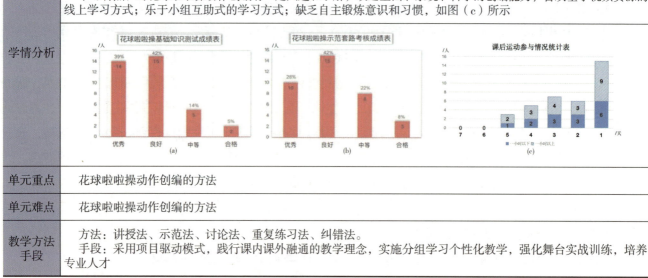

续表

单元教学目标	知识目标： 掌握花球啦啦操动作创编知识；了解预防过劳症的健康知识。 能力目标： 能利用音乐围绕主题创编花球啦啦操成套动作；能够进行相关的职业体能锻炼。 思政目标： 动作创编主题体现文化自信；团队口号体现健康向上的精神面貌；动作创编过程践行"不断精益求精，追求卓越，没有最好，只有更好"的创编理念；动作排练过程体现团结协助、吃苦耐劳的中华民族传统美德；分组演示，体现学生的自信、团队精神、时尚、活力；自评互评时，提请学生要有公平、公正、公开的体育精神；课后巩固和拓展应用，使学生体会坚持锻炼的意义				
思政融入点	动作创编主题体现文化自信；团队口号体现健康向上的精神面貌；动作创编过程践行"不断精益求精，追求卓越，没有最好，只有更好"的创编理念；动作排练过程体现团结协助、吃苦耐劳的中华民族传统美德；分组演示，体现学生的自信、团队精神、时尚、活力；自评互评时，提请学生要有公平、公正、公开的体育精神；课后巩固和拓展应用，使学生体会坚持锻炼的意义				
环节	（一）课前导学				
环节	时间分配	教学内容	教学活动		教学资源
			教师活动	学生活动	
课前导学	机动	完成团队建设初期起队名和编口号任务	1. 在学堂在线平台上传四张分别体现体育精神、工匠精神、职业道德、劳动精神的图片（见主题图1至主题图4），上传三段分别体现中国理念、中国精神、中国智慧主题的表演视频，上传基础知识测试题。 主题图1 主题图2 主题图3 主题图4 2. 按各队的标志颜色和人数准备花球	1. 每人观看指定的三段花球啦啦操主题性表演视频，完成花球啦啦操基础知识测试。 2. 团队合作，从四幅图片中选取主题，并围绕主题设计队名、队徽、音乐、口号；练习报队名、喊口号	学堂在线平台

续表

环节	时间分配	教学内容	教学活动		教学资源
			（二）课中实施		
			教师活动	学生活动	
开始部分	15分钟	1.课堂常规。 （1）集合整队，体育委员清点并汇报人数。 （2）检查运动装备，佩戴运动手环。 （3）强调健康安全注意事项，安排见习生。 （4）课前口号。 教师：我们的口号是 学生：弘扬体育精神，争做四好队员！	1.运动着装，提前10分钟布置教学场地，调试网络直播课堂。 2.上课执行课堂常规，规范口令。 3.检查学生的考勤情况，检查学生的着装，发放运动手环。 4.强调健康安全注意事项，安排见习生。 5.领喊口号声音洪亮、精神饱满	活动队形： 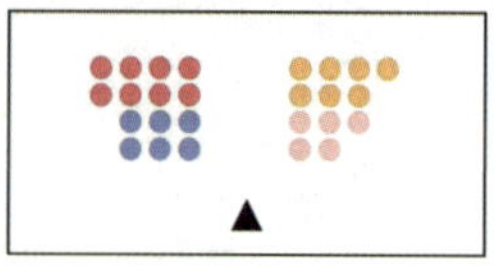 要求： 1.运动着装，整队快、静、齐。 2.佩戴运动手环。 3.认真听健康安全注意事项，如身体有特殊状况，及时向教师反映。 4.喊口号声音整齐洪亮、精神饱满	腾讯会议  学堂在线
		2.热身活动。 （1）热身游戏：打破坚冰——你好！我是啦啦队员。 游戏规则：略。 （2）花球啦啦操36手位。 （3）花球啦啦操基本步法。 （4）花球啦啦操示范套路	1.使用一体机播放规则视频，明确讲解游戏目的，充当游戏裁判，组织学生积极参与游戏，调动课堂气氛。 2.强调游戏的目的是加强同学间的互动、活跃气氛、培养观察、沟通、表达能力，增进全员交流。 3.准确示范，充分利用肢体和语言带动气氛，组织学生积极练习。 4.基本手位（见下图）和套路练习配合音乐《未来有你》等。 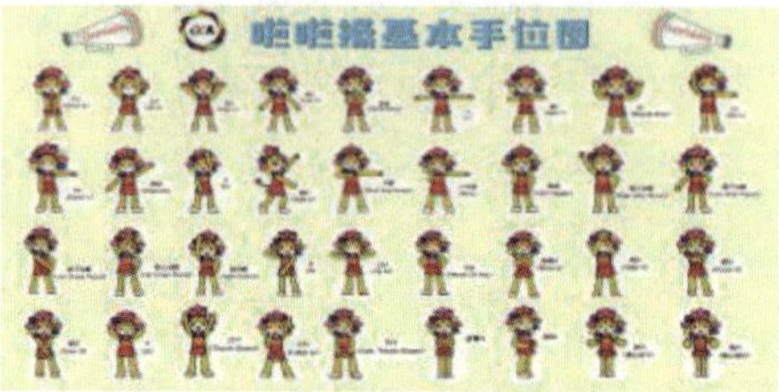 啦啦操基本手位图	热身游戏活动队形： 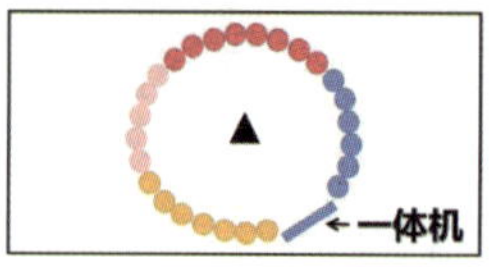 要求：集中注意力，明确并服从游戏规则；积极参与，突破自我，及时反思。 热身操活动队形： 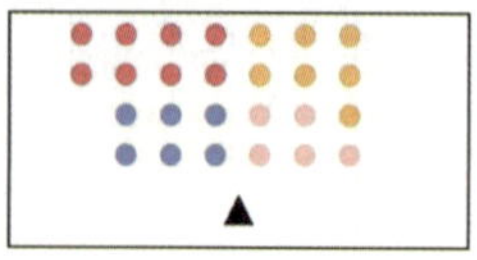 要求： 1.跟随音乐节奏，注重基础动作力度、角度、速度的准确性，能有效控制身体。 2.紧随教师做好准备活动，调整至最佳上课状态	腾讯会议 一体机
		3.课前任务汇报。 （1）课前任务完成情况检查。 （2）团队建设初期成果汇报——报队名、喊口号。 （3）宣布内容及重难点。 ①学习内容：花球啦啦操动作编排。 ②学习重难点：花球啦啦操动作创编的方法	1.及时检查和评价学生课前任务完成情况。 2.调动学生上课的积极性，鼓励团队声音整齐洪亮、精神饱满地报队名、喊口号。 3.讲授本次课学习内容和重难点	学生活动队形： 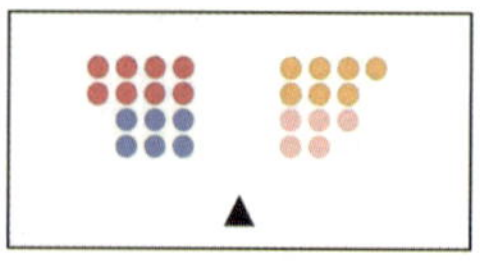 要求： 1.队列队形变换快、静、齐； 2.报队名、喊口号声音整齐洪亮、精神饱满	
		课堂思政教育：动作创编主题体现文化自信；团队口号体现健康向上的精神面貌；积极参与游戏，突破自我，及时反思			

续表

环节	\(二\)课中实施				
	时间分配	教学内容	教学活动		教学资源
			教师活动	学生活动	
基本部分：新课讲解	20分钟	1.花球啦啦操创编主题。 一套优秀的花球啦啦操，首先要有鲜明的主题。花球啦啦操的主题，可以是一种理念、一种精神或者一个具体的人物形象。花球啦啦操通过基本手位、步伐并结合花球、服装、口号、多种舞蹈元素等来体现主题，展示团队风采。选取主题时要坚定文化自信，选取弘扬中国理念、中国精神、中国智慧的主题，从而传递团结进取、积极向上、振奋精神的正能量，这样的花球啦啦操是真正有活力的花球啦啦操	1.讲解花球啦啦操主题的重要性与选取方法。 2.主题选取方法讲授融合课程思政教育：坚定文化自信	活动队形：（坐） 要求： 1.认真听讲； 2.有问题及时举手，与教师、同学共同探讨	一体机
		2.练习任务： 观察教师示范套路动作，寻找出体现主题的动作元素，并尝试讲解出来。 3.任务目的： （1）引导学生思考音乐与动作之间的联系； （2）锻炼学生的观察能力与讲解能力	1.发布任务要求； 2.教师示范"追逐梦想"主题花球啦啦操，播放音乐《曙光》，以PPT配合同步歌词，辅助学生观察动作与歌词之间的联系； 3.引导学生讲解体现主题的动作，示范动作并进行补充	活动队形：（坐） 要求： 1.认真观察教师的示范； 2.举手回答问题，尝试讲解动作	
	课堂思政教育：动作创编主题体现文化自信				

续表

环节	时间分配	教学内容	教学活动		教学资源
			（二）课中实施		
			教师活动	学生活动	
基本部分：新课讲解	30分钟	1.动作创编方法。花球啦啦操以36个基本手位动作为基础，肢体短暂加速和定位，制动技术在操化动作中的体现尤为突出。整套动作手持花球，结合花球啦啦操基本手位个性舞蹈动作技巧等动作元素，展现干净精准的运动舞蹈特征，以及良好的花球运用技术、整齐一致的集体动作视觉效果。创编基本步伐、动作造型、基本手位等来表达该套操的中心思想，依靠速度的快慢、力度的强弱、幅度的大小，结合音乐的结构与旋律，塑造出不同的具有感染力和表现力的舞蹈画面，充分体现出体育与艺术的双重特性	1.举例示范动作中1个8拍的创作思路； 2.用PPT配合讲解动作创编方法	活动队形：（坐） 要求： 1.认真听讲，结合KT板基本手位和基本步伐图解，思考花球啦啦操动作创编方法； 2.观察教师的示范； 3.听音乐数节拍、感受旋律、品味歌词，结合教师创编思路，发挥想象力，发散思维，思考花球啦啦操动作创编方法，如有疑问举手提问	

续表

环节	时间分配	教学内容	教学活动		教学资源
			（二）课中实施		
			教师活动	学生活动	
基本部分：新课讲解	30分钟	2. 练习任务： 尝试创编前2个8拍动作。 任务目的： （1）通过尝试创编动作发现问题、解决问题； （2）锻炼学生的创新能力和实践能力	1. 发布任务要求； 2. 在分组练习时巡查纠错，注意激励性评价，鼓励学生在动作创编过程中注重艺术性、创新性、主题性的体现，展现"不断精益求精，追求卓越，没有最好，只有更好"的创编理念； 3. 挑选一支团队上台展示成果，慢拍口令辅助学生完成展示； 4. 展示小组上台和谢幕时带领作为观众的学生喊鼓励口号； 5. 引导学生讲解创编思路； 6. 评价总结	分组练习队形： 要求： 1. 团队合作，尝试使用动作创编方法； 2. 使用啦啦队App和啦啦之星小程序扩充思路。 小组展示队形： 要求： 1. 展示小组大方展示，观众小组在展示小组上台和谢幕时热情整齐地喊出鼓励口号； 2. 展示小组学生代表尝试讲解创编思路，观众小组认真听并对比思考； 3. 认真听评价与总结	啦啦队 啦啦之星
		动作创编口诀： 选定主题品音乐，巧用步伐和手位，快慢繁简巧搭配，健康安全放首位，团结合作勇创新，争做最美啦啦队	1. 引导学生通过口诀和练习，探究花球啦啦操动作创编原则，鼓励学生在练习过程中体现团结协助、吃苦耐劳的中华民族传统美德； 2. 总结花球啦啦操动作创编原则	学生活动队形： 要求： 1. 齐声朗读口诀； 2. 探究动作创编原则； 3. 认真听总结，有问题举手提问	
		3. 任务发布： 依据集体花球啦啦操评分标准对动作的要求完成动作创编。 任务要求： （1）手位动作精准有力，步伐清晰、移动迅速； （2）编排的花球啦啦操新颖、具有视觉冲击力； （3）必须保证原创性	1. 发布任务要求； 2. 结合集体花球啦啦操评分标准解析此次编排要求； 3. 引导学生积极参与团队分组策划编排，巡视指导各小组的动作创编； 4. 采用激励式评价方式，多鼓励、多表扬，给予学生以肯定； 5. 关注每一位学生的心率变化是否在正常范围内； 6. 鼓励学生自信大方地展示自己，享受创作，享受表演，享受运动	分组练习队形： 要求： 1. 利用啦啦队App、啦啦之星小程序观看视频资源并扩充思路，利用模拟动画小程序辅助创编； 2. 以团队的形式，思考讨论，积极尝试不同的动作创编方法，完成编排并反复练习	
	课堂思政教育：通过模仿练习，锻炼学生的创新能力和实践能力；在动作创编过程中践行"不断精益求精，追求卓越，没有最好，只有更好"的创编理念；动作排练过程体现团结协助、吃苦耐劳的中华民族传统美德				

环节	\(二\)课中实施				
	时间分配	教学内容	教学活动		教学资源
			教师活动	学生活动	
基本部分：新授内容	10分钟	分组展示	1. 营造舞台气氛，鼓励学生大胆、自信地表演； 2. 录制视频； 3. 带领观众小组在展示小组开场和结尾时欢呼鼓掌，并在展示小组演出过程中随节奏摇动花球； 4. 关注每一个学生的心率变化是否在正常范围内	小组展示队形： 要求： 1. 集合整队快、静、齐； 2. 展示小组大方展示，注意力集中，准确地将编排好的动作展现出来，全程面带笑容，整齐地喊出本团队的名称、口号； 3. 认真听评价与总结	
	课堂思政教育：分组展示，体现学生的自信、团队精神、时尚、活力				
	3分钟	自评互评与教师评价	1. 组织学生在线互评。 2. 教师采用激励式评价方式，多鼓励、多表扬，给予团队以肯定；提请学生在自评互评时要有公平、公正、公开的体育精神。 3. 引导团队进行问题记录，并提示如何进行整改	活动队形： 要求： 1. 认真听取各方点评并及时记录； 2. 各团队从点评中发现问题、思考问题、解决问题； 3. 各团队从各方对他队的点评中取长补短，互相帮助，共同进步	
	课堂思政教育：提请学生在自评互评时要有公平、公正、公开的体育精神				

续表

（二）课中实施

环节	时间分配	教学内容	教学活动		教学资源
			教师活动	学生活动	
基本部分：新授内容	7分钟	1.健康知识小课堂。 过劳症的七大信号： （1）头痛、胸闷、耳鸣； （2）有睡眠障碍； （3）健忘； （4）肥胖； （5）尿频、尿痛； （6）烦躁易怒； （7）食欲不振	1.讲授如何预防过劳症，防止过劳对身体带来伤害。 2.引导学生思考健康的四大基石，发布课堂讨论题。 3.结合本专业常见的工作情况探讨缓解工作压力的方法	活动队形： 要求： 1.认真听讲。 2.运用平台讨论并发布个人观点。 3.结合本专业常见的工作情况，分享自己觉得有用的缓解压力的方法	
		2.职业体能练习： （1）空中蹬车； （2）西西里卷腹； （3）波比跳； （4）开合跳； （5）腹部拉伸； （6）触腿两头起； （7）勾腿跳	1.运用音乐和PPT带动学生进行锻炼。 2.准确示范，充分利用肢体和语言带动气氛，组织学生积极练习。 3.进行正确和错误动作对比，讲授整体和细节动作，巡回指导，辅助学生练习	活动队形： 要求：跟随教师，配合音乐，按要求进行练习，注意动作要领	学堂在线
	课堂思政教育：建立健康理念，体会坚持锻炼的意义				
结束部分	5分钟	放松、总结： 1.做放松操； 2.师生总结； 3.安排课后作业、课后任务； 4.喊下课口号，践行下课礼仪	1.带领学生思考、总结本节课学习内容并答疑； 2.正确示范放松操，帮助学生进入放松状态； 3.布置课后作业、课后任务； 4.完成下课礼仪	活动队形： 要求： 1.跟随教师，配合音乐，主动投入，调整放松各部位肌肉； 2.积极思考，主动研讨； 3.喊口号时声音整齐洪亮、精神饱满，完成下课礼仪	
信息化手段	腾讯会议　Keep　啦啦队　啦啦之星　　　学堂在线				

23

续表

环节	时间分配	教学内容	教学活动		教学资源
			（三）课后拓展		
			教师活动	学生活动	
课后拓展	机动	1. 辅助学生课前预习和课后复习； 2. 通过团队活动的设计与组织，加强团队建设与协作，锻炼学生的策划组织能力，加强学生对健康运动的思考与学习	1. 上传动作创编教学视频与习题； 2. 上传动作训练学习导入视频； 3. 上传职业体能练习教学视频与练习注意事项； 4. 在班级群分享弘扬健康运动的优秀案例	1. 复习作业：练习自编动作并自喊节拍拍摄视频，完成习题； 2. 体能作业：每天进行职业体能锻炼，并拍摄、上传视频； 3. 团队作业：以弘扬健康运动为主题，组织一次有意义的团队公益活动	学堂在线
课堂思政教育	弘扬健康运动，形成终身体育锻炼习惯				
形成性评价	1. 评价构成：教师评价，学生互评自评。 2. 评价要素：课前作业完成情况、考勤情况、课中表现、课后测试结果。 3. 评价主体：课中、课后环节师生共同评价				
教学效果	学生能掌握花球啦啦操动作创编知识；了解预防过劳症的健康知识；能利用音乐围绕主题创编花球啦啦操成套动作；能够进行相关的职业体能锻炼				
课程思政成效体会	1. 选取了具有中国特色的主题进行动作创编，小组口号健康向上。 2. 分组创编动作时，能不断精益求精，努力创编更好的动作；在练习过程中，能相互帮助、相互指导。 3. 分组展示时，逐渐克服紧张、胆怯，逐渐展现出自信、时尚和活力。 4. 能公平、公正、公开评价他人。 5. 课后坚持运动打卡				
教学反思	在课堂上，教师以微笑、自信感染学生，多表扬、多鼓励学生，构建温馨、和谐的课堂氛围，提高课堂效果				

（三）教学过程

1. 课前

开展"微笑"个人和团队自拍评比活动，提升学生的自信心，帮助学生进入表演状态；激发学生的表现力和团队活力，为舞台汇演创造良好的氛围。

2. 课中

通过反复彩排，帮助学生适应场地、进入表演状态；使学生以团队合作的形式完成演出，促进学生感受花球啦啦操表演对身心的锻炼，帮助学生熟练掌握编排技能，引导学生感受团队的力量，培养学生的团队协作意识和能力；通过职业体能练习，引导学生掌握改善驼背和塌腰的锻炼方法，帮助学生达到职业形体要求、树立正确的职业观和劳动观。

3. 课后

学生通过学习通 App 查看教师的评价，完成自评、互评，并对本单元的学习做出总结；在一体化平台完成对体育教师和体育课教学满意度的问卷调查。

（四）教学实效

1. 创新职场化教学环境，多维度提升教学效果

职教改革强调加强校企合作与人才培养的深度融合，与旅游管理专业人才培养基地合作为体育教学提供了多元化的教学环境和展示平台（见图 1），并为了解旅游从业者的健康现状与需求提供了有效渠道。创新职场

化教学环境，有助于实现教学理念、方法"软件"与教学环境"硬件"的良性互动，使多元化教学环境形成"全空间"育人格局。

图1　多元化的教学环境和展示平台

2. 课内外运动参与度显著提升，学生运动兴趣显著增强

灵活运用信息化平台搭建网络云课堂，突破单一的视频网课模式，创设线上线下联动式游戏与舞台情景，通过组建团队，组织学生共同参与运动，培养学生的团队意识和团结协作能力，提高学生参与运动的积极性，促使学生养成良好的运动习惯。学生自主组队参与社区健康运动宣传活动；学生参与全国啦啦操创意展示大会并获得多项赛事的一等奖；学生自主组队完成啦啦操视频拍摄与剪辑，获得过万点击量，如图2所示。

  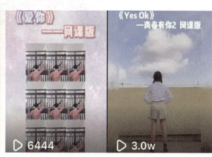

图2　学生课内外运动参与度提升

3. 公共基础课程与专业课程融合贯通，助推培养健康的职业人才

体育教学更契合专业人才培养需求，项目基础模块合理设置了啦啦操动作与队形编排教学内容，并拓展了职业类型体育模块，将传统的单一运动项目式教学改革为具有高职体育特色的、具有专门性和专业基础性的职业体能训练型复合型教学，如图3所示，实现了培养学生的运动兴趣、强化学生的职业体能的课程改革与建设目标，进一步提升了学校体育的社会服务功能和实效功能，充实和完善了学生的体能储备和体育教育知识储备。

图3　复合型教学

三、案例反思

（1）项目授课对象是普招班学生，面对招生形势的新变化，还应深化研究学情，完善教学形式。

（2）项目教学围绕花球啦啦操动作与队形编排展开，需不断拓展爵士啦啦操、技巧啦啦操等，丰富啦啦操课堂。

（3）联系啦啦操运动协会对学习成果进行认证等，促使学生课余及毕业后持续参与啦啦操运动。

四、案例资料

（一）线上资源

（1）信息化技术资源（见图4）：学堂在线App、腾讯会议App、Keep App、模拟动画小程序。

图4　信息化技术资源

（2）主要网络教学资源：啦啦队App、啦啦之星小程序，如图5所示。

图5　啦啦队App、啦啦之星小程序

（二）线下资源

线下资源（见图6）包括iPad、手机、手环、花球、运动垫、波速球、腹肌轮、白板、KT板等。

图6　线下资源

所属学院： 基础教学部

课程名称： 体育

课程类型： 公共必修课

案例章节： 第7章第1节

案例名称： 共同努力，健康向上：排球正面双手垫球
——"体育"课程思政案例

案例作者： 孙宁丽，袁胜

课程简介： 本课程主要讲授排球基本知识、基本技术、基本战术，重点提高实战能力，达到增进健康、娱乐身心、体验成功的目的。排球运动可以提高学生的身体素质和运动能力，改善学生身体各器官系统的机能状况；在课堂教学中，课前对学生进行思政教育、端正学生的上课态度是上好体育课的基础。因此，努力探索并将课程思政教育灵活渗透进排球课的课堂教学、课外锻炼中，通过精选和讲解时事观点、排球赛事、女排精神以及教学比赛中出现的一些思想问题等，对学生进行爱国主义、思想品德、核心价值观、体育道德、健全人格等方面的教育，继承和发扬我校优良的排球传统，着力打造具有特色的排球运动。

共同努力，健康向上：排球正面双手垫球
——"体育"课程思政案例

一、案例简介

根据大二学生具体情况进行分析，具体如下：学生自主选课，男生占班级人数的90%左右且基础普遍较差，有部分学生在之前并没有接触过排球这项运动；因为排球运动在我国有非常高的知名度，所以学生对排球技术有一定的求知欲；学生在学习垫球技术时，往往会受其他因素的干扰，影响学习效果。为了让学生能够掌握好这一技术，让学生在线上预习，并看一段正规的排球比赛视频和查阅资料，初步了解什么是垫球，同时采用提问法和表扬法让学生在线下实际的练习中思考、感受、模仿，实现本课的教学目标。另外，通过障碍跑接力比赛调动学生的情绪，提高学生自觉运动的积极性，培养学生团结协作、顽强拼搏、勇于超越的集体协作精神。

二、案例实施

（一）教学目标

1. 知识目标

通过学习，90%的学生应明白正确的正面双手垫球动作要领，建立正确的动作表象，了解垫球在排球运

动中的重要地位和运用方式，并初步了解障碍跑。

2. 能力目标

从教师讲解并多方向示范垫球动作，到学生进行体验式自主练习、辅助练习，再过渡到学生进行完整练习，使85%的学生能够明白正确的垫球手型、人与球的位置关系，并初步了解发力顺序。

3. 素养目标

通过练习和了解，激发学生对排球运动的兴趣和热爱；端正学生的练习态度，促使学生积极参与练习，在练习中互帮互助，培养学生团结协作的精神。

4. 思政目标

通过认识排球这项运动，引导学生认识女排精神，增强学生的民族自豪感，激发学生的爱国情怀；在不断的练习与体会中，引导学生树立正确的价值观，与同学建立和谐的人际关系；通过教师的指导和启发，发展学生的探索精神和创造精神。

（二）教学设计思路

本节课的教学设计思路为：以教材作为出发点，依据课程标准，根据学生的实际情况，引导学生理解、体会、参与排球运动。排球是大学体育运动项之一，由传球、垫球、扣球、发球、拦网五项基本技术组成。在双手垫球技术中，学生最难掌握的是排球垫球的动作要领。通过建立规范的技术动作概念，运用自主、合作和探究的学习方式，大部分学生应能够正确掌握并合理运用垫球技术，为进一步学习组合技术和开展教学比赛打下坚实的基础。其中，拥有良好的身体素质是练好垫球的基础。素质练习采取折返跑的形式，折返跑是大学体育田径中一个重要的组成部分，它能锻炼和提高学生的快速启动能力和奔跑能力。而单一的跑步素质练习枯燥、乏味，会打击学生的积极性，本课加入跑步素质练习，并通过设置不同的障碍、采取接力的方式，让学生了解自己的运动适应能力和运动生理变化，端正态度，自觉参加体育锻炼，为终身体育打下坚实的基础。

（三）教学重难点

1. 教学重点

（1）正面垫球手型。
（2）人与球的位置关系。

2. 教学难点

（1）击球点和击球部位。
（2）全身协调用力。

（四）教学设计

教学设计如表1所示。

表 1　教学设计

课前导学		
环节	教学内容	学生活动
课前导学	1. 提前在线上发布一段排球比赛视频，让学生观看。 2. 通过班级群发布学习任务：预习正面双手垫球	搜集垫球的各种素材，观看比赛视频，为课堂讨论做准备

教学过程			
课的部分	教学内容	练习时间/分	组织教法与要求
开始部分	一、课堂常规 1. 体育委员集合整队，报告人数。 2. 师生相互问好，教师宣布本次课的内容、任务和要求，强调上课安全事宜。 3. 教师检查学生着装（口头强调口袋里不能装手机、钥匙或其他尖锐、硬利物品等；目视检查女生头上是否戴有较大的、易伤身体的发夹或其他饰品，学生着装是否符合体育课要求）。 4. 教师安排见习生（询问有无伤病学生、例假女生。见习生不能离开上课场地，要观看上课过程，并有责任参加辅助教学过程）。 5. 教师强调上课纪律，做好学生课前思想教育工作，为顺利开展教学工作打下基础 二、准备活动 1. 慢跑。 绕排球场跑三周。教师带队，并督促学生队伍整齐、精神饱满。 练习意图： （1）维护良好的班级纪律，建立运动规则。 （2）在慢跑过程中逐步唤醒身体的内脏器官机能，降低肌肉黏滞性，增强肌肉伸展性，活动关节，预防运动损伤 2. 徒手操。 （口令：以中间同学为基准，后排同学双臂前平举，前排同学双臂侧平举，呈广播体操队形散开） ①头部运动； ②体转运动； ③扩胸运动； ④弓步压腿； ⑤膝关节运动； ⑥手腕踝关节运动	20	集合队形： 集合要求： 1. 集合队伍快、静、齐。 2. 学生背阳、背风、背干扰站立。 3. 教师穿着运动服装，教态规范，精力充沛，声音洪亮，语言简洁。 4. 学生精神饱满，思想集中。 5. 学生着装符合体育课要求，见习生随堂听课。 6. 学生遵守课堂纪律，不迟到早退 练习队形： 跑动方向 练习要求： 1. 学生听口令起跑。 2. 学生在跑步过程中保持安静，不要追打嬉闹，注意安全。 3. 教师用口哨控制跑步节奏，调动学生的积极性，使学生从上课的第一分钟就能全心投入 练习队形： × △

续表

课的部分	教学内容	练习时间/分	组织教法与要求
开始部分	练习意图： （1）维护良好的班级纪律，建立运动规则。 （2）在做操过程中逐步唤醒身体的内脏器官机能，降低肌肉黏滞性，增强肌肉伸展性，活动关节，预防运动损伤 3. 热身游戏——"步调一致"。 将学生分成两组，分别在起点线后站立，以一腿支撑，将另一腿提起，相互前后搭肩，听口令起跑，看哪一队先到终点。 游戏意图： （1）调整学生的运动状态，便于学生快速进入运动状态；让学生充分活动关节，预防运动损伤。 （2）使学生积极参与，同学间互相帮助，在竞争中体会集体荣誉感。 （3）增进学生之间的了解和互动性，增强学生的集体意识	20	练习要求： 1. 在第一次课上教师镜面示范并讲解，同时注意学生动作。 2. 队形散开快速、准确。 3. 学生按教师口令听节拍做操。 4. 教师及时纠正学生的错误动作。 5. 徒手操要求动作协调到位，将各关节充分活动开 游戏队形： × × × ×　　　　　　　　　　 × × × × 起点线　　▲　　终点线 游戏要求： 1. 遵守规则，必须步调一致，不得中途走散。 2. 以最后一名队员到达终点线为准
基本部分	一、正面双手垫球 概念：运动员用双手在腹前将球垫起的动作方法。 准备姿势：面对来球，呈半蹲或稍蹲姿势。 垫球手型：叠指式。 基本技术：两手掌根相靠，两手手指相叠，手掌互握，两拇指平行并拢向前，手腕下压，两前臂外翻呈一个平面。 击球点：保持在腹前高度位置（前臂内侧构成的平面击球的后下部）。 1. 双手叠掌的垫球手型练习。 动作要领：两臂前伸插球下，两臂夹紧腕下压；蹬地跟腰前臂垫，击点尽量在腹前 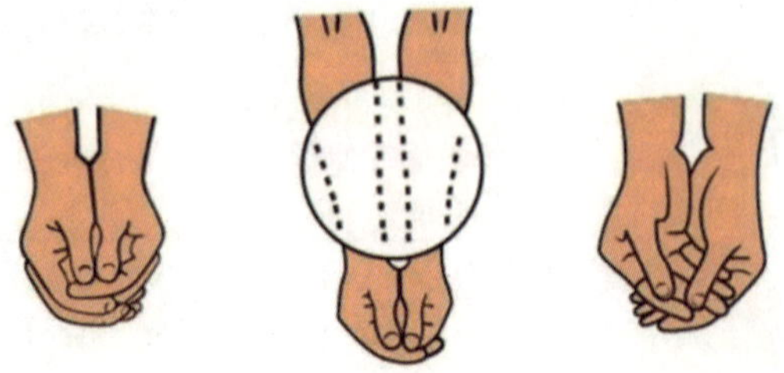 ![图示]	60	练习队形： 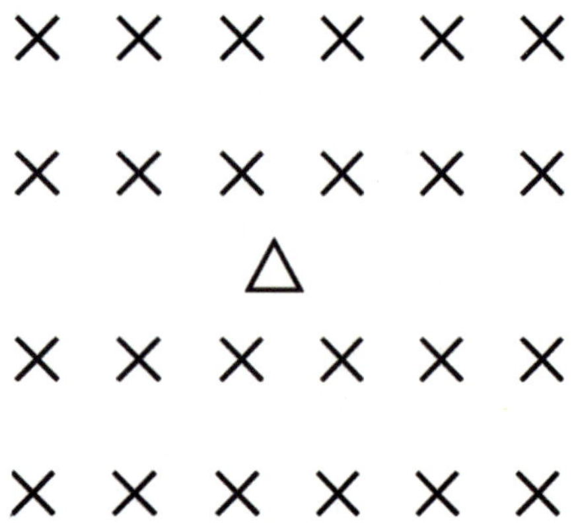 × × × × × × × × × × × × △ × × × × × × × × × × × × 练习步骤： 1. 教师边讲解边示范完整动作，要求垫球手型正确，前臂夹紧并伸直，形成垫击平面，学生在模仿练习中教师及时检查并纠正错误动作。 2. 学生认真听讲、观摩，先集体试着模仿练习。 3. 学生每排按口令练习15~30次，教师安排分组指导，鼓励学生通过练习和讨论学习正面双手垫球动作，在脑海中形成动作表象。 4. 教师巡回检查每一位学生的垫球手型，口头重复垫球技术要领。 练习要求： 1. 学生模仿练习时，必须按要求听口令做动作，认真体会动作要领，动作缓慢递进。 2. 学生边练习边思考，按要求完成各练习，保证练习质量。 3. 学生互相观察，改进动作

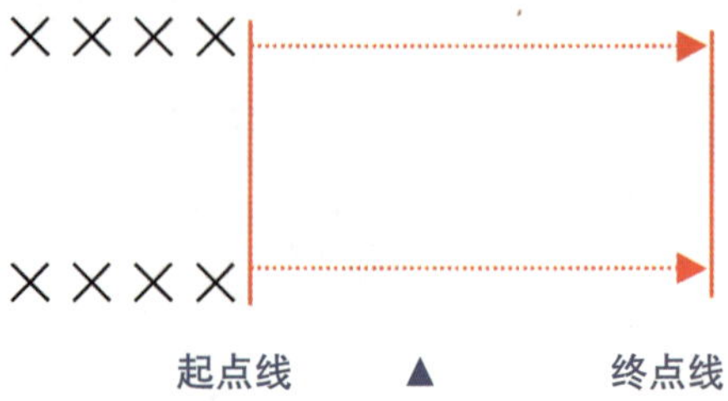

公共基础类

续表

课的部分	教学内容	练习时间/分	组织教法与要求
基本部分	2. 结合半蹲准备姿势的原地集体徒手模仿垫球练习。 面对来球，两臂夹紧前伸，插入球下，同时配合蹬地、跟腰、提肩、顶肘、压腕、抬臂等全身协调动作迎向来球，身体重心随着击球动作向前上方移动 3. 结合球练习。 （1）两人一组击固定球练习。 两人一组，一人双手持球于腹前，另一人做垫击球动作，重点体会正确的击球点、手型及手臂用力时的肌肉感觉。	60	练习队形： × × × × × × × × × × × × △ × × × × × × × × × × × × 练习步骤： 1. 教师讲解并示范垫球动作，学生认真听讲、观摩。 2. 学生先集体试着模仿练习。 3. 学生每排按口令练习15～30次，其他排原地观摩、相互学习。 4. 教师巡回指导，口头重复垫球技术要领。 5. 教师与一位学生合作，教师讲解并指导学生练习动作，纠正学生的错误动作。 练习要求： 1. 学生认真体会从脚开始的动作发力顺序，上下肢协调用力。 2. 学生边练习边思考，保证练习质量。 3. 教师在指导过程中口头表达出对学生练习态度和成果的肯定，增加学生的练习信心和学习兴趣 练习队形： × × × × × △ ↑ × × × × × 练习步骤： 1. 学生练习10次后轮换，每人练习3组。 2. 教师示范、讲解，并及时检查、纠正错误动作，个别错误个别纠正，普遍错误集体纠正。 3. 教师在巡回指导中反复强调压腕、夹臂、顶肘动作要领。 4. 教师挑选个别组展示练习成果，鼓励学生自信展示自己，学生积极观摩学习，师生共同评价。 练习要求： 1. 学生在练习过程中要相互观摩学习、互帮互助、共同进步。 2. 学生反复体会协调用力，找准击球点和击球部位。 3. 学生认真观摩展示的同学的动作，争取下一次练习做到更好

课的部分	教学内容	练习时间/分	组织教法与要求
基本部分	（2）原地自抛自垫练习。 每人一球，做好垫球准备姿势，双手把球抛到额前正上方约1.5米处，用正确的手型、击球点、击球部位把球垫起 （3）两人一组抛垫球练习。 两人一组，相距2～3米，进行一抛一垫练习，要求：抛球者用双手下手抛球，抛出的球弧度适宜，且不太旋转、落点准确；垫球者先将球垫高垫稳，然后垫准垫到位	60	练习队形： × × × × × × × × × × × × △ × × × × × × × × × × × × 练习步骤： 1. 教师讲解并做多方向自垫球动作示范。 2. 学生认真听讲、观摩，先集体练习双手抛球，熟悉球感。 3. 学生每排按口令练习15~30次，其他排原地观摩、相互学习。 4. 教师巡回指导，口头重复自垫球技术要领。 5. 教师与一位学生合作，教师讲解并指导学生练习动作，纠正学生错误动作，并引导学生反复演练正确动作，加深学生对正确动作的印象。 练习要求： 1. 教师在巡回指导中提示自垫球的要领，学生努力做到。 2. 教师用语言激励学生积极参与课堂练习。 3. 学生边练习边思考，认真体会身体协调发力，保证练习质量 练习队形： × × × × × × △ 2~3米 × × × × × × 练习步骤： 1. 学生练习10次后轮换，每人练习4组。 2. 教师示范、讲解，并及时检查、纠正错误动作，个别错误个别纠正，普遍错误集体纠正。 3. 教师在巡回指导中反复强调压腕、夹臂、顶肘动作要领，强调重心向前向上。 4. 教师鼓励展示自己的学生要自信、大胆，并以掌声予以表扬。 练习要求： 1. 学生听从教师的安排，认真练习，互相协助，互相纠正。 2. 在练习过程中抛球的同学要注意自身抛球的准确性及尽量不让球旋转。 3. 学生反复体会协调用力，在找准击球点和击球部位的同时体会身体重心的变化

续表

课的部分	教学内容	练习时间/分	组织教法与要求
基本部分	二、素质练习：学习障碍跑 障碍跑是指在快速跑中运用合理的方式、方法越过若干障碍物的运动项目，如跨过、跑过、爬过、绕过各种障碍。 重点：掌握运动中迅速通过五种障碍的方法。 难点：学生快速、有效、安全地通过障碍。 1. 练习方法： 分成人数相等的四组，每组的队员都必须按要求绕过或钻过障碍并快速返回与下一个人击掌继续进行，哪组先完成哪组就获胜了。 2. 障碍设置： （1）渡赤水河（跨垫子）。 （2）翻越草地（绕标志杆）。 （3）穿越丛林（钻球网）。 （4）勇夺高地（爬垫子）。 （5）爬雪山（跳过垫子）	60	练习队形： 起点 终点 练习要求： 1. 学生认真听规则并尝试练习。 2. 学生积极动脑思考如何巧妙地通过各种障碍，发展自身的思维能力。 3. 学生积极投入练习中，锻炼自己的勇气，提升自己的胆量。 4. 教师语言鼓励学生大胆尝试，师生共同评价。 练习意图： 开展竞争性素质练习，既锻炼了学生的身体素质，又培养了学生机智、果断、团结一致、密切配合的集体主义精神，能更好地发展学生的个性，为终身体育打下基础
结束部分	1. 教师组织学生在缓慢的节奏中进行身体放松练习。 兔子舞：教师带领学生跟着音乐一起舞动，活跃课堂气氛，并放松身心。 2. 教师对本节课学习情况进行总结，组织学生自评和互评，表扬先进生，鼓励后进生。 3. 教师宣布下课，值日生收还器材	10	队形： × △

预计生理负荷与练习密度			场地器材	课后小结
脉搏曲线图	全课平均心率	125～130次/分	1. 排球场地两片。 2. 排球40个。 3. 垫子15个。 4. 标志杆5个	1. 身心得以调节与恢复。 2. 学生精神面貌反馈良好
	课中最高心率	140次/分		
	全课练习密度	55%～60%		

三、案例反思

（一）创新之处

本课以学习垫球手型和击固定球为主，实施教学时应先在简单的条件下组织练习，先组织原地练习再组织移动练习。因不同学生身体素质具有差异性，故练习的效果不同，在教学巡回指导环节应针对学生的这种差异，安排不同形式的练习，因人而异，因材施教，让每个学生都参与到教学环节中，体验排球运动的乐趣。

通过学生练习成果展示、师生共同点评，提高学生独立思考的能力，体现以学生为主体的教学理念，提高教学质量。通过热身游戏和比赛形式的素质练习，调动学生参与课堂练习的积极性，在达到教学目标的同时增强学生团队协作的集体意识。

（二）下一步改进措施

在前期讲解过多的技术动作会降低学生的身体兴奋度，使学生产生倦怠感，还是要以身体练习为主，安排不同形式的练习。不同强度的练习内容，给学生一个空间，让他们去模仿、去创造，贯彻"以人为本"的教学理念，淡化教师的说教色彩，充分发挥学生的主体性、积极性，把空间和时间留给学生。

四、案例资料

（一）文献资料

（1）《球类运动——排球（第二版）》，高等教育出版社。

（2）《排球竞赛规则 2017—2020》，人民体育出版社。

（3）《田径（第二版）》，高等教育出版社。

（4）《学校体育学》，高等教育出版社。

（二）其他相关教学资源

（1）课堂环境：室内排球场地。

（2）信息化手段：线上视频学习和分享。

所属学院：基础教学部
课程名称：高等数学（一）
课程类型：必修课
案例章节：第一章"函数、极限、连续"
案例名称：涓滴成河，水滴石穿：无穷小与无穷大
　　　　　——"高等数学（一）"课程思政案例
案例作者：吴杰
课程简介：初等数学研究对象为常量，以静止观点研究问题；高等数学研究对象为变量，运动和辩证法进入了数学。高等数学借助极限工具，以"不变"处理"变"，以"有限"处理"无限"，"以直代曲"，将初等数学中处理问题的方法应用于复杂问题的处理，提升了学生应用数学知识解决实际问题的能力。

涓滴成河，水滴石穿：无穷小与无穷大
——"高等数学（一）"课程思政案例

一、案例简介

本次课重点介绍无穷小与无穷大的概念、无穷小与无穷大的关系、无穷小的性质、无穷小的比较以及等价无穷小的应用，通过案例演算，加强学生对知识的理解；同时，提取相关知识要点，切入思政元素，展开思政教育。

切入点一：通过引入中国古代极限思想，丰富学生的数学历史文化知识，增强学生的民族自豪感，激发学生的爱国情怀。

切入点二：以定义、公式为基础案例，培养学生的辩证思维，培养学生的唯物史观。

切入点三：通过介绍无穷小和无穷大的倒数运算转化，反映矛盾的对立与统一，且在一定条件下矛盾的双方可以相互转化。

切入点四：通过无穷个无穷小求和的演算，让学生体会只要付出足够多的努力，终会有质的飞越，并体现量变到质变的哲学思想。

二、案例实施

（一）教学目标

1. 知识目标

（1）理解无穷小、无穷大的概念。
（2）理解无穷小与无穷大的关系。

（3）掌握无穷小的运算性质。

（4）熟记常见的等价无穷小，掌握等价无穷小的因子替换原则。

2. 能力目标

（1）能使用微积分知识建立简单的数学模型，并用以解决实际问题。

（2）能运用数学逻辑思维解决专业课程的编程问题。

3. 思政目标

（1）增强民族自豪感，激发爱国情怀。

（2）体会无穷小与无穷大的对立与统一。

（3）体会无穷小的量变与质变。

（二）教学设计

教学设计如表1所示。

表1 教学设计

授课内容	无穷小与无穷大		
授课对象	电信202班	授课学时	2课时
授课地点	多媒体教室	授课形式	线上线下混合式教学模式
学情分析	前面我们已经学习了极限的计算方法，无穷小和无穷大作为极限的两个极端，是学习后续课程的基本工具，例如：曲线的切线斜率等于割线斜率的极限，是两个无穷小比值的极限，进而引入导数的概念；通过将曲边梯形进行切割，可以用无穷多个矩形面积逼近其面积，进而引入定积分的概念		
教学重点	1. 无穷小与无穷大的定义。 2. 无穷小的运算性质		
教学难点	无穷小的比较		
教学资源	课堂环境：智慧多媒体教室。 信息化手段：云班课、e会学、长江雨课堂		
板书设计	在黑板上推演常见等价无穷小结论		
教学设计思路	本节课的教学设计思路为：以教材作为出发点，依据课程标准，引导学生体会、参与科学探究过程。首先，复习数列的极限函数的极限，通过对极限概念的进一步分析和总结，让学生自主、独立地发现问题，对可能的答案做出假设与猜想，并通过多次的检验，得出正确的结论。学生通过搜集和处理信息、表达与交流等活动，获得知识、技能、方法，特别是创新精神和实践能力等方面的发展。然后，介绍无穷小的概念，使学生理解无穷小的概念，知道它的运算性质和无穷小与无穷大之间的关系，并提供一种求极限的方法；通过判断两个无穷小的商有哪些情况，引导学生对无穷小的商进行分类；介绍并使学生了解高阶无穷小、低阶无穷小、同阶无穷小、等价无穷小的概念；介绍并使学生理解等价无穷小和等价无穷小替定定理，学会利用等价无穷小定理求极限。最后，用标准的数学语言得出结论，使学生感受科学的严谨，启迪学习态度和方法，保证数学知识的完整性，提升学生运用数学的思想和知识解决实际问题的能力		
（一）课前导学			
环节	教学内容		学生活动
课前导学	提前感知无穷小、无穷大的含义。 通过云班课平台发布教学任务：搜集"极限为零和无穷大的变量"的素材		搜集有关"极限为零和无穷大的变量"的素材，准备课堂发言
设计意图	学生通过搜集资料，巩固前期所学极限内容，感知本节课内容		
信息化手段	云班课平台		

续表

(二)课中实施		
环节	教学内容	学生活动
课前回顾 (3 min)	《庄子》："一尺之捶，日取其半，万世不竭。" 《九章算术》："割之弥细，所失弥少。割之又割，以至于不可割，则与圆合体而无所失矣。"	积极发言
课堂思政教育 (3 min)	爱国主义思想教育： 作为研究高等数学的工具，极限以"不变"处理"变"，以"有限"处理"无限"，"以直代曲"，解决了许多初等数学无法解决的、复杂的、反映量与量之间变化关系的问题。 作为世界的一分子，中国在古代已经对极限作出了大量的研究	
新课讲解 (18 min)	一、无穷小与无穷大 （1）定义1：极限为零的变量称为无穷小量，简称无穷小。 （2）定义2：若变量的绝对值在某一变化过程中无限增大，则称变量为该变化过程中的无穷大量，简称无穷大。 （3）无穷小与无穷大之间的对立统一关系	1.自主聆听教师的讲解，做好笔记。 2.思考无穷小、无穷大与数的区别
课堂思政教育 (2 min)	对立统一规律揭示，无论在什么领域，任何事物以及事物内部、事物之间都包含着矛盾；而矛盾双方的统一与斗争，推动着事物的运动、变化和发展。 无穷小与无穷大作为极限的两个极端，是对立的；而无穷小与无穷大又可以通过倒数相互转化，又是统一的。这反映了矛盾的对立与统一。后续利用有关这方面的知识，可以站在更高的角度对函数的极限进行简化	1.思考无穷小与无穷大蕴含的哲学思想。 2.踊跃发言
新课讲解 (15 min)	无穷小的基本性质： （1）性质1：有限个无穷小的和还是无穷小。 （2）性质2：有界函数与无穷小的乘积是无穷小。 （3）推论1：常数与无穷小的乘积是无穷小。 （4）推论2：有限个无穷小的乘积是无穷小	1.自主聆听教师的讲解，做好笔记。 2.体会有限与无限的区别
课堂思政教育 (2 min)	量变与质变： 质量互变规律揭示了事物因矛盾引起的发展过程和状态、发展变化形式上具有的特点，从量变开始，质变是量变的结果，但量变不因质变而停止。 量变是质变的必要准备，质变是量变的必然结果。 质变不仅可以完成量变，而且为新的量变开辟道路。 总的量变中有部分质变，质变中有量变的特征。 割裂量变质变辩证关系的两种形而上学："激变论"和"庸俗进化论"。"激变论"只承认质变，否认量变；"庸俗进化论"只承认量变，否认质变。它们割裂了量变质变的辩证关系，否认了事物的发展。 "不积跬步，无以至千里；不积小流，无以成江海。"水滴石穿，只要付出足够多的努力，终会有质的飞跃	体会无穷多个无穷小的和不一定是无穷小
设计意图	本节课引入《庄子》中的一段话，介绍"一尺之捶，日取其半，万世不竭"的案例，让学生不仅了解数学极限的发展历程，还能感受数学家追求科学道路的艰辛；介绍无穷小和无穷大的关系，让学生体会矛盾的相互转化，使学生认识到在实际生活中可以通过对立面来解决问题；对无穷多个无穷小进行求和，让学生体会"只要付出足够多的努力，终会有质的飞跃"	
信息化手段	长江雨课堂、云班课	
1课时结束		

(二）课中实施		
环节	教学内容	学生活动
新课引入 （3 min）	结合无穷小的运算，探究无穷小的商。 $$\lim_{x\to 0}\frac{\sin x}{x}=1 \quad \lim_{x\to 0}\frac{x^2}{x}=\lim_{x\to 0}x=0 \quad \lim_{x\to 0}\frac{x}{x^2}=\lim_{x\to 0}\frac{1}{x}=\infty$$	查阅资料，查找无穷小的商的案例
新课讲解 （15 min）	二、无穷小的比较 定义3：设 α, β 是自变量同一变化过程中的无穷小， （1）若 $\lim\dfrac{\alpha}{\beta}=0$，则称 α 是比 β 高阶的无穷小，记作 $\beta=o(\alpha)$。 （2）若 $\lim\dfrac{\alpha}{\beta}=\infty$，则称 α 是比 β 低阶的无穷小。 （3）若 $\lim\dfrac{\alpha}{\beta}=C(C\neq 0)$，则称 α 是与 β 同阶的无穷小，特别地，若 $\lim\dfrac{\alpha}{\beta}=1$，则称 α 是与 β 等价的无穷小，记作 $\alpha\sim\beta$。 注：等价无穷小具有自反性、对称性、传递性。 思考：同学关系是否是等价的？	1.感受无穷小趋于零的速度。 2.自主聆听教师的讲解，做好笔记。 3.思考生活中哪些关系是等价的，并踊跃发言
	三、等价无穷小 常见等价无穷小： 当 $x\to 0$ 时， $$x\sim\sin x\sim\tan x\sim\arcsin x\sim\arctan x\sim\ln(1+x)\sim e^x-1$$ $$1-\cos x\sim\frac{1}{2}x^2$$ $$\sqrt[n]{1+x}-1\sim\frac{1}{n}x$$ 注：上述 x 用 $\alpha(x)$ 替换，可得到类似结论。 教师讲到这里时，在黑板上板书，证明相关等价无穷小结论。 等价无穷小替换原理：设 $\alpha\sim\alpha'$, $\beta\sim\beta'$ 且 $\lim\dfrac{\beta'}{\alpha'}$ 存在，则 $$\lim\frac{\beta}{\alpha}=\lim\frac{\beta}{\beta'}\cdot\frac{\beta'}{\alpha'}\cdot\frac{\alpha'}{\alpha}=\lim\frac{\beta'}{\alpha'}$$ 例如： $$\lim_{x\to 0}\frac{\sin(2x)}{\tan(3x)}=\lim_{x\to 0}\frac{2x}{3x}=\frac{2}{3}$$ $$\lim_{x\to 0}\frac{1-\cos x}{(e^{2x}-1)(\sqrt[4]{1+x}-1)}=\lim_{x\to 0}\frac{\frac{1}{2}x^2}{2x\cdot\frac{1}{4}x}=1$$	1.收集已学习的等价无穷小，利用已学知识证明其他等价无穷小。 2.自主聆听教师的讲解，做好笔记。 3.学会举一反三，推广相关结论。 4.体会等价无穷小在解决极限问题时的妙用
重点讲解 特殊情况 （3 min）	说明：函数作为乘法因子时才可以进行无穷小替换。 $$\lim_{x\to 0}\frac{\tan x-\sin x}{x^3}=\lim_{x\to 0}\frac{x-x}{x^3}=0$$ $$=\lim_{x\to 0}\frac{\tan x(1-\cos x)}{x^3}$$ $$=\lim_{x\to 0}\frac{x\cdot\frac{1}{2}x^2}{x^3}$$ $$=\frac{1}{2}$$	通过案例求解，加深对因子替换原则的理解
课堂总结 （4 min）	总结本节课知识点	认真聆听、总结

续表

	（二）课中实施
设计意图	引入无穷小的比较，尤其是等价无穷小的替换原则，让学生深刻体会到无穷小在解决极限问题时的妙用，加深学生对无穷小的理解
信息化手段	长江雨课堂、e 会学

2 课时结束

	（三）课后拓展	
环节	教学内容	学生活动
课后拓展	1. 推送课后测试题至云班课、e 会学，巩固本次课内容，为下次课做准备。 2. 查看学生课后测试结果，给出评价	1. 观看 e 会学视频，回顾本次课内容。 2. 完成云班课在线测试
设计意图	通过课后在线测试，及时巩固知识点，提升学生的学习能力	
信息化手段	云班课、e 会学	

教学评价与反思
1. 评价构成：SPOC 平台、云班课统计成绩。 2. 评价要素：课前作业完成情况、考勤情况、课中表现、课后测试。 3. 评价主体：课中、课后环节师生共同评价

（三）教学过程

1. 情境引入，提出问题

《庄子》："一尺之捶，日取其半，万世不竭"。

《九章算术》："割之弥细，所失弥少。割之又割，以至于不可割，则与圆合体而无所失矣。"

【设计意图】 融入中国古代极限思想，一方面可以丰富学生的数学历史文化知识，增强学生的民族自豪感，激发学生的爱国情怀；另一方面可以让学生体会实际问题中处处蕴含着数学思想，体会无穷小与无穷大。

2. 初步探究，渗透思想

（1）一尺长的棍棒，每天截取它的一半，每天得到的棍棒的长度是多少？可以截取多少天？

第一天截下 $\frac{1}{2}$，第二天截下 $\frac{1}{2^2}$，…，第 n 天截下 $\frac{1}{2^n}$，…。

随着 n 的无限增大，$\frac{1}{2^n}$ 无限接近 0。

（2）用圆内接正多边形面积逼近圆面积：依次作圆内接正 $3 \times 2^{n-1}$（$n = 1, 2, \cdots$）边形，a_1 表示内接正三角形的面积，a_n 表示边数增加时增加的面积。

第一次增加的面积为 a_1，第二次增加的面积为 a_2，…，第 n 次增加的面积为 a_n，…。

随着边数的无限增大，增加的面积无限接近 0。

（3）共性的讨论。

观察两个引例，一方面是无限增大，另一方面是无限接近0，如何刻画这种规律呢？

对类似问题的探究对数学提出了新的挑战，从而促进了微分学的创立和发展。柯西和魏尔斯特拉斯提出了极限的严格定义，运用该定义可以精确刻画这一规律。

【设计意图】 将引例转化为数列，通过观察数列变化规律，让学生直观感受无限增大和无限接近0，直观感受无穷小与无穷大，进而引发学生思考如何精确刻画这一规律。

3. 合作探究，明确概念

（1）无穷小的定义。

定义1：极限为零的变量称为无穷小量，简称无穷小。

注1：无穷小是一个过程量，不可简单说某一变量是无穷小，需要明确变化过程。

注2：无穷小是一个变量，不是一个非常小的数，它可以任意小。

注3：0是无穷小，但是无穷小不是0。

（2）无穷大的定义。

定义2：若变量的绝对值在某一变化过程中无限增大，则称变量为该变化过程中的无穷大量，简称无穷大。

提出问题：如何刻画无限增大？

设函数 $f(x)$ 在某邻域 $\mathring{U}(x_0)$ 有定义，若对任给的 $M>0$，存在 $\delta>0$，使得当 $x \in \mathring{U}(x_0, \delta)$ 时，有

$$|f(x)|>M \quad (f(x)>M \text{ 或 } f(x)<-M)$$

则称函数 $f(x)$ 当 $x \to x_0$ 时有非正常极限 ∞（$+\infty$ 或 $-\infty$），记作

$$\lim_{x \to x_0} f(x) = \infty \quad (\lim_{x \to x_0} f(x) = +\infty \text{ 或 } \lim_{x \to x_0} f(x) = -\infty)$$

说明：关于自变量的其他不同趋势以及数列的非正常极限，可类似给出。

注1：无穷大分为正无穷大和负无穷大，它也是一个过程量，需要明确变化过程。

注2：无穷大是一个变量，不是一个非常大的数，它可以任意大。

注3：函数为无穷大，必定无界，但反之不一定成立。

反例，$f(x) = x\cos x$：

$f(2n\pi) = 2n\pi \to \infty$（$n \to \infty$），函数无界；

$f\left(\dfrac{\pi}{2} + n\pi\right) = 0 \to 0$（$n \to \infty$），函数不是无穷大。

【设计意图】 师生合作，明确概念。

（3）无穷小与无穷大的关系。

在自变量的同一变化过程中，若 $f(x)$ 为无穷大，则 $\dfrac{1}{f(x)}$ 为无穷小；若 $f(x)$ 为无穷小，且 $f(x) \neq 0$，则 $\dfrac{1}{f(x)}$ 为无穷大。

关系的本质：$\lim_{x \to \square} f(x) = 0 \Leftrightarrow \lim_{x \to \square} \dfrac{1}{f(x)} = \infty$。

【设计意图】 无穷小与无穷大作为极限的两个极端，是对立的；而无穷小与无穷大又可以通过倒数相互转化，又是统一的。这反映了矛盾的对立与统一。后续利用有关这方面的知识，可以站在更高的角度对函数的极限进行简化。

（4）无穷小的性质。

性质1：有限个无穷小的和还是无穷小。

注1：无限个无穷小之和不一定是无穷小。

反例：

$$\lim_{n\to\infty}\left(\frac{1}{n^2}+\frac{2}{n^2}+\cdots+\frac{n}{n^2}\right)=\lim_{n\to\infty}\frac{n+1}{2n}=\lim_{n\to\infty}\frac{1+\frac{1}{n}}{2}=\frac{1}{2}$$

注2：有限个无穷大之和不一定是无穷大。

反例：

$$\lim_{x\to\infty}[x+(-x)]=\lim_{x\to\infty}0=0$$

【设计意图】 通过案例演算，加深概念理解。利用无限个无穷小的求和演算，让学生体会量变到质变的哲学思想，进一步引导学生明白："'不积跬步，无以至千里；不积小流，无以成江海。'水滴石穿，只要付出足够多的努力，终会有质的飞跃。"

性质2：有界函数与无穷小的乘积是无穷小。

推论1：常数与无穷小的乘积是无穷小。

推论2：有限个无穷小的乘积是无穷小。

注：有界函数与无穷大的乘积不一定是无穷大。

反例：

$$\lim_{x\to 0}\sin x\cdot\frac{1}{x}=\lim_{x\to 0}\frac{\sin x}{x}=1$$

提问：无穷小的和、差、积都是无穷小，那么它们的商呢？

【设计意图】 通过案例演算，加深概念理解；通过总结，引入无穷小的比较。

4. 学以致用，深化认识

【例】 证明：当 $a>1$ 时，$\lim\limits_{x\to+\infty}a^x=+\infty$。

教师板演，再次明确定义（略）。

【设计意图】 通过案例演算，让学生加深对无穷小、无穷大定义的理解，进一步强化对重点内容的掌握。

5. 巩固新知，课堂小结

【设计意图】 帮助学生自行构建知识体系，理清知识脉络，养成良好的学习习惯。同时，给学生留下思维空间，为学生深入学习数学的实际应用埋下伏笔。

6. 课后作业

（1）思考无穷小该如何比较。

（2）完成安徽省 MOOC 平台、云班课 1.4 节内容的预习。

（3）拓展阅读：扫码了解圆周率。

三、案例反思

（一）创新之处

1. 问题导向，层层推进

首先，介绍中国古代极限思想，让学生直观认识无限增大和无限接近 0；然后，总结、刻画无限增大和无限接近 0 的特征，利用极限的严格定义，归纳总结出无穷小与无穷大的概念；最后，介绍无穷小和无穷大的关系和性质，加深学生对概念的理解。整体设计层层推进，水到渠成。

2. 思政教育贯穿整个教学过程

融入数学家的思想，有助于丰富学生的数学历史文化知识，增强学生的民族自豪感，激发学生的爱国情怀；以定义、公式为基础案例，有助于培养学生的辩证思维，培养学生的唯物史观；无穷小和无穷大的倒数运算转化，反映了矛盾的对立与统一，且在一定条件下矛盾的双方可以相互转化；无穷多个无穷小的求和，反映了量变到质变的哲学思想。

（二）下一步改进措施

部分同学对等价无穷小因子替换原则的运用不熟练，后期应加强学生对"乘法因子"的认识。

四、案例资料

（一）课件资料

部分课件资料如图 1 所示。

图 1　部分课件资料

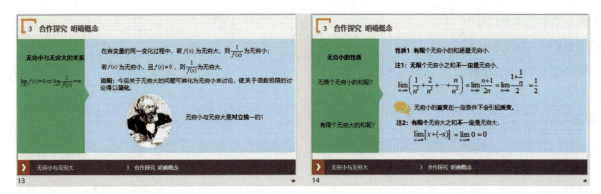

续图 1

（二）其他相关教学资源

百度百科：圆周率（https：//baike.baidu.com/item/%E5%9C%86%E5%91%A8%E7%8E%87/139930?fr=aladdin）。

所属学院： 基础教学部
课程名称： 英语视听说
课程类型： 专业选修课
案例章节： 第1课
案例名称： 文学批判法、文化对比法、历史印证法
　　　　　　——"英语视听说"课程思政案例
案例作者： 张磊
课程简介： "英语视听说"是商务英语专业学生的专业技能加强性课程，在商务英语专业课程体系中属于"个性化发展"模块。本课程按照视听说基础能力、文化背景知识、英美文学基本尝试、学生思维逻辑等设计教学内容和教学活动，以理论与实务相结合为特色，把教学活动置于交际情景之中，以学生为主体，以教师为主导，力求培养学生基本的英语基础素质、文化修养、文学赏析能力。英语文化类课程具有一定的特殊性，如何融入思政元素是教学难点。为了避免学生在课程学习过程中产生对外国文化的倾向性选择，本次课通过采用文学批判法、文化对比法、历史印证法，引导学生树立文化自信，并吸收外国文化的优秀部分，作为中华优秀文化的有益补充。

文学批判法、文化对比法、历史印证法
——"英语视听说"课程思政案例

一、案例简介

思政教育的融入点："欧美文学起源"环节。

教学方法与举措：文学批判法、文化对比法、历史印证法。

教学成效等：通过对比中西方远古的地理、历史等条件及其对人文历史的影响，培养学生的爱国主义情愫，引导学生树立文化自信。

二、案例实施

（一）教学目标

1. 知识目标

（1）听力：能听懂日常交际中结构简单、发音清楚且语速一般的英语对话和不太复杂的陈述，理解基本正确。

（2）口语：能用英语进行一般的课堂交际，并能在日常生活中进行基本的语言交流，且发音清楚、语速正常、流利生动。

（3）视：能看懂原版英文电影或电视剧等，并能就自己所听到的、所看到的进行简单的复述。

（4）文学知识评论写作：能就自己所听的英文材料或者所看的英文影片进行写作，且主题思想基本正确、观点基本明确、层次分明、条理清楚。

2. 能力目标

（1）能听懂且使用日常用语开展交际。

（2）对西方文学起源及意识形态起源等有一定的了解。

3. 思政目标

通过文学批判法、文化对比法、历史印证法等方法的使用，避免学生在课程学习中产生对外国文化的倾向性选择，引导学生树立文化自信，并吸收外国文化的优秀部分，作为中华优秀文化的有益补充。

（二）教学设计

1. 课程标题

第1课："New Friends，New Faces"新朋友，新面孔。

2. 教学环节

（1）1-1 Talking about "Meeting new people"（谈论"与陌生人相遇"）。

学生活动1：综合运用"Nice to meet you"等向别人打招呼。

学生活动2：对比中西方非语言文化的差异（思政融入点）。

教师活动：教师说出一些正确的或错误的文化常识，在学生做出判断或选择后，予以解释。

（2）1-2 Talking about "Describing yourself and others"（谈论"相互介绍"）。

教师活动：教师描绘一些名人的特点，在学生猜测后，予以解释。

学生活动：学生相互做自我介绍或介绍他人，注意描述出自己或其他被介绍人的特点或优点。

（3）1-3 欧美文学起源。

学生活动1：学生分正反两组分别搜集中西方文学起源历史材料，并在讨论中作出对比，找出异同点，分析其中的价值观脉络及其历史成因（思政融入点）。

学生活动2：课后观看英文电影 *Troy*、*Clash of the Titans*，并印证经分析得出的结论。

（三）教学过程

1. 课前

教师搜集世界名人特点介绍相关材料（用于课中描述外貌）。

教师搜集一些对中西方文化描述正确或者错误的句子（用于学生判断正误或做选择）；

教师、学生准备部分古希腊故事（欧美文学起源），并找出其中反映欧洲远古价值观特点的章节、现象。

教师、学生准备部分中国神话故事（中国文学起源），并找出其中反映中国远古价值观特点的章节、现象。

2. 课中

（1）1-1 Talking about "Meeting new people"（谈论"与陌生人相遇"）。

学生活动1：熟读样例，综合运用"Nice to meet you"等向别人打招呼。

学生活动2：对比中西方非语言文化的差异。

教师活动：教师说出一些正确的或错误的文化常识，在学生做出判断或选择后，予以解释。

思政融入点：教师介绍中西方思维方式的差异，以及中国传统思维方式所带来的巨大的历史成就。然后，教师做出总结，具体如下。

在思维方式方面，西方人注重思辨、理性、分析、实证，剖析整体再加以综合；中国人注重直观、整体、经验。在西方哲人看来，只有思辨性的东西才是最真实、最完善、最美好的。从古希腊时代起，自然科学家和哲学家们都把抽象思维（又称逻辑思维）方式作为认识和把握事物真理最基本的手段，并把分析学或逻辑学视为一切科学的工具。这种思维方式，推动了西方科学的发展。

中国传统的思维方式，不是通过归纳推理、演绎推导，而是基于事实，凭借已有的经验和知识，对客观事物的本质及其规律加以识别、理解和进行整体判断。中国人认识世界的方式是体知而不是认知。老子首创了体道说。体道，就是以心灵体验的方式去把握宇宙的根本之道。儒家是把认识的对象作为人类自我意识外化的伦理情感的整体来体验的，从中寻找对主体伦理、价值规范的印证。

（2）1-2 Talking about "Describing yourself and others"（谈论"相互介绍"）。

教师活动：教师描绘一些名人的特点，在学生猜测后，予以解释。

学生活动：学生相互做自我介绍或介绍他人，注意描述出自己或其他被介绍人的特点或优点。

思政融入点：中国人自我介绍时谦虚、谨慎，而西方人则是有能力尽量展示出来，二者形成鲜明对比，由此引出伦理道德方面的中西方大探讨。教师此时引入以下内容。

在伦理道德方面，西方人注重个人放任，创新发展，张扬荣誉；中国人注重谦虚谨慎，不偏不倚。西方人崇尚个人奋斗，尤其为个人取得成就而自豪，从不掩饰自己的自信心、荣誉感和获得成就后的狂喜；西方文化鼓励个人开拓创新，做一番前人未做过的、杰出超凡的事业；西方人的家庭观念一般比较淡漠，子女一旦结婚，经济上一般来说必须独立，父母不再有义务资助子女。这种做法给青年人提供了最大限度的自由，培养了青年人独立生活的能力，但亲属关系一般比较疏远。

中国文化在个人取得成就时不主张炫耀个人荣誉，而是提倡谦虚谨慎，反对"王婆卖瓜"。这种谦虚在一些西方人看来，不仅否定了自己，还否定了赞扬者的鉴赏力，在资本主义市场竞争中是行不通的。在人际关系上，中国传统的文化要求人们不偏不倚，走中庸之道，维护现状，保持和谐。中国自古注重家庭集体精神，形成群体价值理念，并遵循"从利他中实现利己"的价值取向。中国注重以家庭群体为本位，将个体融入群体中，个体与家庭、社会及国家命运是一致的。家庭成为人们生活的重心，亲情血缘为最坚实的社会纽带。父母抚养教育子女，子女赡养父母，并形成独具特色的"孝"文化。家庭成员责任重于自由，义务先于权利，群体高于个人。

（3）1-3 欧美文学起源。

学生活动：学生分正反两组分别搜集中西方文学起源历史材料，并在讨论中作出对比，找出异同点，分析其中的价值观脉络及其历史成因（思政融入点）。

教师活动：教师引入关于中西方价值观起源的介绍，并介绍集体主义、个人英雄主义的反差性影响，培养学生的集体主义精神和爱国主义精神。

教师做出总结，具体如下。

在价值取向方面，西方人注重以自我为中心，重个人、重竞争；中国人注重群体、社会、和谐。西方人的价值观认为，个人是人类社会的基点，每个人的生存方式及生存质量都取决于自己的能力，有个人才有社会整体。因此，西方人不习惯关心他人、帮助他人，不过问他人的事，甚至把主动帮助别人或接受别人的帮助看作是令人难堪的事，以为接受别人的帮助只能证明自己无能，而主动帮助别人会被认为是干涉别人私事。他们提倡每个人应表现出自己的个性，越是表现出自我个性，越能体现人生的价值。因此，人与人之间的竞争意识很强，靠竞争来取得自己的利益，实现自己的价值。

中国古代一般把竞、争当作不好的事情，而提倡忍、让，缺少对公平竞争的尊重和向往。儒家学说强调的是长幼尊卑的等级秩序，道家学说强调的是无为、不争、若水、争雌，儒道互补，再加上皇权的愚昧与残酷，中国人的思想意识里比较缺少竞争的观念。中国人的价值观，强调群体意识、社会意识，个人利益应当服从社会整体利益，只有整个社会得到发展，个人才能得到最大利益。中国文化推崇一种高尚的、无私奉献的情操。主动关心别人、给人以关怀是一种美德。但是，个人竞争意识、拼搏意识一般不强，存在依赖性。

3. 课后

（1）学生活动1：课后观看英文电影 Troy、Clash of the Titans，并印证经分析得出的结论——中国的文学起源同时透射出集体主义的影子，欧美的文学起源显示出个人主义的社会价值观主旋律。

（2）学生活动2：选择题。

下列说法，符合今天学习到的知识的两项是（　　　）。

A. 西方文化确有可取之处，只有缩小中西方文化差异，才能繁荣和发展中华民族的先进文化。

B. 儒家认为，被认识的对象都与人的伦理情感有关，从中可以寻找主体伦理和价值规范的印证。

C. 西方人认为，主动帮助别人会让接受帮助的人觉得有人在干涉自己，施助的人因而会很难堪。

D. 儒家长幼尊卑的等级秩序，削弱了中国人的竞争意识，助长了中国人的依赖心理。

E. 中国文化提倡个人取得成就时，要谦虚谨慎，事实上这样在资本主义市场竞争中是行不通的。

4. 下一次课公布课后选择题答案及解析

答案：BD。

解析：A错，错误概括原意，原意为：了解研究西方文化，大胆地吸收西方文化的文明成果。C错，范围缩小，原意是西方人认为主动帮助别人这种做法会令所有人都觉得难堪。E错，原文中这句话只是一些西方人的一种看法，而选项中却当作一个事实来表述。

（四）教学实效

学生按照根据教师的课前提示寻找线索、在课中进行材料分析和讨论、在课后通过英文电影进行印证的历程进行学习，在学习英语语言、了解欧美文学起源的同时，通过采用文字批判法、文化对比法和历史印证法，可了解中华文化的博大精深，并从中探寻集体主义的光辉，从而树立文化自信。

三、案例反思

（一）创新之处

本案例使用了文化对比法和历史印证法，从文学起源出发，通过文化和文学领域的中西对比，并采用影视的手段辅助讲解教学内容，进而指出集体主义意识在中国根深蒂固的地理、历史原因，培养学生的文化自信和集体主义意识。

（二）下一步改进措施

对于课程思政材料的表述，尽量避免使用正式语体。

四、案例资料

（一）课件资料

自制 PPT。

（二）其他相关教学资源

（1）*Troy*（影视作品）。

（2）*Clash of the Titans*（影视作品）。

（3）《比较文学与世界文学 第一辑》（图书），商务印书馆。

所属学院：基础教学部

课程名称：大学英语

课程类型：公共必修课

案例章节：第四单元"Chinese Culture"阅读 A 篇

案例名称：中华文化之美：京剧二三事

　　　　　　——"大学英语"课程思政案例

案例作者：钱梦雨

课程简介："大学英语"课程注重思想性、人文性、科学性，注重打好语言基础，侧重培养实际使用英语进行涉外交际的能力。本课程重视文化教学和培养学生的跨文化意识。跨文化交际中的文化因素，在本课程的教学中具有特殊意义。本课程主题涉及校园生活、求职与就业、中国文化、商业领域等，有助于学生在学习英语语言知识的同时，树立人生理想，历练品格，培养爱国主义精神与文化自信，培养积极的人生观、价值观，以科学的方法、健康的心态实现人生目标。本课程从多角度、多维度开拓学生的视野，提升学生的思想政治综合素质。

中华文化之美：京剧二三事
——"大学英语"课程思政案例

一、案例简介

本次课的教学设计把思想政治教育放在重要位置，将思政元素融入教学内容中。具体教学设计是：在深入分析课程内容的基础上，运用马克思主义的方法引导学生发现问题、分析问题、解决问题；从京剧的英语专有名词出发，到了解中国的历史文化，再到中国传统文化的传承与弘扬，使学生认识到英语语言作为桥梁的重要性；以立德树人为根本任务，努力培养具有爱国情怀、理想信念坚定、社会责任感强、熟练掌握英语语言的基本知识和技能，能传承和弘扬中国传统文化的新时代大学生。

二、案例实施

（一）教学目标

1. 知识目标

（1）掌握文章中的生词和短语及其使用方法。

（2）掌握与京剧相关的英语专有名词。

（3）熟悉文章的结构和内容。

（4）了解课程前沿：中国传统文化元素的英译方法。

2. 能力目标

（1）通过小组展示及互动讨论，增强学生的英语应用和口语技能，培养学生发现问题、分析问题的能力。

（2）引导学生查阅资料、独立思考，培养学生的自主学习能力等综合能力。

3. 素质目标

（1）让学生养成独立思考、自主学习的良好习惯。

（2）使学生了解中国传统文化常识，丰富学生的中国传统文化知识储备，培养学生的跨文化交流意识，综合提升学生的文化素质。

4. 思政目标

（1）培养学生积极自主的学习态度和沟通合作的团队精神。

（2）激发学生的爱国情怀，引导学生树立文化自信，增强社会责任感，塑造良好的价值观念。

（二）教学设计

本次课共 90 分钟（2 课时），分为 7 个环节：课前导学、复习与答疑、阅读导入、词汇学习、课文讲解、知识拓展以及总结与布置作业，如表 1 所示。

表 1 教学设计

教学环节	教学内容与活动	融入思政点	设计意图
课前导学	1. 教师：提前在 SPOC 平台上传视频资源，布置预习与讨论任务。 2. 学生：观看 SPOC 平台上的视频进行预习，并进行提问、评论；围绕阅读主题，分小组在课前制作 PPT，并上传至云班课进行投票	1. 通过观看有关文化常识的视频，丰富学生关于中国传统文化的知识。 2. 通过完成小组任务，培养学生的独立思考、分工合作等能力	采用线上课前导学的形式，有助于学生养成预习的良好习惯，培养学生的自主学习意识；团队成员之间的沟通协调与合作经历为学生走向社会打下基础
复习与答疑（5 分钟）	1. 教师：回顾相关词汇与表达；解答学生在课前预习中遇到的问题。 2. 学生：跟随教师复习听力与对话内容	1. 提示学生"温故而知新，可以为师矣"的道理。 2. 肯定独立思考、自主学习的重要性	每次上新课前回顾上次课的学习内容，帮助学生养成及时复习的习惯；帮助学生树立独立思考、自主学习、终身学习的意识
阅读导入（25 分钟）	1. 教师：组织学生展示小组作品，并评价作品；进行课文内容导读。 2. 学生：展示与评价小组作品；观看导入视频，带着问题略读文章	1. 增强学生的集体荣誉感、个人自信心。 2. 强调当代大学生学习中国传统文化的重要性。 3. 引导学生树立自主学习意识，培养学生的逻辑思维能力，增强学生的信息搜集能力	在课堂上给予学生展示自己的空间，在增强学生英语口语能力的同时提升学生的自信心；介绍中国传统文化，为新课学习做好铺垫，并激发学生的爱国情怀，使学生树立文化自信；通过划分文章结构、思考相关问题，锻炼学生的英语阅读技能，增强学生的逻辑思维能力、信息搜集能力
词汇学习（10 分钟）	1. 教师：带读、讲解课文中的生词，包括与京剧相关的专有名词以及其他常用词汇。 2. 学生：跟随教师学习生词，练习单词发音与拼写	介绍与京剧相关的知识，提升学生对以京剧为代表的中国传统文化艺术的兴趣	通过学习词汇，一方面扩充学生的词汇量，便于阅读文章；另一方面提升学生对课文和京剧文化的学习兴趣

教学环节	教学内容与活动	融入思政点	设计意图
课文讲解（40分钟）	1. 教师：按照文章结构进行讲解（京剧的诞生、四大徽班、十九世纪的京剧、灾难与重生）。 2. 学生：关注每个部分的重点词汇、关键句；尝试翻译部分句子	1. 了解国粹的发展。 2. 中国传统文化的传承与弘扬。 3. 为中国文化"走出去"贡献力量。 4. 语言是文化传播的桥梁	学习文章中的重点词汇与关键句，扩大学生的英语词汇储备量；在阅读过程中了解更多关于戏剧、传统文化的知识，激发学生对传统文化的热爱，并意识到语言学习的重要性
知识拓展（5分钟）	1. 教师：拓展与中国传统文化相关的英语词汇；分享习近平总书记有关传统文化的双语例句。 2. 学生：根据自己的学习情况有选择性地记忆拓展词汇，理解双语例句	1. 传统文化是文化软实力的重要部分，推动中华文化"走出去"具有重大的意义。 2. 激发爱国情怀，增强文化自信，坚定理想信念	通过词汇拓展与金句分享，进一步提升学生的英语表达能力，让学生在学会用英语介绍中国文化的同时，意识到自己所肩负的责任，树立文化自信，坚定理想信念
总结与布置作业（5分钟）	1. 教师：总结本节课内容，布置课后作业。 2. 学生：完成批改网线上作业——"中国京剧脸谱艺术"文段的翻译	丰富学生的中国传统文化常识	提升学生的翻译技能，指导学生用英语介绍中国文化，进一步巩固教学效果
教学预期			
在教学过程中，为防止学生缺乏主动性和积极性，通过互动、小组讨论、图片与视频展示等方法让学生专注于课堂，提升学生的学习兴趣。此外，时刻关注学生的信息反馈。在整个学习过程中，学生如果遇到问题，可以随时通过雨课堂等信息化平台发表弹幕评论或进行提问，以便及时获得解答。对于学生来说，相比接受显性的英语知识，吸收隐性的思政元素可能更加容易，所以要做到让思政元素自然顺畅而不刻意地融入教学中。通过本次学习，学生可以拓展英语词汇量与表达方式，掌握与京剧文化相关的英语名词，提升英语应用与表达能力；切实地感知中国传统文化的魅力，丰富有关中国传统文化的背景知识，能用英文介绍中国传统文化			

（三）教学过程

1. 课前准备

学生观看 SPOC 平台上的视频（见图 1）进行预习，了解关于乾隆、颐和园、梅兰芳等的文化背景知识，观看后可通过 SPOC 平台、QQ、雨课堂等进行评论和提问，以便课上集中答疑。围绕阅读主题，学生分小组在课前制作 PPT，并上传至云班课进行投票。

图 1　SPOC 平台上的视频截图

融入思政元素：通过观看有关文化常识的视频，丰富学生关于中国传统文化的知识；通过完成小组任务，培养学生的独立思考、分工合作等能力。

2. 复习与答疑

复习如图 2 所示。

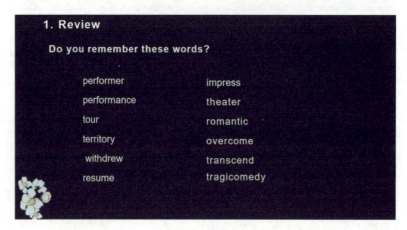

图 2　复习

学生复习听力与对话内容，回顾相关词汇与表达。学生在课前观看了 SPOC 平台中本单元的文化常识部分，教师在课上解答学生在课前预习过程中遇到的问题。

融入思政元素：上新课前回顾上次课的学习内容，帮助学生养成及时复习的习惯，树立独立思考、自主学习、终身学习的意识。

3. 阅读导入

（1）小组展示与评价（见图 3）。

图 3　小组展示与评价

在课前，学生按照任务要求，以"Beijing Opera"为主题，分小组进行材料搜集、PPT制作，每个小组将制作完成的PPT作品上传至云班课，全班同学对已提交的作品进行投票。在课上，得票最多的小组进行现场展示。展示完毕，学生评价、教师评分。

（2）问题讨论。

对文章进行结构划分，学生进行略读，并在略读过程中思考相关问题，搜寻有效信息。略读完成后，教师邀请学生分享其找到的有效信息。

提出问题：

What happened in 1790? What are the two categories of Beijing Opera?

In the first half of the twentieth century, who was regarded as the most famous actor of Beijing Opera?

融入思政元素：完成小组作业，提升学生的团结合作能力、沟通交流能力，使学生认识到合作的重要性；分享作品内容，让学生感受到自己的劳动成果给大家带来的影响，提升其自信心与积极性。

4. 词汇学习

在学习文章内容之前，进行词汇学习。学生可以使用有道词典等工具查询单词，以便更好地理解词义。

与京剧相关的词汇/词组：Beijing Opera, Kunqu Opera, Chinese theater, seasoned drama troupe, regional popular theater, civil theater, acrobatic。

生词：aftermath, catastrophe, dissolve, exclusively, imperial, emperor, prosperous 等。

5. 课文讲解

（1）京剧的诞生（Para. 1-2）。

重点词汇/词组：Chinese theater, originate, acrobatic, display。

关键句讲解："it is a relatively new style of drama, combining music, song, dance and acrobatics in a lively and colorful display."（京剧是一种相对较新的戏曲形式，以生动丰富的形式将音乐、唱腔、舞蹈与杂技结合在一起。）

拓展：角色类型（types of roles）——生（sheng, male role），旦（dan, female role），净（jing, painted face），末（mo, old aged male role），丑（chou, clown）。

融入思政元素：从京剧的特点出发，向学生介绍戏曲表演的"唱念做打"四项基本功以及"生旦净末丑"五大行当分类，并介绍其英文翻译。戏曲演员需要花费多年时间练习基本功才能上台表演，由此告诉学生："台上一分钟，台下十年功"，"千里之行，始于足下"，做事情要踏踏实实一步一个脚印并且坚持到底。同时，让学生意识到踏实勤奋、持之以恒的重要性，并增强学生对京剧文化的兴趣。

（2）四大徽班（Para. 3）。

重点词汇/词组：drama troupe, imperial court, dominated。

关键句讲解："That changed in 1790, when four seasoned drama troupes from Anhui province entered the capital to perform for the imperial court in celebration of Qianlong's birthday."（这种情况到了1790年发生了改变，当时来自安徽的四个老牌戏曲班社进京为乾隆皇帝祝寿演出。）

拓展：京剧（Beijing Opera）是中国五大戏曲剧种之一，另外四种分别为越剧（Yue Opera）、黄梅戏（Huangmei Opera）、评剧（Ping Opera）和豫剧（Henan Opera）。京剧的前身是徽剧（Anhui Opera）。

融入思政元素：通过讲解 troupe 一词，引导学生了解"四大徽班"。这四个戏曲班社出自安徽，徽剧和京剧一脉相承，由此让学生对安徽的戏曲文化有更加深入的认识。授课班级里大多数学生的家乡是安徽，这可以引发他们对故乡的热爱，启示学生要重视乡土文化的传承和发展。

（3）十九世纪的京剧（Para. 4–6）。

重点词汇/词组：category, civil theater, military theater, feature, patron, notably, exclusively, ban。

关键句讲解："The appearance of women on the stage began unofficially during the 1870s. Female performers began to impersonate male roles and declared equality with men."（19 世纪 70 年代，女性开始非正式地登上舞台。女性演员开始模仿男性角色，并要求与男性平等。）

融入思政元素：京剧最初只限男性参与，而后来女性也开始登上京剧舞台，从京剧演员的性别可以看出，女性要求扮演与男性平等的社会角色。教师由此引导学生在生活中也要消除性别歧视，树立正确的性别观念，平等对待男性、女性，不能受到"重男轻女"等封建思想的影响。

（4）灾难与重生（Para. 7–10）。

重点词汇/词组：revive, catastrophe, dissolve, maestro, contemporary, revolutionary, prosperous。

关键句讲解："In the first half of the twentieth century, the most famous actor of Beijing Opera was Mei Lanfang. A maestro of the stage, Mei played a key role in popularizing Beijing Opera and introducing Chinese theater to the West."（20 世纪上半叶，最著名的京剧演员当属梅兰芳。作为舞台艺术大师，梅兰芳在普及京剧、向西方介绍中国戏剧方面发挥了关键作用。）

融入思政元素：文中有一个段落专门介绍梅兰芳（见图 4），以 maestro、a key role 等词汇和词组为切入点，介绍梅兰芳在中国京剧史上的地位以及绚丽舞台背后不为人知的辛酸与努力，特别是他把中国戏剧介绍给西方，将京剧推向世界。京剧是我国的国粹，且已被列入"国家级非物质文化遗产代表性项目名录"。当代青年更要熟悉它、热爱它，并意识到中国传统文化"走出去"的重要性。要让中国传统文化走向世界，首先要了解它、感受它、热爱它，做好传统文化的传承。同时，要让学生意识到，英语是一种沟通交流的工具，更是文化传播的桥梁。为弘扬中国文化，我们可以利用英语更好地将中国文化传播到世界各地。学习英语的重要意义就是让年轻一代在未来可以担负起让外国友人了解中国文化、让中国文化走向世界的重任。

图 4　梅兰芳

6. 知识拓展

（1）词汇/词组拓展：cultural soft power（文化软实力），traditional culture（传统文化），calligraphy（书法），kung fu（功夫），Chinese paper cutting（剪纸），traditional festival（传统节日），row the loong boat（划龙舟），the Silk Road（丝绸之路），Intangible Cultural Heritage（非物质文化遗产）。

（2）分享双语例句。

如果没有中华五千年文明，哪有我们今天的成功道路？

Without five thousand years of Chinese civilization, there would be no road to our success today.

习近平总书记指出，要推进国际传播能力建设，讲好中国故事，展现真实、立体、全面的中国，提高国家文化软实力。

We need to build our capacity for international communication, tell China's stories well, present a true, multi-dimensional and comprehensive picture of China, and enhance China's cultural soft power, Xi said.

融入思政元素：通过拓展更多与中国传统文化相关的英语词汇/词组，阐释文化软实力的重要性，进一步树立学生的文化自信，用习近平总书记的语录激发学生的爱国之情，鼓励他们为社会和国家的未来而奋斗，提升学生的社会责任感，进而促进学生树立长远目标，坚定理想信念。

7. 总结与布置作业

（1）完成课本第59页的课后练习。

（2）完成批改网线上作业——"中国京剧脸谱艺术"文段的翻译。

（四）教学实效

从理论学习的角度来看，通过学习本单元的阅读文章，学生在丰富英语词汇储备、锻炼英语表达能力的同时，增长了与京剧相关的文化知识，也提升了自身的阅读能力、逻辑思维能力。从技能训练的角度来看，通过视频学习、小组学习、提问与互动，学生养成了独立思考、自主学习、合作交流的能力，实现了综合素质的提升。从思政教育的角度来看，通过学习课文中京剧的历史，学生激发出更多的爱国情怀，树立了文化自信，也更加意识到传承与弘扬中国文化的重要性。因此，本教学设计教学成效为：学生在掌握英语语言知识、提升英语应用能力的同时，丰富了文化常识，培养了自主思考能力和实践交流能力。在全球化的大环境下，学生可以树立跨文化交流意识，坚定理想信念，利用语言的桥梁作用，提升翻译技能，基于中国文化的传承与弘扬，推动中国文化走向世界。

三、案例反思

（一）创新之处

（1）学生主体性的发挥。在教学过程中，为使学生更好地吸收新知识、提升语言应用能力，以及自主优化思政素养，采取学生团队创作的形式。通过小组PPT展示，发挥学生的学习主体性，培养学生的团队合作意识。让学生主动地寻找答案、汲取知识，而不是一味地被动接收理论知识，进而潜移默化地让学生在显性的知识层面和隐性的思政素质层面都得到进一步提升。

（2）跨文化交流意识与课程学习的极大融合。"大学英语"课程本身就侧重于培养学生的跨文化交流意识，但在很多的单元教学中，受限于单元主题或者教师备课质量，学生跨文化交流意识的培养却无法有效实施。在本次课中，主题立足于中国传统文化中的京剧，涉及的内容不仅可作为良好的课程思政土壤，还有助于教师培养学生的跨文化交流意识。例如，京剧脸谱、京剧大师梅兰芳先生、京剧发展中的挫折与变革等，学生学习用英语将这些内容表达出来，并了解到这些内容的受众是外国读者。他们意识到学习本课程的目的不仅仅是考试和就业，更重要的是为为中国文化的传承与弘扬贡献力量做好准备。在这一过程中，跨文化交流意识就逐步培养起来了，并且与课程内容的学习相互协调融合。

（二）下一步改进措施

（1）增加学生的参与度，提升学生的自主学习能力。在本次课的教学设计中，发挥了学生的主体作用，但力度还不够，比如在课文讲解部分，可以增加学生讲解的环节，或者由学生来进行某部分的文化知识拓展，增加讨论和发表感想环节，在练习英语口语的同时培养学生的自主思考与表达能力。

（2）丰富授课过程中的信息化教学手段。目前使用的信息化教学方法都比较基础且缺乏创新，灵活度不够。下一步可以增加雨课堂的使用，如此，学生可以随时在线提出自己的想法和疑问，教师可以及时答疑。此外，针对课堂提问与练习，教师也能及时了解学生答案的正确率。

四、案例资料

（一）课件资料

（1）纸质材料：《大学体验英语综合教程》教材。

（2）电子材料：《大学体验英语综合教程》电子课件。

（3）网络材料：图片、视频资源等均来源于网络。

① https：//baike.baidu.com/item/%E6%A2%85%E5%85%B0%E8%8A%B3/10991（梅兰芳）。

② https：//baike.baidu.com/item/%E4%BA%AC%E5%89%A7/75719（京剧）。

③ http：//spoc.abc.edu.cn/my/index.html#/online-learn/13531210240563363 85/plan/13531210241066 68034/task?type=preview&taskId=13531210436898 73410（文化常识拓展）。

④ https：//www.bilibili.com/video/BV1bS4y1Q7di?spm_id_from=333.337.search-card.all.click（京剧介绍，中英双语短片）。

（二）其他相关教学资源

1. 教学平台与应用软件

云班课、批改网、有道词典、安徽商贸职业技术学院 SPOC 平台等。

2. 其他参考资料

（1）《牛津高阶英汉双解词典》（第 8 版，缩印本），商务印书馆。

（2）《牛津实用英语语法》（第四版，翻译本），外语教学与研究出版社。

（3）《实用翻译教程（英汉互译）》，上海外语教育出版社。

所属学院： 国际商务与旅游学院

课程名称： 综合英语

课程类型： 公共必修课

案例章节： 《新视野大学英语读写教程2》Unit 5

案例名称： 绿色校园，向烟说"不"
——"综合英语"课程思政案例

案例作者： 曹琳

课程简介： 在众多课程中，作为商务英语专业的基础课，"综合英语"是商务英语专业的学生第一年的一门必修课，兼具工具性、人文性、国际性、职业性等特点。这门课程每周六课时，时间跨度大（大一两个学期），课时也相对较多。

在过去的英语课教学过程中，专业教师往往只顾及知识的传授，却忽略了价值的引领，教学重点存在偏差，普遍重语言学习而轻文化学习。学生在学习的过程中也有着较强的功利性，文化的自觉、自信、自强意识不足，批判性解读与思维品质较弱。因此，将"综合英语"课堂和思政元素有机融合，形成英语课程思政，在学生学习外国语言和文化的同时，在课程之汤中巧妙地加入思政之盐，帮助学生树立世界眼光、拓展国际视野、理解西方文明，加强正确的思想价值引领，使学生在社会主义核心价值观引领下，理解英语国家现状、思维方式、生活习惯，从而能够以批判性眼光看待西方文化及西方价值观，理解中外文化差异，培养跨文化交际能力，树立正确的价值观自信，在中外交流中确立自己的价值取向，并"用英语有效地进行交际"，用英语讲好中国故事，培养文化自信，增强家国情怀和民族自豪感，这样就可以在育人方面取得良好的效果，真正做到语言学习和思想引领的互融互通，并且使学生在实际生活中内化这些信仰，使之成为自己的行为准则。

绿色校园，向烟说"不"
——"综合英语"课程思政案例

一、案例简介

本次课选取的是《新视野大学英语读写教程2》第五单元 Section A 的文章 *Weeping for My Smoking Daughter*（《我为女儿抽烟而哭泣》）。文章讲述的是一位意外发现自己女儿长期吸烟的母亲回忆起自己父亲因吸烟而导致肺癌去世的事情后，对女儿吸烟产生深深忧虑而掩面哭泣的故事。文章的主题很容易让教师在做教学设计时将重点放在 parent-child relationship（父母和孩子之间的关系）上，但是一来因为 generation gap（代沟）这个话题在《新视野大学英语读写教程1》第二单元中已经讨论学习过，二来因为大学生吸烟的现象比较普遍，所以我在设计课程时，把着重点放在 smoking（吸烟）这个话题上。教学要贴近学生的生活、激发学生的兴趣，要做到以下两点。第一，在内容的选取上要丰富教学内容。一本再经典的教材，从出版发行到广泛应用一般也需要经历时间的考验，而生活日新月异，生活在一个信息爆炸的时代，要想把课文设计好，就要选取出合适的内容进行拓展，做到和文章相辅相成，促进学生的英语学习。第二，在教学的形式上要有所创新。教学的课堂不应该以教师为中心，而应以学生为中心。现代的学生对新媒体运用得非常熟练，所以我们的教学也要做到将线上和线下多种方式相结合，少一些传统的纯理论的照本宣科，多一些互动，以文字、图片、音乐、视频等多种形式，多维度立体式将知识呈现给学生。同时，课后也可开发第二课堂，增强知识传授和思政育人的效果。

具体教学方法和思政融入点如下。

1. 以学生为主体

在向课程加入思政元素的过程中，教师容易走入一个误区，那就是把挖掘出来的思政元素堆砌起来满堂灌，将以往以学生为主体的教学重新变回以教师为主体的填鸭式教学。但是，高职的学生普遍不吃这一套，教师在课堂上越是苦口婆心，他们能学到的东西就越少。另外，这篇课文的内容和"吸烟"这个话题相关，大学生吸烟已经是普遍现象，如果教条地告诉他们不能吸烟，他们只会左耳进右耳出，甚至会产生逆反心理，导致适得其反。所以，在教学的过程中，我首先遵循的一个原则就是以学生为主体设计活动和任务。比如，在导入课文时，我给他们观看了泰国的一个禁烟广告，广告描述的是一项街头调查，十岁左右的两个孩子假装找正在吸烟的大人借火点烟，尽管这些大人自己正在吸烟，但无一例外都低头告诉这两个孩子，不能吸烟，因为吸烟对人体健康是有害的。听完以后，孩子们递给大人们一张纸条，上面写着："You care about me, but what about yourself?（你关心我，那你自己呢？）学生们看完这个导入片，通常会站在大人的立场去思考这个问题，不是作为一个受教育的角色，而是能够起到模范带头作用的大人，甚至对孩子们的一生产生深远影响的人。启发思考过后，很多学生感触良深。从这个角度引导学生思考吸烟的危害，树立起正确的价值观、人生观，同时挖掘出学生们身上隐藏的人文关怀、仁爱之心和作为一个成人的社会责任感，从需要帮助换位为如何帮助别人，这个角度学生们会更容易接受。

2. 线上线下混合式教学法

线上的内容更能反映前沿性和时代性，线上的方式更符合大学生尤其是高职学生这个学习群体的知识汲取模式，线上教学可以利用雨课堂等充分融合网络上热门的一些视频和材料，通过在线做题、互评、生成词云、分组完成任务等，有效记录学生的学习过程和学习数据，助力学生深度学习；线下的课堂更能约束高职学生的惰性，更能引导学生用正确的方式、方法去学习语言和文化，更能纠正学生在自主学习过程中产生的误区。两者相辅相成、相互促进，共同助力教学目标的实现。

3. 任务驱动法、分组合作学习法和第二课堂开发法

一般来说，高职学生的动手能力和创造力比较强，通过布置具体动手操作的课上课下任务，可以进一步激发学生的学习兴趣，巩固学生的学习内容，提升学生的动手能力和团队合作能力。"吸烟"这个主题对于学生来说非常贴近生活，通过课上课下内容的学习，学生能更进一步了解到吸烟对人体的危害，得出"吸烟有害健康"和"坚决抵制二手烟，创造无烟绿色校园"等结论。因此，引入英文海报设计任务，要求学生课下分组讨论完成这两个主题的海报设计，将他们的特长和英文文字运用相结合。

将海报收集上来后，还可以做一个英文海报展，以第二课堂反哺第一课堂。

4. 头脑风暴法

在讲解课文里的重点单词和句子时，枯燥的语法讲解不容易引起学生的注意，所以对于具有代表性的重点单词和句子，运用头脑风暴的方法进行联想和拓展，将所学知识横向联系社会热点、纵向联系已掌握的旧知识，

做到知识体系的融会贯通。比如，在讲授 opium（鸦片）这个单词时，学生会联想到林则徐或鸦片战争，由鸦片战争，学生容易联想到那些丧权辱国的条约，想到 100 多年前的中国。想到过去的屈辱历史，学生自然会与现在和平幸福的生活相对比。在教师的帮助下，学生们会联想到之前中美高层战略对话中中方的一些霸气回应，想到翻译张璐的优秀表现，从而对英语专业毕业后常见的就业方向——翻译这个职业的工匠精神和敬业精神产生更深层次的认识，丰富了家国情怀，提升了文化自信和民族自豪感。

二、案例实施

（一）教学目标

教学目标如表 1 所示。

表 1 教学目标

知识目标	（1）用正确的语音、语调读出生词和短语。 （2）正确理解文章的主题和内容。 （3）正确运用生词和短语中的高频词汇、文章中的重点结构和语法知识，如后缀"-en"的用法、"which"引导的非限定性定语从句、"so…that…"的用法
能力目标	（1）能就"smoking"这个主题发表自己的看法。 （2）能看懂、听懂课前补充的原声视频材料并发表自己的看法。 （3）能阅读课后补充的文字和视频材料并发表自己的看法。 （4）能掌握本单元的 Reading Skills—Understanding Figurative Language。 （5）能掌握本单元的 Writing Skills—A Paragraph of Cause and Effect
思政目标	（1）引导学生树立正确的人生观、价值观和世界观。 （2）培养学生的仁爱之心和人文情怀。 （3）帮助学生树立正确的法律法规意识。 （4）增强学生的社会责任意识。 （5）引导学生领会传播优秀中国文化的要义，培养家国情怀，做中国梦的主讲者和实现者

（二）教学设计

（1）总结学生预习的 Preview 段落的主题为 parent-child relationship（父母和孩子之间的关系），回顾上学期学过的关于这个话题的一些说法，如：generation gap（代沟）等（10 分钟）。

（2）读并翻译出 Section A 的文章题目"Weeping for My Smoking Daughter"，并引出 smoking 这个主题；在雨课堂上做一个小调查——"What do you want to know about smoking?"（关于吸烟，你想知道什么？）（15 分钟）。

（3）打开词云功能，就学生主动提出的相关话题进行简单的引导和讨论（集中在 no smoking 和 second-hand smoking 两个方面）（15 分钟）。

（4）听生词录音，读生词（5 分钟）。

（5）在第二节课开始的 5 分钟的"迷你思政小课堂"上，把之前让学生在 China Daily 上或者 B 站上找到的有关于吸烟或禁烟、绿色校园这类主题的新闻或视频跟学生分享，将学生从课间玩手机的放松状态吸引到课堂中（5～10 分钟）。

（6）再听录音，跟读单词，然后强调单词表里面容易读错和容易理解错的单词，拓展高频词或思政要点词。

比如，由单词opium（鸦片）能联想到the Opium War（鸦片战争），然后联想到100年多前中国历史的屈辱，联想到2021年中美高层战略对话中杨洁篪的霸气回应和翻译张璐的完美语言复制。

提到鸦片战争，也可以引申到鸦片战争的导火索，引申到古代丝绸之路和现代"一带一路"的标准翻译，纠正学生在网络上看到的一些不正确的翻译版本，避免在四六级考试中出现贻笑大方的错误翻译（15分钟）。

（7）分析文章结构，讲解文章中的语法，包括重点单词、短语和句型，如which引导的非限定性定语从句（20分钟）。

（8）回顾本节课所学内容，布置英文禁烟小海报的设计任务，要求学生分组完成。如果有时间、有条件，学生也可以拍摄英文禁烟小视频（5分钟）。

（三）教学过程

1. 课前

（1）要求学生预习课本第101页的Preview段落，在雨课堂上以文字总结并提炼出有关第五单元主题的词云，然后引申总结出这个单元的主题。

（2）要求第五组学生在网络上搜索美国"万宝路"牌香烟（见图1）的广告并传到班级QQ群中，供大家观看。

图1 美国"万宝路"牌香烟

（3）要求学生预习课文和生词，跟读课文生词并录音，完成QQ群的群作业——语音朗读Section A的生词和短语。

（4）总结学生预习的Preview段落的主题为parent-child relationship（父母和孩子之间的关系），回顾上学期学过的关于这个话题的一些说法，如generation gap（代沟）等（10分钟）。

2. 课中

（1）读并翻译出 Section A 的文章题目"Weeping for My Smoking Daughter"，并引出 smoking 这个主题；在雨课堂上做一个小调查——What do you want to know about smoking?"（关于吸烟，你想知道什么？）（15 分钟）。

（2）打开词云功能，就学生主动提出的相关话题进行简单的引导和讨论（集中在 no smoking 和 second-hand smoking 两个方面）（15 分钟）。

（3）听生词录音，读生词（5 分钟）。

（4）在第二节课开始的 5 分钟的"迷你思政小课堂"上，把之前让学生在 China Daily 上或者 B 站上找到的有关于吸烟或禁烟、绿色校园这类主题的新闻或视频跟学生分享，将学生从课间玩手机的放松状态吸引到课堂中（5～10 分钟）。

（5）再听录音，跟读单词，然后强调单词表里面容易读错和容易理解错的单词，拓展高频词或思政要点词。比如，由单词 opium（鸦片）能联想到 the Opium War（鸦片战争），然后联想到 100 多年前中国历史的屈辱，联想到 2021 年中美高层战略对话中杨洁篪的霸气回应和翻译张京的完美语言复制。

提到鸦片战争，也可以引申到鸦片战争的导火索，引申到古代丝绸之路和现代"一带一路"的标准翻译，纠正学生在网络上看到的一些不正确的翻译版本，避免在四六级考试中出现贻笑大方的错误翻译（15 分钟）。

（6）分析文章结构，讲解文章中的语法，包括重点单词、短语和句型，如 which 引导的非限定性定语从句（20 分钟）。

（7）回顾本节课所学内容，布置英文禁烟小海报（见图 2）的设计任务，要求学生分组完成。如果有时间、有条件，学生也可以拍摄英文禁烟小视频（5 分钟）。

图 2　英文禁烟小海报

（此两幅示例作品均来源于网络）

3. 课后

（1）完成书本课后相关练习。

（2）完成雨课堂和 QQ 群中补充材料的阅读和观看，并进行小组讨论。

（3）分小组完成创意设计禁烟广告作业，并拍照上传到 QQ 群中。

（四）教学实效

教学实效如表 2 所示。

表2　教学实效

	单纯的"综合英语"教学		融入"课程思政"后	
	形式	效果	形式	效果
听	单词录音、课文录音、四六级考试听力	学生跟读模仿,感觉单调枯燥	英文广告视频、中美高层战略对话视频	学生聆听领导人、名人、专业同传发出的声音,了解国际国内形势、国家的治国理政方略,收获信仰、力量,树立正确的世界观、人生观,提升人文素养,培养家国情怀和民族自豪感
说	口语活动、演示	结合了学生生活和交际的需要,但缺乏正确的导向性	课堂5分钟主题讨论或演讲	贴近生活的口语练习,很好地结合了四级考试的题型,有助于引起学生对身边事和时事的关注,提高他们的社会责任心和法治意识
读	课内文本精读和泛读、分析语篇	夯实学生的语言基础,提高学生的应用能力	筛选中美高层战略对话中张璐翻译的英文句子、英文广告词等	学生在学习语言的同时,加强对社会主义核心价值观的认同,并比较中西方文化制度的差异
写	各类应用文体和主题文章的写作	培养学生的语言组织能力	按照单元主题,配套布置创意英文禁烟海报设计任务	学生在提高写作能力的同时,潜移默化地提高了思想水平
译	课文及课后配套练习中的翻译	培养学生对课文中重难点知识的运用能力	将自己翻译出的中美高层战略对话语录和张璐临场发挥的版本做比较,找出不足之处;英文禁烟广告口号的翻译	有助于学生强化翻译技能,同时掌握具备实效性的材料翻译技巧,树立正确的世界观、人生观,提升人文素养,培养家国情怀和民族自豪感

三、案例反思

（一）创新之处

既然主动选择了英语专业,从学情角度来分析,这些学生普遍对英语有学习兴趣,但尽管有了前一个学期的训练和积累,他们的基础还比较薄弱。在学习的过程中,教师满堂灌,学生机械地听、被动参与,是得不到好的效果的。所以,在教学设计的过程中选择贴近学生的生活、能吸引学生注意力的话题,在教学过程中采用任务驱动和小组合作的方式,消除他们的顾虑,激发他们的动力,使他们自发地产生要说、要写、要学的意愿,这是本课教学设计的出发点和落脚点,也是本课的创新点。

（二）下一步改进措施

雨课堂刚刚开始启用不久,对它的功能还没有做到全面了解,尤其是对于课前预习和课后复习如何充分使用线上教学方式辅助线下自学模式,还需要进一步探讨。

对于融合式教学如何把线上的学生也充分融合到教学过程中来,充分发挥线上的优势,为课程思政的教学点更好地服务,也需认真去挖掘。

四、案例资料

（一）课件资料

自制 PPT 文件 2 份。

（二）其他相关教学资源

（1）泰国禁烟广告视频。
（2）禁烟广告图片。

所属学院：基础教学部
课程名称：大学英语
课程类型：公共必修课
案例章节：Unit 6　Sports and Health—Text A
案例名称：追逐梦想，永不言弃
　　　　——"大学英语"课程思政案例
案例作者：张佳瑶，王艳丽

课程简介：本节课旨在介绍主人公 Paul Wylie 的冬奥成功之路，由 Paul Wylie 获得成功所具备的百折不挠、坚持不懈的优秀品德，引导学生联系到 2022 年北京冬奥会的奥运健儿们，通过让学生讲述奥运健儿们的英雄故事，让学生深刻理解"胸怀大局、自信开放、迎难而上、追求卓越、共创未来"的北京冬奥精神，发扬自强不息、百折不挠的中华精神。本节课以文本为抓手，通过视频、新闻报道、慕课等形式融入思政元素，并开展"坚持与放弃"的主题讨论，让学生在活动中树立积极进取的人生态度，培养正确的得失观，厚植家国情怀，成就出彩人生。

追逐梦想，永不言弃
——"大学英语"课程思政案例

一、案例简介

本单元的课程教学遵循立德树人的理念，深入挖掘课文中蕴含的思政元素，运用马克思主义的唯物主义观点引导学生发现问题、分析问题、解决问题；围绕"运动与健康"这一主题，结合"北京冬奥会""中国女足"等，将中华精神等思政元素渗入课程中；以立德树人为根本任务，努力培养具有理想信念、爱国情怀，能担大任的新时代大学生。

二、案例实施

（一）教学目标

1. 知识目标

（1）理解文章大意，掌握重点词汇和句型。

（2）运用所学词汇和重点句型进行日常口语交际。

（3）掌握常见体育项目的英译方法。

2. 能力目标

（1）培养学生的阅读能力、信息归纳能力。

（2）培养学生用英语表述相关话题（失败与成功 / 英雄故事）的能力。

3. 思政目标

（1）深刻理解"胸怀大局、自信开放、迎难而上、追求卓越、共创未来"的北京冬奥精神，发扬自强不息、百折不挠的中华精神。

（2）学习英雄和道德模范的优秀品质，传承红色基因，弘扬红色精神，培养爱国情怀，促进学生成长成才，助力中华民族伟大复兴。

（3）培养积极进取的人生态度，树立正确的得失观，厚植家国情怀，成就出彩人生。

（二）教学设计

教学设计如表 1 所示。

表 1 教学设计

专业名称	非英语专业		设计者	张佳瑶 王艳丽	日期	2022 年 4 月
课程名称	大学英语二				课程代码	A2711001
授课类型	☑理论型（A 类） □理实一体型（B 类） □实践型（C 类）					
单元名称	Unit6　Text A　Never Give Up				授课学时	2 课时
学情分析	本节课的授课对象为电商学院非英语专业学生。总体来说，大部分学生在能力水平方面已具备了一定用英语获取信息、处理信息、分析问题和解决问题的能力；在知识水平方面能运用最基本的阅读技巧，如精读和泛读等，阅读并理解一些难度较低的文章；在认知水平方面具备一定的英语基础，乐于用英语进行沟通交流，具有一定的表现力和较好的团队合作意识。同时，也存在一些问题，如举一反三的能力较弱，不能融会贯通；知识结构较零散，缺乏思辨能力，不能发掘文章所蕴含的文化内涵					
重点	（1）掌握常见体育项目的相关词汇、短语及句型。 （2）挖掘文中所蕴含的思政元素					
难点	（1）复合组合句的构成方式和改写。 （2）思辨能力的培养					
教学方法 手段	方法：任务型教学法、交际语言教学法、启发式教学法、情境教学法等。 手段：雨课堂、SPOC 平台、云班课、QQ 群					
活动历程	时间分配 / 分	教学内容		教学活动		教学资源
	20	1. 金句分享。 2. 观看 Paul Wylie 比赛视频		教师：展示金句，播放视频。 学生：借助课前做好的 PPT 分享英雄故事及感受		SPOC 平台、PPT、网络视频
	5	语言知识学习		教师：采用头脑风暴法，引导学生回顾学过的关于"坚持与放弃"的词汇；展示与领读生词。 学生：回顾词汇，借助词典查找单词并跟读		英语词典 App
	20	泛读文章。 阅读中国女足报道，并展开"失败与成功"的主题讨论		教师：展示 5 个问题。 学生：快速阅读文章，并分组讨论、分享感受		网络报道
	40	1. 精读文章。 2. 观看 2 段短视频《生命面前，我们永不放弃》《北京冬奥会背后的"凡人英雄"》。 3. 总结归纳		教师：引导学生挖掘思政元素；通过雨课堂随机点名功能抽取学生回答问题。 学生：画出相应的关键句和关键词；结合 Paul Wylie 对英雄的看法，学生展开讨论——"为国争光的奥运健儿，恪尽职守的快递小哥，哪一个才是真正的英雄？"		网络视频、雨课堂
形成性评价	1. 课堂参与（30 分）； 2. 考勤（10 分）； 3. 课后作业（50 分）； 4. 其他（10 分）					

课后作业	1. 观看TED演讲"什么时候该放手，什么时候该坚持"，以"Do you agree that there are times when it's simply better to give up？"为主题，搜集相关信息，为辩论做准备。 2. 思考"What do you usually do when facing difficulties？"并以"坚持和放弃"为主题写一篇作文，上传至批改网

（三）教学过程

1. 课前准备——线上预习

围绕本单元主题，结合课程思政的大背景，发布课前任务。

（1）学生预习 Unit 6 Text A Never Give Up 课文，并搜集与坚持有关的谚语，选择至少一句上传至云班课平台。

（2）教师在 SPOC 平台上传视频《铿锵玫瑰，永不言弃》，学生观看并讨论中国女足如何在逆境中绝处逢生，并通过发送弹幕的形式，描述自己的感受。

（3）学生阅读北京冬奥会相关报道，搜集英雄故事，分小组进行 PPT 制作，并将制作完成的 PPT 作品上传至云班课，全班学生对已提交的作品进行投票，得票最多的小组在课上展示。

融入思政元素：通过线上讨论、信息检索、PPT 制作等形式，培养学生的自主学习能力；通过观看视频及阅读北京冬奥会相关报道，学习中国女足的永不言败、无私奉献、团结协作，发扬运动员自强不息、顽强拼搏的中华体育精神。

2. 课中实施——线下融入

1）导入（20 分钟）

（1）教师从云班课平台选择具有代表性的谚语或金句在课堂上展示，并探讨其内涵，为学生营造思政教学氛围。

（2）根据课前预习，得票最多的小组在课上借助 PPT 用英文讲述自己所搜集的英雄故事，并分享感受。

（3）学生观看 1992 年冬奥会 Paul Wylie 的比赛视频（见图1），教师引出本文的主题"Never Give Up"，引导学生探索主人公 Paul Wylie 的成功之旅。

图1 1992年冬奥会 Paul Wylie 的比赛视频截图

融入思政元素：通过对谚语和金句内涵的理解，培养学生坚持不懈的品质，激发学生的内在学习动力；讲述英雄故事，传承红色基因，弘扬红色精神，让学生感悟英雄精神，激发学生对英雄的尊敬与崇拜，培养学生的爱国情怀；观看 Paul Wylie 的比赛视频，感受成功的喜悦，进而促进学生树立长远目标，坚定理想信念。

2）语言知识学习（5分钟）

在学习文章内容之前，进行词汇学习。学生可以使用有道词典、人人词典、海词等工具查询单词，以帮助更好地理解词义。

（1）与坚持和放弃有关的词汇／短语。

坚持：persevere；maintenance；persist；insist on；stick to；adhere to。

放弃：quit；abandon；give up；renounce；back-out；desert。

（2）生词。

autograph；choke；endorsement；defend；heroism；incapable；perfection。

3）文本解读

（1）泛读文章（25分钟）

教师引导学生快速阅读文章，了解文章的基本内容和框架结构，让学生讨论回答与课文内容相关的5个问题，由此了解Paul Wylie是如何通过自己的努力走向成功的。

① What did people think of Paul Wylie before the 1992 Winter Olympics?

② Why did people consider him a hero after the 1992 Winter Olympics?

③ How was Paul Wylie's life changed after he won the silver medal?

④ What is a hero and what makes a true hero in Paul Wylie's opinion?

⑤ What have you learned from Paul Wylie's story?

拓展：通过阅读文本，可以得知1992年是Paul Wylie的人生转折点，接着带领学生探寻中国女足的转折点，引入一则女足获胜的新闻报道"A turning point for Chinese football"（见图2），引导学生了解相关背景，并结合课前任务，探索Paul Wylie与中国女足获胜的奥秘，展开"失败与成功"的主题讨论，并以小组形式分享。

图2 中国女足获胜的新闻报道

融入思政元素：培养学生的辩证思维，同时深化学生对成功的定义，引导学生形成正确的得失观，进而树立正确的人生观、价值观、世界观；引导学生学习自强不息、百折不挠的优秀品质，促进学生成长成才，激发学生的爱国情怀，助力中华民族伟大复兴。

（2）精读文章（40分钟）。

学生阅读文章，以1992年为时间界限，找出成功前后他人对 Paul Wylie 的评价和 Paul Wylie 的自身评价，并画出相应的关键句和关键词，如表2所示。

表2 关键句和关键词

成功前后的评价		关键句	关键词
成功前	他人评价	1.Make room for the younger skaters. 2.Almost everyone had counted him out.	disappointed doubted
	自身评价	It was hard to keep going. But I just decided, I'm going to persevere and hang in there, because I have a shot.	persevering struggling
成功后	他人评价	1.You came here an unknown and now you go home a hero. 2.A young man who had discovered and demonstrated that goals can be reached no matter how many obstacles and botched attempts lie in the way.	clapping turn around
	自身评价	1.What makes a true hero is selfless service. 2.Hero must look for ways to serve on a regular basis — not just in a crisis or more visible situation.	selfless maintenance

拓展：结合 Paul Wylie 对英雄的看法，让学生展开"为国争光的奥运健儿，恪尽职守的快递小哥，哪一个才是真正的英雄？"的讨论，并观看2段短视频《生命面前，我们永不放弃》（见图3）、《北京冬奥会背后的"凡人英雄"》（见图4），运用雨课堂随机点名的功能，抽取学生作答。

图3 视频《生命面前，我们永不放弃》截图

图4 视频《北京冬奥会背后的"凡人英雄"》截图

融入思政元素：分析文本，学习 Paul Wylie 的不放弃，培养学生从挫折中不断奋起、永不气馁的精神；观看短视频介绍抗击疫情和北京冬奥会中的英雄人物，让学生明白为人民利益而奋斗的英雄们，正是怀着对祖国和人民的强大信心、坚定信念和崇高信仰，才能够矢志不渝、顽强拼搏、无私奉献。此外，让学生感受平凡的人也能创造不平凡，既要向英雄和道德模范人物学习，也要向伟大的劳动者致敬，进而培养学生积极进取的人生态度，促进学生个体成长成才、厚植家国情怀、成就出彩人生。

（3）总结归纳。

①采用思维导图（见图5），让学生以关键词的形式复述 Paul Wylie 的故事。

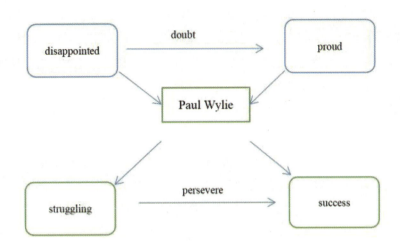

图 5　思维导图

融入思政元素：提升学生的总结归纳能力，借助思维导图锻炼学生的逻辑思维能力，引导学生学习 Paul Wylie 身上体现的胜不骄败不馁的优秀思想品德。

②知识拓展。

拓展与冬奥会运动项目有关的词汇。

速度滑冰 speed skating　　　　花样滑冰 figure skating

冰球 ice hockey　　　　　　　自由式滑雪 freestyle skiing

冰壶 curling　　　　　　　　　雪车 bobsleigh

冬季两项 biathlon　　　　　　　雪橇 luge

跳台滑雪 ski jumping　　　　　单板滑雪 snowboard

短道速滑 short track speed skating

3. 课后巩固——线上线下加强

（1）观看 TED 演讲"什么时候该放手，什么时候该坚持"（见图 6），以"Do you agree that there are times when it's simply better to give up？"为主题，搜集相关信息，为辩论做准备。

图 6　TED 演讲截图

（2）思考"What do you usually do when facing difficulties？"并以"坚持和放弃"为主题写一篇作文，

上传至批改网。

融入思政元素：布置的课后任务有两个，一是激发学生思考，培养学生的辩证思维，让学生明白坚持是一种信念，但放弃有时也是一种豁达和智慧，二者并没有孰对孰错，关键是在特定情境下做出正确的选择；二是让学生学会温故知新，做到知行合一、学以致用。

（四）教学实效

从知识层面看，通过文本学习，学生在丰富英语词汇储备、锻炼英文表达能力的同时，增长了与冬奥会相关的文化知识，也提升了自身的阅读能力、逻辑思维能力。从技能训练角度来看，通过视频学习、小组学习、提问与互动，学生养成了独立思考、自主学习、合作交流的能力，实现了综合素质的提升。从思政教育角度来看，通过学习 Paul Wylie 的不放弃，激发了学生的顽强意志，成功引导学生树立积极进取的人生态度、培养正确的得失观、厚植家国情怀。

三、案例反思

（一）创新之处

1. 教学方法创新

采用任务型教学法、交际语言教学法、启发式教学法、情境教学法和小组合作式教学法等多种教学方法，依据"学生中心"的原则，开展线上与线下的混合式教学，运用雨课堂、云班课、手机 App（可可英语、批改网）搭建课前预习平台；以 SPOC 平台、微课视频等作为补充平台；通过 QQ 群、微信群为学生实时答疑，将 QQ、微信作为师生学习交流平台，将现代信息技术应用于教学的各个环节，将线上、线下有机融合，实现信息化、多元化教学。

2. 教学内容创新

一方面，让学生探讨什么才是真正的英雄，让学生感受平凡的人也能创造不平凡，既要向英雄和道德模范人物学习，也要向伟大的劳动者致敬；另一方面，让学生思考"有些时候放弃会更好吗？"，培养学生的辩证思维，让学生明白坚持是一种信念，但放弃有时也是一种豁达。

（二）下一步改进措施

教学过程中实现了思政教育与教学设计和教学环节的有机融合，学生不仅掌握了基础知识，也提高了思想政治水平，但教学中仍存在一些明显的不足：第一，课程思政对教师的业务水平和理论修养提出了更高的要求，教师自身对思政知识的掌握不够系统，有待提高；第二，没能着重关注课程思政的实践性；第三，思政教育的内涵与外延拓展得不够深入。因此，在今后的教学中，要以这三方面为切入点，加强文本中思政点的挖掘，强化教学实践与探索。

四、案例资料

（一）课件资料

课件资料如图 7 所示。

图 7　课件资源

课件资源的制作基于"十二五"普通高等教育本科国家级规划教材《大学体验英语综合教程（第四版）》第六单元第一篇阅读。

（二）其他相关教学资源

（1）学生在 SPOC 平台自学语言知识点。

（2）《新视野大学英语读写教程（第三版）》，郑树棠主编，外语教学与研究出版社，2020 年 6 月。

所属学院： 基础教学部

课程名称： 英美文学选读

课程类型： 专业选修课

案例章节： 第一章

案例名称： "英国文艺复兴：威廉·莎士比亚"教学中思政元素的融入
——"英美文学选读"课程思政案例

案例作者： 赵谦

课程简介： 作为商务英语专业的专业选修课之一，"英美文学选读"中蕴含着丰富的思政教育元素。在"英美文学选读"课程的建设中，我们应该将课程思政融入其中，坚持"德育为先"的人才培养原则，结合课程教学内容，对学生进行社会主义核心价值观教育，着力培养他们的勤奋刻苦、批判创新等优秀品质。该课程主讲教师应该深入挖掘该课程中的思政元素，合理地将它们融入教学之中，让学生在学习西方文学和文化的同时，增强自身的文化自信。

"英国文艺复兴：威廉·莎士比亚"教学中思政元素的融入
——"英美文学选读"课程思政案例

一、案例简介

习近平总书记在《思政课是落实立德树人根本任务的关键课程》中提到显性教育和隐性教育相统一的问题，提出"要挖掘其他课程和教学方式中蕴含的思想政治教育资源，实现全员全程全方位育人"。随着"课程思政"理念的提出，许多职业院校外语教师以此为目标不断推进教学改革。他们大力挖掘并利用课程中的隐性思政元素，努力培养具有世界视野、中国灵魂的外语人才。本着"以学生为主体"教育思想，"英美文学选读"以"阅读、讨论、评析"为课程内容设计原则，以提高学生整体素质为基础，采用教师讲授分析作家作品、学生课外阅读与课内检查指导相结合的方式教学，以期通过系统学习英美经典文学作品，增加学生对英美文化的理解，同时巩固英语技能，为今后的深造打下基础。

本次教学设计的思路是把思想政治教育放在重要位置，以教材内容为基础，将思政元素融入教学过程中；通过对文艺复兴这一时代背景的介绍，结合英国戏剧发展的历程，深入分析莎士比亚戏剧代表作；在深入分析课程内容的基础上，运用马克思主义的方法论引导学生发现问题、分析问题、解决问题，通过中西文化的对比，使学生认识到英语语言作为文化交流桥梁的重要性。此外，通过思政元素在课程中的融入，可以实现立德树人的任务，有助于培养具有爱国情怀、理想信念坚定、社会责任感强、能传承弘扬中国传统文化的新时代大学生。

二、案例实施

（一）教学目标

1. 知识目标

让学生了解文艺复兴的概况、英国戏剧发展的历史以及莎士比亚的喜剧代表作《威尼斯商人》和悲剧代表作《哈姆雷特》。

2. 能力目标

通过小组展示及互动讨论，增强学生的英语应用和口语技能，培养学生发现问题、分析问题的能力；引导学生查阅资料、独立思考，培养学生的自主学习等综合能力。

3. 思政目标

培养学生积极自主的学习态度和沟通合作的团队精神，激发学生的爱国情怀，引导学生树立文化自信、增强社会责任感、塑造良好的价值观念。

（二）教学设计

1. 教学方法

教学方法主要包括讲授法、任务驱动法、互动式讨论法、小组学习与展示法。

在课程思政教学过程中，使用讲授法进行阅读教学时，教学进程主要由教师的讲解来推动，因而思政元素必然要融合到教师的讲授中去。作为讲授法的实施主体，教师有意识地发掘、利用思政素材，以自然而不刻意的方式传达给学生。任务驱动法涉及教师和学生两个主体，相较于讲授法，互动性更强，学生参与度更高。使用任务驱动法时，课程思政的实施主体是师生双方，由教师启发，学生在思考的过程中完成思想品德的塑造和提升，因此可以取得较好的教学效果。

2. 教学手段

教学手段包括：线上教学与线下教学相结合；PPT与板书相结合；启发式教学与讨论式教学相结合。此外，使用SPOC平台、雨课堂等信息化教学平台辅助教学，课前与课后使用QQ群等进行学习交流与反馈。

3. 教学素材

课程思政教学素材的来源有两个方面：一是本课程的教材中所蕴含的思政元素；二是为使教学内容与思政元素更好地结合，教学主体在教材之外自主搜集的思政素材，如图片、视频、金句等。不论是哪个方面的素材，在使用之前都要做好甄别并考虑好实施路径和方法。

（三）教学过程

1. 课前准备

（1）组织学生观看SPOC平台的视频课程进行预习，使学生了解关于英国文艺复兴的文化背景知识。学生观看后可通过SPOC平台、QQ、雨课堂等进行评论和提问，教师在课上集中答疑。围绕阅读主题，学生分小组在课前制作PPT，并上传至蓝墨云班课进行投票。

融入思政元素：通过观看关于文化常识的视频，丰富学生关于西方戏剧文化的知识；通过完成小组任务，培养学生的独立思考、分工合作等能力。

（2）在课前，学生按照任务要求，以莎士比亚《哈姆雷特》为主题，分小组进行材料搜集、PPT制作，每个小组将制作完成的PPT作品上传至蓝墨云班课，全班同学对已提交的作品进行投票。在课上，得票数最高的小组进行现场展示。展示完毕，学生评价，教师评分。

融入思政元素：通过完成小组作业，提升学生的团结合作能力、沟通交流能力，使学生认识到合作的重要性；通过分享作品内容，让学生感受到自己的劳动成果给大家带来的影响，提升自信心与积极性。

2. 课中

1）文化背景介绍

（1）Renaissance（文艺复兴）。

The word is actually a French word, meaning re-birth. It was first used by the Italians to express the rediscovery of ancient Greek and Roman culture. Now we use this term to indicate the intellectual and literary movement over Europe from the 14th to the early 17th centuries.

Two key points：Humanism and Classicism.

融入思政元素：人文主义和古典主义是文艺复兴运动倡导的思想。人文主义反对之前对人价值的否定，认为人可以通过努力去改变世界。此处，教师可以融入思政教育，如高职院校的学生大多在学习上缺乏信心，教师可以鼓励学生重塑自信，为超越自我而努力。古典主义主张复兴古希腊和古罗马文学，学习其中的文化精华。教师借此向同学介绍一些中国古典名著作品，由此弘扬中华传统文化。

（2）The development of English drama（英国戏剧发展历史）。

The miracle play — Some stories taken from the Bible.

The morality play — *Everyman.*

God sends Death to summon Everyman that he must go on a long journey. He pleads to ask his intimate friends to go with him. But no one except Good Deeds would like to follow him.

The modern drama — William Shakespeare's drama.

Interlude — Catching birds and throwing snowballs at the same time.

The London Theatre — In the 16th century, London became the center of English Drama. Women's parts are always taken by boys. The audience covered almost all classes. It was such an audience that fostered the drama with their hard-earned penny, their tears, laughter and applause.

融入思政元素：在英国文艺复兴时期，戏剧表演只限男性参与，后来女性也开始登上舞台，从此处可以看出女性在社会中地位的发展演变，引导学生在生活中也要消除性别歧视，树立正确的性别观念，男性、女性平等对待，不能受到"重男轻女"等思想的影响。

（3）"University wits"（大学才子）。

They are famous dramatists, graduated from Oxford and Cambridge. They made a living by writing dramas for the theatre. Although they led a miserable life, they provided London Theatre a lot of wonderful pieces.

These young artists include Lily, Marlowe etc.

融入思政元素：爱国主义是中华民族最稳定的文化基因，要求中国公民充分肯定自己国家发展的成就，自信有本国特色的理论、道路和制度。培养学生的爱国情怀是大学教师的责任，在教学中有效地开展爱国主义思政教育需要教师提前做很多功课。相较于牛津大学的悠久历史，中国高校的历史相对较短。通过对比中西方著名大学的差距，鼓励学生为中华崛起而努力读书。

2）莎士比亚戏剧创作的三个阶段

First period （1590—1600）.

主要作品：

Historical plays： *Henry VI*， *Richard III*， *Richard II*， *Henry V*.

Comedy： "The Comedy of Errors" —Confusions produced by the presence of twin brothers with their twin servants in the same city.

A Midsummer Night's Dream， *The Merchant of Venice*.

Come-tragedy： *Romeo and Juliet* —The balcony scene and the parting scene are the most famous love scene in the world literature.

When Shakespeare wrote these early plays, he was a young man from 26 to 35. His work in this period bears the mark of youth, but of youth with astonishing versatility and wonderful talent. The comedies are chiefly concerned with the affairs of youth and full of romantic sentiment. This period is mainly a period of great comedies and mature historical play. In this period, the dramatist made an advance in every way on the basis of the achievement of the first period, in knowledge, in wisdom, in political insight, in dramatic skill, in creative power, in characterization and in versification. The general mood of these works is optimistic. Pure breath of the green fields and of the flowers and lit by a warm sunshine of gladness, ringing with a chorus of youthful laughter.

Second period （1601—1607）.

主要作品：

Four great tragedies： *Hamlet*, *Othello*, *Macbeth* and *King Lear*.

Othello： Othello is a new man of the Renaissance. He is a great warrior, and too noble-minded to suspect those whom he loves. The story is a tragedy of the colored people in a society of racial prejudice.

Macbeth： The play is a tragedy of ambition, which drives a brave soldier and national hero to degenerate into a bloody murderer and result in his doom.

King Lear： The theme of the play is not only the filial ingratitude. It depicts a great social upheaval. It presents Shakespeare's affirmation of national unity and royalty. He seems to point out that the king, however great he might be, should be responsible to his people. If, in one way or another, he betrays the peoples trust, history will condemn him.

Third period（1608—1613）.

主要作品：

Reconciliation plays： *Cymbeline*， *The winter's tale*， *Tempest*.

With this period, we turn from the storm, the gloom of the third period to a great peacefulness of light and a harmony of earth and heaven.

融入思政元素：莎士比亚一生创作了37部戏剧和154首十四行诗，是一位特别高产的顶级作家。除了天赋之外，勤奋是莎士比亚成功的重要秘诀。由此，教师可以激励学生，告诉他们千里之行始于足下、稳扎稳打、坚持到底等基本道理，由此让他们意识到踏实勤奋、持之以恒的重要性。

莎士比亚的戏剧创作，与他的人生经历紧密相连。在35岁前，他年轻气盛、意气风发，对未来充满了幻想。与此同时，他的赞助商亨利也处于事业的巅峰期。正因如此，这一时期的莎士比亚创作出了许多优秀的喜剧作品。随后，步入中年的莎士比亚渐渐体会到了生活中的艰辛与不易。亨利政治地位的丧失，更让他丧失了稳定的生活来源。因此，心态失衡的莎士比亚开始了悲剧创作，由此创作出了"四大悲剧"。进入晚年的莎士比亚，看透了世间百态，人生态度也变得风轻云淡。在这一时期，他创作了一些"和谐剧"。讲授莎士比亚创作历程时，教师可以融入思政教育，告诉学生，人生中有起有落，要尽量保持平和的心态，得不喜、失不忧。此外，情绪管理是取得成功的重要因素，是每位同学需要关注的人生课题。

3）莎士比亚喜剧代表作——《威尼斯商人》。

Main characters:

Antonio—A merchant in Venice.

Bassanio—Antonio's best friend.

Shylock—A greedy money lender.

Portia—A rich lady with a wise head.

Brief story:

Bassanio falls in love with Portia. In order to win her love, he wants to borrow some money from Antonio. It happens that Antonio's ship was on the sea. In order to help his friend, Antonio turns to Shylock. Shylock hates Antonio because Antonio always scolds him publicly for his greedy. He agrees to lend Antonio the money in case that if Antonio fails to pay back the money, he would get a pound of flesh from Antonio's body. Antonio agrees. With the money, Bassanio succeed in making proposal with Portia. At this moment, news comes that Antonio's ship doesn't return on time and Antonio is put on to the court. With the help of the judge, Antonio was saved at last. The story ends with the return of Antonio's ship.

Character analysis:

Shylock—Greedy, foolish, selfish, ignorant, cold-blooded, lonely, lack of love, poor in spirit, racial discrimination.

Portia—She is one of Shakespeare's ideal women, beautiful, cultured courteous and capable of rising to an emergency.

4）莎士比亚悲剧代表作——《哈姆雷特》。

Main characters:

Hamlet—the prince.

Claudius—Hamlet's uncle who killed his brother and became the king.

Gertrude—Hamlet's mother.

Ophelia —Hamlet's girlfriend.

Polonius— Ophelia's father.

Laertes— Ophelia's brother.

Brief story:

Claudius killed his brother and became the king. He also married his brother's wife—Gertrude. Hearing the news of his father's death, the prince felt very sorry. One night, he dreamed of his father who told him the truth. Soon, Hamlet proved his dream. He waited for a proper chance. One day, during his talking with his mother, he killed Polonius unexpectedly. This made his girlfriend become mad and died. Laertes wants to kill Hamlet and a competition was arranged by Claudius. Hamlet wounded badly but he killed his enemy before his death.

融入思政元素：在课文节选中，哈姆雷特犹豫是否要杀死叔叔为父报仇，但因为担心政局动荡、百姓受难，迟迟没有动手。此处，他心系天下的爱国情怀，是思政教育的绝佳案例。在故事结尾，哈姆雷特临近死亡，他没有考虑自己的安危，反而叮嘱亲信，安排好国家的事宜。我们可以把这一段原文找到，融入爱国主义教育。当前，中华民族正在为实现伟大复兴梦而努力。此处，我们可以培养学生的爱国热情，让他们意识到中国传统文化"走出去"的重要性。要让中国文化走向世界，首先要了解它、感受它、热爱它，做好传统文化的传承。同时，让学生意识到，英语是一种沟通交流的工具，更是文化传播的桥梁。为弘扬中国文化，我们可以利用英语更好地将中国文化传播到世界各地，早日将中华文化传遍世界各地。

3. 课后反思

（1）坚持"德育为先"的人才培养原则，结合课程教学内容，对学生进行英语国家文化和社会主义核心价值体系教育，着力培养学生诚实、守信、爱岗敬业、善于沟通和团队合作等良好的思想道德素质。

（2）教学中应充分发挥教师的主导性作用和学生的主体性作用，注重教师与学生之间的平等交流、相互切磋。

（3）教师可根据教学对象的实际调整课程教学标准，丰富教学内容。

（四）教学实效

学生在掌握英语语言知识、提升英语应用能力的同时，丰富文化常识，培养自主思考能力和实践交流能力。在全球化的大环境下，学生可以树立跨文化交流意识，坚定理想信念，利用语言的桥梁作用，提升翻译技能，基于中国文化的传承与弘扬，推动中国文化走向世界。通过阐释文化软实力的重要性，进一步树立学生的文化自信，用习近平总书记的语录激发学生的爱国之情，鼓励他们为社会、为国家的未来而奋斗，提升学生的社会责任感，进而促进学生树立长远目标、坚定理想信念。

三、案例反思

（1）创新之处：改变了以往单一的课程教学方法，采取线上线下混合式教学模式，将思政教育融入教学实践中。

（2）搜索一些蕴含思政教育元素的视频资料，时长控制在 3~5 分钟内，融入教学之中，增强教学的趣味性，加深学生的印象。

四、案例资料

（1）课件资料：作者自制的 PPT、教学计划与教学讲义。

（2）安徽商贸职业技术学院 SPOC 平台"英美文学选读"在线课程。案例撰写者已经上传与"英美文学选读"课程相关的电子教案、课件、习题和教师拍摄的教学视频资料等，并节选了与课文背景有关的视听材料，供学生欣赏。

Kecheng Youxuan ------ Jiaoxue Sheji yu Shijian

经济贸易类

所属学院： 电子商务学院
课程名称： 会展策划
课程类型： 专业必修课
案例章节： 项目四任务 8
案例名称： 知行合一，做实干家：会展招展实施
　　　　　——"会展策划"课程思政案例
案例作者： 陈忠良，吴木林
课程简介： "会展策划"课程是广告策划与营销专业的专业核心课程，开设于 2007 年。本课程的授课对象为广告策划与营销专业大二学生，目前每年授课班级为 3 个，年授课人数为 150 人左右。本课程秉持"劳动教育和实践育人"的理念，以"教、学、做"一体化实践教学为主线，以校园展销会的举办为抓手，充分拓展课后学时，有效利用各方资源，实现课前、课中、课后的全过程育人，将教师评价和社会评价相结合，对接"以职业需求为导向"的人才培养目标，让每一位学生在亲身策划并实施一场校园展销会的过程中，做一名知行合一的实干家。

知行合一，做实干家：会展招展实施——"会展策划"课程思政案例

一、案例简介

本节课坚持"德育为先"的人才培养原则，通过深度挖掘和提炼课程知识体系中所蕴含的思想价值和精神内涵，科学合理拓展课程的广度和深度并提升课程的温度,从课程所涉专业与行业、国家、国际、文化、历史等角度,将课程思政融入课前、课中、课后教学全过程，对学生进行职业道德与社会主义核心价值体系教育，着力培养学生诚信守法的契约精神、客户至上的服务精神、勇敢坚韧的心理素质，提升学生的职业成就感和认同感，重视发挥课程的育人作用。

二、案例实施

（一）教学目标

教学目标如表 1 所示。

表 1　教学目标

知识目标	能力目标	思政目标
1. 熟悉招展拜访的流程和内容。 2. 能够阐述选择招展拜访目标的三大导向。 3. 能否辨别 want 和 need 的区别。 4. 知晓招展拜访话术的要素。 5. 能够列举《合同法》条款等相关法律知识	1. 能够合理地选择招展拜访的目标。 2. 能够充分、准确地了解目标参展商的需求。 3. 能够撰写符合实际的招展拜访话术。 4. 能够顺利实施校园展销会招展拜访，完成招展任务	培养诚信守法的契约精神、客户至上的服务精神、勇敢坚韧的心理素质，提升职业成就感和认同感

（二）教学设计

教学设计如表 2 所示。

表 2　教学设计

时间	教学内容	教学活动		教学意图	思政要素切入点和育人目标
		教师	学生		
第一阶段：课前自学阶段					
15分钟	任务一：通过云课堂观看客户拜访情景再现视频，预习并总结招展拜访的流程和内容	1. 制作客户拜访情景再现视频	1. 完成云课堂自主学习任务单的学习	1. 课前发布自主学习任务单，有利于培养学生的自学意识，帮助学生提升学习的兴趣和学习的效果。 2. 课前测试帮助教师更好地了解学生，对学情进行深入分析，有助于提升课堂教学的针对性。 3. 信息化教学平台的使用，提供了丰富的网络教学资源，方便快捷，突破了教学的时空限制	激发学生的学习兴趣，培养学生的自主学习能力
5分钟	任务二：通过云课堂完成学前自评测试	2. 设计学前自评测试题	2. 参与学前自评测试		
		3. 通过云课堂推送课前自主学习任务单、学习资源和测试题。			
		4. 分析学生自主学习效果			
第二阶段：课堂实施阶段					
课前导入					
1分钟	视频讲授：通过往届招展案例《我的招展经历》，引导学生发现招展拜访的实施过程和注意事项。 介绍：本次课程的主要内容及招展拜访的流程和注意事项	1. 签到：在云课堂发布一分钟签到任务	1. 在云课堂完成签到	1. 通过云课堂一分钟签到任务，增强学生的时间观念。 2. 播放学姐介绍自己招展经历的视频，让学姐以故事的形式讲述自己的招展经历，引起学生的共鸣和共情，提高学生对课程的代入感，引导学生尽快进入学习状态，明确本次课程学习内容、学习目标，以及重难点；同时较好地发挥本门课程的"传、帮、带"效果	1. 培养学生独立、主动思考的能力。 2. 帮助学生体会招展过程中的辛酸苦辣和成长
1分钟		2. 介绍课程进度和校园展销会进展	2. 聆听教师的讲述		
4分钟		3. 播放并分析视频《我的招展经历》	3. 认真观看视频，聆听教师的讲述		
2分钟		4. 讲解：根据视频内容引出本次课程的内容，即客户拜访的流程，以及课程重难点和学习目标	4. 聆听教师的讲述		
一、招展拜访准备					
5分钟	（一）从目标参展商数据库选择拜访目标	1. 讲解：选择拜访目标的原则	1. 聆听教师的讲述	1. 通过旧知"目标参展商数据库"引出新知，帮助学生融会贯通。 2. 学生在进行目标客户信息搜集和分析的过程中，实现"学中做、做中学"，完成"教师讲授—学生体验—教师评价—学生反思"的课中一体化学习过程	会展业属于服务行业，让学生在客户拜访前提前了解潜在客户的基本情况、分析客户的真实需求，学会"共情"，树立以客户为中心的服务意识，更好地领会工匠精神的内涵
3分钟		2. 发布任务：在云课堂发布"选择招展拜访目标"的任务，要求每名同学选择自己的招展拜访目标	2. 从参展商数据库中选择拜访目标，并在云课堂提交		

续表

时间	教学内容	教学活动 教师	教学活动 学生	教学意图	思政要素切入点和育人目标
第二阶段：课堂实施阶段					
5分钟	（二）目标客户信息搜集与需求分析（want 和 need 分析工具）	3.讲解：客户信息搜集与需求分析的方法	3.聆听教师的讲述	1.通过旧知"目标参展商数据库"引出新知，帮助学生融会贯通。2.学生在进行目标客户信息搜集和分析的过程中，实现"学中做、做中学"，完成"教师讲授—学生体验—教师评价—学生反思"的课中一体化学习过程	会展业属于服务行业，让学生在客户拜访前提前了解潜在客户的基本情况、分析客户的真实需求，学会"共情"，树立以客户为中心的服务意识，更好地领会工匠精神的内涵
8分钟		4.发布任务：在云课堂发布"目标客户信息搜集与需求分析"的任务，要求学生对所选的拜访目标客户进行信息搜集与需求分析，并撰写客户分析报告	4.对潜在客户进行信息搜集与需求分析，在云课堂提交客户分析报告		
3分钟		5.评价：总结点评任务结果，为完成较好的同学加分	5.聆听教师的讲述，发现自身存在的问题		
二、招展拜访实施					
6分钟	（一）招展拜访话术	1.讲解：招展话术的内容	1.聆听教师的讲述	1.小组合作模拟招展拜访活动，能够锻炼学生的口头表达能力，有效地检验学习的效果，发现并解决问题，为课后的拜访实践做好准备。2.在模拟拜访活动中表现优秀的团队获得同学及教师的肯定，增强了他们的信心，提升了学生学习的积极性	1.通过小组合作培养学生的团队合作意识。2.通过模拟拓展拜访活动，帮助学生提升在公共场合与人沟通的勇气和信心。3.通过公开点评，让学生形成过硬的心理素质和理性的评判思维，以及精益求精的精神
8分钟		2.发布任务：将学生分成2人一组，撰写招展拜访话术	2.分组撰写招展拜访话术		
10分钟	（二）招展拜访技巧	3.讲解：招展拜访的技巧	3.聆听教师的讲述		
8分钟		4.发布任务：将学生分成2人一组，开展模拟招展拜访	4.体验：分组完成任务"模拟拓展拜访"		
5分钟		5.评价：总结任务结果，引导学生反思	5.聆听教师的讲述，及时总结反思		
三、招展拜访注意事项					
5分钟	（一）及时反思招展行为	1.讲解：招展拜访过程中和拜访后需要注意的问题	1.聆听教师的讲述	通过往届校园展销会招展合同的案例教学，让学生能够更加生动地学习到相关的法律知识和可能会发生的违约行为，加深学习的印象	在与客户达成参展意向时，需要与客户签订参展协议。通过学习，帮助学生了解《合同法》等相关法律法规，避免在招展的过程中产生法律纠纷，同时树立诚信守法的契约精神
5分钟	（二）特别注重诚信守法	2.讲解：《合同法》等相关法律常识，以及可能会发生的违约行为及责任	2.聆听教师的讲述		
6分钟		3.展示：往届校园展销会招展中出现的不规范合同的图片案例	3.仔细观察合同的图片案例，发现并指出其中存在的问题		
课堂小结					
5分钟	总结：对本次教学进行总结评价	1.回顾总结本节课内容。2.布置课后任务	1.听懂并理解。2.课后认真思考并完成任务	帮助学生理清思路、融会贯通	

续表

时间	教学内容	教学活动		教学意图	思政要素切入点和育人目标
		教师	学生		
第三阶段：课后拓展阶段					
校园展销会招展拜访实施					
约5周左右	任务一：组织学生继续校园展销会的举办工作，开展校园展销会的招展拜访工作，完成招展目标	1. 指导与监督：通过QQ群、微信群聊、电话等方式对招展拜访工作进行全程跟踪和指导，及时解决招展过程中的问题，制止和纠正招展中的错误行为，对招展工作予以鼓励和引导	1. 认真开展校园展销会的招展拜访工作，完成招展目标；以照片和视频的形式对招展过程进行记录	1. 通过校园展销会的开展，搭建真实的工作场景，实现"教、学、做"一体化教学，完成"教师讲授—学生体验—教师评价—学生反思—工作实践—社会评价—学生提升"学习过程的闭合，有效解决教学难点	1. 有效开展劳动教育，培养学生的实干精神。 2. 通过招展实施过程中的客户拜访，培养学生与人沟通的信心和勇气，以及商务谈判的能力。 3. 通过克服招展实践中遇到的困难和挫折，培养学生的心理承受能力，使学生形成良好的心理素质
	任务二：组织学生根据自己的招展经历，及时总结反思，撰写招展总结材料	2. 评价：及时查看学生的招展总结材料，综合招展成果和招展表现，对学生的平时表现予以评价	2. 对招展工作进行认真总结反思，撰写招展总结材料，并提交给教师	2. 通过招展总结，让学生对招展工作进行及时总结和反思，发现并解决问题，实现知识和技能的固化提升	

（三）教学过程

1. 任务概述

"会展招展实施"任务属于项目四"会展招展策划"，授课时间处于16个课程教学周中的第7周，如图1所示，共计2学时；课后学时即校园展销会招展实施时间约为5周，一直持续到校园展销会开幕前夕。

"会展招展实施"任务共包含三大子任务，即招展拜访准备、招展拜访实施和招展拜访注意事项，如图2所示。招展拜访准备子任务包括从目标参展商数据库选择拜访目标、目标参展商信息搜集与数据分析；招展拜访实施子任务包括招展拜访话术、招展拜访技巧；招展拜访注意事项子任务包括及时反思招展行为、特别注重诚信守法。

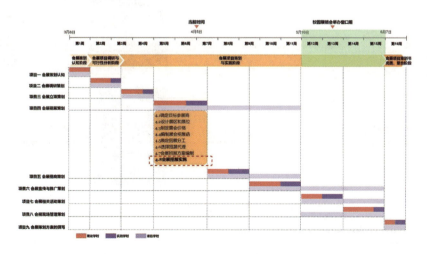

图 1　课程任务定位

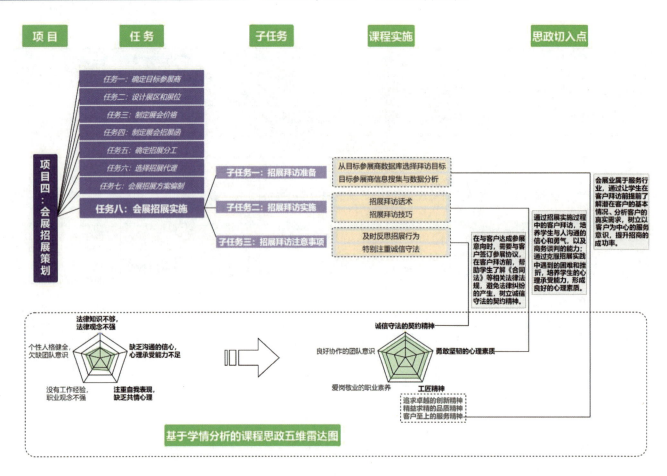

图 2　课程任务内容

2. 教学实施

"会展招展实施"任务实施共分为三个阶段,即课前自学阶段、课堂实施阶段和课后拓展阶段,如图 3 所示。

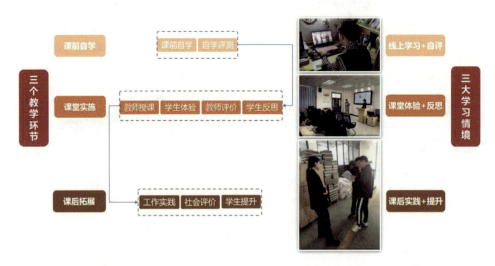

图 3　教学实施环节

(1) 课前自学(见图 4)阶段。

①子任务一:通过云课堂观看客户拜访情景再现视频,预习并总结招展拜访的流程和内容。

②子任务二:通过云课堂完成学前测试。

（2）课堂实施（见图5）阶段。

图4　课前自学

图5　课堂实施

①课程导入：播放往届招展案例视频《我的招展经历》（见图6）；在云课堂发布思考题"你从学姐的招展经历中学到了什么？"引导学生发现招展拜访的实施过程和注意事项；根据视频内容引导出本次课的内容，即客户拜访的流程，以及课程重难点和学习目标。

图6　教学 PPT-1

②子任务一：招展拜访准备（见图7）。

讲解选择拜访目标的原则；在云课堂发布"选择招展拜访目标"的任务，要求每名同学选择自己的招展拜访目标；讲解客户信息搜集与需求分析的方法；在云课堂发布"目标客户信息搜集与需求分析"的任务，要求学生对所选的拜访目标客户进行信息搜集与需求分析，并撰写客户分析报告；总结点评任务结果，为完成较好的同学加分。

图7　教学 PPT-2

③子任务二：招展拜访实施（见图8）。

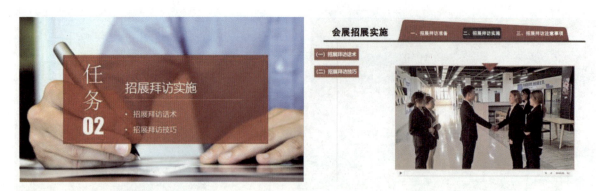

图8　教学PPT-3

讲解招展话术的内容；发布任务——学生分成两人一组，撰写招展拜访话术；讲解招展拜访的技巧；发布任务——学生分成两人一组，开展模拟招展拜访；总结点评任务结果，引导学生反思。

④子任务三：拓展拜访注意事项（见图9）。

讲解招展拜访过程中和拜访后需要注意的问题；讲解《合同法》等相关法律常识，以及可能会发生的违约行为及责任；讲解往届校园展销会招展中出现的不规范合同的图片案例。

图9　教学PPT-4

⑤课程总结：对本节课内容进行回顾总结；布置课后工作任务（见图10）。

图10　教学PPT-5

板书设计如图11所示。

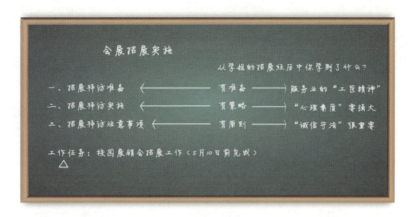

图11　板书设计

（3）课后拓展阶段。

对学生的招展拜访工作（见图12、图13）开展指导与监督：通过QQ群、微信群聊、电话等方式对招展拜访工作进行全程跟踪和指导，及时解决招展过程中的问题，制止和纠正招展拜访中的错误行为，对招展拜访工作予以鼓励和引导。

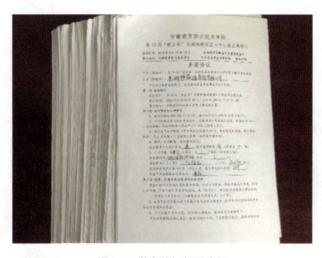

图12　学生招展拜访　　　　　　　图13　学生签订招展合同

对学生的招展拜访工作进行评价：及时查看学生的招展总结材料（见图14），综合招展成果（社会评价）和招展表现，对学生的平时表现予以评价。

图14　学生招展总结与反思

3. 课程思政

基于课程思政五维雷达图的学情分析，学生在法律知识、法律观念，沟通信心、心理承受能力，自我表现、共情心理等三大维度上存在的不足可以通过本次课程得到有效克服。

会展业属于服务行业，在招展拜访准备子任务中，让学生通过在客户拜访前提前了解潜在客户的基本情况、分析客户的真实需求，树立以客户为中心的服务意识，培养客户至上的服务精神；在招展拜访实施子任务中通过招展拜访，培养学生与人沟通的信心和勇气，通过引导学生积极面对招展实践中遇到的困难和挫折，培养学生的心理承受能力，使学生形成良好的心理素质；在招展拜访注意事项子任务中，由于在与客户达成参展意向时，需要与客户签订参展协议，在客户拜访前，通过帮助学生了解《合同法》等相关法律法规，使学生避免法律纠纷的产生，树立诚信守法的契约精神。

（四）教学实效

本次课程实现的学习效果体现在三个方面：一是岗位技能明显提升；二是思政目标得以实现；三是招展任务顺利完成。依托"会展策划"课程"教、学、做一体化"实践教学，已成功组织举办了十几届芜湖高教园区展销会活动（见图15），开展劳动教育和实践育人，多次被省内外媒体关注、报道，课程育人成效在授课学生层面、省内同类院校层面、用人单位层面和社会层面得到了积极的评价。

图15 我校校园展销会盛况

（1）授课学生层面：通过校园展销会这一实践教学平台的搭建，学生可以将课程理论知识充分运用到实践中来，如图16所示，真正实现了"学中做、做中学"。在校园展销会活动中，通过招展中的商务洽谈、广告宣传推广、现场服务等一系列工作，不仅提高了学生的会展策划实践能力，锻炼了学生的专业技能，也提升了学生的诚信服务意识、职业道德素养、团队合作意识和人际交往能力，实现了良好的课程育人效果。这也使得本课程深受授课学生喜爱（见图17），授课学生对课程的评价反馈普遍较为积极。

（2）省内同类院校层面："会展策划"课程的实践育人举措，特别是校园展销会的举办，受到了安徽省内诸多同类院校的高度评价。在与同类院校相关专业的领导和教师交流、学习的过程中，本专业教师多次向他们介绍了本门课程实践教学的设计理念和具体做法，展示了校园展销会的实践教学成果，并就此展开交流探讨，获得了他们的肯定和认可。这使得本门课程在省内同类院校中获得了较大的影响力，某些做法也得到了同类院校相关专业的借鉴。

图 16 学生参与校园展销会实践　　　　图 17 在学院 SPOC 平台学生对"会展策划"课程的评价

（3）用人单位层面：近年来，已有本专业的多名毕业生从事会展策划、活动策划执行等岗位。这些毕业生受到了用人单位的普遍欢迎和认可，特别是他们在参与举办校园展销会期间学习到的专业技能，能够帮助他们快速地胜任岗位工作。相关用人单位对"会展策划"课程的实践教学做法给予了积极的评价。

（4）社会层面：校园展销会的举办也为服务地方社会经济的发展发挥了积极作用。校园展销会举办以来，得到了参展商和参与观众的一致好评，很多参展商已经成为校园展销会的常客和"老朋友"。安徽省教育厅官网、凤凰网、中安在线、大江晚报、芜湖电视台等省内外媒体也多次对我校校园展销会的举办情况进行了报道，如图 18 所示。

图 18 媒体报道我校校园展销会情况

三、案例反思

（一）创新之处

1. 运用 SWOT 分析法，创新学情分析

"SWOT"原本是管理学中的一个分析模型，由优势、劣势、机会和威胁构成。在分析学情的过程中，

参考这一模型，并加以改造，可以将学情划分为对达成教学目标不利的教学因素和对达成教学目标有利的教学因素，最终得到教学机会。其中，对达成教学目标不利的教学因素属于教学威胁，而对达成教学目标有利的教学因素就是教学机会。

在本项目建设过程中，团队成员创新性地将 SWOT 分析法运用到学情分析的环节，如图 19 所示，使得在接下来的课程思政教学设计和教学实施的环节，做到有的放矢、精准教学。

图 19　SWOT 学情分析图

2. 充分挖掘课程思政元素，让课程思政"落地"

在对课程内容和学情充分分析的基础上，我们对课程思政元素进行挖掘，总结出一名优秀的会展策划人应至少具备爱岗敬业的职业素养、良好协作的团队意识、顽强坚韧的心理素质、诚信守法的契约精神，以及追求卓越的创新精神、精益求精的品质精神和客户至上的服务精神（工匠精神）等七大素养。围绕这七大素养，我们在课程的 9 个项目中分别挖掘出相对应的思政元素，这也让课程思政得以"落地"。

3. 积极开展劳动教育，让课程思政"生根"

自 2009 年开展"教、学、做一体化"实践教学活动以来，已成功举办了十几届芜湖高教园区大学生用品展销会。在校园展销会实践活动中，通过展会调研、招展招商、广告宣传、现场管理与服务等一系列工作，学生不仅提升了会展策划的实践能力，锻炼了专业操作技能，也提升了团队合作意识、人际交往能力和社会服务意识，实现了良好的课程育人效果。

在原有的校园展销会实践教学经验和成果的基础上，进一步突出了课程思政特色，强化了育人效果，构建和完善了拓展课程学时、开展劳动教育、突出职业导向、引入社会评价等四条实施路径，以校园展销会为实践教学平台，通过开展劳动教育的方式，让课程思政得以"落地生根"（见图 20）。

4. 引入社会评价指标，做到教师育人和社会育人相结合

课程考核评价采用多维度＋多元化评价方式，在传统由单一教师对学生进行评价的基础上，引入社会评价指标，充分对接企业用人标准。社会评价主要体现为学生在策划和举办校园展销会的过程中，获得的来自社会和企业的评价和反馈，这些指标信息大多是客观且容易采集的。在会展招展实施中，学生招展的成功率和数

量,反映出被招展企业对学生招展行为的认可程度,属于社会评价维度。最终完成了从"教师讲授—学生体验—教师评价—学生反思—工作实践—社会评价—学生提升"学习过程的闭合。

社会评价指标的引入(见图21),也使得"会展策划"课程思政教学不仅得以"落地""生根",而且"可评价"。

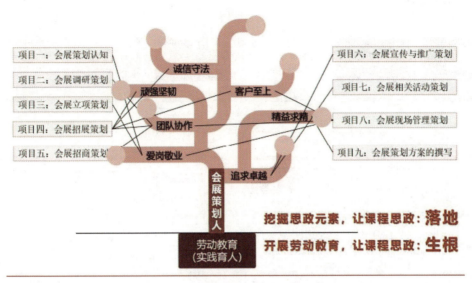

图20 "会展策划"课程教学设计理念

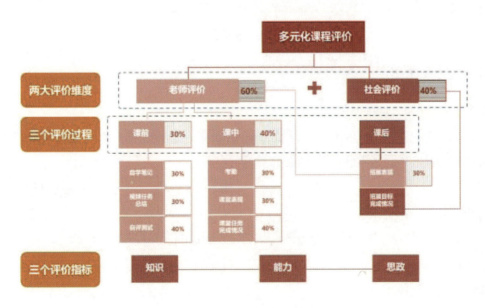

图21 多元化课程评价

(二)下一步改进措施

课后学时的拓展、校园展销会的举办、课程评价指标的多元化,给任课教师增加了数倍的工作量,因此单个任课教师授课的局面亟须得到改变,必须尽快打造并形成一支思想政治水平较高,业务能力过硬,学历、年龄、职称结构相对合理,有企业专家参与的课程思政教学团队。在项目实施过程中,不断提升教学团队教师的教学水平,特别是课程思政育人水平。

四、案例资料

（一）课件资料

课件资料如图 22 所示。

图 22　课件资料

（二）其他相关教学资源

1. 课程资源

（1）本院 SPOC 平台：http：//spoc.abc.edu.cn/explore/courses/1353341783227867137。

（2）国家教育资源公共服务平台："会展策划"等课程。

2. 行业网站

（1）e 展网：www.eshow365.com。

（2）中国进出口商品交易会广交会：https：//www.cantonfair.org.cn。

3. 信息化教学平台

（1）智慧职教。

（2）云课堂 App。

4. 学院图书馆数字资源库

会展策划等相关资料。

5. 实践资源

（1）芜湖高教园区大学生生活用品展销会（主办）。

（2）芜湖国际会展中心。

所属学院： 电子商务学院
课程名称： 广告策划
课程类型： 专业必修课
案例章节： 单元5"广告策划创意制作"
案例名称： 广告策划创意制作
——"广告策划"课程思政案例
案例作者： 张京洲，孙晔
课程简介： "广告策划"课程基于"赛教互融"教学模式设计教学思路，以"院级广告策划大赛和全国职业院校技能大赛市场营销技能赛项"为引领，结合往届广告策划大赛案例及企业广告策划经典案例，介绍广告策划的基本流程和方案撰写技巧，以ITMC市场营销技能软件为策划思维训练平台，以"教、学、做"为教学流程主线，教师引领学生对"广告策划中的市场调研、广告创意、广告媒介选择和投放"等核心知识点进行模块化学习和实操演练，加深学生对广告策划的认知，注重培养学生的广告策划创意思维和应用能力。在实践中，学生要认知到《广告法》等相关法律法规对广告创意表现及文案等的规定及要求，规避风险元素，创作出符合法规要求和市场需要的优质广告。

广告策划创意制作
——"广告策划"课程思政案例

一、案例简介

本单元教学的技能点为广告创意的策划与制作，主要考查学生能否提炼出符合产品特征和有卖点的广告诉求以及能否创作出较有新意的广告创意和表现形式。

在教学设计中，以各流派的广告创意理论为主线，以任务驱动引导学生在案例的带领下了解各种理论流派广告创意策划的方式方法，在具体操作中掌握广告创意的特征、作用和原则，指导学生了解创意的思维方法，使学生能够用事实思维、形象思维、水平思维和垂直思维的创意方式，进行广告创意的制作，最后通过对广告活动认知心理规律的学习，改变消费者的态度，进一步完成消费者说服。

既往的广告创意理论，多由国外知名的广告人所开创和完善，所采用的案例及产生的效果也多符合国外的国情和历史人文经济状况，在结合中国新时代国情的情况下，所应用的范畴和产生的效果往往和理论有差异。在思政中，我们需要融入对中国国情的思考和认知，在合乎法律规范和符合中国当代消费者的利益及思想情操的情况下，做出因势利导的改变。

教学中，采用多案例启发式教学法，对比正反两方面的案例，通过不符合思政要求的案例让学生了解它导致行政处罚和市场反馈负面的缘由，启发学生进行修改加工，并尝试让学生自己在创作后进行评讲，总结其中的得失。

二、案例实施

（一）教学目标

1. 知识目标

学习广告创意各流派的理论，以及广告创意的原则、作用和特征，了解广告创意的思维方法，认知消费者接触广告后的心理活动规律，了解如何进行消费者的态度改变和说服。

2. 能力目标

（1）能够理解广告创意理论的核心内容，辨识出不同的广告案例所采用的广告创意理论类型。
（2）能分析出失败广告案例的失败原因。
（3）能根据消费者心理活动规律设计广告创意各环节的步骤。

3. 思政目标

能够融入对中国国情的思考和认知，在合乎法律规范和符合中国当代消费者的利益及思想情操的情况下，对广告创意做出因势利导的改变。

（二）教学设计

教学设计如表 1 所示。

表 1　教学设计

专业名称	广告策划与营销	课程名称	广告策划
授课类型		□理论型（A 类）　☑理实一体型（B 类）　□实践型（C 类）	
单元名称	单元 5 "广告策划创意制作"	授课学时	8 学时
班级	广策 201/202/203 班	人数	41/43/54 人
学情分析	通过对前面章节的学习，学生已经对广告策划的一般流程模式有了基础的认知，了解了应该如何进行广告策划的市场分析以及如何进行广告策划的市场定位和目标制定，为下一步广告策划的创意制作打好了基础		
单元重点	广告诉求、创意和表现的概念和种类		
单元难点	广告创意的理论及思维方法		
教学方法手段	1. 教学方法：讲授法、讨论法、直观演示法、练习法、任务驱动法等。 2. 教学手段：教材、多媒体网络、手机等		
单元教学目标	知识目标：学习广告创意各流派的理论，以及广告创意的原则、作用及特征，了解广告创意的思维方法，认知消费者接触广告后的心理活动规律，了解如何进行消费者的态度改变和说服。 能力目标：能够理解广告创意理论的核心内容，辨识出不同的广告案例所采用的广告创意理论类型；能分析出失败广告案例的失败原因；能根据消费者心理活动规律设计广告创意各环节的步骤。 思政目标：能够融入对中国国情的思考和认知，在合乎法律规范和符合中国当代消费者的利益及思想情操的情况下，对广告创意做出因势利导的改变		
思政融入点	思政中，我们需要融入对中国国情的思考和认知，在合乎法律规范和符合中国当代消费者的利益及思想情操的情况下，做出因势利导的改变		

续表

	时间分配/分	教学内容	教学活动	教学资源
活动历程（含辅助手段、时间分配）	20	广告创意资源解析	教师：课程引入。 学生：思考	
	20	广告创意概念	教师：讲述。 学生：记笔记	■ 广告创意是介于广告策划与广告表现制作之间的艺术构思活动，即根据广告主题，经过精心的思考和策划，运用艺术手段，把所掌握的材料进行创造性的组合，以塑造一个意象的过程。简而言之，即广告主题意念的意象化。 ■ 广告创意就是旧的元素+新的组合 （詹姆斯·韦伯·扬）
	25	广告创意的目的和特征	教师：讲述。 学生：记笔记	■ （二）广告创意的目的 ■ 吸引消费者注意 ■ 刺激消费者需求 ■ 推动消费者行动 ■ （三）广告创意的特征 ■ 2.诉求的艺术性
	25	广告创意的作用	教师：讲述，播放视频。 学生：记笔记、观视频	■ （四）广告创意的作用 ■ 提升沟通质量 ■ 降低传播成本 ■ 助力品牌增值 ■ 升华生活审美
	课次1结束			

续表

时间分配/分	教学内容	教学活动	教学资源
活动历程 （含辅助手段、 时间分配）			
25	广告创意的原则	教师：讲述。 学生：记笔记	- （五）广告创意的原则 - 1.独创性 - 广告创意具有最大强度的心理突破效果，以其鲜明的魅力触发人们强烈的兴趣，在人们的大脑中留下深刻印象，长久地被记忆。
30	USP理论	教师：讲述、演示	- （六）广告创意的理论流派 - 1. USP理论 - （1）概念及起源 - 著名广告人罗瑟·瑞夫斯（Rosser Reeves）于20世纪50年代提出，以《实效的广告——USP》的出版为标志。 - USP的全称：unique selling proposition，通常译为"独特的销售主张"。
35	BI理论	教师：讲述、演示	- 2.BI(brand image)理论 - (1)概念及起源 - 提出者： - 奥美广告的创办人大卫·奥格威（David Ogilvy） - 提出时间： - 20世纪60年代，经由《一个广告人的自白》而风行，后经《奥格威谈广告》（1984年出版）而发展和完善。
课次2结束			
35	定位理论	教师：讲述、演示	- 3.定位理论 - （1）概念和起源 - "定位是你对未来的潜在顾客的心智所下的功夫，也就是把产品定位在你未来潜在顾客的心中。" - 艾·里斯（Al Ries）和杰克·特劳特（Jack Trout）于20世纪70年代初在《 Industrial Marketing 》和《 Advertising Age 》上发表了一系列的文章，介绍和阐述了"定位"观念，后经不断修正和完善，定位理论成为最具影响力的广告创意方法之一。

续表

	时间分配/分	教学内容	教学活动	教学资源
活动历程（含辅助手段、时间分配）	25	ROI 理论	教师：讲述、演示	4.ROI理论 (1)概念及起源 ROI理论的基本主张是优秀的广告必须具备三个基本特征，即关联性（relevance）、原创性（originality）、震撼力（impact）。三个原则的缩写就是ROI。 ROI理论是一种实用的广告创意指南，是20世纪60年代广告大师威廉·伯恩巴克（William Bernbach）根据自身创作积累总结出来的一套创意理论。该理论的创造者伯恩巴克是广告唯情派的旗手，是艺术派广告的大师，他认为广告是说服的艺术。
	30	广告创意的思维策略	教师：讲述。学生：记笔记、练习	（七）广告创意的思维策略 1.广告创意的生成过程 詹姆斯·韦伯·扬的"五阶段说" 搜集资料→咀嚼、品味、消化资料→抛开问题，放松自己→创意涌现→发展完善创意
			课次3结束	
	20	广告心理策略	教师：讲述。学生：记笔记	二、广告心理策略 消费者的需求与广告激发 广告活动中的认知心理 消费者的态度与说服策略
	20	消费者的态度与说服策略	教师：讲述。学生：记录笔记、练习	（三）消费者的态度与说服策略 态度是一个人对待人、物或思想观念的评估性的总体感觉，是行为前的准备心态。 态度是由后天经验形成的，又是可以改变的。因此，我们可以利用有关态度改变的原理促使消费者建立对某一产品或品牌的良好态度。这是因为如果人们对某件事情或人的评估是正面的、好的，他们就会积极地接近这一态度对象。如果评估是不好的，他们就会疏远这一态度对象。
	20	《广告法》的规定解读	教师：讲述。学生：记笔记	《广告法》禁用词解读的主要内容： 一、一般性规定； 二、特定行业规定； 三、处罚措施。
	30	思政融合	教师：讲述。学生：记笔记、练习	一　一般性规定 其中第八条："广告中对商品的性能、功能、产地、用途、质量、成分、价格、生产者、有效期限、允诺等或者对服务的内容、提供者、形式、质量、价格、允诺等有表示的，应当准确、清楚、明白。广告中表明推销的商品或者服务附带赠送的，应当明示所附带赠送商品或者服务的品种、规格、数量、期限和方式。法律、行政法规规定广告中应当明示的内容，应当显著、清晰表示。"

续表

形成性评价	是否能够理解广告创意理论的核心内容，并辨识出不同的广告案例所采用的广告创意理论类型；是否能够分析出失败广告案例的失败原因；是否能根据消费者心理活动规律设计广告创意各环节的步骤；是否能根据思政要求创作出合乎规范的广告创意作品
课后作业	
教学反思	学生由于社会经验的缺乏，对广告作品涉猎不多，人文素养相对较为薄弱，对广告理论中的案例缺乏深入理解和认知。在教学中不能求急求快，也不能一味地灌输，应该多提问、多互动，了解学生的接受认知情况。在案例的准备上，也要注意迎合学生的兴趣和思维特点

（三）教学实效

（1）学生能够按照教学要求进行广告创意的制作，如图1所示，教学重点得以掌握。

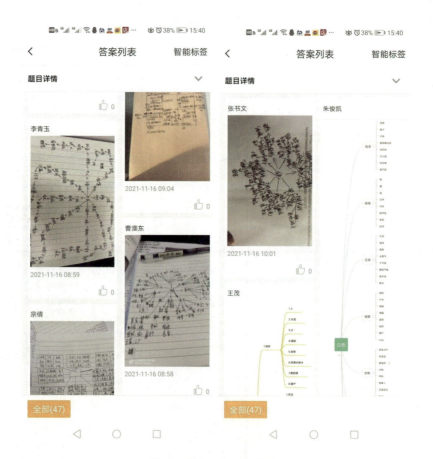

图1 学生广告创意制作

（2）学生能对教学中的思政案例加以分析，反思其中的经验教训，用以指导今后的实践。

三、案例反思

（一）创新之处

本课程教学要求跟前沿接轨，理论联系实际，国外的理论结合中国的国情及思政要求。本课程中的创新之处在于没有拘泥于课本的传统理论，尝试用传统理论解析最新的国情案例，分析其中的经验和不足，启发学生思考。

（二）下一步改进措施

要进一步结合时事，更新教学资源库，结合学生的兴趣、爱好及特长设计更为科学合理的教学环节，增加学生思考互动和实践环节的比重，以提高学生的思维及实践能力。

四、案例资料

（一）课件资料

课件资料如图 2 所示。

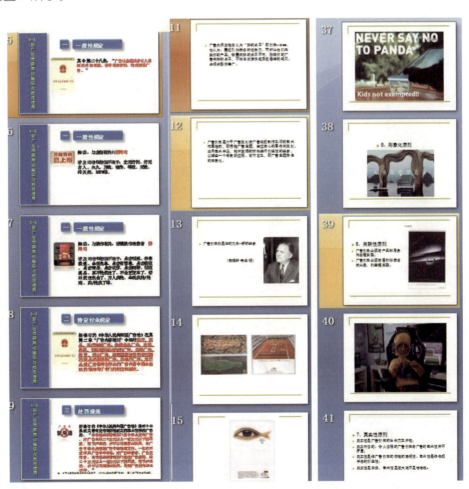

图 2　课件资料

（二）其他相关教学资源

其他相关教学资源如图3所示。

    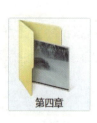   

图3　其他相关教学资源

所属学院： 电子商务学院

课程名称： 门店开发与设计

课程类型： 专业核心课

案例章节： 项目四"连锁门店外部设计"

案例名称： 连锁门店外部设计
——"门店开发与设计"课程思政案例

案例作者： 李欣，金成龙，林霁月

课程简介： "门店开发与设计"是电子商务专业群连锁经营管理专业的专业核心课。本课程兼具理论性与实践性，主要目标是使学生理解连锁门店开发与设计的基本概念、基本理论，掌握门店开发与设计的基本规则、基本要求。本课程通过有机融合第一、第二课堂，加强学生对连锁门店开发与设计基本概念和基本原理的认知，通过以真实业务为依托的"工学结合"模式，帮助学生了解关于连锁经营管理专业和行业领域的国家战略、法律法规政策，引导学生深入社会实践、关注实时问题，培育学生创新创业、诚信服务、德法兼修的职业素养。

连锁门店外部设计
——"门店开发与设计"课程思政案例

一、案例简介

连锁门店外部设计具有实践性、时效性强，关乎国家、企业及个人实际利益等特点，我们将本模块思政建设思路设定为"一轴两翼"（见图1）。

一轴：以"连锁门店外部设计原则和风格认知→连锁门店店名设计→连锁门店店标和招牌设计→连锁门店店门和橱窗设计→连锁门店外部环境设计"为"工作程序"主线。

两翼：以推动"德融课堂"为目标创新课堂教学，以培养学生发现问题、分析问题和解决问题的能力为出发点，将理论与实践教育相结合，提高学生对门店外部设计的运用能力，同时创新课程思政，以习近平新时代中国特色社会主义思想为指导，将马克思主义理论教育、职业道德教育融入课堂教学中，培养学生的家国情怀、法治意识、工匠精神、职业素养，激发学生积极践行社会主义核心价值观。

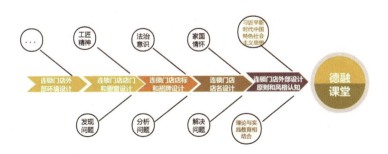

图1 课程思政教学思路设计——"一轴两翼"

本课程将思政元素与教学内容紧密结合，实现了"金镶玉"，即在讲授专业知识——"金子"的同时"镶嵌"思政元素——"玉石"，所有课程思政元素进课程标准、进授课计划、进课程教学设计过程，避免了"两张皮""贴标签"的情形，使价值引导成分在课程设计和课堂教学中如盐在水，达到春风化雨、润物无声的育人效果。

为提升课程思政实践教学效果，我们积极探索新教学方法改革（见图2），主要体现为以下"三活"：第一教学资源"活"，本课程将线上平台课程资源和线下教材相结合，课程思政元素案例资源建设采用集体备课形式，实时融入国内外和当地的时事活动及政策，做到与学生、社会及时代同频；第二是教学形式"活"，在教学中灵活采用信息媒体、课堂讨论、专业实践活动、企业调研、第二课堂等形式，让学生主动参与，做到学生"画龙"，教师"点睛"；第三是考核方式"活"，在考核过程中强调广度、深度和温度的结合，广度借助信息化教学平台、第二课堂系统实时监控学生的参与面予以拓展，深度通过活动过程记录、成果展示等予以拓展，温度通过交流分享、教师点评得以提升。

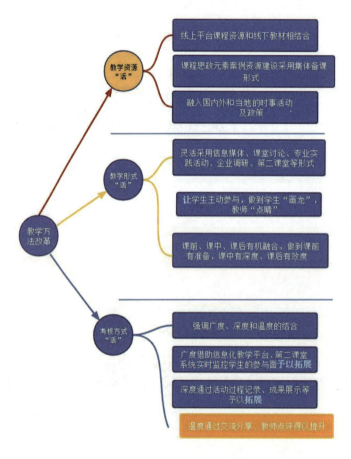

图2　教学方法改革——"三活"

二、案例实施

（一）教学目标

1. 知识目标

学生能够形成完整的门店外部设计知识体系结构，掌握门店外部设计的基本理论和基本方法。

2. 能力目标

能将所学门店外部设计的知识，如外部设计原则、店名设计、店标和招牌设计、店门和橱窗设计、外部环境设计等知识运用到门店运营管理的实践中。

3. 思政目标

完善学生的思维方式，使学生形成良好的学习品质和工作能力，激发学生树立奋斗目标、拥有坚定意志、积极践行社会主义核心价值观，为培养学生成为有崇高理想、有精湛技能、有历史担当的新时代连锁专业人才发挥重要作用。

（二）教学设计

教学设计如表 1 所示。

表 1　教学设计

学生学习条件分析	1. 起点分析。 学生具备连锁经营原理、门店促销策划及市场营销学等理论知识，掌握了门店商圈调查和门店选址技术，能运用相关理论知识进行门店调研分析。 2. 重点分析。 连锁门店外观设计及命名。 3. 难点分析。 连锁门店外观设计及命名
教学方法手段	1. 教学方法：讲授法、案例分析法、讨论法、调查实践法。 2. 教学手段：多媒体、网络
课前准备	1. 教师课前准备。 编写好本单元教学设计，准备好授课资料；选取好本单元课堂提问问题、讨论话题和课后练习题。 2. 学生课前准备。 了解本单元的学习目标；提前做好本单元的预习任务
活动历程（含辅助手段、时间分配）	4.1　连锁门店外部设计原则和风格认知（90 分钟） 1. 准备活动（35 分钟）。 （1）检查考勤情况及回顾上次课内容（5 分钟）。 （2）课前讨论（20 分钟）。 （3）简要介绍本单元的学习内容（5 分钟）。 2. 发展活动（新课学习）（55 分钟）。 互动：请在网络上搜索你认为符合店铺外观设计原则的店铺图片，并把图片上传至云班课互动平台（10 分钟）。 （1）连锁店铺外观设计原则（15 分钟）。 ①醒目、刺激消费者的原则。 ②方便顾客的原则。 讨论：芜湖城南欧尚的很多门为什么不开？

续表

活动历程（含辅助手段、时间分配）	③促进消费的原则。 ④创造良好消费环境的原则。 ⑤安全性原则。 （2）店面的风格（30分钟）。 ①店面风格的功能：反映经营管理者经营理念；反映店铺经营产品的类别；反映企业经营的文化底蕴；反映企业经营的不同阶段和经营范围。 ②店面风格的类型：平铺直叙式风格；抒情夸张式风格；兼容并蓄的风格；前卫时尚的风格；体现科技的风格。 ③店面风格设计策略：重视经营必须重视门脸；以目标消费群的审美观进行设计；根据服务内容的行业特点进行设计；根据消费对象年龄进行设计；店面设计要有独创性和唯一性。 3. 总结，课后任务布置（5分钟）。 ——第1、2节结束—— 4.2 连锁门店店名设计（135分钟） 1. 准备活动（15分钟）。 （1）检查考勤情况及回顾上次课内容（5分钟）。 （2）课前讨论：名字的重要性（10分钟）。 思政点：中国传统文化——百家姓。 2. 发展活动（新课学习）（120分钟）。 1）门店命名的原则（45分钟）。 （1）易读、易记原则。 易读、易记原则是对店名最基本的要求，店名只有易读、易记，才能高效地发挥它的识别功能和传播功能。 要求：①简洁明快，一般有2～3个字，如"物美""国美""沃尔玛"；②独特新颖，如"7-Eleven""SONY"；③响亮动听，如"联华""海底捞"。 （2）暗示商店经营属性原则。 店铺名称可以暗示商店经营属性，同时需要充分考虑企业未来的经营战略和品牌延伸问题。 【示例】"汉堡王""绝味鸭脖"和"苏宁电器"→"苏宁易购"。 （3）启发店铺联想原则。 门店名称要有一定的寓意，让消费者能从中产生愉快、积极的联想，而不是消极的商店联想。 【示例】"物美"超市使顾客联想到店铺的商品物美价廉，"大润发"让顾客联想到生意兴隆。 （4）支持店标原则。 店标与店名密切相关，如果店名可以刺激和维持店标的识别功能，店面整体的识别功能就加强了。 【示例】人们听到"苹果"店名时，立刻就会想到那个缺了一口的苹果店标，这样店名和店标的整体性能够加深消费者对门店的印象。 （5）适应市场环境原则。 门店命名要考虑文化、地区、环境，不同地区具有不同的文化价值观念。尤其是在开拓新市场时，要适应当地文化环境，才能被消费者认可。门店命名遵循适应市场环境原则才有利于门店连锁化发展。 【示例】熊猫这一元素在中国代表"和平""友谊"，可以用于店名设计，但是在有些区域，人们非常忌讳熊猫，觉得它形似肥猪，因此若门店开在这类地区，则熊猫不宜在店名以及配套的店标中出现。 （6）受法律保护原则。 店铺经营者一定要有法治意识，绞尽脑汁设计的店名一定要在第一时间注册，这样才能受到法律的保护。 【案例分析】赴韩留学生抢注茶颜悦色韩国商标，茶颜悦色官方表示"我们无权干涉，很抱歉在商标保护上做得不够"。 【思政融入】在为门店取名时，一定要树立法律保护意识。 2）门店命名的方法（45分钟）。 （1）以经营者本人的名字命名。 【示例】"冠生园"。 （2）以经营团体命名。 【示例】"六必居"。 （3）结合汉字原理命名。 【思政融入】汉字是中国特有的文化，意蕴含蓄、字形优美、变化无穷，以汉字取名，字义上要健康，有现代感、冲击力，品味起来有深度，利于传播。 【示例】成都"三只耳"火锅。

续表

活动历程（含辅助手段、时间分配）	
	（4）以地域文化命名。 【示例】"蒙牛"。 （5）以典故、诗词、历史轶闻命名。 【示例】北京的"张一元"茶庄。 （6）以英文等外文谐音命名。 【示例】"雅戈尔"。 （7）以丑极生美的辩证美学思想命名。 这是一种以丑的形式来映衬美的实质，使企业特征突出、影响深刻的命名方式。 【示例】天津"狗不理"。 3）课堂实训（30分钟）。 【现场练习，教师指导】八组同学分别遵循门店命名的原则、采用门店命名方法对本小组拟开设门店店名进行设计，教师现场点评。 【小组自评、互评】小组成员对本组进行自评，对其他小组进行评价。 【教师点评】教师总结评价。 【思政融入】通过任务主导、团队协作，在完成过程中，培养学生解决问题的能力，培育学生追求创新的职业精神和团队协作能力。 4）课堂总结和课后巩固。 ——第3、4、5节结束——
	4.3 连锁门店店标和招牌设计（90分钟） 1．准备活动（30分钟）。 （1）检查考勤情况及回顾上次课内容（5分钟）。 （2）课前讨论：店标和招牌的重要性（10分钟）。 思政点：讨论内容——我所知道的中华人民共和国国旗（15分钟）。 2．发展活动（新课学习）（55分钟）。 1）连锁门店店标的设计（30分钟）。 （1）店标的作用。 ①是公众识别商店的指示器。 ②能够引发消费者的联想。 ③能够使消费者产生喜爱的感觉。 （2）店标的分类。 ①表音式标识；②表形式标识；③图画式标识；④名称式标识；⑤解释性标识；⑥寓意性标识。 2）连锁门店店标设计的原则。 ①简洁鲜明原则；②独特新颖原则；③准确相符原则；④优美精致原则；⑤稳定适时原则。 2）店铺招牌（25分钟）。 （1）店铺招牌的类型。 ①屋顶招牌；②标志杆招牌；③栏架招牌；④壁上招牌。 （2）招牌设计的技巧。 ①内容准确；②色彩搭配合理；③选材精当；④安置得当；⑤讲究专业化；⑥环境协调。 3．总结，课后任务布置（5分钟）。 ——第6、7节结束——
	4.4 连锁门店店门和橱窗设计（45分钟） 1．准备活动（10分钟）。 （1）检查考勤情况及回顾上次课内容（5分钟）。 （2）思政点：工匠精神——中国传统建筑与斗拱技术（5分钟）。 

续表

活动历程（含辅助手段、时间分配）	2.发展活动（新课学习）（30分钟）。 （1）店门的基本类型（5分钟）。 ①开放型；②半封闭型；③封闭型。 （2）店门的设计（5分钟）。 ①店门的位置；②店门的性格；③店门与环境；④店门材料；⑤店门的精神；⑥店门的保护。 （3）店门设计的注意事项（5分钟）。 ①方便客户；②反映经营特色；③与周围环境协调；④安全措施摆放得当；⑤店门设计与相关设计配套。 （4）橱窗的基本类型（10分钟）。 ①综合式陈列橱窗；②系统式陈列橱窗；③主题式陈列橱窗；④特写式陈列橱窗；⑤季节式陈列橱窗。 （5）橱窗设计的注意事项（5分钟）。 ①防尘、防热、防盗、防晒；②季节性商品提前陈列；③容易变质商品使用模型；④保持清洁；⑤勤更换商品。 3.总结、课后任务布置（5分钟）。 ——第8节结束——
	4.5 连锁门店外部环境设计（45分钟） 1.准备活动（5分钟）。 （1）检查考勤情况及回顾上次课内容（2分钟）。 （2）课前讨论：你最喜欢购物的地方是哪里？（3分钟）。 2.发展活动（新课学习）（40分钟）。 （1）停车场设计（20分钟）。 ①停车场出入口；②停车场大小；③停车费用；④停车数量；⑤停车设备。 讨论：以芜湖银泰城和麦德龙超市为例，讨论停车场设计的影响因素（5分钟）。   （2）周边道路、绿化、相邻建筑协调的设计（20分钟）。 ①连锁门店与周边道路的关系；②连锁门店周边绿化的设计；③连锁门店与周边建筑的布局。 ——第9节结束——
	门店外部设计实训（45分钟） 请从四家店铺中任意选择两家，从整体外观、店名、店标、招牌、店门、橱窗、外部环境等角度进行分析和比较。 （1）对本章节的知识点进行梳理，对重点和难点进行复习。 （2）完成课后小组任务并预习项目五内容。 ——第10节结束——
教学后记	对于本项目内容，在理论讲解的过程中穿插实际操作，主要以芜湖市区大家耳熟能详的连锁门店设计为案例，讨论门店外观等设计中的优缺点及其原因。学生能跟上节奏，但对企业实际不熟悉，对问题的理解有一定的难度

（三）教学过程

教学过程如表 2 所示。

表 2　教学过程

项目四　连锁门店外部设计		
单元	课程思政内容	教学过程
4.1　连锁门店外部设计原则和风格认知	引导学生认知什么是美好生活、怎样实现美好生活	课前：推送课前讨论任务，要求学生在网络上搜索符合店铺外观设计原则的店铺图片并上传至互动平台，促进学生探究式学习。 课中：鼓励学生上台分享，引导学生进行问题延展，激发学生对美好生活的感知和理解，通过讲解实际案例与播放视频等方式，让学生对门店外部设计的原则和风格有较为全面的认识和记忆。 课后：通过线上平台布置作业，通过课后测试检验学生对以美好生活为出发点进行门店外部风格设计的评价和实践能力
4.2　连锁门店店名设计	（1）牢固树立法治观念； （2）培养法治思维	课前：通过线上平台推送头脑风暴任务，要求学生回忆印象深刻的门店名称，引导学生思考门店命名的原则和方法。 课中：鼓励学生上台分享，结合案例介绍门店命名的原则和方法，以知识产权保护为切入点引导学生树立法治观念，培养学生的法治思维，让学生自觉尊法学法守法用法，使学生对门店命名的原则和方法有较为全面的认识和记忆。 课后：通过布置门店命名任务，引导学生参照命名原则和方法完成门店命名，强化法治意识，培养学生的创新意识
4.3　连锁门店店标和招牌设计	（1）深刻理解社会主义核心价值观的内涵； （2）将爱国主义内化为精神追求、外化为自觉行动	课前：通过对五星红旗的认知，学生搜集国旗背后的故事，讨论五星红旗之美，以五星红旗在联合国升起，了解店标的重要性，帮助学生涵养爱国之情。 课中：以案例教学法和软件操作演示法为主体，讲解店标和招牌设计的原则与技巧，内嵌徽商历史的讲解，激发学生树立爱省之志。 课后：要求学生为所在的学校设计校徽，推动学生增强爱校之行
4.4　连锁门店店门和橱窗设计	（1）加强文化自信教育； （2）引导学生传承和弘扬中华优秀传统文化	课前：以调查连锁门店店门朝向为主，引导学生关注店门的重要性，同时探索店门中含有的中华优秀传统文化元素。 课中：以讨论、辩论等形式，阐述店门设计的注意事项，同时穿插徽派建筑和斗拱榫卯等中国传统建筑文化内容。 课后：以调查徽派建筑在连锁企业中的应用为课题，关注安徽地域文化的历史和未来发展
4.5　连锁门店外部环境设计	（1）增强专业认同感和职业责任感； （2）培养学生爱岗敬业、诚信服务的职业道德	课前：以调查门店停车场及周边对企业和社会的影响为课题，引入"企业社会责任"这一概念，引导学生树立正确的世界观、人生观和价值观。 课中：以马克思主义普遍联系的观点为指导，以讨论、仿真设计为主要内容，设计门店停车场及其周边道路、绿化等，激发学生肩负生态文明建设的使命感。 课后：以调查门店外部设计的优缺点为题，引导学生关注社会现实，激发学生在为人民服务的过程中培养爱岗敬业、诚信服务的优秀品质

（四）教学实效

在课中，通过引导式交流讨论融入思政元素，结合时事政事，与学生讨论专业问题，自然切入思政元素。在课后，通过线上平台进行互动交流，引导学生思考，鼓励思想碰撞。在教学过程中，完成专业课程知识传授后，引导学生对相关问题产生正确的见解，通过类比演绎，引入实际案例，实现自然延伸。

通过课程思政建设，学生能够充分肯定自己学习的专业，形成专业认同；了解相关行业专业法规政策，深入社会实践，关注现实问题；丰富学识，增长见识，自觉成为德智体美劳全面发展的连锁行业高素质运营管理人才。

三、案例反思

（一）创新之处

本课程思政实践教学工作在师生的共同努力下取得了一定成绩，我们将本课程思政建设模式总结为"4321"课程思政实践教学模式（见图3），即"四方参与、三个角色、两个阵地、一个目标"。四方参与，即行业、企业、政府、学校四方共同参与，为学生提供理论教育和实践教育平台；三个角色，即"门店开发与设计"课程思政建设中让学生扮演国家、企业和门店运营三个角色，培养家国情怀、专业认同感和职业素养；两个阵地，即发挥第一课堂和第二课堂双阵地作用，创新活动形式，形成机制保障；一个目标，即发挥专业教育的育人目标，实现立德树人。

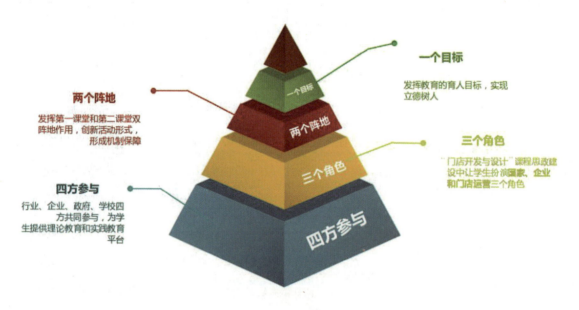

图3 "4321"课程思政实践教学模式

坚持把立德树人作为根本任务，将社会主义核心价值观培育纳入专业人才培养目标，打造有高度、有精度、有温度的连锁经营管理专业课程。在"知识传授、能力培养、价值塑造"三位一体的课程教学目标中，将价值塑造作为课程的"灵魂"，"课程思政"改革团队组织修订专业人才培养方案，推动实施全课程"传播·塑造"工程，优化教学内容，开发整合教学资源，深度挖掘门店外部设计知识体系中所蕴含的创新意识、职业道德、优秀文化等思想价值和精神内涵，将时代的、社会的正能量引入课程，重点培养学生的思维能力、职业能力和社会责任感，帮助学生成才，实现育人和育才的统一。

（二）下一步改进措施

在课程思政实施过程中，改变了过去教条式、灌输式的教学方法，开发了形式多样的课程思政教学载体，组织了丰富多彩的课程思政教学活动，创设了良好的学习环境，激发了学生参与课程思政的兴趣，在师生、生生共同合作中完成了教学任务，实现了课程思政的目标，达到了如盐在水的课程思政效果。

但是，对于每一种教学载体或教学方法的设计和运用，都应当辩证地对待，应当同实际相结合，如线上软件开启弹幕评论功能在课程思政中师生互动环节固然有优势，但是弹幕评论也存在"内容少、停留时间短、情境创设效果低"等问题，因此，这一载体能在多大程度上实现课程思政"浇花浇根、育人育心"的效果值得思考，因此需要根据教学需要、学生实际来运用这一载体。

所属学院： 电子商务学院
课程名称： 数据可视化
课程类型： 专业必修课
案例章节： 单元七"数据可视化报表制作"
案例名称： 农业电商运营数据可视化报表制作
——"数据可视化"课程思政案例
案例作者： 徐诗瑶，凌洁，高蕾，耿雪婷，薛晨杰
课程简介： "数据可视化"课程为商务数据分析与应用专业的必修课，开设于第五学期。在本课程教学过程中，以"典型任务"为载体，通过任务驱动帮助学生在"做中学、学中做"，同时构建"项目设计、任务驱动、实践操作、能力拓展"一体化教学模式，以行业真实项目案例数据为基础，以岗位流程为主线，在教与学的全过程中提高学生对数据可视化岗位的熟悉与认可程度，注重培养学生数据处理时的耐心、细心，并在教学案例的操作中兼顾对学生美感的培养。

农业电商运营数据可视化报表制作
——"数据可视化"课程思政案例

一、案例简介

本单元教学的技能点为数据可视化报表制作，引导学生在采集完农业电商店铺后台的数据后，结合不同数据类型完成数据可视化对象的制作，借助 Power BI 软件完成数据可视化报表的制作，通过数据钻取和数据分组提高数据可视化报表的可读性。

在教学设计中，以电商后台运营数据的报表制作任务为主线，以任务驱动引导学生在具体操作中学会借助数据可视化软件制作运营数据报表，在具体课堂教学环节的安排中，以岗位流程进行教学组织，从生意参谋后台进行运营数据采集，到使用查询编辑器进行数据清洗，再到在报表视图中完成各数据可视化对象的制作与布局，综合培养学生的数据分析与可视化能力。

借助 1+X 数据分析系统，指导学生通过内置的生意参谋对农业电商店铺进行运营数据采集，注重对于运营数据指标的选择，引导学生从报表阅读者的需求出发，构建运营数据可视化报表。

使用查询编辑器对采集的数据进行清洗，在数据清洗和处理的过程中，注重学生对源数据的保护及数据处理时的耐心细心的培养。

在制作报表可视化效果时，引导学生根据不同数据指标的特征选择合适的数据可视化效果进行呈现，注意对不同可视化对象格式优化时的统一原则，在对各可视化对象进行布局时注意各指标间的关系和效果的搭配。

发布任务后，注意观察学生操作中的易错点，并及时点拨与指导。上传操作视频和操作步骤思维导图至云班课资源区，帮助学生在课后更有效地回顾知识与技能点，培养学生在制作数据报表时对细节的把握能力，培养学生精益求精的数据人意识。

二、案例实施

（一）教学目标

（1）知识目标：掌握运营数据可视化报表的构建原则，熟悉运营数据可视化报表的常见布局样式，熟悉数据钻取和数据分组功能的使用场景和呈现效果。

（2）能力目标：能够借助 1+X 数据分析系统采集的农业电商店铺后台运营数据，使用查询编辑器对采集的数据进行清洗与处理，制作农业电商数据可视化报表，并优化各可视化对象的格式；掌握报表钻取功能的设置，了解钻取层级结构；能够使用列表分组和装箱分组功能进行数据分组。

（3）思政目标：培养学生对专业前沿的可视化案例的学习兴趣，以及在数据可视化报表制作时的全局意识和美感。

（二）教学设计

教学设计如表 1 所示。

表 1 教学设计

专业名称	商务数据分析与应用	课程名称	数据可视化
授课类型	□理论型（A 类） ☑理实一体型（B 类） □实践型（C 类）			
单元名称	数据可视化报表制作	授课学时	8 学时
班级	商务数据分析与应用 191 班	人数	48 人
学情分析	通过内置与自定义可视化对象，学生已经能够在报表页中完成多个可视化对象的制作，即对报表制作的主体部分已经能够掌握，但是对报表的基本元素和布局规则还不是很了解，对使用 Power BI 软件综合布局可视化报表还很陌生			
单元重点	1. 数据可视化报表制作的原则和规范； 2. 数据可视化对象间的合理布局； 3. 农业电商数据可视化报表综合案例制作			
单元难点	1. 使用数据钻取功能优化数据可视化报表； 2. 使用数据分组功能提高数据可视化报表的可读性			
教学方法手段	1. 教学方法：案例教学、软件操作示范、实操训练。 2. 教学手段：教学示范后，录屏，学生操作后随机抽签请学生示范			
单元教学目标	知识目标：掌握运营数据可视化报表的构建原则，熟悉运营数据可视化报表的常见布局样式，熟悉数据钻取和数据分组功能的使用场景和呈现效果。 能力目标：能够借助 1+X 数据分析系统采集的农业电商店铺后台运营数据，使用查询编辑器对采集的数据进行清洗与处理，制作农业电商数据可视化报表，并优化各可视化对象的格式；掌握报表钻取功能的设置，了解钻取层级结构；能够使用列表分组和装箱分组功能进行数据分组。 思政目标：培养学生对专业前沿的可视化案例的学习兴趣，以及在数据可视化报表制作时的全局意识和美感			
思政融入点	借助 1+X 数据分析系统，指导学生通过内置的生意参谋对农业电商店铺进行运营数据采集，注重对于运营数据指标的选择，引导学生从报表阅读者的需求出发，构建运营数据可视化报表。 使用查询编辑器对采集后的数据进行清洗，在数据清洗和处理的过程中，注重学生对源数据的保护及数据处理时的耐心细心的培养。 在制作报表可视化效果时，引导学生根据不同数据指标的特征选择合适的数据可视化效果进行呈现，注意对不同可视化对象格式优化时的统一原则，在对各可视化对象进行布局时注意各指标间的关系和效果的搭配。 发布任务后，注意观察学生操作中的易错点，并及时点拨与指导。上传操作视频和操作步骤思维导图至云班课资源区，帮助学生在课后更有效地回顾知识与技能点，培养学生在制作数据报表时对细节的把握能力，培养学生精益求精的数据人意识			

	时间分配/分	教学内容	教学活动	教学资源
活动历程（含辅助手段、时间分配）	20	使用Power BI制作报表的案例	案例拆解	物流数据分析可视化元素拆解
	15	制作报表的思路；任务拆解	案例教学	登录实训平台，以"运营数据分析"实训任务为例，进行数据采集和任务操作
	10	制作报表的原则	教师讲解	设计表格应注意的原则：元素布局位置选择；元素风格整齐划一；手机布局适当删减

续表

	时间分配/分	教学内容	教学活动	教学资源
活动历程（含辅助手段、时间分配）	45	基本报表的制作	教师示范，学生练习	在教学平台发布操作视频，帮助学生在练习中把握细节 操作视频 基础报表制作.mp4
				课次1结束
	15	旧知回顾	利用云班课随机选学生进行演示	借助线上教学平台随机抽取学生，完成对基础报表制作技能的回顾
	30	添加简单对象	学生根据教师发布的任务进行操作练习	教师讲解并演示如何在报表中添加简单对象，在教学平台发布教学资源，同时在班级中指导学生开展任务操作 7-2 简单对象（资料）.pdf 7-2 简单对象制作（视频）.mp4

续表

	时间分配/分	教学内容	教学活动	教学资源
活动历程（含辅助手段、时间分配）	25	增加可视化对象，设置可视化对象的格式	案例教学，教师示范	在添加好简单对象的基础上，增加合适的可视化对象，并进行优化
	20	农业电商店铺流量分析报表制作	学生根据教师发布的任务进行操作练习	教师演示农业电商店铺流量分析报表的制作，学生学习后根据实训平台提供的数据开展报表制作
	课次 2 结束			
	10	数据钻取	案例效果演示	教师使用"钻取.pbix"进行钻取效果演示，讲授钻取的设置方法
	15	数据钻取的类型	教师讲解	结合 Power BI 界面讲授数据钻取的类型

续表

	时间分配/分	教学内容	教学活动	教学资源
活动历程（含辅助手段、时间分配）	20	设置数据钻取页面	教师示范	讲解如何设置数据钻取页面 1.设置钻取页面 • 打开Power BI Desktop，在"主页"选项卡中，连接数据"报表数据.xlsx"中的"销售数据"，借助查询编辑器进行数据处理后加载入Power BI Desktop。 • 考虑到钻取效果是在产品名称中钻取，从而转向另一页面去呈现各城市分店间该商品的销售情况。因此需要新建一个报表页，命名为"钻取页面"。 • 在"钻取页面"生成钻取后的可视化效果。单击可视化窗格中的"表"，在字段窗格勾选"产品名称""城市""销量""销售额"，放入可视化窗格的"值"选项框中
	20	设置数据钻取页面	瀑布图的数据钻取；学生根据教师示范进行操作练习	使用瀑布图设置数据钻取效果 （一）瀑布图的数据钻取（注意是三张截图） • 顶层 • 向下钻取 • 全部展开
	25	设置钻取层级结构	教师示范，学生根据教师发布的任务进行操作练习	教师示范后，学生结合教师录制的操作视频进行练习，教师根据学生练习情况及时给予指导
			课次 3 结束	
	20	数据分组的类型	教师示范、讲解	讲解数据分组与分组依据的区别 数据分组 • 与查询编辑器中的分组依据区分开 • 当创建了可视化对象后，各数据值默认按照字段中的分类进行分开呈现。如果想要在视觉对象中对不同的数据进行分组，将需要在可视化对象中对数据进行分组。数据分组有两种方式，一种是列表，一种是装箱。其中，数字和日期数据两种均可以使用，对于文本型数据则只能使用列表分组
	25	数据分组：列表	散点图数据分组示范	对日期数据进行分组，并借助散点图呈现 散点图数据分组（按日期分组）
	25	数据分组：装箱	散点图数据分组示范	对日期数据进行装箱，并借助散点图呈现 装箱 • 对于装箱的数据分组，大体操作与列表形式的数据分组一致，在字段窗格新建组，然后将"组类型"选择为"装箱" • 在字段窗格"日期"上右击，在弹出的快捷菜单中选择"新建组"，在弹出的对话框中进行装箱设置，将装箱大小设置为7天/箱，单击确认后，在字段窗格将会出现新的字段"日期（箱）"

续表

	时间分配 / 分	教学内容	教学活动	教学资源
活动历程（含辅助手段、时间分配）	20	数据分组练习	学生操作	教师示范后，学生结合教师录制的操作视频进行练习，教师根据学生练习情况及时给予指导

课次 4 结束

形成性评价	云班课中的考勤情况、课堂表现提问分数、小组作业中实操练习的结果成绩
课后作业	1. 结合实训平台中各个店铺后台数据设计店铺流量分析报表。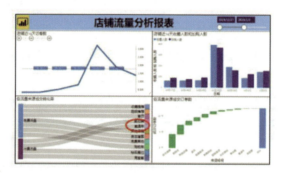 2. 根据提供的数据完成数据钻取（以瀑布图的形式呈现）。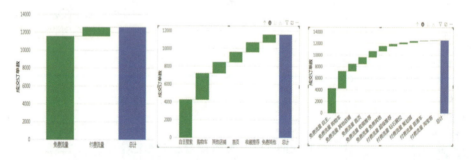 3. 根据提供的数据完成数据分组（以散点图的形式呈现）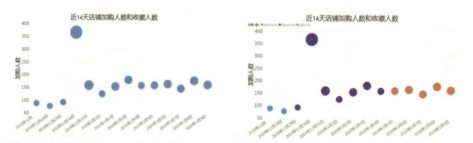
教学反思	数据钻取与数据分组有一定的难度，但是在数据可视化岗位这两个功能的使用却很多。在后期教学中，需要增加企业真实案例进一步拓展教学内容，多加引导学生了解这两个功能的适用情况，丰富学生制作数据可视化报表的实战经验

（三）教学实效

（1）学生能够完成基于农业电商数据的可视化报表制作，教学重点得以掌握。

学生作业1：针对实训平台中大溪地旗舰店的数据，完成数据流量分析报表制作。

学生作业展示如图1所示。

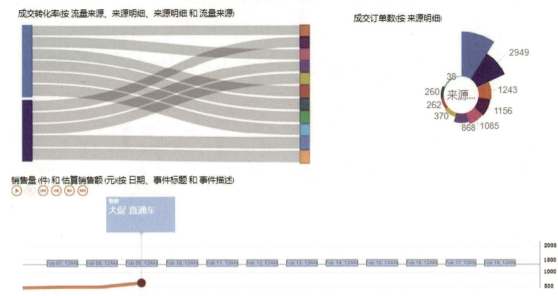

图1　学生作业展示1

学生作业2：针对实训平台中小牛凯西店铺的数据，完成数据流量分析报表制作。

学生作业展示如图2所示。

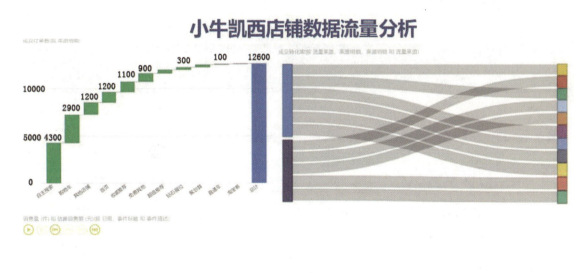

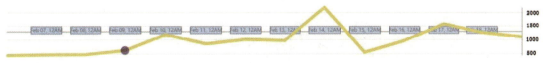

图2　学生作业展示2

（2）学生掌握数据可视化钻取和数据分组的操作方法，教学难点得以突破。

学生作业展示如图3所示。

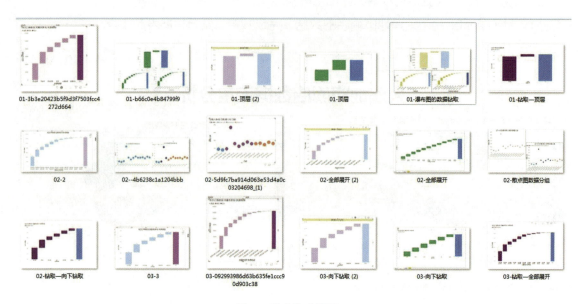

图3　学生作业展示3

三、案例反思

（一）创新之处

1. 以企业真实任务驱动，引导学生在完成具体案例的过程中掌握专业技能

借助1+X数据分析系统，指导学生通过内置的生意参谋（见图4）对农业电商店铺进行运营数据采集（见图5），帮助没有真实店铺的学生熟悉店铺后台生意参谋。学生基于教师设定的案例场景，采集对应的数据指标并完成后续操作，掌握相关技能。

图4　1＋X数据分析系统生意参谋界面

图5 1＋X数据分析系统生意参谋取数界面

2. 依托岗位流程拆解案例，在各环节注重思政育人

使用查询编辑器对采集的数据进行清洗，在制作报表可视化效果时，根据不同数据指标的特征选择合适的数据可视化效果进行呈现。在制作数据报表时，注意对多个可视化对象在效果制作时的选取，以及各可视化对象间的布局与格式统一。

在每一个环节，注意观察学生操作中的易错点，及时予以点拨与指导。在任务完成的全过程中，注重思政育人，引导学生从报表阅读者的需求出发，构建运营数据可视化报表。注重学生对源数据的保护及数据处理时的耐心细心的培养。强调对不同可视化对象的格式优化时的统一原则，引导学生注意在制作数据报表时对细节的把握，培养学生精益求精的数据人意识。

3. 借助信息技术，提高教与学的效率

（1）通过信息化教学平台云班课有效掌握每一位学生的学习状态（见图6）。

（2）通过思维导图拆解综合案例流程（见图7），帮助学生掌握知识和训练技能。

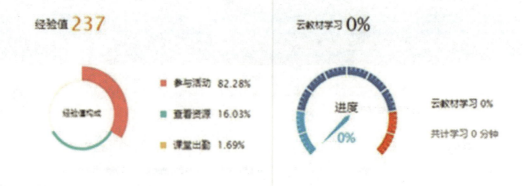

图6　线上教学平台学生数据情况

图7　综合案例流程

（二）下一步改进措施

（1）更新数据及案例：1+X 数据分析系统内置的数据构成一个统一的体系，未能及时更新，需要在后续与 1+X 数据分析系统提供方加强沟通，更新后台的数据及案例。

（2）不同的学生对前期操作技能的掌握程度不一致，需要提醒学生对综合案例涉及的已学知识的资料进行复习与回顾，提高教学辅助资源的利用率，改善学生技能的掌握情况。

四、案例资料

（一）线上教学平台

在教学平台中，教学团队根据教学进度，持续更新教学视频与操作过程中需要的拓展资源，同时注意在课后发布思维导图帮助学生更好地梳理与回顾任务操作流程与要点。线上教学平台资源及活动页面如图 8 所示。

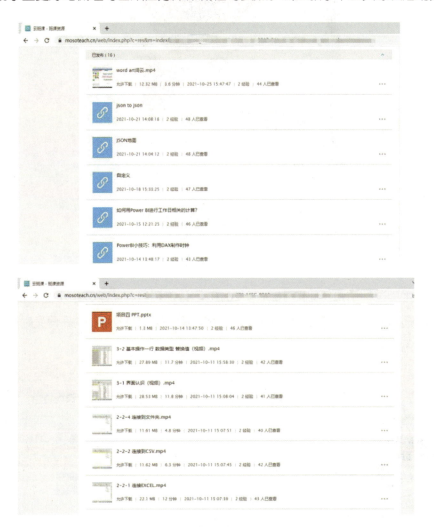

图 8　线上教学平台资源及活动页面

（二）配套教材

课程团队针对商务数据相关案例，以具体的项目任务编写教材，配套教材（见图 9）已于 2021 年 8 月出版，内容包括店铺商品销量分析、店铺流量来源分析、店铺顾客结构分析、店铺顾客地域分析、关键词选取、商品货源分析等，能够在课堂教学之余，进一步帮助学生掌握数据可视化技能。

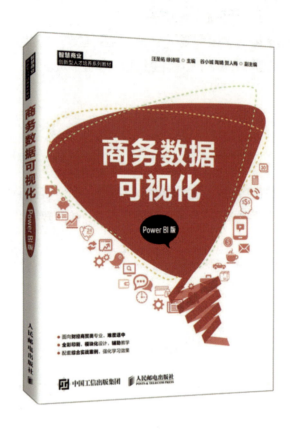

图 9　配套教材资源

（三）配套课程

"数据可视化技术"课程资源（见图 10）自 2019 年开始建设，于 2020 年在学校 SPOC 平台已经完整运行线上教学一期。在 SPOC 平台中，现有视频 43 段，时长共 534 分钟，共有文档材料 30 份、下载资料 17 个、图文资源 12 条、实践作业 22 份。

图 10　配套 SPOC 平台课程资源

续图 10

"数据可视化技术"课程已在学堂在线（见图 11）开课三期，课程中包含视频 43 个、图文单元 18 个、作业单元 30 个、考试单元 5 个，累计学习人数 984 人。

图 11　配套 MOOC 课程资源

所属学院： 电子商务学院
课程名称： 配送管理实务
课程类型： 物流管理
案例章节： 配送与配送中心认知
案例名称： 虽道有难，而不时必达：认知配送
——"配送管理实务"课程思政案例
案例作者： 谢妍捷
课程简介： "配送管理实务"课程通过任务驱动，建立一个完整的配送作业与管理知识体系结构，使学生能较好地掌握配送作业的基本理论、基本原理、基本方法，并能将所学配送作业的知识运用到配送操作与管理的实践中。本课程通过思政元素的融入，激发学生对社会主义核心价值观的认同感，培养学生诚实、守信、坚忍不拔的性格，提高学生在沟通表达、自我学习和团队协作等方面的能力。

虽道有难，而不时必达：认知配送
——"配送管理实务"课程思政案例

一、案例简介

本次授课内容是认知配送，旨在带领学生理解配送的概念、发展以及配送的作用。思政融入点主要集中在两个方面：一是在讲解配送的概念与发展的过程中，融入关于职业观和职业道德的思政教育；二是在讲解配送作用的过程中，融入关于职业观以及大局意识的思政教育。在教学方面，通过案例分享、互动讨论的方式，做到画龙点睛式和德智元素融合式的思政融入，帮助学生树立正确的职业观，培养学生的责任感，提升学生的民族自豪感，以及培养学生开拓进取的精神。

二、案例实施

（一）教学目标

1. 知识目标
（1）能理解配送的含义。
（2）能理解配送与送货、运输的区别。
（3）能掌握配送的作用和重要性。

2. 能力目标
能够掌握配送的十大要素。

3. 思政目标

（1）树立正确的职业观。

（2）培养学生的责任感，提升学生的民族自豪感。

（3）培养学生求真务实、开拓进取的精神。

（二）教学设计

"认知配送"是"配送管理实务"课程的开始章节，在这一章节的教学中，除了需要讲授与配送相关的概念外，更多的是需要帮助学生加深对配送的自我理解和认知，以及建立与配送相关的职业价值观。

本章节教学环节分为课前、课中及课后三个部分。课前通过雨课堂来掌握学生对配送的理解情况。课中讲授本次课的主要教学内容，主要包括配送的概念、配送的发展、配送与送货及运输的区别、配送的特点以及配送的作用五个知识点。其中，需要突出本次课的两个重难点，一是配送的基本概念，二是配送的作用。课后则需要学生搜集相关资料，讨论对配送的理解并以小组为单位完成作业。在整个课前、课中及课后的过程中，教师活动主要包括三点，分别是引导学生参与雨课堂讨论、讲解本节课重难点、引导学生树立正确的职业观以及大局意识。学生活动主要有两点，分别是讨论配送的"最后一公里"以及配送的作用。

根据本节课的专业知识特点和教学特点，本节课蕴含的思政元素主要归于两大维度，即大局意识和道德品质。大局意识主要包含责任意识和团队协作意识，而道德品质则涉及职业理想和职业道德。思政融合手段主要包括三个，分别是"画龙点睛"、"德智元素融合"和"互动讨论"；融合方式包括育德于教、寓道于教。育德于教即对学生进行社会主义核心价值观的教育引导；寓道于教侧重于引导学生自我提高，培养职业道德和素养。

在本次课中，可以通过文本案例、视频以及讨论等方式融入课程思政。例如，讲解文本案例，让学生充分了解中国古代配送发展的辉煌成就，从而增强对配送职业的认同感；播放智慧物流视频，让学生感受中国配送环节的智能化，激发学生的职业自豪感，引导学生树立职业观。此外，引入讨论，引导学生自主思考，并利用文本案例《中国邮政，使命必达》来分析配送的作用和意义，培养学生的责任感和民族自豪感，"画龙点睛"。最后，布置小组调研作业，让学生以小组为单位调研我国配送现状，并谈谈本组对配送的理解，锻炼学生自主思考与提升的能力，培养学生的团队协作能力。

教学活动历程如表 1 所示。

表 1　教学活动历程

	时间分配/分	教学内容	教学活动	教学资源
活动历程（含辅助手段、时间分配）	10	准备活动	检查考勤情况，简要介绍本单元学习内容	
	10	新课学习	以问题导入新课	雨课堂
	30	配送的概念与配送的发展	讲授配送的概念和发展	视频、文本案例
	15	配送与送货、运输的区别	讨论配送与送货、配送与运输的区别	
	25	配送的作用	让学生讨论配送的作用	文本案例
	课次 1 结束			

（三）教学过程

（1）课前环节。

通过雨课堂向学生发布讨论问题："你认为什么是配送？"

（2）课中环节。

【新课互动】在雨课堂中对"你认为配送是一份简单的工作吗？"问题设置投票。

【学生讨论】在公布投票结果之后，引导学生自己表达选择选项时的想法；随后让学生讨论配送中的"最后一公里"，并提出在"最后一公里"中出现的问题；最后让学生思考生活中有哪些方法或者设备可以帮助解决在"最后一公里"中出现的问题。

知识点1：配送的概念。

配送即配+送，详细来说就是分拣装送。我国关于配送的定义是：根据客户要求，对物品进行分类、拣选、集货、包装、组配等作业，并按时送达指定地点的物流活动。

知识点2：配送的发展。

①萌芽阶段。

在萌芽阶段，物流活动中的一般性进货开始向备货、送货一体化方向转化。

②发育阶段。

在发育阶段，欧美一些国家的实业界相继调整了仓库结构，组建或设立了配送组织、配送中心。在一些发达国家，随着经济发展速度的逐步加快、货物运输量的急剧增加和商品市场竞争的日趋激烈，配送得到了进一步发展。

③成熟阶段。

在成熟阶段，配送已演变成广泛的以高新技术为支撑手段的系列化、多功能的供货活动。

【案例分享】《我国古代快递配送的发展》。

夏商时期，古人就有了实物传递的行为。但这只是一种兼职、业余行为。《世说新语》中就记载了这样一件事：东晋有个叫殷洪乔的人，从京城去地方做官，别人求他捎带的书信有上百封，他出城就把信扔水里了，后人称不可信托的寄书人为"洪乔"。

周朝时期，政府发现快递能够提高办事效率，就开始设置主管邮驿、物流的快递官，也就是行夫，要求是"虽道有难，而不时必达"。

秦朝修订了我国第一部有关通信的法令。该法令规定，有加急的文书，要立即传递，投递不及时要治罪。到了唐朝，按照唐代官府的规定，快马日行180里。如果遇到紧急公文，则有日行300里、400里和500里三档。到了清朝，在之前的基础上增加了日行600里和800里两档。

古代的"快递小哥"属于有编制的公职人员，历史上很多大人物，以前都当过快递小哥。比如汉高祖刘邦，在发迹之前当过"亭长"。

【视频】《智慧物流》。

【互动讨论】古代与现代对配送的要求是否相似？

【思政融入】分享《我国古代快递配送的发展》案例，让学生充分了解中国古代配送发展的辉煌成就。随后，播放视频《智慧物流》，让学生发表自己对配送的理解，从而激发学生对配送这一职业的职业自豪感，引导学生树立正确的职业观。

知识点3：配送和送货、运输的比较。

对用户而言，送货只能满足其部分需求，这是因为送货人有什么送什么；而配送则将用户的要求作为目标，具体体现为用户要求什么送什么、希望什么时候送便什么时候送。运输是干线、中长距离、少品种、大批量、少批次、长周期的货物移动；而配送是支线、市场末端、短距离、多品种、小批量、多批次、短周期的货物移动。

知识点4：配送的特点。

（1）配送以送货为目的，但配是送的前提。

（2）配送推动了物品流动。

（3）配送是专业化的增值服务。

（4）配送以用户要求为出发点。

知识点5：配送的作用。

【雨课堂讨论】配送的作用有哪些？

【案例分享】《中国邮政，使命必达》。

四川木里藏族自治县地处青藏高原东南角，这里高山连绵起伏，平均海拔3000多米。在21世纪前，当地的乡镇大部分都不通公路和电话，牵着驮着邮件的马的乡村邮递员，成为散居在大山深处的群众以及乡政府与外界联系的重要桥梁。王顺友负责的是从木里县城到白碉乡、三桷桠乡、倮波乡、卡拉乡的邮路。翻越十几座海拔从1000米到5000米不等的高山，从气温零下十几摄氏度到四十多摄氏度，从虎狼出没的原始森林到随处可见的险峻沟壑，从"一身雪"到"一身汗"……这样的行程，他每个月要往返两次，每次14天到15天，一年走了两万五千里。

【讨论分享】利用雨课堂让学生讨论配送的作用并分享关于配送作用的想法，并结合《中国邮政，使命必达》案例，让学生再次发表自己对配送作用的理解。

【讲解】

（1）配送对企业的作用。

（2）配送对消费者的作用。

（3）配送对社会的作用。

【讨论】2020年新冠疫情对社会的影响，以及配送在其中起到的作用。

【讲解】配送新的重任：①即时配送的崛起；②应急配送日显重要。

【思政融入】分享中国邮政汪顺友同志的事迹，让学生讨论配送的作用。此外，结合新冠疫情对生活的影响，以及讲解疫情期间的配送活动，引导学生树立起正确的职业观，培养学生的责任感。

在课后环节，要求学生进行反思回顾，根据课堂所学所思，以小组为单位，搜集关于配送中心的资料，分享对配送的理解，培养学生的职业自豪感和团队协作能力。

（四）教学实效

配送是现代社会不可或缺的一个环节。"虽道有难，而不时必达"是周朝既有的对配送的要求，也是对客户的承诺。如今，智慧配送也依然履行着这个承诺。配送就像是成千上万座桥梁，连接着生产者和消费者。人们在享受配送服务时可能对此毫不在意，但配送却不可或缺。若想发挥配送的作用，就需要建立相应的价值观并形成相应的责任感。分享起"画龙点睛"作用的案例以及融合相关的德智元素，可以让学生领会到配送这一行业的重要性和特殊性，培养学生的职业价值观。

1. 通过德智元素融合，培养职业自豪感和道德品质——配送的发展

分享《我国古代快递配送的发展》案例，让学生充分了解中国古代配送发展的辉煌成就，以及在不同时期配送的要求都是"使命必达"，激发学生对配送这一行业的兴趣，并建立职业观。随后，分享视频《智慧物流》，让学生理解无论是在古代还是在现在，上到国家，下到个人，快递都是增进交流、加强互动的重要方式，配送都能提升人们的生活水平，让生活变得更美好，而我国也在不断改善配送流程、提高配送实效，从而激发学生的职业自豪感，引导学生树立正确的职业观。

2. "画龙点睛"，培养大局意识——配送的作用

让学生理解配送中心不仅承担着物品的运输与储存功能，也是每个人与外部世界的链接者。作为基础设施的配送中心在未来将变得更加重要，尤其是在非常时期，配送是一个国家经济流通、社会流动、保障生活最不可或缺的重要依赖之一。同时，分享中国邮政汪顺友同志的事迹，让学生感悟配送所带给大家的作用不单单是方便，它还是很多地方与外界沟通的桥梁，且中国邮政的使命是让全中国的人民都能收到货物，以此来激发学生的民族自豪感和使命感。同时，在疫情期间，配送承担了大量桥梁的作用，特别是打通了"最后一公里"，为居家的人们送去足够的物资，利用无人机为医院医护人员及病患送去必备品，以此让学生从内心感受到配送的作用之大，从而培养学生的责任感以及职业价值观与职业道德。

三、案例反思

（一）创新之处

根据本课程的专业知识特点和教学特点，本课程蕴含的思政元素主要归于八大维度，即爱国主义、工匠精神、科学精神、大局意识、辩证意识、道德品质、生态文明和安全文明。融合手段主要包括三个方面，分别是"画龙点睛"、"德智元素融合"和"互动讨论"；融入方式包含育德于教、寓道于教。

（二）下一步改进措施

"配送管理实务"课程通过不同方式将思政教育融入课堂理论以及部分小组及个人练习当中，而操作实训中涉及较少。其原因在于学生在实训中心进行分组操作，教师的侧重点在于讲解操作流程和指导学生具体操作等，而忽略了对操作细节的提醒和对思政元素的融入。可以在后续操作实训时让学生观察，然后师生一起讨论该组在操作过程中出现的问题，这样可以适时融入课程思政元素，且让全体学生都能对课程思政元素有所感悟。同时，加强课程思政培训。

四、案例资料

（一）课件资料

课件资料如图1所示。

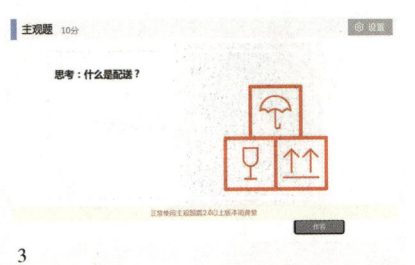

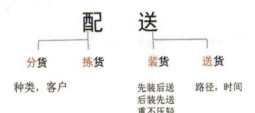

图 1　课件资料

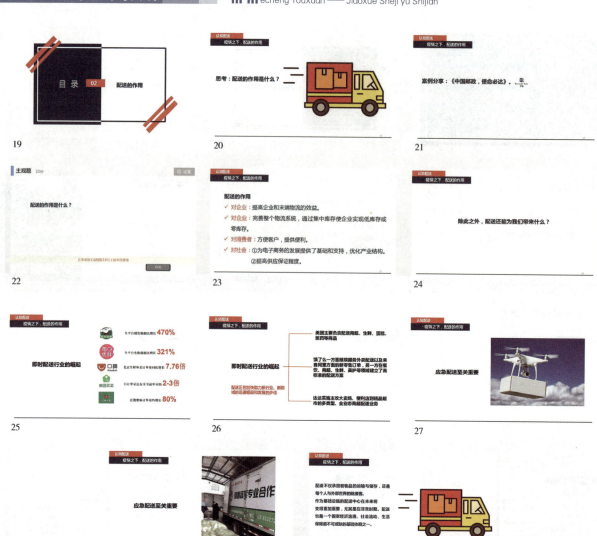

续图1

（二）其他相关教学资源

1. 课程资源

本院 SPOC 平台：http：//spoc.abc.edu.cn/explore/courses/1353027080513495042。

2. 行业网站

中国物流与采购联合会：http：//www.chinawuliu.com.cn/。

所属学院：电子商务学院

课程名称：物流基础

课程类型：专业必修课

案例章节：项目二"物流核心功能作业"之任务三"配送作业"

案例名称：德技双修，塑造"最美"物流人

——"物流基础"课程思政案例

案例作者：刘存，孙培英，吴竞鸿，谢妍捷，胡勇强

课程简介："物流基础"是物流管理专业的入门课程，也是"双高计划"电子商务专业群的通识课程。本课程立足于以物流管理专业学生为本位，结合电子商务专业群建设特色，凝练德育目标和思政元素。为突出价值引领、工匠精神培育、典型徽商文化融入等职业教育特色，课程开发团队构建了物流及岗位认知、物流基本功能作业、物流成本管理、物流专题四个教学模块。细化到"物流基础"课程的目标时，把专业群目标和思政目标并重，在教学过程中融入社会主义核心价值观，加强对大学生在理想信念、价值取向、政治信仰、社会责任感、职业道德等方面的教育。

德技双修，塑造"最美"物流人
——"物流基础"课程思政案例

一、案例简介

（一）思政融入点

"物流基础"课程思政教学采用点、线、面、体相结合的方式进行，从知识点中提炼出思政点，在同一教学单元中，不同的思政点将串成线，整个课程的授课过程中会形成思政面，最终连入物流管理专业育人的思政体中。具体到项目二"物流核心功能作业"之任务三"配送作业"中，主要探讨配送人员的职业素养和社会责任，目的有二：其一，强化学生的职业认同感和社会责任感；其二，基于配送作业中信息技术的渗透率越来越高，配送逐渐走向智能化的现状，培养学生拥抱创新、拥抱科技的意识。

（二）教学方法与具体举措

本次课采用任务驱动法，依托网络及移动课程资源，运用"以学生为主体，以教师为主导"的教学方法，以成员合作、多元互评为教学形式，实现"理实一体、师生互动、生生互动"。

首先提出什么是"最美"快递员，由学生通过课前头脑风暴、课堂讨论、课后总结方式，凝练出对"最美"快递员的三项基本要求。学生通过充分探讨和总结，勾勒出"最美"快递员的形象，并绘出卡通图案。

接着推出寻找"最美"快递员活动，学生以小组为单位，充分分工合作，通过网络搜索、实地走访等形式，以视频、音频等各种形式记录心目中"最美"快递员的形象，完成"最美"快递员视频录制并分享。

最后在课堂上进行展示，并发动投票，选出"最美"快递员，让学生认识到物流人的社会责任。

（三）教学成效

进行课程设计时，充分发挥了学生的主体作用，激发了全体学生的主动性，同时思政点与知识点完美融合，让学生在掌握专业知识的同时，也深刻认识到物流人的社会责任，强化了学生的职业认同感。

二、案例实施

（一）教学目标

教学目标如表1所示。

表1 教学目标

知识目标	能力目标	思政目标
1. 熟悉配送的概念及作用，掌握配送的模式； 2. 理解配送中心的概念及配送合理化的含义、实现配送合理化的途径； 3. 掌握确定配送路线的原则，学会使用扫描法优化配送路线	1. 能针对给定的案例，选择合适的配送模式； 2. 能提出实现配送合理化的途径； 3. 能根据给定的条件，利用扫描法进行多车辆配送路线优化	1. 引导学生树立良好的职业观，培养学生的职业精神和社会责任感； 2. 培养学生拥抱创新、拥抱科技的意识

（二）教学设计

本次课采用任务驱动法，依托网络及移动课程资源，运用"以学生为主体，以教师为主导"的教学方法，以成员合作、多元互评为教学形式，实现"理实一体、师生互动、生生互动"。通过理论结合实践，培养学生的职业技能，促使学生养成自主学习思考、注重团队合作的职业素养。同时，结合教育部发布的《高等学校课程思政建设指导纲要》，将职业素养、社会责任等思政元素融入专业课程教学过程中。

教学设计如表2所示。

表2 教学设计

教师活动	学生活动	设计意图
2.3.1 配送认知		
课前准备		
教师在教学资源平台上传课程资源并发布课前任务。 1. 上传课程资源：教师在SPOC平台发布学习资源，并上传阅读案例《高治晓：登上＜时代周刊＞封面的外卖小哥》（思政融合点）。 2. 发布调研性任务。 （1）成立小分队：以6人为一分队，任命队长，完成成员分工。 （2）开展调研：6人小分队展开对"最美"快递员的网络、实地调研，并将调研过程和结果分享到云班课。 （3）成果展示：各分队在3分钟内阐述调研过程和分析结果	学生登录教学资源平台，查看任务，按照要求完成任务。 1. 学生登录SPOC平台，学习配送管理的理论知识。 2. 成立6人小分队，并任命队长，完成分工，开展调研，并将调研过程和分析结果上传到云班课。 3. 小分队成员完成课前汇报准备工作	1. 通过自主学习，引导学生合理分配课外时间，培养学生自主学习思考的习惯。 2. 学生小分队通过对"最美"快递员进行网络调研，培养通过网络搜集信息的能力。 3. 小组成员对调研信息进行分析，培养学生分析问题、解决问题的能力，同时通过完成小组作业，锻炼学生的团队意识和合作能力

续表

教师活动	学生活动	设计意图
课中实施		
1.随机提问,检查学生出勤情况。采用云班课随机考勤功能,随机点名。 2.课前任务点评。 查看云班课上学生上传情况,抽取前三名小分队代表发言,并组织其余小分队对比点评,最后做总结。 3.组织小组讨论。 在课堂发布小组讨论任务:即时高效的配送给我们的生活带来哪些惊喜?你心目中的"最美"快递员是什么样子的? 4.布置"最美"快递员的绘图任务。 各小分队借助熟悉的软件,完成"最美"快递员卡通图像的绘制	1.完成随机考勤。 2.完成课前任务点评。 各小分队对调研情况进行汇报,并进行自评、互评。 3.展开小组讨论。 从生活实际出发,讨论配送服务带给我们的惊喜,理解配送的内涵、配送人员的素质要求等。 4.完成"最美"快递员的绘图。 利用通过课前调研及课中讨论收获的信息,小分队讨论、总结出"最美"快递员的素质要求,完成卡通图像绘制	1.通过课前任务点评激发学生对调研任务的热情,通过小分队自评充分展示各分队完成调研所获得的成就感,通过小分队之间互评加深学生相互之间的学习,从而充分调动学生的学习主动性,加深学生对配送内涵、配送模式的认知。 2.教师发布小组讨论任务,提高学生的课堂参与度,引导学生开启发散思维,探究问题症因。 3."最美"快递员图像绘制,能充分发挥小分队集体智慧和想象力,使学生深刻体会"最美"的内涵(思政融合点)
课后总结		
总结凝练出"最美"快递员应满足的三项基本要求(思政融合点)	完善"最美"快递员的卡通形象(思政融合点)	从发散思维走向聚合思维,通过完成课前任务、课中学习讨论,凝练出"最美"快递员应满足的三项基本要求,加深学生的职业认同感(思政融合点)
2.3.2 配送中心布局规划		
课前准备		
教师在教学资源平台上传课程资源并发布课前任务。 1.上传课程资源:教师在SPOC平台发布学习资源。 2.通过云班课发布案例《青岛一保税区仓库着火》讨论任务。 (1)6人小分队在队内展开讨论,寻找火源。 (2)6人小分队将讨论结果上传至云班课	学生登录教学资源平台,查看任务,按照要求完成任务。 1.学生登录SPOC平台学习配送中心布局规划的相关知识。 2.6人小分队针对案例展开讨论,将讨论结果上传到云班课。 3.小分队成员完成课前汇报准备工作	1.通过自主学习,引导学生合理分配课外时间,培养学生自主学习思考的习惯。 2.学生通过阅读案例、分析案例、队内讨论,寻找引发火灾的真正"火源",培养安全意识(思政融合点),提高分析问题的能力。 3.通过汇报准备,锻炼学生的团队意识和合作能力
课中实施		
1.随机提问,检查学生出勤情况。采用云班课随机考勤功能,随机点名。 2.课前任务点评。 查看云班课上学生上传情况,抽取前三名小分队代表发言,并组织其余小分队对比点评,最后做总结。 3.组织小组讨论。 在课堂发布小组讨论任务:在配送中心布局中,为什么要将办公区与库区分开?	1.完成随机考勤。 2.完成课前任务点评。 3.展开小组讨论。 在课前通过案例分析,理解仓库合理布局的重要意义,确定将办公区与库区分开的必要性与紧迫性。 4.绘制配送中心布局图,并分析布局是否合理。 采用亿图图示软件画出某一配送中心的平面布置图,并分析布局的合理性	1.采用小分队自评方式,让学生回顾案例讨论的全过程,充分展示通过群体智慧接近真理的全过程;采用小分队之间互评模式,加深学生相互之前的学习,充分调动学生的学习主动性,加深学生对配送中心布局的认识。 2.教师发布小组讨论任务,提高学生的课堂参与度,引导学生发散思维,探究问题症因。 3.通过绘制平面布局图,一方面可以促使学生学习一种新的软件,另一方面可以加深学生对配送中心布局知识的理解,使学生能准确识别布局中的隐患

教师活动	学生活动	设计意图
课后总结		
1. 再次强调"最美"快递员的安全意识（思政融合点）。 2. 推出"最美"快递员评选活动，评选出大家心目中的"最美"快递员（尽量扩大"最美"快递员的评选范围，投票范围不限于学校）	1. 完成"最美"快递员宣传资料的制作（视频形式），并上传至云班课。 2. 各小分队充分宣传"最美"快递员，拉选票，尽量扩大"最美"快递员的评选范围，投票范围不限于学校	1. 强调物流工作中"安全无小事"，培养学生的安全意识（思政融合点）。 2. "最美"快递员宣传视频的制作，需要小分队内各成员竭力配合，有助于培养学生的团队能力。同时，制作视频作为一项新技术难度较高，有助于培养学生不惧困难的精神（思政融合点）。 拉选票的宣传过程，也是学生更深一步认知"最美"快递员所具备的综合素质的过程
2.3.3 配送路线优化		
教师在教学资源平台上传课程资源并发布课前任务。 1. 上传课程资源：教师在SPOC平台发布学习资源。 2. 通过云班课发布视频案例《京东无人之路》。 （1）观看视频，并讨论新科技为配送提供了哪些助力，然后将讨论结果上传至云班课。 （2）你还知道哪些物流"黑科技"？请查找相关资料并为在课堂上汇报做准备	学生登录教学资源平台，查看任务，按照要求完成任务。 1. 学生登录SPOC平台，学习配送路线规划的相关知识。 2. 6人小分队针对视频案例进行讨论，总结新科技对配送的发展带来的助力，并将讨论结果上传到云班课。 3. 小分队成员好做课堂被点名汇报的准备工作	1. 通过自主学习，引导学生合理分配课外时间，培养学生自主学习思考的习惯。 2. 学生通过阅读视频案例、分析案例、队内讨论，熟悉配送中的新技术，理解新技术发展对配送发展带来的积极影响，培养拥抱创新、拥抱科技的意识（思政融合点）。 3. 通过汇报准备，锻炼学生的团队意识和合作能力
课中实施		
1. 随机提问，检查学生出勤情况。 采用云班课随机考勤功能，随机点名。 2. 课前任务点评。 查看云班课上学生上传情况，抽取前三名小分队代表课堂发言，并组织其余小分队对比点评，最后做总结。 3. 发布课堂任务。 发布课堂任务"我说配送'黑科技'"，让学生理解科技的发展是物流产业振兴的重要途径	1. 完成随机考勤。 2. 完成课前任务点评。 3. 完成课堂任务"我说配送'黑科技'"。 将课前调研的物流"黑科技"进行课堂展示，总结技术进步对物流业发展的影响；同时，针对对目前配送中难点、痛点的理解，分享关于未来还需要开发哪些"黑科技"来助力物流的发展的思考	1. 通过自主学习，引导学生合理分配课外时间，培养学生自主学习思考的习惯。 2. 通过"我说物流'黑科技'"讨论任务，提高学生的课堂参与热情，通过讨论让学生进一步看到技术进步的积极意义，同时充分发挥想象力，预测未来配送"黑科技"的发展趋势。 3. 引导学生正确看待技术进步的影响，并关注科技创新、拥抱技术（思政融合点）
课后总结		
发布"最美"快递员最终投票结果，并对得票数前三名的小分队予以奖励	得票数前三名的小分队获得奖励，同时分享成功经验	1. 及时给予学生奖励，一方面是对学生的辛苦付出予以肯定，另一方面为未来活动的开展奠定良好的基础。 2. 设置学生认同的评选方式及奖励机制，让学生意识到只有努力付出才会有满满的收获

（三）教学过程

配送是物流系统的核心功能之一。从概念上看，配送是指根据客户要求，对物品进行分类、拣选、集货、包装、组配等作业，并按时送达指定地点的物流活动。所以，配送是一种综合性的物流活动，这也对从事配送工作的配送人员提出了更高的要求。

1. 子任务1 配送认知

教学过程如表3所示。

表3 子任务1 配送认知教学过程

时间分配/分	教学内容	教学活动
5	随机考勤	教师考勤，学生通过云班课签到
10	配送的内涵	教师在课堂发布小组讨论任务——即时高效的配送给我们的生活带来哪些惊喜？，以此引出配送的内涵
20	配送人员的基本素养	教师抽取前三名小分队代表发言，并组织其余小分队对比点评，最后做总结
5	学生总结配送人员素养标准	各小分队借助熟悉的软件，完成"最美"快递员卡通图像的绘制（见图1），要求图像中要体现对"最美"快递员的素养要求
5	总结	教师总结本次课程，并布置任务

图1 画出你心中的"最美"快递员

教师总结：

（1）专业素养及安全意识：作为"最美"快递员，专业素质要过硬，同时要有强烈的安全意识。

①熟悉配送的专业知识。

②积极拥抱配送的最新技术。

③具有发现安全隐患的一双"慧眼"。

（2）恒心、社会责任感：具有全心全意为客户服务的恒心，具有强烈的社会责任感。

配送所提供的产品归根到底是服务，而服务质量的高低除了与硬件有关之外，还与配送人员的服务意识、服务态度有关，所以"最美"快递员应拥有一颗全心全意为客户服务的恒心，具有强烈的社会责任感。

在疫情期间，我们看到很多逆行的"快递小哥"，他们逆行奔跑，"配送"温暖和希望，充分展示了物流人的社会责任感（思政融合点）。

（3）勤劳的双脚。

通过调研，学生会发现快递员的派送量有时超过200单/天，这既是对智力的考验（用专业知识、用信息技术合理规划路线），也是对体力的考验，需要快递员拥有勤劳的双脚。

2. 子任务2 配送中心布局规划

教学过程如表4所示。

表4 子任务2 配送中心布局规划教学过程

时间分配/分	教学内容	教学活动
5	随机考勤	教师考勤，学生通过云班课签到
10	配送中心选址的含义、规则、影响因素及选址程序	教师播放关于8·12天津滨海新区大爆炸事故的视频，分析该危险品仓库选址存在的问题，引出对配送中心选址的基本知识的介绍，并提醒学生：危险品配送中心选址尤其关键，需要用发展的眼光对待这项工作（思政融合点）
20	配送中心平面布局	教师引导学生通过课前云班课案例分析，理解仓库合理布局的重要意义，确定将办公区与库区分开的必要性与紧迫性。教师抽取三名小分队代表发言，并组织其余小分队对比点评，最后做总结
5	绘制配送中心平面布置图	画出给定配送中心的平面布置图，并分析该布局中不合理的因素
5	总结，并发布"最美"快递员评选要求，请各小分队制作宣传资料	教师总结本次课，并布置任务

3. 子任务3 配送路线优化

教学过程如表5所示。

表5 子任务3 配送路线优化教学过程

时间分配/分	教学内容	教学活动
5	随机考勤	教师考勤，学生通过云班课签到
5	配送路线的确定原则	教师讲解配送路线确定的目标及约束条件，学生听讲
15	配送路线的优化	教师通过案例讲解路线优化的重要性，并介绍扫描法的具体应用，学生听讲
15	认识配送"黑科技"	学生将课前调研的物流"黑科技"进行课堂展示，总结技术进步对物流业发展的影响；同时，针对对目前配送中难点、痛点的理解，分享关于未来还需要开发哪些"黑科技"来助力物流的发展的思考
5	总结，并公布"最美"快递员评选结果，并及时给予前三名小分队奖励	教师总结本次课，并对学生圆满完成本次课予以正面评价

（四）教学实效

任务三中的三个子任务，以寻找"最美"快递员为主线串在一起，"最美"快递员的标准就是既具备强大的专业素养，也具备良好的职业道德及强烈的社会责任感等，自然地将思政教学融入关于配送的专业知识讲解中，有助于培养学生的职业精神和社会责任感以及拥抱创新、拥抱科技的意识。

三、案例反思

（一）创新之处

（1）以寻找"最美"快递员的活动贯穿整个任务的教学，思政教育与专业知识传授完美结合，思政内容不是呈散点分布的，而是形成了一条完整的链条。

（2）学生以小分队的形式参与活动，有利于体会团队中的合作与团队间的竞争，既有助于培养学生的分工、合作精神，又有助于培养学生的竞争意识。

（3）课程内容安排及思政内容安排循序渐进，初始时是简单的传阅、搜索资料，接着要汇总分析资料，最后需要进行总结凝练。

（4）活动的范围从班级开始，辐射到专业全部学生，乃至整个学校以及周边兄弟院校，效果较好。

（二）下一步改进措施

（1）学生分组时，仍以宿舍为单位进行，下次可以考虑随机分组，让班上学生能充分交流、互相了解。

（2）部分学生在小分队中贡献不足，未能充分发挥积极性，后续教学中应调动全部学生的积极性。

四、案例资料

（一）课件资料

课件资料如图 2 所示。

图 2　课件资料

续图2

二、配送中心平面布局

基础资料分析

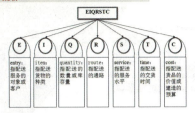

配送中心平面布置

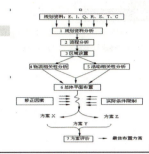

二、配送中心平面布局

配送中心系统布置

配送中心的系统布置概念：
根据物流作业量和物流路线，确定各功能区域的面积和各功能区域的相对位置，最后得到配送中心的平面布置图。

（一）区域布置的内容
➢物流作业区域内部布置
➢辅助作业区域内部布置
➢作业区域间的活动区布置

二、配送中心平面布局

配送中心系统布置

（一）区域布置的内容
➢物流作业区域内部布置

物流作业区域是配送中心的主体作业区域。
由于配送中心内的作业形态大部分为流水式作业，不同订单具有相同的作业程序，因此物流作业区域适于采用生产线式的布置方法。
若订单种类、物品特性或拣取方法差别太大，可考虑先将作业区域分为数个不同形态的作业线，然后由集合作业予以合并。

二、配送中心平面布局

配送中心系统布置

➢物流作业区域内部布置：作业区域的类型

- （1）一般性物流作业区　（7）厂房使用配合作业区
- （2）退货物流作业区　　（8）办公事务区
- （3）换货补货作业区　　（9）劳务性活动区
- （4）流通加工作业区　　（10）厂区相关活动区
- （5）物流配合作业区
- （6）仓储管理作业区

二、配送中心平面布局

配送中心系统布置

（一）区域布置的内容
➢辅助作业区域内部布置

辅助区域是指物流作业区域以外的、与物流作业没有直接流程关系的区域，如办公区、食堂、配电房等。
辅助区域的布置，可将物流作业区域作为一个整体，分析物流作业区域与辅助区域，依据辅助区域之间的关系，对辅助区域进行布置。
也可将物流作业区域内的各单一作业区域独立出来，把它们之间的作业流程关系转换成活动关系，再按上述方式进行分析和布置。

二、配送中心平面布局

配送中心系统布置

（一）区域布置的内容
➢作业区域间的活动区布置

除作业区域内部的布置外，还有一些处在作业区域之间的活动设施、空间，也需要进行布置，如道路、绿化带、预留区域、出入大门等。
对这些区域的规划，要考虑与其他区域的关系、未来发展的需要，以及有关政策的规定。

二、配送中心平面布局

配送中心系统布置

（一）区域布置的步骤
Ø物流相关性分析；
Ø活动相关性分析；
Ø作业空间（空间大小）规划；
Ø区域布置；
Ø区域布置的动线分析；
Ø实体限制的修正。

二、配送中心平面布局

画出配送中心的平面布局图

1. 网络调研一家配送中心，用"亿图图示"画出该配送中心的平面布置图。
2. 讨论办公区为什么要和库存区间隔开。

主题讨论

观看视频：《天津滨海新区大爆炸》

讨论：视频中的危险品仓选址是否合理？危险品仓库在选址时应考虑哪些因素？

续图2

案例分析

阅读微助教案例：《青岛一保税区仓库着火》

分组讨论：在配送中心平面布局时，为什么办公区要和保管区间隔开？

2.3.3 配送路线优化

一、配送路线的确定原则

确定目标

- 以效益最高为目标：指计算时以利润最大化为目标。
- 以成本最低为目标：实际上也是选择了以效益最高为目标。
- 以路程最短为目标：成本与路程之间的相关性较强，而其他因素的相关性较小时，可以选它作为目标。
- 以吨公里数最小为目标：在"节约里程法"的计算中，采用这一目标。
- 以准确性最高为目标：准确性最高是配送中心重要的服务指标。
- 还可以选择运力利用最合理、劳动消耗最低等作为目标。

一、配送路线的确定原则

约束条件

- 满足所有收货人对货物品种、规格、数量的要求；
- 满足收货人对货物送达时间范围的要求；
- 在允许通行的时间段内进行配送；
- 各配送线路的货物量不得超过车辆容量和载重量的限制；
- 在配送中心现有运力允许的范围内。

二、配送路线的优化

多车辆路径问题(vehicle routing problem, VRP)

经典VRP可描述如下：有多个货物需求点(或称顾客)，已知每个需求点的需求量及位置，至多用 m 辆汽车从配送中心(或中心仓库)送货，每辆汽车载重量一定，安排汽车路线要求每条线路不超过车辆载重量和每个需求点的需求必须只能由一辆车来满足，目标是使运距最短或者运输费用最少。

例如，一家大型物流中心要为成百上千的客户提供送货或取货的服务，就需要对运输车辆的数量及其行驶路线进行规划，以节约成本。

二、配送路线的优化

模型假设

(1) 单一物流中心，多部车辆配送。
(2) 每个需求点由一辆车服务，每个客户点货物的需求量不超过车辆的载重容量。
(3) 车辆为单一车种，即视为相同的载重量，且有容量限制。
(4) 无时窗限制的配送问题。
(5) 客户的位置和需求量均为已知。
(6) 配送的货物视为同一种商品，便于装载。

二、配送路线的优化

扫描法原理

扫描法在VRP求解方法中是一种先分群再寻找最佳路线的算法。求解过程分为两步：第一步是**分派车辆服务的站点或客户点**；第二步是**决定每辆车的行车路线**。

原理：先以物流中心为原点，将所有需求点的极坐标算出，然后依角度大小以逆时针或顺时针方向扫描，若满足车辆装载容量则划分为一群，将所有点扫描完毕后在每个群内部用最短路径算法求出车辆行驶路径。

二、配送路线的优化

扫描法的评价

扫描法是一种逐次逼近法，用该方法不一定能求得物流配送车辆路径优化问题的最优解，但是能够有效地求得问题的满意解。对于某个具体的物流配送车辆路径优化问题，由于存在多种客户编号方法，且仅选择一种客户编号方案用扫描法求解时，其计算量相对较小，但相应地，解的质量可能会很差；当选用多种客户编号方案用扫描法求解时，一般能得到质量很高的满意解，相应地，计算量会成倍增加。研究表明，对于物流配送车辆路径优化问题，当每条线路上的客户数目大体相同且配送路线不太多时，用扫描法求解是非常有效的。

二、配送路线的优化

扫描法的求解步骤

1. 以物流中心为原点，将所有客户需求点的极坐标计算出来。
2. 以零角度为极坐标轴，按顺时针或逆时针方向，依角度大小开始扫描。
3. 将扫描过的客户点需求量进行累加，当客户总量达到一辆车的载重量限制且不超过载重量极限时，就将这些客户划为一群，即由一辆车完成送货服务。接着，按照同样的方法对其余客户划分新的客户群，指派新的车辆。
4. 重复步骤3，直到所有的客户都被划分到一个群中。
5. 在每个群内部用TSP算法求出车辆行驶最短路径。

二、配送路线的优化

扫描法的实例

某运输公司为其客户企业提供取货服务，货物运回仓库集中后，将以更大的批量进行长途运输。所有取货任务均由载重量为10吨的货车完成。现在有13家客户有取货要求，各客户的去货量、客户的地理位置坐标见表2-1。已知运输公司仓库的坐标为（19.50，5.56）。要求合理安排车辆，并确定各车辆行驶路线，使总运输里程最短。

表2-1 客户数据信息

客户	1	2	3	4	5	6	7	8	9	10	11	12	13
D_i(吨)	1.9	2.8	3.15	2.4	2	3	2.25	2.5	1.8	2.15	1.6	2.6	1.5
X_i	20.0	18.8	18.3	19.1	18.8	18.6	19.5	19.93	20.0	19.5	18.7	19.5	20.3
Y_i	4.80	5.17	5.00	4.78	6.42	5.88	5.98	5.93	5.55	4.55	4.55	5.19	5.20

续图2

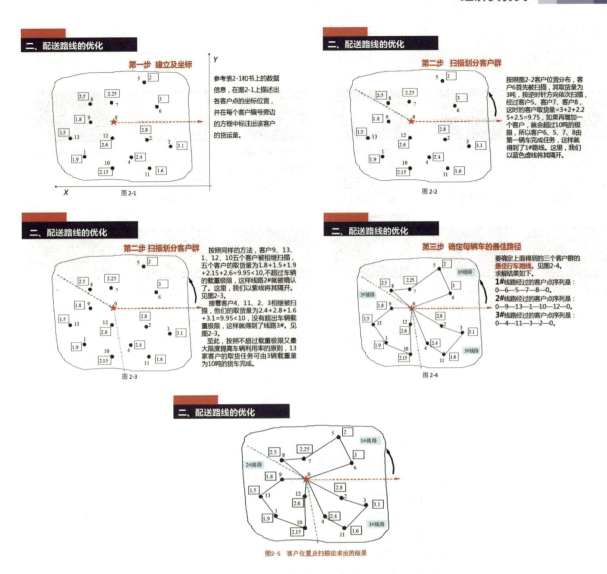

续图2

（二）其他相关教学资源

1. 课程资源

SPOC 平台"物流基础"课程资料（见图3）：http：//spoc.abc.edu.cn/。

图3　SPOC 平台"物流基础"课程资料

2. 课程思政库

（1）视频资源（见图4）。

"外骨骼机器人"亮相南京 "人机合璧"助物流工人提升效率　　「德邦物流总部」MAPS-Y 腰部助力外骨骼机器人试用测试（...　　汉欧国际物流，"一带一路"的探路先锋，打开通往世界的大门　　航拍无锡高架桥坍塌事故现场：3车被压　　京东首个无人仓库"亚洲一号"霸气亮相，黑科技太炫酷了！　　京东物流《无人之路》

快递员的日常生活　　数说改革开放40年 交通运输网跨越式发展　　天津：滨海新区大爆炸——3D俯瞰爆炸现场全景损毁情况一目了...　　疫情中的"逆行者"：80后快递员留守广州 寒风中穿梭大街小巷　　中国打造世界最大集装箱港口，全程智能化装卸，整个港口仅...　　自动搬运装卸人工智能机器人工业搬运系统

图4　视频资源

（2）案例资源（见图5）。

- 北斗少帅王飞雪
- 单元化：下一波物流降本增效的核心
- 扶贫更要兴农，盒马鲜生用数字化助力乡村复兴
- 高治晓登上《时代周刊》封面的外卖小哥
- 盒马的物流究竟独特在哪儿
- 华为零部件库存管理
- 节约里程法的基本原理
- 抗疫情 保供给 这些物流企业在行动
- 快递公司野蛮分拣是否要承担法律责任
- 快递小哥走进中南海
- 流通加工的内容
- 某公司装卸、搬运安全操作规程
- 青岛一保税区仓库着火
- 让产品增值的流通加工---阿迪达斯的超级市场
- 世纪大堵船，中欧班列为全球物流"托底"
- 我国古代的仓储
- 无辜的仓管员
- 无锡大桥坍塌事件
- 新零售下的新物流：以消费者为中心实现数字化跨越
- 徐国斌：快递小哥，疫路逆行者
- 选择包装材料的基本原则有几条
- 一件包裹的奇妙旅程

图5　案例资源

所属学院： 电子商务学院

课程名称： 物业管理

课程类型： 专业核心课

案例章节： 第四章"前期物业管理与业主入住"之第三节"业主入住"

案例名称： 校企协同、育心育德：物业管理之业主入住准备工作
——"物业管理"课程思政案例

案例作者： 何丹，张平平，刘超（房地产），刘超（营销）

课程简介： "物业管理"是房地产经营与管理专业核心课程。它系统阐述了物业管理的基础知识和基本方法，结合物业管理企业的经营活动和操作实践，使学生在熟知物业管理基础理论的同时，掌握物业管理与服务各个环节的工作内容和相关技能，为日后从事物业服务岗位工作打下基础。本门课程旨在培养学生的劳动精神、工匠精神、尽善尽美的服务追求、心系业主的社会责任感，以提高物业服务水平，满足人民群众日益增长的美好生活需求。

校企协同、育心育德：物业管理之业主入住准备工作
——"物业管理"课程思政案例

一、案例简介

本次案例教学设计以疫情防控、"十四五"规划为政策背景，探讨新时期对物业管理现代化、构建安定和谐的社区环境、满足人民日益增长的美好生活需要的新要求，为全面建设社会主义现代化国家开好局、起好步。对于教学设计，成立由专业课教师、思政课教师、专职辅导员和企业导师构成的一体化协作团队，形成良好的教学研究氛围，使得德育元素融入课程教学、课程教学发挥德育功能。

本案例采用分组讨论、案例教学、情景教学等多种教学方法，运用多种教学资源，结合生源情况，以专业课程建设为平台，围绕"课程思政"改革实践，以提升教学实效、增加课程感染力、提升课堂吸引力为准则，探索校企深度融合下房地产专业课程融入思政元素的具体路径。按照校企"共育"课程思政教学平台、校企"共建"课程思政教学体系、校企"共享"课程思政教学资源、校企"共管"课程思政评价体系的实施路径，积极开展本段教学内容，逐步将理论知识学习过渡到实训实践操作，通过拓展和延伸职业技能训练，有效发挥课程思政建设在育人中的作用。

二、案例实施

（一）教学目标

1. 知识目标

（1）掌握入住服务的基本概念。

（2）掌握入住服务工作流程中的文件查验要点、费用收取的依据。

（3）掌握入住通知书、入住手续书、入住须知、缴款通知书、房屋验收单等文书的内容要点。

（4）掌握入住方案制定的要点，即身份确认组、合约洽谈组、收费组、钥匙交接组、房屋验收组等各组工作职责及工作标准。

2. 能力目标

（1）能够完成入住手续文书的草拟工作。

（2）能够制定出切实可行的入住方案。

3. 思政目标

（1）培养学生的团队合作能力。

（2）培养学生的计划能力和组织能力。

（3）培养学生从事物业管理服务所需的专业态度和职业道德。

（二）教学设计

教学设计如表 1 所示。

表 1　教学设计

课前自学			
学习内容	教师活动	学生活动	课程思政
1. 教学视频。 2. 入住服务概念。 3. 入住服务办理的基本流程。 4. 入住准备工作要点。 5. 入住方案框架。	1. 推送任务。 推送视频《乔迁之喜》和入住服务手续相关文书；向学生发布"总结入住准备工作要点"和"编制 A 小区入住方案框架"的任务。 2. 追踪反馈。 查看学生任务完成情况	1. 观看视频，了解什么是入住服务、入住服务办理的基本流程，初识入住服务手续文书等内容。 2. 分组讨论，发现视频中展现的入住准备工作要点。 3. 搭建 A 小区入住方案框架，形成文字并上传文档	1. 通过学生课前自主学习，建立对入住环节的初步认知，熟知入住服务手续文书的内容。 2. 学生通过总结入住准备工作要点，为接下来构建入住方案框架打下基础。 3. 提升学生对业主入住环节服务意识的认知度，挖掘学生作为物业人热忱服务业主的内在动力。 4. 引导学生感受业主乔迁的喜悦，激发他们与业主共建美好家园的热情

续表

	课中研学			
	第 1 课时			
教学环节	教学内容	教师活动	学生活动	课程思政
激兴趣（10 min）	1. 入住准备工作要点。 （1）入住资料收集与准备工作。 （2）办公场所的装修、装饰。 （3）入住现场的环境布置。 2. 入住服务的内涵。 入住服务是指建设单位将已具备使用条件的物业交付给业主并办理相关手续，同时物业管理单位为业主办理物业管理事务手续的过程。 3. 入住服务的意义。 入住服务的完成意味着业主正式接收物业管理单位，物业由开发建设转入使用，物业管理服务活动全面展开	1. 展示学生"总结入住准备工作要点"和"编制 A 小区入住方案框架"成果及小组互评结果。 2. 补充总结入住准备工作要点，引出"入住服务"的概念与内涵。 3. 答疑，并引入入住服务工作。 4. 阐述入住服务的内涵、入住服务的意义	1. 研习其他小组同学的总结，讨论发现入住准备工作要点总结中的缺项内容。 2. 跟随教师的总结领会、思考。 3. 通过教师答疑，解除疑惑，加深对知识点的理解，实现自我启发。 4. 理解消化入住服务的内涵与意义，提升对入住服务工作重要性的认知	1. 学生相互取长补短，激发学习热情。 2. 为新知教学做好铺垫。 3. 根据学生提交的课前总结作业，修正学生对入住准备工作的认知偏差。 4. 引导学生树立通过提高物业服务水平，为业主营造功能完善的小区环境，进而促进和谐社区建设的意识
析流程（15 min）	入住服务的流程。 1. 查验：核对业主资料。 2. 签署文件资料：业主入住登记、业主文件签收。 3. 收取各种费用：物业费、住宅专项维修资金、车位租金或管理费、其他委托性收费。 4. 陪同业主验房。 5. 办理交接手续。 6. 发放钥匙	1. 播放 e 会学平台资源，展示入住服务流程。 2. 指导学生在企业智能物联 ERP 系统中了解并实施入住服务办理。 3. 点评学生讨论出的关键节点及操作重点、难点，强调分类签署文件资料和掌握收费依据	1. 结合 e 会学平台资源，学习入住服务的具体流程。 2. 登录企业智能物联 ERP 系统，实施入住服务办理操作，体会入住服务流程的规范性。 3. 分组讨论并指出入住服务流程中的关键节点及操作重点、难点	1. 帮助学生理清入住服务流程，为入住方案的制定积累知识要点。 2. 培养学生耐心、仔细的学习态度。 3. 培养学生热情为业主服务的服务意识

续表

教学环节	教学内容	教师活动	学生活动	课程思政
析流程（20 min）	1. 模拟训练中的问题解答。 2. KJ物业管理模拟训练系统之"入住服务工作"流程模拟。 ①入住管理的准备。 ②入住现场服务的流程。 ③验证身份的流程。 ④物业管理的服务约定。 ⑤物业管理相关文件资料。 ⑥入住管理的注意事项。 ⑦业主通知书。 ⑧业主收楼须知。 ⑨物业收费标准。 ⑩业主数据登记及数据卡。 ⑪物业人员基本仪容。 ⑫收楼承诺书。 ⑬验收楼交接书。 ⑭收楼物品确认书。 3. 实训内容点评	1. 指导学生使用KJ物业管理模拟训练系统进行情景模拟，解答学生在模拟训练中的疑问，帮助学生解决训练中的难题。 2. 根据模拟训练系统诊断得分和巡堂情况进行点评，指出模拟结果的优点及不足，并提出修改意见。 3. 总结入住准备工作的注意事项	1. 使用KJ物业管理模拟训练系统中的"入住管理"模块进行情景模拟。 2. 消化吸收教师的实训点评，明确课后自我补缺补差的方向和内容。 3. 专家点评得C和D等级的学生继续练习，提升点评等级	1. 学生通过KJ物业管理模拟训练系统掌握入住服务流程的主要工作，以便日后能够直接从事此项工作。 2. 使学生形成学习工作规范化、操作程序化的职业素养。 3. 提升学生的动手操作能力、信息化手段应用能力，助力学生自我迭代，开阔学生的行业视角。 4. 培养学生热心、高效服务业主，努力营造和谐氛围的能力
第2课时			
教学环节	教学内容	教师活动	学生活动	课程思政
学文书（15 min）	1. 纸质材料。 ①入住通知书。 ②入住手续书。 ③入住须知。 ④缴款通知书。 ⑤房屋验收单。 2. 信息手段。交楼宝和收楼宝App的应用	1. 根据课前自学环节中推送的资料和学生学习情况反馈，进行点评。 2. 现场发放入住所需文书纸质材料。 3. 结合纸质材料，重点讲解入住须知、缴款通知书、房屋验收单等入住相关手续文书的示范文本内容。 4. 指导学生下载交楼宝和收楼宝App，熟悉客户端界面	1. 结合教师的点评，根据自学时长和对文书的理解进行改进。 2. 结合纸质材料，认真研习示范文本中的条款内容，提出疑问。 3. 重点学习如何处理业主质疑收费的问题，内化技能。 4. 下载交楼宝和收楼宝App，熟悉客户端界面。 5. 业主组（学生角色扮演）使用收楼宝App上传收楼申请。 6. 物业组（学生角色扮演）使用交楼宝App审核业主的收楼申请	1. 掌握手续文书的文本内容，能够草拟系列文书。 2. 为顺利办理入住服务现场手续做好文件学习准备。 3. 对接物业管理信息化技术，锻炼学生合理运用数字化资源与工具的能力，培养学生的实践创新能力，助力学生孕育可持续发展能力。 4. 培养学生解决矛盾纠纷的能力，引导学生树立与业主共建和谐社区的意识

146

续表

教学环节	教学内容	教师活动	学生活动	课程思政
做方案（25 min）	入住方案制定要点： 1. 入住前的准备工作：文书资料。 2. 入住时间。 3. 入住流程：业主办理流程。 4. 工作组工作职责和工作标准：身份确认组、合约洽谈组、收费组、房屋验收组、钥匙交接组等各组工作职责及工作标准。 5. 现场布置：入住现场布置，准备迎宾台。 6. 应急方案的制定	1. 展示学生课前任务成果。 2. 讲解入住方案框架的制定要点。 3. 随机选取学生提交的入住方案框架进行点评。 4. 导入视频案例，引出学生容易遗漏的要点——应急方案的制定。 5. 讲授突发事件应急方案的制定。 6. 针对学生认知不够深入的接待组、移交组的工作职责，进行补充讲解	1. 根据本组方案，消化吸收教师的点评。 2. 学习入住方案框架的制定要点。 3. 观看视频案例。 4. 思考如何解决业主大闹入住现场这一突发事件。 5. 针对教师授课重点，讨论如何修改入住方案中的应急预案。 6. 深入学习接待组、移交组的工作职责。 7. 修改A小区入住方案的框架并提交至云班课	1. 学生通过制定A小区入住方案的框架，举一反三、进阶提升。 2. 培养学生周全、细致考虑分析问题的能力。 3. 调动学生恰到好处地服务、温暖业主，共建美好家园的服务积极性
评得失（5 min）	课堂总结： 1. 入住服务的工作流程。 2. 入住服务的手续文书。 3. 入住方案的制定	1. 选取两名学生分享本次课的收获。 2. 教师进行点评、总结	1. 学生心得分享：学到了什么知识，获得了什么能力，练习了什么技能，产生了什么感悟。 2. 学生反馈：在制定A小区的入住服务方案时的困难与疑惑、思考与改进	1. 通过学生分享检验教学效果。 2. 教师通过点评和总结帮助学生加深理解，明确改进方向
课后拓展					

学习内容	教师活动	学生活动	教学意图
A小区入住方案	1. 认真批阅学生课上提交的入住方案框架，并提出修改意见。 2. 推送任务：完成A小区入住方案	1. 根据教师的反馈，细致修改方案框架。 2. 制定A小区入住方案	1. 检验学生课堂学习效果，锻炼学生举一反三的能力。 2. 为开启下一任务的学习做准备

（三）教学过程

结合前期物业管理模块的教学内容，采用分组讨论、案例教学、情景教学等多种教学方法，运用多种教学资源，基于真实工作岗位，以"入住准备工作"这一前期物业服务工作要点为教学内容，将各分支任务细化为课前、课中、课后三个阶段，实现学生自主学习、探究式学习和拓展学习。教学过程中思政元素的挖掘同样按照以上三个阶段展开。

1. 课前准备阶段

教师利用云班课教学软件向学生推送视频《乔迁之喜》、调研等教学资源或教学任务，供学生自主学习，对即将要学习的知识点建立初步认知；引导学生体验业主乔迁的喜悦，激发他们与业主共建美好家园的热情。

2. 课堂教学阶段

教师从多角度融入课程思政元素：展示学生自学成果，激发学生讨论的积极性，让学生相互取长补短，激发学生的学习热情；利用多种教学资源平台，模拟工作场景，通过系统实训、现场实操为学生提供实战舞台，让所有学生在"教学做练"中感受物业从业者的任务与使命，培养学生的政策导向意识、责任意识和工匠精神，以及职业观；通过案例讨论，引导学生思考如何解决突发问题，培养学生周全、细致考虑分析问题的能力。

3. 课后延伸阶段

教师发布课后拓展学习任务，引导学生自主衍生思考与学习；邀请学生在云班课分享课程学习成果，互相交流学习本模块知识过程中的心得体会，实现生生、师生互动。

（四）教学实效

1. 过程评价

针对关键性任务，实现全过程评价。通过教师点评、云班课经验值及 KJ 物业管理模拟训练系统评分等评价方式，提高重难点的教学效果，考查教学目标的达成度，及时发现教学、学生学习过程中出现的问题，调整教学进度与教学方法；通过学生点评、组间互评等评价方式，培养学生专业、高效服务业主的能力，激发学生与业主共建美好家园的热情。

2. 结果评价

通过总结入住准备工作要点和制定 A 小区入住方案，帮助学生及时发现学习盲点、查漏补缺，更加高效地理解和掌握课堂技能知识点。

三、案例反思

（一）创新之处

（1）搭建"思政＋专业课程"一体化育人平台。成立由专业课教师、思政课教师、专职辅导员和企业导师构成的一体化协作团队，形成良好的教学研究氛围，使得德育元素融入课程教学、课程教学发挥德育功能。

（2）构建"金字塔式"特色教学模式。以教学模式的科学内涵、构成要素、逻辑关系等理论体系构建为逻辑起点，以教学模式逻辑结构中的五大要素——核心理念、教学方法、教学目标、操作程序、教学评价为基本框架，通过将"做中学"和"学中做"相结合，构建出针对房地产专业课程思政育人的特色教学模式。

（3）运用过程式教学策略。与校企合作企业协同育人，以真实工作情景贯穿教学始终，找到课程思政切入点，避免专业课陷入只重知识传授、不重精神引领的误区。

（二）下一步改进措施

以产教深度融合为背景，改革传统的学生考核评价手段和方法，引进"真项目，真任务"实作式设计测试内容，以"过程、结果、综合、增值"开展全面考核评价，考核学生的专业能力、职业素养等综合能力，重点强化对学生爱岗敬业、诚实守信、规范严谨等方面职业品德的考核。

四、案例资料

（一）课件资料

课件资料如图1所示。

图1 课件资料

续图 1

（二）其他相关教学资源

云班课、省级教学资源库、企业智能物联 ERP 系统、KJ 物业管理模拟训练系统、物业管理服务 App。

所属学院： 国际商务与旅游学院

课程名称： 人力资源管理

课程类型： 专业必修课

案例章节： 单元7"薪酬管理"之"1.认知薪酬"

案例名称： 树立正确就业观与择业观：薪酬管理之认知薪酬
——"人力资源管理"课程思政案例

案例作者： 曹莹，陈小云，朱丹，吴帅，杨雯

课程简介： 通过对"人力资源管理"课程的学习与训练，学生可初步掌握企业人力资源管理的基本理论、基本方法和模块工作，并能结合案例和企业的实际情况灵活加以运用，提高分析和解决人力资源管理方面问题的能力，提高职业实践能力。本课程旨在为学生通过助理人力资源管理师考试提供支持，同时培养学生的爱岗敬业精神，为学生毕业后成功地步入社会参加企业经营管理工作打下基础。

树立正确就业观与择业观：薪酬管理之认知薪酬
——"人力资源管理"课程思政案例

一、案例简介

本次案例授课内容的思政融入点为：①通过对薪酬概念与内涵的讲解，提出"作为员工，我们要认识到提供劳动、爱岗敬业是我们的义务，获得薪酬是我们的权利；作为组织，也要意识到依法向员工支付薪酬是我们必须遵守的法律底线"的观点；②通过对互动话题"薪酬对你来说重要吗？为什么？"和对"演员'天价薪酬'的看法"的讨论，倡导学生树立正确的就业观与择业观，在今后的工作中，不仅仅从外在薪酬的角度衡量工作的回报，也要看到工作所带来的心理满足感和个人成长，将社会主义核心价值观内化为精神追求、外化为自觉行动。

教学方法与举措：讲授、互动话题讨论、问题导向。

教学成效：①在授课过程中运用了混合式教学模式，将线上教学与线下教学相融合，充分利用了不同教学平台及资源的优势；②通过翻转课堂设计，充分利用课堂教学时间，挖掘学生学习的自主性、主动性；③通过对相关互动话题的讨论、抢答、投屏、相互点赞等教学活动的设置，极大活跃课堂氛围，调动学生参与的积极性；④教师讲授与学生自学相结合，最终达成了本节课的知识目标、能力目标与思政目标。

二、案例实施

（一）教学目标

1. 知识目标

能够阐述薪酬的概念、构成，理解薪酬的功能。

2. 能力目标

能够正确区分薪酬的不同组成部分。

3. 思政目标

树立正确的就业观、择业观。

（二）教学设计

教学设计如表1所示。

表1 教学设计

专业名称	人力资源管理	设计者	曹莹	日期	第2～15周
课程名称	人力资源管理			课程代码	40002004
授课类型	□理论型（A类） ☑理实一体型（B类） □实践型（C类）				
单元名称	单元7"薪酬管理"之"1.认知薪酬"			授课学时	2学时
班级	人力资源管理212班			人数	56人
学情分析	本课程的教学对象为人力资源管理专业一年级学生，他们正在同步学习"管理学基础"等课程，缺乏基本的管理知识储备，对人力资源基础知识认知有限。从个性特点来看，他们自我意识强，喜欢参与；对理论知识学习缺乏兴趣，又眼高手低，急需快速进入大学学习状态，树立职业意识				
单元重点	1.薪酬的概念； 2.薪酬的构成； 3.薪酬的功能				
单元难点	薪酬的功能				
教学方法手段	1.教学方法：讲授法、讨论法、问题导向法。 2.教学手段： （1）利用网络多媒体教学资源节选契合教学知识主题的话题、材料； （2）利用教学平台引导学生提前做好课前导学和导学测评，实行问题导向+形成性评价				
单元教学目标	知识目标：能够阐述薪酬的概念、构成，理解薪酬的功能。 能力目标：能够正确区分薪酬的不同组成部分。 思政目标：树立正确的就业观、择业观				
思政融入点	本单元属于本章节的第一个单元，也是课程结构体系中的理论知识部分，围绕教学目标要求，采取了混合式教学模式，教学过程涵盖课前、课中、课后三个阶段，包含了线上教学和线下教学两个部分。其中，课中阶段采用了以问题导向+讨论为主的教学策略，结合教师讲解和思维导图总结课程内容。 1.通过对薪酬概念与内涵的讲解，提出"作为员工，我们要认识到提供劳动、爱岗敬业是我们的义务，获得薪酬是我们的权利；作为组织，也要意识到依法向员工支付薪酬是我们必须遵守的法律底线"的观点。 2.通过对互动话题"薪酬对你来说重要吗？为什么？"和"演员'天价薪酬'"的讨论，倡导学生树立正确的就业观与择业观，在今后的工作中，不仅仅从外在薪酬的角度衡量工作的回报，也要看到工作所带来的心理满足感和个人成长，将社会主义核心价值观内化为精神追求、外化为自觉行动				
活动历程（含辅助手段、时间分配）	时间分配/分	教学内容		教学活动	教学资源
	10	课程导入，话题：选择职业时，你最看重的是什么？		学生发言，教师总结，导入课程	多媒体、云班课

续表

时间分配/分	教学内容	教学活动	教学资源
10	薪酬的概念	教师讲授	多媒体
15	薪酬的构成	教师讲授	多媒体
15	互动话题：薪酬对你来说重要吗？为什么？	学生在教学平台中发言，教师总结	多媒体、云班课
15	薪酬的功能	教师讲授	多媒体
15	观看《你是我的荣耀》视频片段，讨论话题"对演员'天价片酬'的看法"	学生观看视频并发言，教师总结	多媒体、云班课
10	回顾课程内容	学生绘制并分享思维导图	多媒体、云班课

（左侧首列合并单元格：活动历程（含辅助手段、时间分配））

形成性评价	本单元设置了以下形成性评价： 1. 签到，考核学生出勤率； 2. 课堂讨论，根据学生的互动话题参与次数（软件评价）和参与质量（教师和同学点赞）评分； 3. 随机提问，在讲授的过程中，教师设置抢答、举手回答等课堂提问环节，根据学生参与次数及回答质量由教师评分
课后作业	1. 学习研讨：想一想，薪酬还实现了哪些社会功能。 2. 实践作业：调查了解某一家企业的薪酬构成，谈谈你对这一薪酬构成的看法

（三）教学过程

1. 课前

（1）内容：教学理论知识导读（预习"认知薪酬"知识内容）。

（2）方法：视频教学法。

（3）过程：学生通读课本内容，观看教学平台中的课程视频，并完成预习练习。教师课前查看学生视频观看情况，以及预习练习成绩，根据学生预习情况，确定课程重难点，设计教学环节，选择教学方法。

2. 课中

（1）内容：理论知识+话题讨论。

（2）方法：讲授法、讨论法、问题导向法。

（3）过程：在课中教学过程中，首先教师创建讨论话题"选择职业时，你最看重的是什么？"，学生登录教学平台参与话题讨论，教师查看学生的回复，投屏显示精华留言，导入课程内容，即认知薪酬（10分钟）。

教师讲授本次课程重点内容，即薪酬的概念、构成。在讲授过程中，教师穿插举手回答、抢答等形式的互动环节，并提出"作为员工，我们要认识到提供劳动、爱岗敬业是我们的义务，获得薪酬是我们的权利；作为组织，也要意识到依法向员工支付薪酬是我们必须遵守的法律底线"的观点（25分钟）。

教师创建讨论话题"薪酬对你来说重要吗？为什么？"，引导学生思考并总结薪酬对员工的作用，学生参与平台讨论，将本次课思政核心内容"树立正确就业观和择业观"融入其中——"不仅仅从外在薪酬的角度衡量工作的回报，也要看到工作所带来的心理满足感和个人成长，将社会主义核心价值观内化为精神追求、外化为自觉行动"（15分钟）。

教师从员工、组织两个角度讲解薪酬的功能（15分钟）。学生观看《你是我的荣耀》视频片段，讨论话题"对演员'天价片酬'的看法"，并自己总结应该树立什么样的就业观和择业观，再次回归思政内容"树立正确就业观和择业观"（15分钟）。

学生自行绘制本次课程思维导图，并发至教学平台；教师请一位同学上台展示，并做最后总结，布置课后拓展任务（10分钟）。

3. 课后

1）内容

（1）学习研讨：想一想，薪酬还实现了哪些社会功能。

（2）实践作业：调查了解某一家企业的薪酬构成，谈谈你对这一薪酬构成的看法。

2）方法

线上教学。

3）过程

教师通过现场提问、线上抢答的方式，鼓励学生积极发言，对于观点与主题契合、条理清晰、层次分明、独创性强等的学生给予平时成绩加分奖励。

（四）教学实效

（1）教师讲解薪酬的概念和构成时，围绕薪酬的概念进行提问，引发学生思索，帮助学生理解薪酬的概念和内涵，并提出"作为员工，我们要认识到提供劳动、爱岗敬业是我们的义务，获得薪酬是我们的权利；作为组织，也要意识到依法向员工支付薪酬是我们必须遵守的法律底线"的观点。

（2）通过对互动话题"薪酬对你来说重要吗？为什么？"的讨论，引发学生对薪酬功能的思考，帮助学生理解薪酬对组织、对员工的重大意义。

（3）观看《你是我的荣耀》视频片段，引导学生探讨视频中"演员'天价薪酬'"现象，帮助学生树立正确的就业观与择业观，将社会主义核心价值观内化为精神追求、外化为自觉行动。在本次教学中，教师讲授与学生讨论交替进行，既活跃了课堂气氛，又调动了学生学习的主动性，最终达成了本节课的知识目标、能力目标与思政目标。

三、案例反思

（一）创新之处

"薪酬"这一章节的内容有一定的理论难度，但又是学生十分感兴趣且密切关注的内容。因此，在本节内容讲授过程中，特别强调学生学习自主性的挖掘和培养。本节课知识目标、能力目标和思政目标的达成，更多的是靠学生的自我总结，而不是教师的讲解和灌输，教师只是起到了引导和把控方向的作用。

（二）下一步改进措施

对于学习态度不端正和不积极的学生，要加强课前学习纪律要求和平时成绩考核，适当施加学习压力，使学生形成竞争意识。课中教学内容的选择需要与时俱进，紧跟时代发展和社会热点话题，不断更新；对课堂各环节的组织还有待进一步改进；课后教学案例和教学资料的总结有待进一步完善。

四、案例资料

（一）课件资料

课件资料如图1所示。

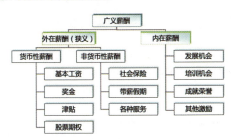

图1　课件资料

续图1

（二）其他相关教学资源

（1）课程练习题（见图2）。

（2）课程视频及文档（见图2）。

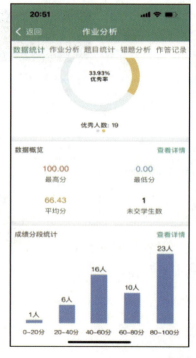

图2　课程练习、课程视频及文档

（3）课堂使用视频截图。

所属学院： 国际商务与旅游学院

课程名称： 跨境电商英语

课程类型： 专业核心课

案例章节： 第三章"跨境电商售前服务"

案例名称： 跨境直播话术现场展示
——"跨境电商英语"课程思政案例

案例作者： 陈静，李金霞，张心宇

课程简介： "跨境电商英语"课程是商务英语专业下设的一门专业核心课程，是跨境电商领域入门课程，也是培养学生专业伦理品质、学习伦理品质和核心价值观的重要环节。在"跨境电商英语"课程的教学中，教师一方面着眼于专业知识的传授和专业能力的培养，另一方面不断探究该门专业课如何与思政元素有效融合，在课程教学实施过程中以立德树人为根本任务，使学生了解从事跨境电商岗位应具备的职业操守，培养学生的民族自豪感、诚实守信的品质，引导学生树立大国自信，增强社会责任感，从而构建全员育人、全方位育人、全过程育人的"大思政"格局。

跨境直播话术现场展示
——"跨境电商英语"课程思政案例

一、案例简介

教师回顾内容营销课上李子柒团队制作输出中国文化视频的案例，总结口碑营销推广的优势，提出"根据数据纵横分析，相比推广图文，80%的消费者会更愿意看到一个品牌的直播视频"观点，跨境卖家要以用户的需求为导向来开展工作，这就是课程思政的一个重要方面，即教师要培养学生的职业品格；从"视频霸主"Facebook到迅速走红的TikTok，海外市场的直播平台层出不穷，但对于想投身直播市场的跨境卖家来说，如何找到最适合自己的直播推广平台，并迅速获得流量，需要学生以小组的方式去共同探索，这就锻炼了学生工作上的协调和互动能力；通过直播进行推广是一种有效应对站内广告费用上涨问题的方式，要想回答好如何构建海外营销坐标体系（见图1），以实现海外营销精准投放这一问题，学生需要培养积极的应变思维。

图1 海内外营销坐标体系

二、案例实施

（一）教学目标

1. 知识目标

学习店铺精细化运营跨境直播话术，提升英语表达水平，增强跨境电商方向英语知识储备。

2. 能力目标

能为某垂直领域提供具有核心竞争力的产品或服务的跨境电商中小企业采取自营模式进行店铺直播营销推广。以项目带动教学，在试播现场试播时英语发音标准、表达流利，在直播的各个步骤体现产品推销能力、现场互动能力和冷场转热能力。

3. 思政目标

培养跨境电商背景下学生诚实守信的职业道德、团队成员协调互助精神和开拓创业精神，增强学生的品牌发展意识，提高学生的创新应变能力。

（二）教学设计

（1）教师回顾内容营销课上李子柒团队制作输出中国文化视频的案例，总结口碑营销推广的优势，提出"根据数据纵横分析，相比推广图文，80%的消费者会更愿意看到一个品牌的直播视频"这一观点，点评并总结成功直播主播的特点：a direct sales pitch（话术）。

（2）教师播放美妆产品沉浸式直播视频。

（3）教师总结直播流程。

（4）教师布置实操任务：对脚本写作中的三大品类——心宠狗狗尿片、香薰包和内置式耳机，以小组为单位逐一进行模拟跨境直播展示，练习开播话术、欢迎话术、感谢话术、问答话术、宣传话术、引导话术、下播话术等。

（三）教学过程

1. 课前

教师上传优质跨境直播视频到云班课，分析话术特点。

教师布置直播任务，小组成员分配任务，组建主播、助理、场控和客服团队，场控负责物料准备和机位、灯光。

2. 课中

拍摄人员、机位到位，主播和助理模拟跨境直播开展话术实操，其余同学准备现场提问，每组准备3～5个问题。在现场试播过程中，场控和客服人员记录直播间活动并及时向助理提供反馈信息，方便主播和助理及时调整话术策略。

课中实况如图2所示。

图 2　课中实况

3. 课后

学生对现场展示情况进行评分，并连线校外专家予以点评，选出直播效果最好的一组。最后，由教师做总结：①在脚本准备方面，直播文案能紧扣主题，符合直播流程要求；②在话术提醒方面，主播的表达能力仍需提高；③在互动评价方面，表现可圈可点，直播整体环节流畅自然。教师提出：学生分工明确，团队合作意识强；话术运用和冷场转热等技巧需要进一步进行训练。

在现场试播过程中，学生需要在直播物料的帮助下，用英语对公司情况、产品卖点和促销方式进行展示，突显语言和肢体的外在表现力，通过项目驱动法引导学生提高英语表达水平；学生通过直播小组互助共同完成直播任务（见图3），并通过直播实战演练解脚本制作的要求和话术管理的重要性。

图3 直播

直播最重要的是主播、场景、产品、优惠折扣活动，如果想要快速吸引用户下单或让站内给予更多流量，需要注意以下几个方面。

（1）直播时间：要与消费者的习惯符合，可根据产品销售情况分析一天中什么时间段销量最好。

（2）直播人员：根据产品需求匹配合适的主播。

（3）直播场地：国外的人更注重直播环境，一定要根据产品类型匹配直播场景，这样才会让用户有视觉体验、感官体验，产生共鸣感。

（4）准备一些折扣活动，争取早上开直播，获得直播流量倾斜等。

总体来说，为了达到较好的直播效果，需要不断学习和练习，并不断进取。在教学过程中，教师可以通过潜移默化的方式引导学生。此外，本节课上所选择的心宠狗狗尿片就是芜湖跨境电子商务产业园芜湖悠派护理用品科技股份有限公司的主打产品，香薰包是中国风产品，内置式耳机也是跨境电子商务平台热销的中国制造产品，对这些品类的选择也凸显了我们的民族自豪感，让学生正确认识到我国在跨境电商领域所处地位，并以此为基础开展爱国主义教育，帮助学生树立民族自信。

（四）教学实效

在课前，教师分享优秀跨境直播素材，让学生提前熟悉直播特点、主播话术和表达技巧，能力培养着眼于文案优化和话术管理；课中的直播展示是对之前脚本策划情况的检测，任务导向性强，加之模拟现场直播间氛围浓厚，使学生勇于展示，有助于学生增强专业认知度、扩展职业选择；在课后以粉丝或直播看客的角色完成复盘优化，在回顾中将工作流程化，吸取经验，总结优缺点，有助于让学生真切地感受到所有直播前、直播中和直播后的努力都以用户需求为导向，认识到要具有职业服务意识，同时产品质量要好，要做到诚实守信，不以虚假的营销信息去误导客户，且开展跨境电商业务时一定要有强烈的法律意识，一定要学习平台规则，熟悉禁忌条例，遵纪守法。另外，教师在教学中多肯定、多认可学生的表现，多鼓励他们做人才规划，引导他们主动加强自身跨境电商方向知识的储备、能力和素养的培养。

三、案例反思

（一）创新之处

（1）教学设计：突出了商务英语专业口语能力的展示；教学重难点突出——教学重难点集中在主播和助手的语言能力展示和现场节奏把控方面，有助于学生感受并理解英语表达和直播话术的重要性；实现了师生互动，即有教师点评环节，学生可以及时学习直播话术技巧；实现了生生互动，即有学生作为粉丝进行互动的环节；突出了部分个体的展示环节，也兼顾了其余同学的参与，充分体现了学生是教学主体的特点。

（2）直播推广相比传统 B2B 业务更加灵活。

（3）通过本案例教学，强调跨境电商平台直播推广的规则，有利于培养学生良好的跨境电商职业素养和风格。

（4）肯定学生的表现，大力鼓励英语专业学生往商务方向就业，激励学生使用英语为职业发展开辟新途径。

（二）下一步改进措施

（1）选择某主流跨境电商平台，完成网店账号注册和店铺装修，真正进行跨境商品直播展示。

（2）多和跨境电商校企合作公司沟通交流，主动承担跨境直播英语业务。

（3）邀请跨境电商企业高管来校做跨境电商系列讲座。

四、案例资料

（一）课件资料

课件资料为 Live Streaming Practice·ppt。

（二）其他相关教学资源

阿里巴巴国际站直播间学习链接：https：//activity.alibaba.com/peixun/xmjzbj.html?spm=a272e.21182852.1989681.4.221357e7lGm57W&tracelog=wmxy。

所属学院： 国际商务与旅游学院
课程名称： 英语口语
课程类型： 专业基础课
案例章节： 购物与消费（Shopping）
案例名称： 理性消费，涵养美德
　　　　　——"英语口语"课程思政案例
案例作者： 程张根，蒋敏，李金霞，张心宇，曹琳
课程简介： 本节课旨在引导学生掌握购物会话中常见的英文词汇与实用表达，以便能在国外得体自如地应对常见的购物场景交际，或者能为外国客户在中国消费购物时提供口译服务；同时，提高学生深度讨论购物的外语能力，使学生能流畅地用英文陈述自己或询问他人的购物理念与消费习惯，并增强理性购物、国货自强的意识，养成勤俭节约、绿色环保的消费习惯。

理性消费，涵养美德
——"英语口语"课程思政案例

一、案例简介

本节课旨在引导学生掌握购物会话中常见的英文词汇与实用表达，使学生能流畅地用英文陈述自己的购物理念，并树立理性购物、国货自强的意识，养成勤俭节约的消费习惯。

（一）授课内容与思想政治教育的融入点

（1）理性购物，不崇洋媚外，支持国货精品。

（2）理性消费，不铺张浪费，俭以养德。

（3）理性网购，不盲从广告，明辨品质优劣。

（4）乐淘二手商品，循环利用，节约资源。

（二）教学方法与举措

（1）角色扮演：创设若干具体的购物情景，让学生扮演消费者和导购员等角色，争取运用教师所提供的购物会话高频词汇与实用表达。

（2）头脑风暴：集思广益，让学生盘点这些年那些令人骄傲的民族品牌，并用英文讲述它们的可喜成就。

（3）分组讨论：各组讨论并陈述理性网购的"金点子"，比一比哪组提供的"金点子"最有成色。

（4）个人陈述：用英文翻译一句俭以养德的名言警句，或者用英文讲述一则厉行节约的中国人物故事。

（5）任务式教学：让学生以"你买过哪些物超所值的二手物品？"为题，在班级进行访谈调查。

（三）教学成效

（1）学生基本掌握了购物的高频词汇与句型，并能在不同情景对话中正确运用，提高了购物沟通的流畅度。

（2）学生在足够的语言输入的基础上，能产出较为地道的英文输出，能讲述中国品牌故事、分享理性网购的小妙招、阐述选购二手商品的优势。

（3）学生提高了理性购物、支持国货、厉行节俭、绿色消费的意识。

二、案例实施

（一）教学目标

1. 知识目标

（1）熟记购物会话中常见的英文词汇与实用表达。

（2）记得与勤俭节约、绿色消费主题相关的高频词汇、词块。

2. 能力目标

（1）能灵活运用购物高频词汇与英文表达进行购物交际对话。

（2）能用英语陈述自己的消费观念，分享理性购物小窍门。

3. 思政目标

（1）学生增强俭以养德、支持国货的意识。

（2）学生渐渐养成绿色消费、理性网购的习惯。

（二）教学设计

教学设计如表1所示。

表1 教学设计

	时间分配/分	教学内容	教学活动	教学资源
活动历程（含辅助手段、时间分配）	25	购物情景会话	学生：展示对话。 教师：提问听众，点评对话，给予反馈	自制PPT（购物高频词汇与表达），购物会话示例视频
	20	讲述民族品牌故事	学生：发弹幕，盘点民族品牌，用英文讲述民族品牌故事。 教师：点评学生英文叙事能力；整理、优化相关词汇集	雨课堂弹幕与词云功能，网络资源（英文短评）——8 *Reasons Why TikTok is so Successful* — Elizabeth Looney（elizlooney.com）
	25	分享理性网购的"金点子"	学生：分组讨论，整理出理性网购的"小妙招"并在全班分享，票选最佳小组。 教师：引导组外同学质疑各组"金点子"，追问细节问题	自制PPT，网络资源（英文短视频）——*Online shopping? 6 smart spending habits*
	20	二手商品消费调查	学生：仿拟小记者"街访"，调查班级同学二手商品消费观念和经历。 教师：通过学生投稿，了解学生常买的二手货；点评学生"街访"语言，整理优化相关词汇集	雨课堂投票、投稿功能，自制PPT，网络资源（英文版"问卷星"）—— Create Free Online Surveys，Quizzes and Forms — Free Online Surveys
			课次1结束	

（三）教学过程

教学过程如表 2 所示。

表 2　教学过程

教学内容		师生活动		教学方法	教学手段
		教师	学生		
课前	学生自主学习雨课堂平台上的教学资源，完成预习作业，具体内容如下。 购物会话高频词汇与实用表达。 购物会话示例视频。 英文短评：海外抖音的成功秘诀。 制作关于二手商品消费习惯的英文问卷	1. 在雨课堂发布英文学习资源与任务。 2. 在雨课堂发布词汇小测验	1. 登录雨课堂，阅读英文短文，观看英文短视频，完成词汇测试。 2. 在指定英文网站申请账号，围绕"二手商品消费习惯"主题独立制作网络问卷	1. 自主学习。 2. 词汇小测验。 3. 线上答疑	1. 雨课堂。 2. QQ 群
课中	任务 1：购物情景会话	1. 反馈学生课前学习情况，讲解高频错误词汇，点评英文问卷语言措辞。 2. 邀请学生上台展示自编的购物对话。 3. 提问台下同学，检测大家对购物对话的理解。 4. 简要点评每组对话措辞与发音	1. 反思自己课前学习情况，记录教师讲解的语言要点。 2. 积极上台展示对话。 3. 认真聆听台上同学对话，记录信息要点，做好随时被提问的准备	1. 情景对话。 2. 角色扮演。 3. 听力练习。 4. 教师点评	1. 图片展示。 2. 笔记记录
	任务 1 思政元素融入：教师通过操练和展示购物的对话，引导学生在购物情景下得体地进行跨文化交流，展现顾客至上、尊重服务员的文明有礼的交际礼仪				
	任务 2：讲述民族品牌故事	1. 发布弹幕主题——那些令人骄傲的民族品牌。 2. 点评学生英文叙事能力。 3. 整理、优化相关词汇集	1. 发英文弹幕，告诉教师自己脑海中的民族品牌。 2. 用英文讲述某个民族品牌的故事或成就	1. 头脑风暴。 2. 口头陈述	1. 雨课堂弹幕与词云功能。 2. 思维导图
	任务 2 思政元素融入：通过盘点优秀的民族品牌、讲述民族品牌故事，引导学生总结出精品国货的优点，增强对国货的信心，拒绝崇洋媚外，支持民族品牌				
	任务 3：分享理性网购的"金点子"	1. 让学生分组讨论理性网购的"金点子"。 2. 巡视各组，提供一对一语言指导。 3. 鼓励小组代表上台分享。 4. 引导组外同学质疑台上的"金点子"，追问细节问题。 5. 让学生观看英文短视频（Online shopping? 6 smart spending habits），据此审视自己的金点子。 整理出理性网购的"小妙招"，助力形成拒绝铺张浪费的良好班风	1. 在组长的组织下有序讨论理性网购的"小妙招"。 2. 小组轮值发言人上台汇报"金点子"。 3. 台下同学挑战"发难"台上同学。 4. 台上发言小组所有成员接受质询，解释论证自己的"金点子"。 5. 观看视频，对自己的"金点子"查缺补漏。 6. 票选最佳创意组	1. 小组讨论。 2. 个人陈述。 3. 英文辩论。 4. 视听说操练	1. PPT。 2. 笔记记录。 3. 雨课堂投票功能。 4. 英文短视频
	任务 3 思政元素融入：通过讨论、分享理性网购的"金点子""小妙招"，引导学生学会抑制冲动消费想法或行动，拒绝铺张浪费				

续表

教学内容	师生活动		教学方法	教学手段
	教师	学生		
课中 任务4：二手商品消费调查	1. 利用雨课堂投票功能，了解买二手货的学生比例。 2. 借助雨课堂投稿功能，了解学生常买的二手货品类。 3. 邀请学生扮演小记者，"街访"班级同学买/不买二手货的原因。 4. 点评学生"街访"语言，整理优化相关词汇集	1. 参加投票，如实回答自己买二手货的频率。 2. 发送投稿，罗列自己常买的那些二手货。 3. 客串小记者，用英语进行"街访"，或者做好随时被"街访"的准备。 4. 在教师的引导下，学生总结班级学生买/不买二手货的原因	1. 角色扮演。 2. 口头调查	1. 雨课堂投票、投稿、词云功能。 2. PPT播放。 3. 板书。 4. 笔记记录
任务4思政元素融入：通过问卷调查、口头"街访"等，了解学生二手商品的消费情况，引导学生购物时合理选择二手货，以循环利用、节约资源为美德，唤起学生绿色消费的意识				
总结回顾本次课的学习	1. 总结本次课堂面授重难点。 2. 反馈各小组参与活动的评价与意见。 3. 布置课后任务	1. 在教师的引导下一起回顾重难点。 2. 反思自己参与活动的情况。 3. 获取课后任务	1. 讲授。 2. 提问	PPT
课后 课后拓展任务： 1."俭以养德"名言警句的英译。 2. 讲一则勤俭节约的人物故事	1. 在雨课堂推送课后拓展任务。 2. 线上批改学生的翻译作业，并给予反馈。 3. 在下次课上邀请学生上台讲解勤俭节约的人物故事	1. 搜集并翻译一句关于俭以养德的名言警句，在机器翻译的基础上尝试优化译文。 2. 用英文讲述一则厉行节约的中国人物故事，并利用"搜狗输入法"语音识别功能检测自己的发音效果。 3. 做好下次课的预习任务	1. 自主学习。 2. 任务驱动	1. 雨课堂。 2. DeepL和有道翻译软件。 3. 搜狗输入法（英文语音识别功能）

（四）教学实效

（1）学生基本掌握了购物的高频词汇与句式表达，上台展示的学生均能将上述英文词汇准确运用在不同的购物情景之中。

（2）学生在足够的语言输入的基础上，能产出较为地道的英文输出，能讲述中国品牌故事、分享理性网购的小妙招、阐述选购二手商品的优势。

（3）学生提高了理性购物、支持国货、厉行节俭、绿色消费的意识。

三、案例反思

（一）创新之处

（1）内容设计兼顾语言的实用性和思辨性，不但练就了学生在购物场景下的交际能力，也提高了学生深度讨论购物理念与消费习惯的外语能力。

（2）润物无声地将购物与美德有机融合，在提高了学生英语互动表达能力的同时，也唤醒了学生理性购物、支持国货、俭以养德、绿色消费的意识。

（二）下一步改进措施

学生英语产出的准确性、地道性和流利度，在很大程度上取决于相关主题的语言输入。在购物会话环节，学生能轻松应对，一方面是因为程式语容易习得，另一方面得益于足量的英文输入，如课前在雨课堂发布了与购物相关的英文高频词块与句式，以及多个购物会话示例的英文视频。相比之下，深度讨论购物理念和消费习惯时，很多学生的语言表达略显吃力，主要原因可能是缺乏词汇储备，相关主题的英文输入不够。

为此，下一步将增加语言输入，要求学生课前阅读更多的英文文献，观看更多的英文视频，并完成定制化的词汇测试，为后续高质量地深度讨论某个主题夯实语言基础。

四、案例资料

（一）课件资料

课件资料为第2单元的自制PPT。

（二）其他相关教学资源

其他相关教学资源包括3个课前视频和1份课前资料。

五、课堂照片

课堂照片如图1所示。

图 1　课堂照片

经济贸易类

 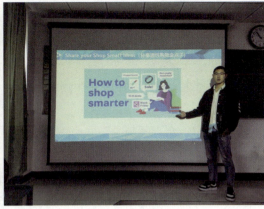

续图 1

所属学院： 国际商务与旅游学院
课程名称： 综合商务英语
课程类型： 专业必修课
案例章节： Unit 4.1　International Business
案例名称： 重启"丝绸之路"，筑梦"一带一路"
　　　　　——"综合商务英语"课程思政案例
案例作者： 史薇
课程简介： 本次课是"综合商务英语"课程中国际商务模块的第 1~2 节课，主要教学内容为阅读练习 Opening the Silk Road Once More（《重启丝绸之路》）和情态动词的用法。在阅读教学环节，由"丝绸之路"引入"一带一路"的思政元素，向学生介绍"一带一路"倡议的基本信息及"十三五"期间所取得的巨大成就，唤起学生对民族文化的骄傲与认同，提高学生的民族自豪感。在布置课后拓展练习时，要求学生分析 H&M 公司从中国进口服装的案例，引导学生思考中国制造与中国创造的区别，加强学生对民族品牌的认同与支持，提高学生的创新意识和社会责任感。

重启"丝绸之路"，筑梦"一带一路"
——"综合商务英语"课程思政案例

一、案例简介

"综合商务英语"是面向安徽商贸职业技术学院商务英语专业开设的一门专业必修课，自 2001 年开课以来，从最早"以知识传授为主"的板书式教学，到后来"以教师为中心"的多媒体单向式教学，再到现在以立德树人为引领、以学生为中心、突出素质和价值观培养、"线上 + 线下"的融合式教学，课程教学模式改革取得了长足进步，目前该课程已成为我校教学内容、方法、手段、体系、资源成熟和健全的课程之一。2012 年，该课程完成了学校教学资源库建设；2017 年，该课程被立项为安徽省质量工程 MOOC 建设课程；2021 年，该课程被安徽省教育厅立项为"教学示范"课程；2022 年，该课程成为学校第一批"线上 + 线下"的融合式教学实践课程。

通过一系列的课程建设和教学改革实践，"综合商务英语"这门课运用信息化教学手段，让课堂"活"起来，并建立优质的在线开放课程资源，构建"以学生为中心"，突出引导和探究式教学的线上与线下相结合的融合式教学模式，让学生"动"起来、"忙"起来，同时以"立德树人"思想为引领，将思政元素融入课程教学，提升文化认同、坚定文化自信，提高学生的民族自豪感。

（一）思政融入点

思政内容 1："一带一路"倡议——由阅读文章 Opening the Silk Road Once More（《重启丝绸之路》）引出"一带一路"倡议。

结合阅读文章内容，引入"一带一路"倡议，培养学生的爱国主义精神，提高学生的民族自豪感，践行文化自信。在讲授文章 Opening the Silk Road Once More（《重启丝绸之路》）时，引入思政元素"一带一路"。文章描述了一列载有 34 个集装箱，满载中国商品的火车从义乌出发，历时 18 天到达英国伦敦。文章指出：这条义乌到伦敦的列车行程与一千多年前欧洲与中国之间著名的贸易通道丝绸之路相仿，可以看作是对我国古代丝绸之路的现代复兴，由此引出"一带一路"倡议。课堂讲解时，教师介绍"一带一路"的基本信息，包括"一带一路"的全称及英文名称、提出的时间、主要线路以及战略意义，同时播放简短的视频介绍"十三五"期间"一带一路"建设所取得的巨大成就，让学生感受到"一带一路"建设为中国和沿线国家的发展带来的新机遇，从而唤起学生对民族文化的骄傲与认同，提高学生的民族自豪感。

思政内容 2："中国制造与中国创造"——由为 H&M 公司生产服装到民族品牌服装的设计与生产。

结合课后拓展口语练习（主题为 imported goods（进口商品）），引入中国制造向中国创造转变的思政元素，提高学生的创新意识和对民族品牌的保护意识。在布置课后拓展口语练习时，向学生介绍全球服装巨头瑞典 H&M 公司有 30% 的服装在中国生产并销往世界各地这一案例，要求学生课后上网查找 H&M 公司相关资料，分组讨论 H&M 公司为什么要从中国进口商品、中国民族品牌怎样走向世界、中国制造（made in China）和中国创造（created in China）有什么差别、怎样才能从中国制造转变为中国创造，在潜移默化中培养学生的创新意识，激发学生学习强国的热情，培养学生的社会责任感和使命感。

（二）教学方法与举措

本次课采用线上与线下融合式教学方式。线上教学运用雨课堂、e 会学等信息化教学手段，通过发布课前学习任务，让学生观看 e 会学教学视频，引导学生了解国际商务相关知识，同时自学与国际商务相关的英语词汇和表达方式，并完成线上自测。另外，通过雨课堂上传丝绸之路相关资料，包括视频、文字和图片等资料，使学生了解始于两千多年前的我国古丝绸之路的基本信息。课堂教学采用雨课堂 + 多媒体演示 + 板书相结合的方法，利用雨课堂的签到、随机点名、抢答、测试等方式，丰富课堂教学手段，提高学生学习的参与度和积极性。课后再次利用 e 会学和雨课堂，发布课后习题或者小组讨论话题，以巩固学生课堂所学知识。

（三）教学成效

在整个教学过程中，教师提前进行教学设计、线上教学、学习任务布置、答疑解惑，在课堂上精讲教学内容，主持参与学生讨论，并做总结、归纳、补充，学生在线上自学、答题、参与讨论，在很大程度上实现了以学生为中心的线上与线下融合式教学。在课堂精讲过程中，教师以学生的自主探究为中心，设立情境，以问题驱动为主线，在各个环节中不断创设问题情境、设置悬念，并适时进行点拨诱导，再通过分组研讨，充分调动了学生的学习积极性；同时，在传授专业知识的过程中，教师对学生进行了思政教育——由"重启丝绸之路"引出"一带一路"倡议、从"H&M 公司从中国进口服装"引出"中国制造与中国创造"的大讨论。另外，教师通过教学过程中组织学生分组讨论，培养学生分工合作、团队协作的精神。这些教学活动，一方面对学生起到了良好的思政教育作用；另一方面，从学生角度看，在专业教学中，会让学生感觉画风一变，有耳目一新的感觉，这样也有利于消除审美疲劳，活跃课堂气氛，提高教学效果。

二、案例实施

（一）教学目标

1. 知识目标

掌握与国际商务相关的词汇、表达方式，以及情态动词 can、could 和 should 的用法。

2. 能力目标

学会谈论国际商务这一话题。

3. 思政目标

激发学生学习强国的热情，培养学生的社会责任感、使命感和民族自豪感。

（二）教学设计

1. 学情分析

本次课授课对象为商务英语专业二年级学生，70%以上的学生已经通过大学英语四级考试，英语基础较好，具有一定的英语沟通能力、团队合作能力和良好的自主学习能力。二年级时学生开始接触商务方面的知识，新鲜感较强，乐于参与互动和进行实操练习。此外，大部分学生的信息素养较好，能熟练使用雨课堂、e会学等手机App及网络软件，能够较快接受IT新技术、适应新颖的信息化课堂教学。因此，在教学时需要提供反映前沿性和时代性的课程内容，满足学生对新知识的需求，并采用各种信息化的教学手段，提高学生的参与度。

学情分析图如图1所示。

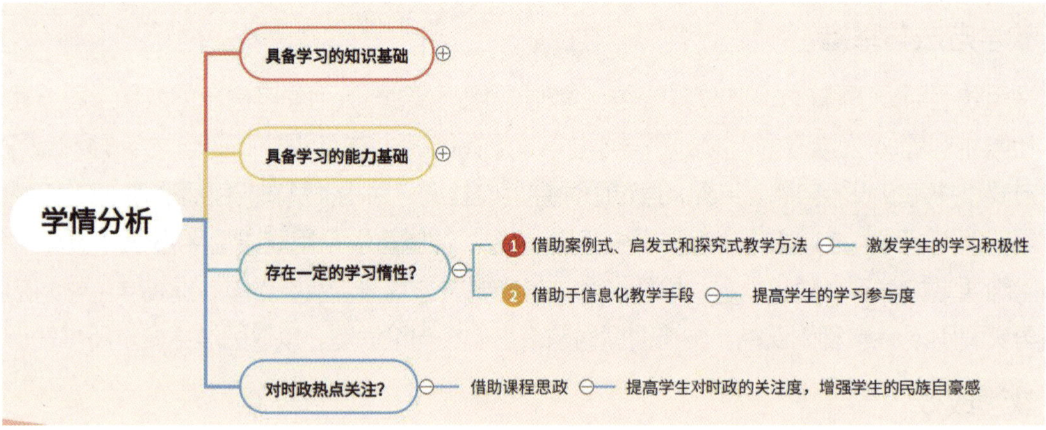

图1 学情分析图

2. 教学内容分析

为实现案例驱动、问题引导、线上与线下相融合的混合式教学，在教学内容设计上，以"international business"（国际商务）为载体，组织教学内容如下。

1）教学内容

（1）课前导入内容。

对于我国古代丝绸之路的相关资料（视频、文字、图片）以及国际商务的相关词汇的学习，采用"线上学习+在线检测"的方式在课前完成。

（2）课堂学习内容。

①词汇学习：国际商务的相关词汇。

②阅读：*Opening the Silk Road Once More*（《重启丝绸之路》）。

③语法：情态动词can、could和should的用法。

（3）课后拓展和提高内容。

口语：来自瑞典的全球时装零售连锁巨头H&M公司有30%的服装是在中国生产的，并出口到世界各地，分组讨论 H&M 公司为什么要从中国进口商品、中国民族品牌怎样走向世界。

（4）思政内容。

①思政内容 1："一带一路"倡议——由阅读材料 Opening the Silk Road Once More（《重启丝绸之路》）引出"一带一路"倡议。

②思政内容 2："中国制造与中国创造"——由为 H&M 公司生产服装到设计生产民族品牌服装，引出中国制造与中国创造的思政元素。

2）教学重点

（1）谈论国际商务的相关词汇。

（2）情态动词 can、could 和 should 的用法。

3）教学难点

（1）通过扫读与略读的方式在文章中寻找信息。

（2）掌握 BEC 考试（初级）阅读题型中判断题的答题技巧。

4）教学活动历程

本次课的主要内容包括词汇、阅读和语法教学，词汇与语法是本次课的教学重点，阅读材料 Opening the Silk Road Once More（《重启丝绸之路》）内含思政教学点，且后附习题为 BEC 初级考试必考题型，深刻理解文章及掌握答题技巧是本次课的教学难点。本次课的教学活动如表 1 所示。

表 1　教学活动

	时间分配	教学内容	教学活动	教学资源
活动历程（含辅助手段、时间分配）	机动（课前线上学习+自测）	1. 国际商务的相关词汇； 2. 线上词汇自测； 3. "丝绸之路"的相关信息	教师： 课前通过雨课堂发布"丝绸之路"相关学习资料（视频、文字、图片）。 学生： 1. 通过 e 会学观看本单元教学视频，并完成词汇自测。 2. 登录雨课堂，掌握"丝绸之路"相关信息	1.《新编剑桥商务英语学生用书（初级）》。 2. 安徽省网络课程学习中心：www.ehuixun.cn。 3. 长江雨课堂学习资料
	10 分钟	课程导入： 教室内教学用品及学生随身携带的学习用品的英文名称	学生： 1. 用英语写出至少 10 件教室用品或随身携带的学习用品的名称，并说明它们是哪里生产的、其中有多少是进口的。 2. 小组之间交换信息 教师： 点评任务完成情况，并引出国际商务中进口与出口的相关话题	1. 教材。 2. 教学 PPT 课件。 3. 雨课堂
	20 分钟	词汇学习： 国际商务相关词汇及表达方式	教师： 1. 根据学生课前词汇自测结果讲解重难点词汇以及学生错误率较高的词汇和表达方式。 2. 再次发布难度相应提高的词汇测试题，要求学生 3 分钟内完成。 学生： 1. 学习与国际商务相关的词汇及表达方式，并运用词根+词源记忆法快速记忆单词。 2. 登录雨课堂 App，在规定时间内完成词汇测试题	1. 教材。 2. 教学 PPT 课件。 3. 雨课堂

续表

	时间分配	教学内容	教学活动	教学资源
活动历程（含辅助手段、时间分配）	35 分钟	阅读文章：*Opening the Silk Road Once More*（《重启丝绸之路》）	教师： 1. 邀请部分学生简述课前学习的"丝绸之路"相关内容。 2. 文章背景知识介绍：由"丝绸之路"引入"一带一路"倡议的提出，介绍其基本信息，并通过短视频介绍"一带一路"建设已取得的巨大成就（思政元素融入点）。 3. 文章重难点词汇及语言点讲解。 4. BEC 考试阅读题型答题技巧介绍。 学生： 1. 根据课前线上学习资料，以口语表达自己对丝绸之路的理解。 2. 运用扫读与略读的方式，在文章中找到主要信息点。 3. 完成阅读理解题，并核对答案	1. 教材。 2. 教学 PPT 课件。 3. 雨课堂。 4. 视频：《"一带一路"改变了什么》
	20 分钟	语法：情态动词 can、could 和 should 的用法	教师： 1. 引导学生回顾高中时期所学情态动词的特点及主要用法。 2. 讲解在商务场合情态动词 can、could 和 should 的主要用法。 学生： 1. 简述情态动词的特点和主要用法。 2. 完成教材上相关语法练习题，并核对答案	1. 教材。 2. 教学 PPT 课件。 3. 雨课堂
	5 分钟	布置课后拓展习题：imported goods（进口商品）	教师： 1. 向学生介绍服装零售巨头 H&M 公司销售的服装 30% 由中国企业生产的案例。 2. 要求学生课后分组讨论：H&M 公司为什么要从中国进口商品？中国制造（made in China）和中国创造（created in China）有什么差别？怎样才能从中国制造转变为中国创造？（思政元素融入点）	1. 教材。 2. 教学 PPT 课件。 3. 雨课堂

课次 1 结束

（三）教学过程

教学过程如表 2 所示。

表 2　教学过程

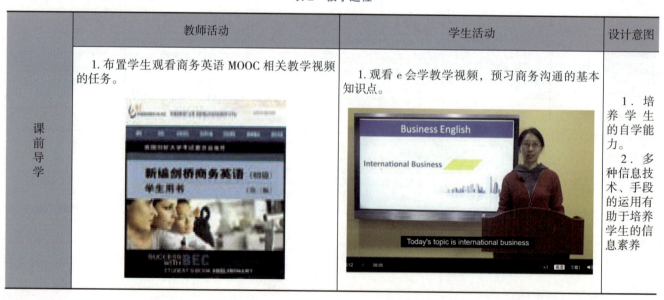

	教师活动	学生活动	设计意图
课前导学	1. 布置学生观看商务英语 MOOC 相关教学视频的任务。	1. 观看 e 会学教学视频，预习商务沟通的基本知识点。	1. 培养学生的自学能力。 2. 多种信息技术、手段的运用有助于培养学生的信息素养

经济贸易类

续表

		教师活动	学生活动	设计意图
课前导学		2. 利用雨课堂发布"丝绸之路"相关学习资料，包括视频、文字和图片信息，供学生课前学习，并布置讨论话题。 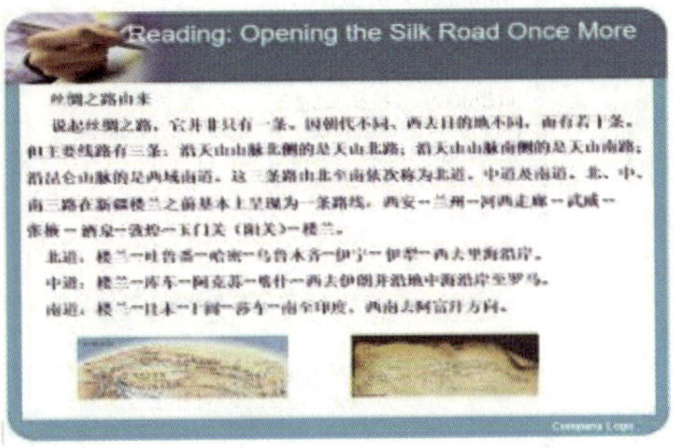 3. 根据学生自测结果，明确学生对国际商务相关词汇的掌握程度，及时调整词汇教学的重难点	2. 自学雨课堂上的"丝绸之路"的相关资料。 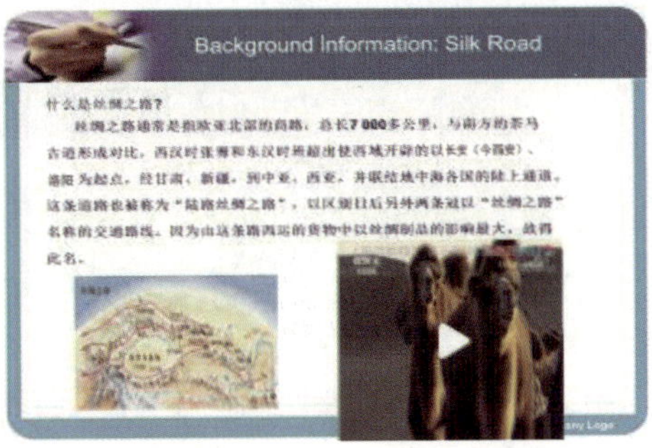 3. 在线完成词汇自测题，并查看测试结果 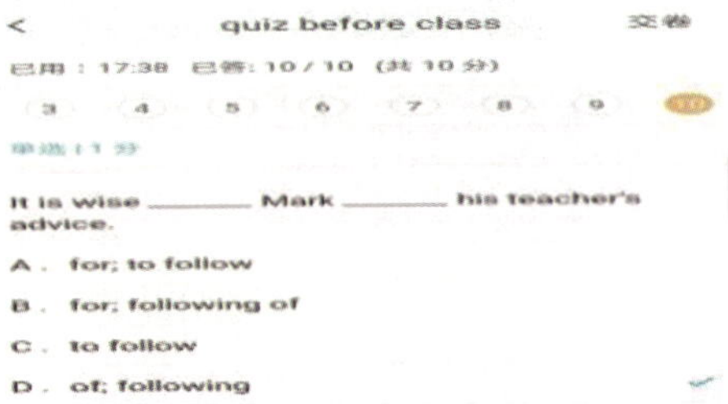	1．培养学生的自学能力。 2．多种信息技术、手段的运用有助于培养学生的信息素养

教学环节：口语表达（小组展示）

		教师活动	学生活动	设计意图
课中实施	1.导入活动	1. 总结学生课前自测完成情况并进行点评，对于完成较好及进步较快的学生予以表扬。 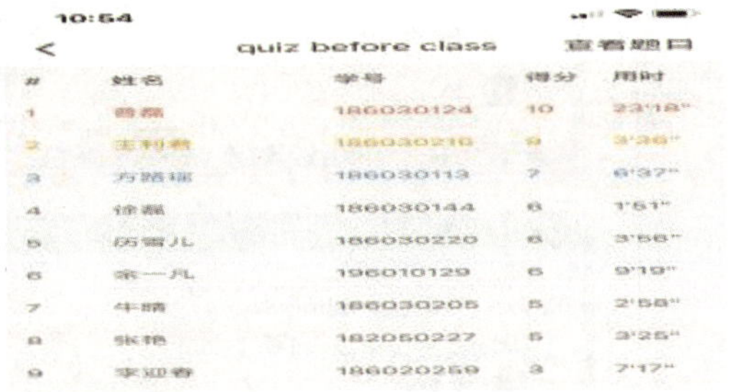 2. 要求学生用英语写出至少10件教室用品或随身携带的学习用品的名称，以及它们是哪里生产的、其中有多少是进口的。 3. 点评任务完成情况，并引入国际商务中进口与出口的相关话题	1.学生查看自己的自测结果，了解自己对商务英语词汇的掌握情况，及时调整学习方法。 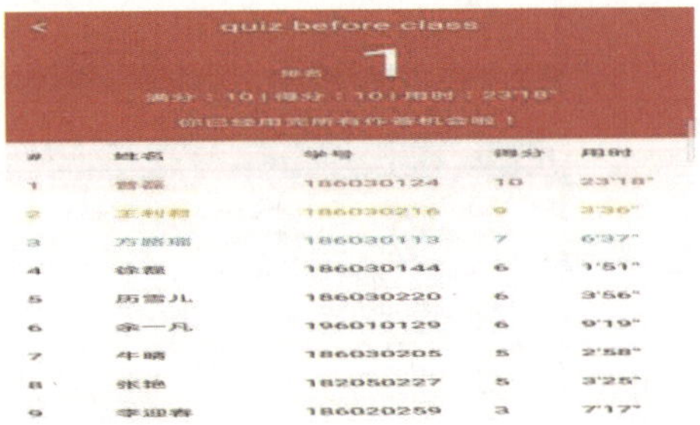 2.与同伴合作，用英语写出至少10件教室用品或随身携带的学习用品的名称，以及它们是哪里生产的、其中有多少是进口的。 3.小组之间交换信息	1．丰富学生的词汇量。 2．培养学生的语言组织能力和口语表达能力。 3．培养学生用英语思考并解决问题的能力，以及团队合作精神

173

续表

		教学环节：词汇学习（单词跟读、拼写、自测）		
		教师活动	学生活动	设计意图
课中实施	2. 合作探究、实操演练	1. 根据学生课前词汇自测结果讲解重难点词汇以及学生错误率较高的词汇和表达方式。 **New Words & Expressions** ◆ Silk Road 丝绸之路 ◆ high street *n.* 商业大街 ◆ unload *vi. & vt.* 卸货 ◆ carrier service *n.* 运输服务 ◆ air transport *n.* 航空运输 ◆ criticise *vt.* 指责、批评 ◆ customs regulation *n.* 海关规章，海关条例 ◆ optimistic *adj.* 乐观的 ◆ sizeable *adj.* 相当大的 ◆ chunk （某物）相当大的数量或部分 ◆ minutes *n.* 备忘录，会议记录 **New Words & Expressions** ◆ import *n. vi. & vt.* 进口 ◆ export *n. vi. & vt.* 出口 ◆ competitor *n.* 竞争对手 ◆ wholesaler *n.* 批发商 ◆ warehouse *n.* 仓库 ◆ audio product 音响产品 ◆ ban *n. & vt.* 禁令 ◆ fashion industry crisis 服装行业危机 ◆ commissioner *n.* 委员 ◆ spokeswoman *n.* 女发言人 ◆ huge losses 巨大损失 ◆ resign *n. vi. & vt.* 辞职 2. 发布难度相应提高的词汇测试题，要求学生3分钟内完成。 1. Among the children who had not been tricked, the majority were willing to cooperate __ the tester in learning a new skill. Ⓐ with Ⓑ for Ⓒ against Ⓓ to 提交 —Why not take ___ umbrella with the sign "Made in China"? It is ___ useful umbrella. —What _____ good advice it is! Ⓐ an; an; a Ⓑ an; a; \ Ⓒ a; an; a Ⓓ \; an; a 提交 3. 巡查学生学习情况，并给予帮助与指导。 4. 检查学生单词掌握情况，进行相应教学策略的调整	1. 学习与国际商务相关的词汇及表达方式，并运用词根+词源记忆法快速记忆单词。 **New Words & Expressions** ◆ Silk Road 丝绸之路 ◆ high street *n.* 商业大街 ◆ unload *vi. & vt.* 卸货 ◆ carrier service *n.* 运输服务 ◆ air transport *n.* 航空运输 ◆ criticise *vt.* 指责、批评 ◆ customs regulation *n.* 海关规章，海关条例 ◆ optimistic *adj.* 乐观的 ◆ sizeable *adj.* 相当大的 ◆ chunk （某物）相当大的数量或部分 ◆ minutes *n.* 备忘录，会议记录 **New Words & Expressions** ◆ import *n. vi. & vt.* 进口 ◆ export *n. vi. & vt.* 出口 ◆ competitor *n.* 竞争对手 ◆ wholesaler *n.* 批发商 ◆ warehouse *n.* 仓库 ◆ audio product 音响产品 ◆ ban *n. & vt.* 禁令 ◆ fashion industry crisis 服装行业危机 ◆ commissioner *n.* 委员 ◆ spokeswoman *n.* 女发言人 ◆ huge losses 巨大损失 ◆ resign *n. vi. & vt.* 辞职 2. 登录雨课堂App，在规定时间内完成词汇测试题，并查看自己对新词的掌握情况。 1. Among the children who had not been tricked, the majority were willing to cooperate __ the tester in learning a new skill. Ⓐ with Ⓑ for Ⓒ against Ⓓ to 提交 —Why not take ___ umbrella with the sign "Made in China"? It is ___ useful umbrella. —What _____ good advice it is! Ⓐ an; an; a Ⓑ an; a; \ Ⓒ a; an; a Ⓓ \; an; a 提交	1．培养学生的词汇快速记忆及实际应用能力。 2．根据学生的词汇测试练习结果，了解每个学生的词汇量及词汇学习能力，为下次的词汇教学提供依据

续表

	教学环节：阅读 Opening the Silk Road Once More（《重启丝绸之路》）（商务知识学习）		
	教师活动	学生活动	设计意图
课中实施	2.合作探究、实操演练 1.邀请部分学生复述课前学习的"丝绸之路"相关内容。 2.文章背景知识介绍：由"丝绸之路"引入"一带一路"倡议的提出与意义，以及"十三五"期间"一带一路"建设取得的巨大成就（思政元素融入点）。 3.文章重难点词汇及语言点讲解。 4.BEC 考试阅读题型答题技巧介绍	1.根据课前线上学习资料及讨论话题展开组内讨论，阐述自己对丝绸之路的理解。 2.观看"一带一路"相关视频，了解"一带一路"的基本信息及"十三五"期间"一带一路"建设取得的巨大成就。 3.运用扫读与略读的方式，在文章中找到主要信息点。 4.精读文章，学习语言点及重难点内容。 5.完成阅读理解题，并核对答案	1．分组讨论有利于发散学生的思维、培养学生的团队合作意识。 2．培养学生通过略读和扫读的方式寻找文章大意的能力。 3．通过对重难点句型及表达方式的反复操练，提高学生的英语应用能力。 4．思政元素的融入唤起学生对民族文化的骄傲与认同，提高学生的民族自豪感
	教学环节：学习情态动词 can、could 和 should 的用法		
	教师活动	学生活动	设计意图
	1.引导学生回顾高中时期所学情态动词的特点及主要用法。 2.讲解在商务场合情态动词 can、could 和 should 的主要用法。	1.简述情态动词的特点和主要用法。 2.学习情态动词 can、could 和 should 在商务场合的主要用法。	1．学生自主回顾情态动词的用法，有利于教师及时发现学生知识点的掌握情况。 2．通过语法习题反复操练，提高学生的正确率

续表

		教师活动	学生活动	设计意图
课中实施	2. 合作探究、实操演练	3. 检查学生语法练习题完成情况，并给予指导和帮助	3. 完成教材上相关语法练习题，并核对答案 1 Look at the words in brackets in the table above. Write the correct word next to each sentence below. 0 Can we use our dictionaries during the exam? permission 1 Could you spell your surname, please? ________ 2 Students should attend all their classes. ________ 3 I can't do any of these questions. They're too hard. ________ 4 You shouldn't stay up late the night before the exam. ________ 5 She could be the best candidate for the job. ________ 6 I couldn't speak to Mr Jones because he was in a meeting. ________ 7 Can I show you what to do? ________ 8 How fast can you type? ________ 2 Complete the sentences with *can, can't, could* and *couldn't*. 1 You ________ smoke here. If you smoke, the alarm goes off. 2 I'm afraid Mrs Doriguez isn't available at the moment. ________ you come back later, please? 3 ________ you read this dossier for tomorrow?' 'No, I'm sorry, I ________.' 4 Good morning, Johnson & Johnson. ________ I help you? 5 Mr Jensen is not in at the moment. ________ I take a message? 6 I ________ call you because the battery of my mobile was flat.	1．学生自主回顾情态动词的用法，有利于教师及时掌握学生知识点的掌握情况。 2．通过语法习题反复操练，提高学生的正确率
		教师活动	学生活动	设计意图
	3. 布置课后拓展任务	1. 向学生介绍服装零售巨头 H&M 公司销售的服装 30% 由中国企业生产的案例。要求学生课后分组讨论下图中的话题。  2. 引导学生思考：H&M 公司为什么要从中国进口商品？中国制造（made in China）和中国创造（created in China）有什么差别？怎样才能从中国制造转变为中国创造？（思政元素融入点）	1. 小组合作，完成下图中的口语讨论题讨论。  2. 上网查找更多 H&M 公司的资料，组内讨论 H&M 公司为什么要从中国进口商品、中国制造（made in China）和中国创造（created in China）有什么差别、怎样才能从中国制造转变为中国创造	1．引导学生养成课后及时查漏补缺的学习习惯。 2．思政元素的融入有利于培养学生的创新意识，激发学生学习强国的热情，培养学生的社会责任感和使命感

三、案例反思

（一）创新之处

本次课充分采用多元化、信息化教学手段，通过线上线下相结合的融合式教学模式，将思政元素借助视频、文字、图片等多元形式融入课堂，并非枯燥地说教。课程思政不是在专业课程的教学中生硬地加入思政内容，而是要将思政教育元素有机融入专业课教学过程中，做到“润物细无声”。

本次课思政教学案例设计创新之处体现在以下几个方面。

1. 课程教学目标中思政教育目标明确

在课程教学目标中明确本次课的思政教育目标，即通过思政元素的融入，达到激发学生学习强国的热情，培养学生的社会责任感、使命感和民族自豪感的教学目标。

2. 教学内容中思政元素内容丰富

由阅读材料 Opening the Silk Road Once More（《重启丝绸之路》）引出"一带一路"倡议；由中国企业为 H&M 公司生产服装引出民族品牌服装的设计与生产，再进一步引申到"中国制造"向"中国创造"转变的思想。

3. 教学设计中思政元素与知识点契合度高

在教学设计中柔和又精准地将思政元素融入教学内容中，做到"润物细无声"，在潜移默化中唤起学生对民族文化的骄傲与认同，培养学生的社会责任感和使命感，提高学生的民族自豪感。

（二）下一步改进措施

1. 进一步加强线上线下的师生互动以及生生互动

更多跟踪、关注学生线上学习进度、学习效果，以及答疑讨论情况。课堂教学时可以更多地设置情境，通过角色扮演、分组讨论、在线抢答等形式营造轻松、和谐的学习氛围，提高学生的教学参与度。

2. 进一步加强思政教育的有效性

能否提升思政教育的效果主要取决于学生能否主动地参与其中。在日常教学过程中，可通过奖励的形式，鼓励学生积极主动地挖掘思政元素，自行搜索与教学内容相关的思政元素资料，并在组内分享。

3. 进一步提高课堂教学效果

在课堂互动环节，如何保证学生最大限度地参与互动，如何合理分配讨论时间、引导讨论方向，从而提升课堂互动效率，是值得思索并在今后的教学活动中亟待解决的问题。

四、实例资料

（一）课件资料

（1）课前导学 PPT 课件（课前通过雨课堂发布，供学生课前学习使用）。

（2）教学 PPT 课件（课堂教学使用）。

（二）其他相关教学资料

（1）e 会学安徽省网络课程学习中心：商务英语　3.1　International Business（教学视频、随堂练习、作业）。

（2）视频：《史话新疆之丝绸之路》。

（3）视频：《"一带一路"改变了什么》。

所属学院： 国际商务与旅游学院
课程名称： 关务操作实务
课程类型： 专业必修课
案例章节： 项目四"报关单填制"之 4.1"报关单填制"
案例名称： 防疫物资通关实操
　　　　　　——"关务操作实务"课程思政案例
案例作者： 戴艳
案例简介： 本案例基于"课程思政"项目课程建设的基本要求，在"三全育人"的视角下，对"关务操作实务"课程项目报关单填制实操进行教学设计和实施。本案例选取防疫物资出口、冻品物资的进出口报关为教学内容，学习疫情背景下对报关流程和报关单填制的监管要求，达成相关知识、能力目标，培养学生的共建人类卫生健康共同体思想意识，感恩、有担当的责任意识，精益求精、谨慎细致的工作态度，达成思政目标。

防疫物资通关实操
——"关务操作实务"课程思政案例

一、案例简介

本案例结合"关务操作实务"课程项目四"报关单填制"，采用案例法、讲授法、实践教学法、启发教学法，将授课班级的学生分组，广泛搜集相关案例，针对疫情下物资进出口报关单相关栏目申报的注意事项进行讨论、归纳，以及总结、点评，以达到疫情下准确填制报关单、使物资快速通关的目的。学生通过本次课的学习对疫情下的物资申报要点有了较为明确的认知，提升了报关方案设计的效率和报关单填制的正确性。

二、案例实施

（一）教学目标

1. 知识目标

掌握进出口货物报关单填制规范。

2. 能力目标

（1）熟悉并能在工作中执行报关工作程序。

（2）能够正确运用所学知识填制报关单。

（3）能够初步运用所学知识解决实践中的问题。

3. 思政目标

培养学生的共建人类卫生健康共同体思想意识，感恩、有担当的责任意识，精益求精、谨慎细致的工作态度。

（二）教学设计

教学设计如表1所示。

表1　教学设计

专业名称	国际经济与贸易专业	设计者	戴艳
课程名称	关务操作实务	课程代码	B2113139
授课类型	□理论型（A类）　☑理实一体型（B类）　□实践型（C类）		
单元名称	项目四　报关单填制	授课学时	2学时
班级	国贸212班	人数	55人
学情分析	学生在前期的教学过程中已经掌握了国际贸易实务、进出口商品归类及报关单填制规范应知应会的理论内容，但实践操作能力、融会贯通的能力、具体问题具体分析的能力有待进一步提升，本次课程以疫情防控形势下，防疫物资、冻品物资的实际进出口为例，引导学生查阅海关相关监管规范、新政策、新规定，准确、快速地做好报关准备，正确填制报关单		
课次重点	按照报关单填制规范，正确填写报关单的每一个栏目，结合疫情下物资的通关，对疫情监管重点栏目进行强调		
单元难点	不同监管方式下防疫物资报关流程的设计及报关单的正确填制		
教学方法手段	1. 教学方法：讲授法、案例法、实践教学法、启发教学法等。 2. 教学手段：云班课等		
思政融入点	培养学生的共建人类卫生健康共同体思想意识，感恩、有担当的责任意识，精益求精、谨慎细致的工作态度		

活动历程（含辅助手段、时间分配）	时间分配/分	教学内容	教学活动	教学资源
	8	课前回顾：复习一般进出口货物、救灾捐赠货物的通关流程及报关单重点栏目的逻辑关系	①教师提问：问题涉及一般进出口货物的监管流程及监管方式、征免性质、征免方式等重点栏目的逻辑关系。 ②学生作答。 ③教师点评学生在前期学习中是否掌握了通关流程设计和报关单填制应知应会的基础知识	《中华人民共和国海关进出口货物报关单填制规范》、报关行业国家标准
	6	新课导入：防疫物资的概念及通关重点的讨论。将学生分组，进行讨论，采用启发式教学法、头脑风暴法，引入新课。 思政融入点1：专业、正确地完成进出口货物的申报，既有助于"外放输入"，增强报关专业学生的社会责任感，又有助于高效、快速通关，体现专业素养与职业素养	①教师提问：新冠疫情背景下，物资通关有哪些防疫风险点？什么是防疫物资？这些物资在通关过程中，有哪些环节需要特别注意？填制报关单时，要重点关注哪些栏目？你知道申报要素吗？ ②学生讨论，带着初步结论，进入新课	①报关单主要栏目逻辑关系对应表。 ②《关于应对疫情影响　促进外贸稳增长的十条措施》。 ③《关于统筹做好口岸疫情防控和通关便利化工作措施清单》。 ④《关于进一步加强防疫物资出口质量监管的公告》

续表

	时间分配/分	教学内容	教学活动	教学资源
活动历程（含辅助手段、时间分配）	6	防疫物资的概念	①教师讲授防疫物资的范畴（包括医疗物资和生活物资）、防疫物资的监管方式（常见的有贸易性质和捐赠性质，引导学生思考在不同监管方式下规范申报的异同）。 ②学生进行讨论、举例。 ③教师点评	视频
	25	医疗物资的申报与通关1。 思政融入点2：通过归类实践，培养学生严谨细致的工作态度和职业责任心	在通关过程中，海关监管的核心就是"税""证"二字。 税：①教师将学生分为9组，针对不同的防疫物资，通过查询工具书，进行商品归类，确定进出口商品的税率和计量单位。 （1）组：口罩。 （2）组：防护服。 （3）组：护目镜及防护面罩。 （4）组：手套。 （5）组：红外线测温仪。 （6）组：呼吸机。 （7）组：消毒剂。 （8）组：X射线断层扫描仪。 （9）组：病人监护仪。 ②学生通过查询编码工具书、网络资源、讨论分析商品性质，提交商品编码。 ③教师逐个点评各小组编码、税率及相关申报要素查询是否正确。 ④教师以防护服为例，讲授国内企业出口该类商品所需要的资质证明和其他材料，并说明在正式报关前都要做好充分准备，以便高效、快速通关	①《中华人民共和国海关进出口税则》。 ②全关通信息网。 ③海关总署网站
		课次1结束		
	20	医疗物资的申报与通关2。 思政融入点3：进出口商品的收发货人或代理人，按照海关规范进行申报，自觉、正确地缴税，是诚信守法的日常体现。 通过观看日本援助物资的视频，体会构建人类卫生健康共同体的必要性和意义	做好了报关前的准备工作，接下来就进入报关单填制环节。 ①教师重点讲授报关单表体部分商品信息的填报。 ②教师讲授监管方式和征免性质的填报。 ③学生分组实操。 ④教师点评	
	20	生活物资的申报与通关——以冻品猪肉为例	冻品具有疫情传播风险，因此海关实施检疫处理的比例大幅度提高。 ①教师提问：冻品通关时提高检疫比例，对通关速度和成本有何影响？ ②学生查询资料，讨论，作答。 ③教师点评，讲授： 冻品通关降速的主要原因； 提升检验检疫率对通关成本的影响； 进口冻品猪肉所需单证及单证具体要求	

续表

活动历程（含辅助手段、时间分配）	时间分配/分	教学内容	教学活动	教学资源
	5	课堂小结	①防疫物资报关流程设计及前期准备。②防疫物资报关单填报及重点栏目注意事项	
	课次2结束			
课后作业	以某一防疫物资为例，设计报关流程并填制报关单重点栏目，上传运云班课进行分享			

（三）教学过程

1. 课前回顾

一般进出口货物的报关流程如图1所示，重点栏目逻辑关系对应表如表2所示。

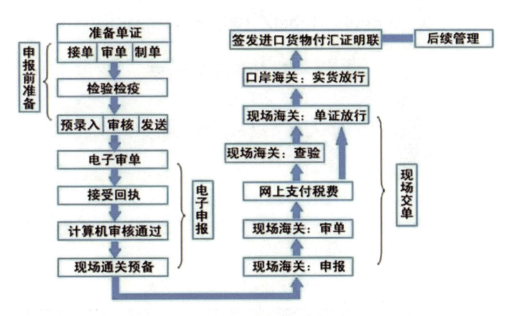

图1 一般进出口货物的报关流程

表2 一般贸易逻辑关系对应表

监管方式	征免性质	征免
一般贸易	一般征税	照章征税
	科教用品	全免
	鼓励项目	
	自有资金	

2. 新课导入

教师提问，学生通过查询资料、讨论了解防疫物资的概念、通关注意事项、报关单重点栏目的填报及相关申报要素，得出初步结论，进入新课。

3. 防疫物资的分类

（1）防疫物资的分类。

防疫物资分为医疗物资和生活物资。

①医疗物资：包括口罩、防护服、护目镜、乳胶手套、消毒液、呼吸机以及测量仪等。

②生活物资：是一些生活必需品，如食物、纸巾、基本洗漱用品、水等。

（2）防疫物资进出口主要渠道。

观看日本援助中国抗疫物资视频，体会寄语（见图2）的含义，并思考援助物资报关单填制要点。

图2　日本援助中国物资寄语

防疫物资进出口有三种主要渠道，即一般贸易、国家或国际组织的援助、个人或企业的捐赠。以贸易方式进口的防疫物资，按一般进出口货物进行通关、缴税。援助物资与捐赠物资逻辑关系对应表如表3所示。

表3　援助物资与捐赠物资逻辑关系对应表

监管方式	征免性质	征免	区别
援助物资	无偿援助	全免/保险金/保函	国家或国际组织
捐赠物资	救灾捐赠	全免/保险金/保函	个人或企业

由于援助物资和捐赠物资可以免征进口关税和进口环节增值税，因此援助物资和捐赠物资进口少了付税环节。

4. 医疗物资的申报与通关1

（1）商品归类，确定税率和计量单位（见表4）。

教师将学生分为9组，针对不同的防疫物资，通过查询工具书，进行商品归类，确定进出口商品的税率和计量单位。

表4 医疗防疫物资的税率确定和计量单位

序号	商品	最惠国进口税率	出口退税率	第一计量单位	第二计量单位	其他
1	口罩	6%	13%	千克	个	
2	防护服	8%	13%	件	千克	化学纤维材质
		8%	13%	千克		橡胶材质
		6.5%	13%	千克		塑料材质
3	护目镜	7%	13%	千克	副	
	防护面罩					本品目只包括戴置于眼前的眼镜等物品，遮护大部分脸部的物品按下面的防护面罩归类
		10%	13%	千克	—	

续表

序号	商品	最惠国进口税率	出口退税率	第一计量单位	第二计量单位	其他
4	手套	6.5%	13%	千克	双	塑料材质
		8%	13%	千克	双	橡胶材质
		10%	13%	千克	双	橡胶材质用途：医用
5	红外线测温仪	2.8%	13%	个	千克	
6	呼吸机	4%	13%	台	千克	
7	消毒剂	9%	13%	千克		过氧乙酸消毒液，主要成分为0.5%过氧乙酸水溶液，对于病毒、细菌、真菌及芽孢均能迅速杀灭，可广泛应用于各种器具及环境消毒
		9%	9%	千克		免洗手消毒液，主要成分为45%酒精和有机溶剂，用于手部的清洁消毒，以及玩具、手机等表面的消毒

续表

序号	商品	最惠国进口税率	出口退税率	第一计量单位	第二计量单位	其他
8	X射线断层扫描仪	2.7%	13%	台	千克	
9	病人监护仪	1.3%	13%	台	千克	

教师逐个点评各小组编码、税率及相关申报要素查询是否正确,并提醒学生在进行报关单填制时,要注意以下事项。

①规范申报:需在商品名称栏详细填报品牌、规格型号、用途(如医用)、成交数量和成交计量单位。自2020年3月20日起,增加口罩的第二法定计量单位"个",即填报"01"。

②关税征免:出口的口罩如为贸易性质,征免性质申报一般征税,征免方式申报照章征税;如为捐赠性质,境内发货人为贸易代理商、慈善机构等,征免性质可不填,征免方式申报全免。

(2)医疗物资通关单证准备(以出口为例)。

以出口口罩和防护服为例,学习企业出口防疫物资所需做的单证准备。

国内贸易企业出口需具备的资质和材料主要如下。

①营业执照(经营范围有相关经营内容)。

②企业生产许可证(生产企业)。

③产品检验报告(生产企业)。

④医疗器械注册证(非医用不需要)。

⑤产品说明书(跟着产品提供)、标签(随附产品提供)。

⑥产品批次/号（外包装）。

⑦产品质量安全书或合格证（跟着产品提供）。

⑧产品样品图片及外包装图片。

⑨贸易公司须取得海关收发货人注册备案。

口罩生产企业资质证明：生产个人防护或者工业用非医疗器械管理的普通口罩，有进出口权的企业，可自行直接出口。生产属于医疗器械管理的口罩用于出口，中国海关不需要企业提供相关资质证明文件，但一般进口国会要求生产企业提供产品三证，以证明该进口的商品在中国已合法上市，具体为：营业执照、医疗器械产品备案证或者注册证、厂家检测报告。

5. 医疗物资的申报与通关2

做好了报关前的准备工作，接下来就进入报关单填制环节。

①教师重点讲授报关单表体部分商品信息的填报。

②教师讲授监管方式和征免性质的填报。

③学生分组实操。

④教师点评。

企业应在申报防疫物资的商品名称栏详细填报品牌、规格型号和用途。

6. 生活物资的申报与通关——以冻品猪肉为例

1）冻品通关检验对通关速度和成本的影响

（1）通关时间：正常为3天左右，提高检疫比以后有所延长，不同口岸的实际通关时间有所差异。

（2）货物通关速度降低的主要因素。

箱体消毒、箱内货物消毒、取样、实验室检测，每一步骤都需要海关、消毒公司、码头投入人力，还要有相应的场地和设备。待处理的进口货物突然大幅度增加，出现积压、排队现象，延时在所难免。

（3）通关成本。

一是掏箱作业，会产生掏箱费；二是因货物不能及时提离交付，冷藏箱在堆场每天产生打冷费；三是如果冷藏箱超期归还，还产生滞箱费。

2）冻品猪肉进口案例实操

（1）货物进口之前需核实收发货人、生产厂家是否有备案。

查询网址为http://ire.customs.gov.cn/（见图3），如有备案，搜索公司名称即会有显示；若没有备案，需要先进行备案，具体过程可参考《境外出口商或代理商用户手册》，备案完成会出示此提示，海关审核一般在7个工作日之内会出结果。

（2）整理通关所需随附单证。

进口猪肉所需资料如下：合同，发票，装箱单，卫生证，原产地证，提单（加盖提单收货人和实际收货人章），进口许可证，核销单，货权转让书，换单委托书，便签（备用）。

图3　进口食品化妆品进出口商备案系统网站

（3）注意事项。

①原产地证及卫生证上的收货人必须与报关单上的收货人一致。

②核销单即报检预核销单，这份单证也需要在柜子到港之前完成审核并出证，这份证件的用途是便于海关核销每次进口肉类的数量。

③放行后，安排拖车将柜子拉进指定的肉类监管仓。

7. 课堂小结

课后思考题：

（1）物资通关的进口需要哪些单证？

（2）如果在通关过程中，未按要求做好报关报检，会导致哪些后果？

（四）教学实效

通过对防疫物资通关的学习，学生掌握了援助物资和捐赠物资的报关单填制重点及进出口流程注意事项；在了解报关行业标准和报关单填制规范的基础上，学会了针对防疫物资进出口具体问题具体分析，掌握了通关重点和风险点；通过报关单填制的实际操作，培养了严谨负责的工作责任心，思考了疫情下马虎大意对民生和经济造成的负面影响，明确了在平凡岗位上为共建人类卫生健康共同体而奋斗的意义。

教师在讲解进出口流程设计及一般贸易、援助物资、捐赠物资的报关单填制时，融入了新冠疫情流行的大背景，在教学过程中，启发学生在通关业务中既要"稳增长"，在疫情防控许可的条件下，正常进行对外贸易，又要"防疫情"，做好申报细节，遵守海关监管的规定，高效报关报检。另外，教师还查阅了大量海关公告和资料，提升了教学水平。

三、案例反思

（一）创新之处

通过本案例的学习，学生可意识到关务岗位在疫情防控中的意义，从做好本职工作的角度为共建人类卫生健康共同体贡献自己的力量，并培养严谨、细致的工作作风，忧国忧民的家国情怀。

（二）下一步改进措施

以案例进行讲授，难以做到面面俱到。针对这一问题，可以通过云班课等信息化手段，将"战疫关务"的内容延伸到课下，学生在实际中遇到任何问题，可以随时在云课堂提出、讨论，解决实际问题。

四、案例资料

（一）课件资料

防疫物资通关实操 PPT。

（二）其他相关教学资源

（1）视频：《岂曰无衣 与子同裳：日本援助物资上的古诗有何来头？》（https://haokan.baidu.com/v?pd=wisenatural&vid=9958807932851828482）。

（2）《关于应对疫情影响 促进外贸稳增长的十条措施》。

（3）《中华人民共和国海关进出口货物报关单填制规范》。

（4）中华人民共和国国家标准《代理报关服务规范》。

（5）《关于进一步加强防疫物资出口质量监管的公告》。

（6）《中华人民共和国进出口税则》。

所属学院： 国际商务与旅游学院
课程名称： 餐饮服务与管理
课程类型： 专业核心课
案例章节： 宴会设计
案例名称： 践行三结合、五融入教学模式，培养具有"四个自信"的未来餐饮管理者
——"餐饮服务与管理"课程思政案例
案例作者： 法义滨，孙希瑞，黄亮，蒲白翎
课程简介： "餐饮服务与管理"课程旨在让学生熟练运用餐饮服务的基本技能，掌握酒店餐饮督导管理基础知识和技术能力，熟悉酒店运营管理的新观念、新理论、新技术，具有创新意识，能创造性地开展工作，满足宾客个性化要求。本课程采用三结合、五融入教学模式，注重学生职业素养以及职业精神的养成，引导学生树立并坚定作为餐饮服务与管理督导者的"四个自信"。

践行三结合、五融入教学模式，培养具有"四个自信"的未来餐饮管理者 ——"餐饮服务与管理"课程思政案例

一、案例简介

（一）建设思路

根据国家教学标准、酒店行业用人需求，提炼餐饮服务与管理的"四个自信"——理论自信、道路自信、制度自信和文化自信，基于岗位真实任务创设学习情境，既关注学生的职业任职能力，又关注学生的职业发展。以"餐饮服务与管理"课程教学平台为基础，构建德育平台，从情感、价值和职业认同、教学各环节融入思政元素，经过教学组织、教师引导，学生隐性参与，在促进学生内动力提升、强化专业人才督导力提升的同时，学生自生情感得到升华，达到固化于制、内化于心、外化于行的德育期望和效果。

按照三结合、五融入教学模式，着力将餐饮服务与管理"四个自信"等思政元素融入课程教学。三结合是指课堂内外、校园内外、线上线下相结合；五融入是指知识讲解融入、餐饮案例融入、专业任务融入、课堂活动融入、实训活动融入。

（二）"四个自信"

本课程蕴含丰富的思政育人元素——有文化自信、家国情怀、团队协作、敬业精神、创新意识、尊重意识、诚信意识、职业理想、职业责任、职业精神、环保意识等。课程团队在广泛开展企业调研的基础上，将餐饮服务与管理"四个自信"映射、融入课程教学内容，并选取合适的授课形式与教学方法，使专业知识技能承载思

政元素，实现价值内化，取得了较好的育人效果。

1. 餐饮服务与管理的理论自信

餐饮服务与管理的理论自信是"魂"，表现为中国特色餐饮管理的理论自信。在教学过程中，使学生了解、掌握酒店餐饮服务与管理理论，抓住事物的本质特征，把握事物的内在规则，并推进餐饮服务与管理实践基础上的理论创新，引入尊重事实、实事求是、诚实守信等价值观，培养学生作为餐饮服务与管理督导者的诚信意识和创新意识，引导学生在学习和社会实践中坚守职业理想。

2. 餐饮服务与管理的道路自信

餐饮服务与管理的道路自信是"用"，即怎么干，表现为中国酒店餐饮业发展的道路自信。基于中国特色社会主义道路，经过改革开放40多年的发展，中国酒店餐饮业经历了翻天覆地的变化。在教学过程中，使学生了解、掌握中国酒店餐饮业发展成果、未来趋势和先进经验，并引入精益求精、爱岗敬业等价值观，培养学生作为餐饮服务与管理督导者的敬业意识和责任意识，使学生在学习和社会实践中有职业担当。

3. 餐饮服务与管理的制度自信

餐饮服务与管理的制度自信是"本"，表现为保障食品安全、提升餐饮管理质量的制度力量。在教学过程中，使学生了解、掌握国家食品经营许可的制度规定、酒店行业餐饮质量管理要求和标准化服务流程，并通过质量与安全的重要性引入国富民强、依法治国、遵纪守法等价值观，培养学生作为餐饮服务与管理督导者的法律意识和安全意识，引导学生在学习和社会实践中遵守职业规范。

4. 餐饮服务与管理的文化自信

餐饮服务与管理的文化自信是"根"，表现为传播餐饮文化和推介餐饮品牌的文化自信。在教学过程中，使学生了解、掌握中西方多元化的餐饮文化精髓与差异，并通过中华传统饮食文化、中华传统美德、"中国化"酒店餐饮文化、工匠精神引入家国情怀、尊重共情、团结协作等价值观，培养学生作为餐饮服务与管理督导者的尊重意识和协作意识，使学生在学习和社会实践中自觉传承文化。

二、案例实施

以项目四任务二"宴会设计"第一节场景设计为例。

（一）教学目标

1. 知识目标

（1）掌握宴会场景营造的内容。

（2）掌握宴会餐台的设计。

（3）掌握宴会服务的流程及规范。

（4）掌握宴会策划方案的撰写要点。

2. 能力目标

（1）能够营造出符合需求的宴会场景。

（2）能够设计符合宴会主题的餐台。

（3）能够科学设计宴会服务流程。

（4）能够完成宴会策划方案的撰写。

3. 思政目标

（1）培育学生爱岗敬业、热爱劳动的职业素养。

（2）培养学生的文化自信、家国情怀和团队协作能力。

（3）使学生明确职业理想，有职业担当，遵守职业规范，具备文化传承能力。

（二）教学设计

教学设计如表1、表2所示。

表1　教案1场景营造

任务名称	场景营造	授课内容	场景营造（第1~2课时）	授课课时	2课时（45分/课时）
授课对象	酒店管理与数字化运营212班	授课地点	智慧教室	课程类型	理实一体化教学
内容分析	场景营造是学生必须掌握的重要技能，场景是烘托宴会主题的重要依托				
学情分析	专业知识		专业技能		学习习惯
	1. 通过参观酒店，学生对酒店各个部门有了初步的认识。 2. 通过认知实习，学生对不同宴会场景营造有一定的了解		1. 学生能够分析不同宴会场景营造的市场需求，具有一定的信息素养。 2. 学生专业知识积累不足，对高级宴会服务师的职业认知不足。 3. 学生具备一定的设计分析能力，但实战经验不足，存在信息整合能力、团队协作能力、语言沟通能力等方面的不足		1. 学生个性鲜明，实践动手能力强，喜欢活跃的课堂气氛。 2. 学生有一定自主探究学习能力。 3. 学生学习自我约束力不强，需要督促
教学目标	知识目标		能力目标		思政目标
	1. 掌握宴会场景营造的内容。 2. 掌握宴会场景营造方案的撰写		1. 能够依据指定主题进行宴会场景营造。 2. 能够根据宴请者的需求，撰写合理的宴会场景营造方案		1. 通过宴会场景营造，培养学生的创新意识、发散思维和理论联系实际的能力。 2. 培养学生的沟通能力和团队协作能力
教学重点	宴会场景营造的内容				
教学难点	依据指定主题进行宴会场景营造				
教学方法	任务驱动法、案例教学法、小组学习法、自主探究学习法、头脑风暴法				
教学资源	1. 线上资源。 （1）信息化技术。 学习平台：微助教辅助教学实施，收集教学数据。 学习资源：微课、视频、课件。 （2）主要网络教学资源库。 微助教自建课程：餐厅运营与管理。 2. 线下资源。 校企合作开发的活页式工作手册、校企合作单位高级宴会服务师培训资料。 中餐服务与管理实训室、西餐服务与管理实训室、多功能实训室、合作单位餐饮部场地				

续表

课前准备				
	教学内容	教师活动	学生活动	设计意图
课前学新知	1. 学生自学微助教平台上相应任务教学内容并完成测试。 2. 教师发布课前任务：搜索不同主题宴会场景营造内容资料并进行小组汇报	1. 明确任务：发布小组任务，即搜索不同主题宴会场景营造内容资料并进行小组汇报。 2. 课前要求： （1）在微助教平台发布本次课程内容和测试题。 （2）发布搜索任务：请各小组搜索不同主题宴会场景营造内容资料	1. 知晓任务：明确本次课任务。 2. 课前自学。 （1）自学微助教平台上相应任务教学内容并完成测试。 （2）利用线上线下教学资源平台及互联网，检索不同主题宴会场景营造内容资料	1. 以任务引领课程教学。 2. 学生通过自学课程资源、观看视频，查找相关资料，提前梳理宴会场景营造内容，为课堂教学做铺垫。 3. 引导学生认知高级宴会服务师，激发学生从事该岗位的意愿

课中实施				
教学环节	教学内容	教师活动	学生活动	设计意图
学知识 （20 min）	1. 宴会的类型。 2. 宴会场景营造的内容。 3. 宴会场景营造方案筛选方法	1. 课堂讨论：组织学生开展关于知道或参加过哪些印象深刻的宴会的线上讨论，并通过词云呈现。 2. 发布游戏：组织学生完成宴会类型连连看，检测学生知识点掌握情况。 3. 重点突破：宴会场景营造的内容。 ①展示宴会场景营造案例。 ②引导学生结合所学理论知识，分析案例中存在的问题。 ③引导各小组展示发现的问题。 ④巩固宴会场景营造内容知识点。 4. 发布游戏：利用"宴会场景营造找茬游戏"检测学生知识掌握情况	1. 小组汇报：汇报讲解本组搜索的宴会场景营造内容资料。 2. 新知学习：宴会的类型、宴会场景营造的内容、宴会场景营造方案筛选方法。 3. 重点突破： ①审阅宴会场景营造案例。 ②各小组结合所学理论知识，分析案例中存在的问题。 ③各小组展示发现的问题。 ④重点学习宴会场景营造内容知识点。 4. 游戏闯关：完成"宴会场景营造找茬游戏"	1. 结合课前学习反馈，有针对性地进行理论讲解。 2. 确认学生的知识掌握情况，为下一步实操做好准备。 3. 通过案例分析，培养学生认真细心的工匠精神和沟通表达能力（思政）
练技能 （25 min）	撰写宴会场景营造方案	1. 组织抽签：组织各小组从校企合作案例库抽取宴会场景营造任务。 2. 组织演练：各小组学生结合课前搜索的资料和抽签结果，撰写宴会场景营造方案。 3. 巡视指导：对学生撰写宴会场景营造方案进行指导	1. 实施抽签：各小组选派代表进行撰写宴会场景营造方案任务抽签。 2. 实操演练：各小组结合抽签结果，撰写宴会场景营造方案。 3. 修改优化：有不明白的询问教师，并根据教师的指导意见，及时修改完善方案	1. 检测学生对宴会场景营造知识的应用能力。 2. 通过撰写宴会场景营造方案，培养学生团队协作、全局规划的意识和认真耐心的工匠精神
评成果 （25 min）	1. 各小组汇报宴会场景营造方案。 2. 学生互评。 3. 教师点评。 4. 企业导师评价	1. 组织汇报：组织各小组汇报宴会场景营造方案。 2. 学生互评：引导学生互评。 3. 教师点评：对学生宴会场景营造方案进行点评	1. 小组汇报：各小组汇报宴会场景营造方案。 2. 完成互评：各小组对其他小组所撰写的宴会场景营造方案进行评价。 3. 聆听点评：听取教师的点评	评价学生宴会场景营造方案，并提出修改意见
改方案 （15 min）	各小组根据同学的意见、教师的点评修改宴会场景营造方案	引导完善：组织各小组修改宴会场景营造方案	完善修改：各小组根据同学的意见、教师的点评修改宴会场景营造方案	优化宴会场景营造方案

续表

课后巩固

	教学内容	教师活动	学生活动	设计意图
课后拓能力	对接企业导师，完成宴会场景营造方案修改	课后任务：联系企业导师，发送宴会场景营造方案，并根据企业导师的反馈予以调整	完成任务：将撰写的宴会场景营造方案发给企业导师，根据企业导师的意见予以修改	1.巩固相关知识点。 2.经过多次修改，让学生进一步认识到宴会场景营造的全局性和复杂性，培养学生全局规划的意识和认真耐心的工匠精神（思政）

教学评价与反馈

本次课教学内容的选取符合学生的认知水平，教学内容难度适中，大多数学生能够达成掌握宴会的类型和宴会场景营造的内容的学习目标；使用任务驱动法、案例教学法和小组学习法等，能够激发学生的学习热情，促进学生进一步提高主动学习的能力；通过案例教学和实践操作，将学生置身于高度接近现实的虚拟环境，学习效果明显提升

教学反思

从本次教学统计结果来看，学生参与率达100%，课前自测准确率为78%，课后自测准确率为95%。这说明通过本课程学习，学生对宴会类型及宴会场景营造内容知识点的掌握程度逐步得到提升。从撰写宴会场景营造方案结果来看，学生基本掌握了宴会场景营造的内容，能很好地根据任务单，匹配宴会主题，进行场景营造，学生由理论转向实践，由对职业迷茫转向认知形成，突破了教学重难点，教学目标得以达成。教学中存在一些不足，如课程教学可以让学生感知宴会场景营造，但无法完全替代实际的宴会场景营造，后续可通过采购专业的宴会设计软件及提供更多的实习实践机会，帮助学生积攒实战经验

表2　教案2台型设计

任务名称	餐台设计	授课内容	台型设计（第3～4课时）	授课课时	2课时（45分/课时）
授课对象	酒店管理与数字化运营212班	授课地点	智慧教室	课程类型	理实一体化教学
内容分析	本次课的教学内容为台型设计。台型设计作为宴会活动中的重要内容，影响着整个宴会活动的顺利开展。为宴会活动选择合适的台型，并依据宴会厅的实际情况合理布局台型，是学生需要掌握的重要技能					
学情分析	专业知识			专业技能	学习习惯	
	1.根据以往的生活经验，学生对宴会台型布局有一定的感性认识，但缺乏理论指导与实践经验。 2.通过课前自学，学生初步掌握了宴会台型布局原则和中式宴会不同桌数台型布局			1.学生具备一定的设计分析能力，但缺乏实战经验，对宴会台型设计的细节和重点把握不足。 2.学生对预订对象的特征及需求有一定的认知。 3.学生已经熟悉了宴会台型设计软件的基本操作	1.学生有一定的自主探究学习能力，但学习不够深入。 2.学生相对自我，缺乏团队精神和协作意识	
教学目标	知识目标			能力目标	思政目标	
	1.掌握常见宴会台型布局形式。 2.掌握宴会台型设计操作流程与规范			1.能够根据不同宴会主题和宴会厅选择合适的宴会台型。 2.能够结合宴会厅的实际情况，合理进行宴会台型布局设计	1.通过宴会台型布局设计，培养学生全局规划的意识。 2.培养学生的团队精神和认真耐心的工匠精神	
教学重点	宴会台型设计操作流程与规范						
教学难点	能够根据宴会厅的实际情况，合理进行宴会台型布局设计						
教学方法	任务驱动法、案例教学法、小组学习法、自主探究学习法						

续表

教学资源	1.线上资源。 （1）信息化技术。 学习平台：微助教辅助教学实施，收集教学数据。 学习资源：微课、视频、课件。 （2）主要网络教学资源库。 微助教自建课程：餐厅运营与管理。 2.线下资源。 校企合作开发的活页式工作手册、校企合作单位高级宴会服务师培训资料。 中餐服务与管理实训室、西餐服务与管理实训室、多功能实训室、合作单位餐饮部场地			
课前准备				
	教学内容	教师活动	学生活动	设计意图
课前引任务	1.学生自学微助教平台上相应任务教学内容并完成测试。 2.教师发布课前任务，即搜索不同宴会台型布局资料并进行小组汇报	1.明确任务：发布小组任务，即搜索不同宴会台型布局资料并进行小组汇报。 2.课前要求。 （1）在微助教平台发布本次课程内容和测试题。 （2）发布搜索任务：请各小组搜索不同宴会台型布局资料	1.知晓任务：明确本次课任务。 2.课前自学。 （1）自学微助教平台上相应任务教学内容并完成测试。 （2）利用线上线下教学资源平台及互联网，检索不同宴会台型布局资料	1.学生通过自学课程资源、查找相关资料完成知识、技能准备，为课堂教学做铺垫。 2.测试可以帮助教师提前了解学生在学习中所遇到的困难，以便在课堂中有针对性地予以解决。 3.以任务引领课程教学
课中实施				
教学环节	教学内容	教师活动	学生活动	设计意图
学知识 （20 min）	评价学生课前任务完成情况，重点讲解学生未能在课前理解和掌握的知识点。 1.常见宴会台型布局形式。 （1）中式宴会台型布局。 （2）西式宴会台型布局。 2.宴会台型设计操作流程与规范	1.组织汇报：组织各小组汇报讲解本组搜索的宴会台型布局资料，并予以点评。 2.新知讲授：常见宴会台型布局形式、宴会台型设计操作流程与规范。 3.重点突破：宴会台型设计操作流程与规范。 ①展示台型布局设计图案例。 ②引导学生结合所学理论知识，分析案例中存在的问题。 ③引导各小组展示发现的问题。 ④巩固宴会台型设计操作流程与规范知识点。 4.发布游戏：利用闯关小游戏测试学生知识掌握情况	1.小组汇报：汇报讲解本组搜索的宴会台型布局资料。 2.新知学习：常见宴会台型布局形式、宴会台型设计操作流程与规范。 3.重点突破。 ①阅读台型布局设计图案例。 ②各小组结合所学理论知识，分析案例中存在的问题。 ③各小组展示发现的问题。 ④重点学习宴会台型设计操作流程与规范知识点。 4.游戏闯关：完成课堂小游戏	1.结合课前学习反馈，有针对性地进行理论讲解。 2.通过宴会台型布局设计案例，培养学生全局规划的意识和认真耐心、执着的工匠精神（思政）

续表

教学环节	教学内容	教师活动	学生活动	设计意图
练技能 （30 min）	宴会台型布局设计构思	构思宴会台型布局设计	1. 组织抽签：组织各小组开展宴会台型设计任务抽签。 2. 组织演练：各小组学生结合抽签结果，进行宴会台型布局设计构思，教师巡视并指导	1. 实施抽签：各小组选派代表进行宴会台型设计任务抽签。 2. 实操演练：各小组结合抽签结果，完成宴会台型布局设计构思	1. 为后续课程的学习奠定基础。 2. 检测学生对所学知识的掌握情况
	绘制宴会台型布局设计图	绘制宴会台型布局设计图	1. 发布任务：结合抽签结果，明确绘制宴会台型布局设计图任务。 2. 实操演练：组织各小组结合宴会台型设计操作流程与规范，设计宴会台型布局设计图。 3. 巡视指导：对学生绘制宴会台型布局设计图进行指导	1. 明确任务：结合宴会台型设计操作流程与规范，绘制宴会台型布局设计图。 2. 实操演练：在绘制台型布局设计图过程中遇有疑问，及时向教师提问。 3. 修改优化：有不明白的，询问教师，并根据教师的指导意见，及时修改完善	1. 检测学生对宴会台型设计操作流程与规范知识的应用能力。 2. 通过绘制宴会台型布局设计图，培养学生团队协作、全局规划的意识和认真耐心的工匠精神
评成果 （25 min）	1. 各小组汇报宴会台型布局设计成果。 2. 学生互评。 3. 教师点评。 4. 企业导师评价	1. 组织汇报：组织各小组汇报宴会台型布局设计成果。 2. 学生互评：引导学生互评。 3. 教师点评：对学生宴会台型设计成果进行点评。 4. 企业导师评价：对学生宴会台型设计成果进行点评	1. 小组汇报：各小组汇报宴会台型布局设计成果。 2. 完成互评：各小组对其他小组所绘制的设计图进行评价。 3. 聆听点评：听取教师的点评。 4. 聆听评价：听取企业导师的评价	评价学生宴会台型布局设计成果，并提出修改意见
改设计 （15 min）	各小组根据同学的意见、教师的点评和企业导师的评价修改宴会台型布局设计图	引导完善：组织各小组修改宴会台型布局设计图	完善修改：各小组根据同学的意见、教师的点评和企业导师的评价修改宴会台型布局设计图	优化宴会台型布局设计图
课后巩固				
	教学内容	教师活动	学生活动	设计意图
课后拓能力	1. 学生将绘制的宴会台型布局设计图上传到微助教平台。 2. 教师布置课后相关测试任务	发布作业： （1）发布宴会台型设计操作流程与规范知识点测试题。 （2）根据各组设计的台型，发布宴会台型布局原则知识点测试题	完成作业： （1）完成课后测试。 （2）各组将根据三方反馈意见修改后的宴会台型布局设计图上传到微助教平台，丰富宴会台型布局设计案例库	1. 丰富宴会台型布局设计案例库。 2. 巩固相关知识点。 3. 通过多次修改，让学生进一步认识到宴会台型布局设计的烦琐和复杂，培养学生团队协作、全局规划的意识和认真耐心的工匠精神（思政）

续表

教学评价与反馈
教学内容的选取符合学生的认知水平，教学内容恰当；多数学生能够掌握常见宴会台型布局形式和宴会台型设计操作流程与规范的知识，能够形成依据所学理论知识绘制宴会台型布局设计图的能力，预定的教学目标基本达成；使用任务驱动法、自主探究学习法和小组学习法等，能够较好地激发学生的学习热情，进一步提高学生主动学习的能力及实践动手能力；使用智慧化教学手段，有助于突破教学重点，帮助学生更好地掌握所学理论知识；通过任务驱动、小组实践动手，将学生置身于高度接近现实的虚拟环境，学习效果明显提升，有一定的教学特色

教学反思
对于宴会台型布局设计，需要学生根据实际情况从全局的高度去把控，考虑的问题较多、较琐碎。经过对理论知识的学习并基于自身的经验，学生对台型布局设计有一定的了解，但在具体的实践动手过程中仍存在考虑不够全面、规划布局不够合理的问题，后续将强化这部分内容的理论知识学习和实操训练。学生在使用软件进行宴会台型布局设计时，完成速度慢，需要经过一定的摸索适应期

（三）教学实效

在过去的几年里，本专业学生一共获得了安徽省职业院校技能大赛（高职组）中餐主题宴会设计赛项一等奖1项、二等奖2项、三等奖2项，安徽省职业院校技能大赛（高职组）西餐宴会服务赛项二等奖5项、三等奖1项，安徽省职业院校技能大赛（高职组）餐厅服务赛项二等奖1项、三等奖1项。这体现出本课程教学质量较高。

三、案例反思

（一）创新之处

（1）总结提出"三结合、五融入"教学模式。

本课程采用"三结合、五融入"教学模式，注重学生职业素养以及职业精神的养成，引导学生树立并坚定作为餐饮服务与管理督导者的"四个自信"，改变了以往单一的教学模式，教学效果较好。

（2）创新创业教育活动与人才培养模式有机融合。

为了响应党的十八大以来对创新创业人才培养工作的重要指示，拓展校内实训基地的功能，将餐饮服务与管理技能应用于实践，酒店管理与数字化运营专业联合创新创业学院，创造性地提出利用校内实训资源开展学生创业活动。"校园咖啡厅"创业项目于2019年9月份正式启动。开业以来，营业额逐步攀升，受到了广大师生的好评。

（二）下一步改进措施

（1）信息化教学手段的使用还不够丰富，缺少更多信息化教学手段的支撑，拟通过采购和应用新的虚拟仿真实训平台，进一步丰富信息化教学手段，提升教学效果。

（2）对课程思政的理解还不是很深刻，课程思政与课堂教学的融合还比较生硬，需要进一步在教学中融入课程思政的各项元素，总结和提炼更多的课程思政要素。

四、案例资料

（一）课件资料

宴会场景营造 PPT、宴会台型设计 PPT。

（二）其他相关教学资源

在线课程教学网站、理实一体化中西餐实训室、其他宴会实景平台等。

所属学院： 国际商务与旅游学院

课程名称： 研学旅行策划与管理

课程类型： 专业必修课

案例章节： 第六章第四节

案例名称： 红色主题研学活动设计与实操："不忘初心，红星闪亮"井冈山小红军研学活动
——"研学旅行策划与管理"课程思政案例

案例作者： 刘学玲，张启全，李剑，程质彬

课程简介： 本课程扎根于立德树人的根本任务，从解决教育的根本问题"培养什么人、怎样培养人、为谁培养人"出发，对应劳动教育与社会实践教育进行实践活动设计、活动策划、线路规划教学，设置研学旅行理论篇、课程篇、实践篇、案例篇等课程内容，并从研学旅行与德育、研学旅行与劳动教育、研学旅行与生涯教育等方面对研学旅行活动进行全方位解读，旨在使学生在掌握一定的行业技能、具备一定的行业素养、成为优秀的研学人才的同时，能够全面了解国家的教育政策方针，了解时代以及行业的发展现状，能够在学习专业技能、明晰职业发展需求的基础上，提升学习与就业精气神，融个人发展于国家和社会发展当中，提升智商与情商，最终实现德、智、体、美、劳全面发展。

红色主题研学活动设计与实操：
"不忘初心，红星闪亮"井冈山小红军研学活动
——"研学旅行策划与管理"课程思政案例

一、案例简介

本案例以"家国情怀——不忘初心，红星闪亮"为育人主题，以"不忘初心，红星闪亮"井冈山小红军研学活动的设计与展示为任务主线，通过井冈山精神解读、研学活动流程提要以及实操展示考核要点讲解三个任务阶段，一方面，以视频案例《巍巍井冈，革命摇篮》融入思政元素，运用教学案例法、线上线下混合式教学法、讲授法、讨论法、任务驱动法，让学生进一步学习、思考、领悟井冈山精神，在思考如何将井冈山精神贯穿研学活动的同时，增强自身对党、人民和国家的热爱；另一方面，通过小组团队的沟通与策划到最终的示范展示等，培养学生的组织管理能力、团队合作能力以及活动策划能力，同时提升学生的职业素养，激发学生的学习主动性与创造性。

二、案例实施

（一）教学目标

1. 知识目标

（1）熟悉研学旅行提出的时代背景与基础教育改革发展趋势，理解研学旅行独特的育人价值、教育内涵

和主要特征。

（2）掌握研学旅行"课程、安全、营地基地、人才的未来趋势"等核心要素，能够对研学旅行发展进行预判并进行研学活动的设计、组织与实施。

2. 能力目标

通过研学主题活动前期的材料准备、小组团队的沟通与策划到最终的示范展示，培养学生的组织管理能力、团队合作能力以及活动策划能力。

3. 思政目标

（1）培养学生的国家使命感与民族自豪感。通过"不忘初心，红星闪亮"井冈山小红军研学活动的理论学习与活动设计，让学生在实际参与过程中感受到党的革命和奋斗精神，并把它内化于心，体现在日常的学习和生活中，把求学与报国结合起来，懂党恩，立大志。让学生接受一次红色教育、爱国主义洗礼，通过红色主题研学活动的设计与展示，帮助学生树立爱国主义思想，培育和弘扬民族精神。

（2）引导学生树立正确的就业观和择业观，提升学生心怀感恩的责任意识与职业素养。通过参观革命遗址、学唱红歌、吃忆苦饭等多种研学活动的设计与展示，在多感官、多角度接受中国革命传统和国情教育的同时，学生既扮演着研学旅行指导教师的角色，也是中国传统文化与革命精神的传承者。

（3）激发学生的学习主动性与创造性。引导学生正确理解专业知识的重要性和必需性，培养学生自主学习的能力和终身学习的意识，通过自主探索与小组合作等多种学习方式，引领学生感受体验性、研究性学习的乐趣与意义，并使其内化为自身的学习习惯与学习态度，最终将其传承，形成正能量。

（二）教学设计

1. 设计理念

以学生为主体，以教师为主导，以任务为导向，转变角色，唤醒学生的主体意识，创设轻松的课堂教学氛围，激发学生的兴趣，提高学生解决问题的能力。本案例基于研学旅行活动课程设计工作过程分析，目标紧扣行业岗位需求与学生的综合素质能力培养，将职业教育的职业性、实践性和开放性贯穿课程设计始终，进行课程设计。

通过教学，培养学生的操作能力、技术应用能力、自主学习能力、创新能力和综合职业素质，为旅游行业培养高素质复合型研学人才。通过案例实操等环节，融入中国传统文化和国情乡情教育，提升学生的抗挫折能力，让学生在习得专业知识与技能的同时，树立正确的人生观、价值观、世界观，引导学生爱国爱党，达到立德树人的教育目的，让专业课变得有情怀。

2. 设计思路

以第六章第四节红色主题研学活动设计与实操（井冈山）为例，设计思路如表1所示。

表1 设计思路

教学内容	思政元素	教学方法
任务名称:"不忘初心,红星闪亮"井冈山小红军研学活动。 1. 井冈山精神解读。 2. 研学活动流程提要。 （1）情境导入。 （2）确认主题。 （3）体验探究。 （4）展示交流。 （5）反思评价。 3. 实操展示考核要点讲解。 （1）基本素养。 （2）安全落实。 （3）实施引导。 （4）服务管理	引入视频案例《巍巍井冈,革命摇篮》,让学生进一步学习、思考、领悟井冈山精神,在思考如何将井冈山精神贯穿研学活动的同时,增强自身对党、人民和国家的热爱	1. 案例教学法。 2. 线上线下混合式教学法。 3. 讲授法。 4. 讨论法。 5. 任务驱动法
研学活动小组策划与实操展示	通过小组团队的沟通与策划到最终的示范展示等,培养学生的组织管理能力、团队合作能力以及活动策划能力,同时提升学生的职业素养,激发学生的学习主动性与创造性	1. 任务驱动法。 2. 小组合作探究学习法

3. 实施路径

实施路径如图1所示。

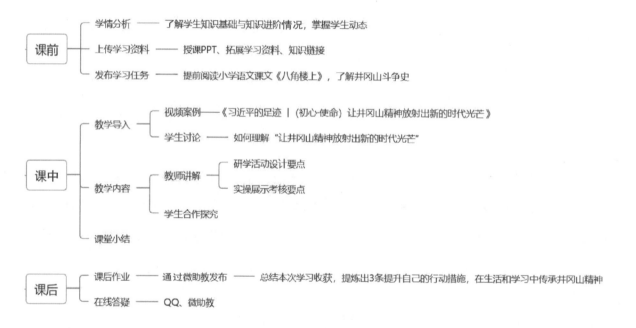

图1 实施路径

（三）教学过程

1. 情境导入

所需教具：签名墙、花名册、红军服、红军包、小白花。

（1）学员报到，签名，领取红军服，举行"参军"仪式。
（2）参观军营，开展军训，进行部队规范教育。
（3）举行升国旗仪式，进行爱国主义教育。
（4）在红军烈士墓前开展祭奠活动（见图2），制作小白花，寄托对先烈的哀思，敬畏历史。

图2　在红军烈士墓前开展祭奠活动

2. 确认主题

所需教具：安全教育PPT课件、小刀旗、彩旗、毛笔、红纸。
（1）开营，明确本次红色主题研学活动的目的、意义及安全事项。
（2）破冰，组建团队，确定队名、队歌，学员迅速融入集体。
（3）开展讲红军故事比赛，反复强化活动主题，铭记历史。
（4）开展"我是红军宣传员"活动，唱红歌、写红色标语、与红军后代座谈交流，感受红色文化。
小红军研学活动如图3所示。

图3　小红军研学活动图

3. 制定方案

所需教具：白纸、彩笔。

（1）以"假如我是红军团长，我将怎么带好我的团队？"为题，通过演讲竞选的方式形成团队组织结构。

（2）围绕"我们要怎样成为一支纪律严明的军队？"，制定各队的"三大纪律八项注意"，达到军事化管理和自我教育的效果。

（3）开展"我是怎么成为一名红军战士的？"主题分享活动，学会正确处理个人与集体的关系。

（4）围绕"假如我生活在农村，我会干哪些农活？"，与井冈山当地孩子结对子，入户体验。

（5）以"什么是井冈山精神？"为题分队讨论，集体创作一幅画，用以表达对井冈山精神的理解。

4. 体验探究

所需教具：明信片、小礼物。

（1）听一个革命烈士故事，与先烈们比理想、比信念，思考钢铁意志是怎么炼成的、我们怎样以先烈为榜样从小树立远大志向。

（2）走一次红军路，与红军比一比体力和耐力，想想面对挑战要怎么办；我们要如何克服困难，走好人生每一步。

（3）看一间红军住房，与红军比一比生活条件，想想红军是如何度过寒冬的。

（4）吃一顿红军餐，与红军比一比营养，尝尝野菜的味道，想想红军是如何忍受饥饿的、我们怎样做到勤俭节约。

（5）交一个农村朋友，看看农村孩子是如何学习和生活的，学会珍惜和感恩。

（6）写一篇心得体会，想想红军为的是什么、他们的牺牲有什么意义、作为一名学生该如何继承先辈遗志。

小红军研学活动体验探究图如图4所示。

图4　小红军研学活动体验探究图

5. 展示交流

所需教具：奖品。

（1）制作一部研学纪录片，留作纪念。

（2）拍摄一段视频，及时与家长分享。

（3）写一篇研学作文，分享成长历程。

（4）集体创作一幅画，分享对井冈山精神的理解。

6. 反思评价

所需教具：问卷调查表、评价表。

反思评价内容如下。

（1）学生参加这次研学活动最初的态度。

（2）哪件事让学生对这次研学活动的态度发生了转变。

（3）这次活动中最感人的地方。

（4）最感兴趣的一项活动和最不感兴趣的一项活动。

（5）教师在这次研学活动中印象最深的人和事。

（6）学生所在学校的意见和建议。

（7）学生返校后，在思想、行为等方面的变化。

（8）学生家长对这次研学的评价。

（四）教学实效

以"如春在花，如盐在水"的方式将思想政治教育有效、自然地融入课堂教学当中，课堂活动以"理论讲解＋讨论交流＋合作探究"的方式体现学生的主体地位，实现对学生既教且育的全面培养。在课程的教学过程中，充分发挥专业课程与思想政治理论课程同向同行的协同效应。

（1）融入思政教育，引导学生树立正确的世界观、人生观和价值观。

通过基于"不忘初心，红星闪亮"井冈山小红军研学活动的理论讲解与实操训练，深化新时代爱国主义教育与感恩教育，培育和践行社会主义核心价值观。通过《习近平的足迹｜（初心·使命）让井冈山精神放射出新的时代光芒》典型思政案例的引入，学生可以多角度、多感官了解并领悟井冈山精神，学生只有将对党、人民和国家的热爱内化于心，才能将坚定信念、百折不挠的革命精神和艰苦创业精神融入研学旅行活动的设计与实操展示当中，才能成为真正的践行者与传承者。

（2）合作讨论与实操训练相结合，学生学习兴趣提高，专业课教学质量提高。

在合作讨论、活动策划以及团队展示的过程中，学生充分发挥学习的主动性与创造性，在提升合作能力、策划能力及实践能力的同时，感受到体验性学习与探究性学习的乐趣与重要性，实现课堂时间的效益最大化。同时，学生在主动学习与探索的过程中更深入地了解祖国的发展离不开党的领导与艰苦奋斗，更加感恩今天来之不易的美好生活。

（3）通过系统学习，提升学生对旅游专业的认识以及对旅游行业的就业信心。

相对于其他专业课程，"研学旅行策划与管理"这门课程对旅游行业的诠释多了一层教育意义，刷新了学生以往对本专业就业的认知，使学生了解了除了传统的导游、讲解员、计调等岗位外，还有研学旅游指导老师、安全员、带队老师等就业机会。作为教育活动与旅游体验深度融合的一种新兴产业，研学旅行为当下旅游管理专业学生成长为高素质复合型研学人才提供了广阔的空间与机遇。

三、案例反思

（一）创新之处

（1）设计理念与思政元素融入创新：首先，以研学生长点"国情教育"切入，引导学生理解生活即教育，思考家国情怀与个人发展；其次，以"世界是学生的课堂"切入，引导学生树立正确的学习观、价值观、人生观；最后，通过研学手册设计切入，培养学生的组织策划能力与研学导师胜任力，同时以研学人才的职业素养切入，培养学生的敬业精神与职业道德。

（2）教学方法创新：摒弃以往以说教为主的教学方法，充分展示"教师主导，学生主体"的教学理念，采用小组合作探究、研学手册设计、实操活动展示、情景模拟等教学方法，使课堂氛围活跃起来且有吸引力，并取得良好的思政育人效果。

（3）教学过程创新：采取团队合作与情景演练的课堂形式，使学生学习兴趣提高，课堂参与的主动性与积极性显著提升，且"在做中学"更容易让学生提升课堂的主人翁意识，在红色研学活动实操设计与展示的过程中，无形中将爱国、爱党的精神，将吃苦耐劳、不攀比、不气馁的意志内化于心。

（二）下一步改进措施

（1）进一步通过师生合作教学，让学生有一个认识课程目标—掌握课程目标制定—规避课程目标实施误区循序渐进的学习过程。

（2）引导学生多接触课程设计，加深对所学知识的全面理解。教学中，知识的讲授必须结合课程设计业务操作实例分析进行，最后根据项目要求设计情景，让学生进行团队操作训练。

（3）结合相关线上线下教学资源，对学生进行理论模拟考试加研学主题活动实操展示的模拟训练与考核，强化学生的认知能力、思考能力、创新能力与实践能力。

（4）结合研学旅行与德育、劳动教育、集体主义教育、心理健康教育等课程内容，让学生在掌握课程设计与研学活动策划原则和要素等知识的同时，接受思政教育，将对学生的价值塑造、知识传授、能力培养融为一体。

四、案例资料

（一）课件资料

多媒体教学课件。

（二）其他相关教学资源

1. 线上资源

（1）研学猫官网系统。

（2）微信公众号：研学 X、研学猫云课堂。

（3）中国大学 MOOC 平台、微助教平台、超星学习中心平台。

2. 线下资源

校内研学场所、校外实训基地、多媒体教室、模拟实训室。

3. 思政资源平台

学习强国平台、中华人民共和国文化和旅游部官方平台。

所属学院： 国际商务与旅游学院
课程名称： 管理学基础
课程类型： 专业基础课
案例章节： 第六章第二节"领导权力与素养"
案例名称： 领导权力与素养
——"管理学基础"课程思政案例
案例作者： 汤飙，孙颖荪，赵根良，赵奎

课程简介： "管理学基础"课程是高职院校商贸财经大类专业基础课，以管理理论、管理思想和管理实践活动为基础，通过对管理的普遍规律、基本原理和一般方法的阐述，使学生具备管理理论知识储备，能够运用理论知识分析实际管理问题，提高学生的管理职业道德与技能水平，增强学生的综合管理职业素养和人文情怀。本课程以"理论知识＋课程思政"为主线，坚持立德树人基本方向，从中华优秀传统文化、民族品牌企业案例和时事政治热点三个方面构建课程思政体系，培养学生的家国情怀和政治意识，引导学生树立文化自信、传承和践行工匠精神，做到理论与实践融合、知识与技能衔接、教书与育人并举，为培养又红又专的新时代高水平技术技能型管理人才奠定基础。

领导权力与素养
——"管理学基础"课程思政案例

一、案例简介

本案例主要围绕任正非个人创业经历，讲述任正非作为一个优秀的企业领导者带领华为公司逐步走向强大的故事，以领导权力和领导素养作为理论知识基础，诠释任正非的领导艺术和领导情怀。

（1）思政教育融入点：领导素养（理论知识）＋企业家精神（案例分析）。

（2）教学方法与举措：课堂讲解（理论知识＋案例介绍）＋视频教学（有关任正非与华为的报道和评价）＋学生讨论（分享感悟）＋教师点评（总结发言）。

（3）教学实施：首先，讲述领导权力和素养理论知识，让学生理解领导权力的形成机制模型，掌握领导素养的基本内容；然后，结合现实中典型企业案例教学内容，提高学生对领导权力和素养的认知和理解；最后，让学生分享知识学习后的个人感悟，提升学生运用知识分析、判断问题的能力，达到学思悟有机融合，实现课程思政知识传授、价值引领和知行合一的目标。

二、案例实施

（一）教学目标

1. 知识目标

（1）掌握领导的基本含义和作用。

(2) 了解领导权力与素养的构成。

(3) 了解领导理论在管理实践活动中的应用。

2. 能力目标

(1) 培养运用领导理论解读企业管理案例的能力。

(2) 在生活和学习中养成领导者潜在的优秀品质。

3. 思政目标

树立整体观念和大局意识，认同民族企业家精神，增强个人修身立业的动力，践行工匠精神。

（二）教学设计

教学设计如表1所示。

表1 教学设计

专业名称	连锁经营管理		设计者	赵奎	日期	第2~15周
课程名称	管理学基础			课程代码		B380219
授课类型	☑理论型（A类） □理实一体型（B类） □实践型（C类）					
单元名称	第六章第二节"领导权力与素养"			授课学时		2学时
班级	连锁经营管理212班			人数		49人
学情分析	教学对象为连锁经营管理专业一年级学生，正在学习相应的专业基础课程理论知识，但作为未来的职业管理者，对企业管理活动和领导主职业素养的整体性认知相对不足，缺乏对管理实践的系统性了解，管理技能与水平需要加强，管理素养与职业道德有待提高，理论联系实际的能力尚浅					
单元重点	【教学重点】 1. 领导的本质与作用：领导的概念；领导者和管理者的区别与联系。 2. 领导权力与素养：领导权力的来源；领导素养的基本内容。 3. 领导理论：领导行为理论；领导权变理论					
单元难点	【教学难点】 1. 领导者和管理者的区别与联系。 2. 领导理论在企业管理实践活动中的应用					
教学方法手段	1. 教学方法。 讲授法、案例教学法。 2. 教学手段。 （1）利用网络多媒体教学资源节选契合教学知识主题的影片素材。 （2）引导学生提前做好预习计划，实行任务驱动教学和目标考核					
单元教学目标	知识目标：掌握领导的基本含义和作用；了解领导权力与素养的构成；了解领导理论在管理实践活动中的应用。 能力目标：培养运用领导理论解读企业管理案例的能力；在生活和学习中养成领导者潜在的优秀品质。 思政目标：树立整体观念和大局意识，认同民族企业家精神，增强个人修身立业的动力，践行工匠精神					
思政融入点	本单元属于课程结构体系中的理论知识部分，围绕教学目标要求，采取"1234"课程思政教学策略。"1234"课程思政教学策略即：1条教学主线（理论知识串讲），2个教学方法（讲授法、案例教学法），3个阶段教学任务安排（课前—课中—课后），4项教学步骤设计（课程导入—情境创设—教学任务—拓展训练）。 1. 以华为公司发展经历为主题素材，讲述企业创始人在创业过程中的故事，突出优秀领导者的品质和精神，将领导权力与素养、领导理论等相关知识融入课程思政教学案例。 2. 选择民族自主品牌企业作为思政教学案例，一方面展现新时期我国企业管理实践中取得的成功经验，另一方面用中国式企业家精神治理之道诠释管理理论知识，彰显制度优势和文化自信，增强当代大学生的自信心和学习动力，对当代大学生为今后工作中树立工匠精神和企业家情怀进行思想洗礼					
活动历程（含辅助手段、时间分配）	教学环节		教学内容	教学活动	教学资源	
	1. 课程导入（10分钟）		任正非与华为	观看影片，集体学习	1. 参考教材：《管理学基础（第三版）》（郑承志主编，中国科学技术大学出版社）。 2. 省级精品课程资源库：http://www.ehuixue.cn/index/Orgclist/course?cid=30451。 3. "课程思政"教学资源：高校课程思政资源数据库（http://sz.twbxyz.net/）	
	2. 情境创设（10分钟）		回顾"孟晚舟事件"过程经历	交流讨论，学生发言		
	3. 教学任务（45分钟）		领导权力与素养	教师讲授		

续表

	教学环节	教学内容	教学活动	教学资源
活动历程（含辅助手段、时间分配）	4.拓展训练（25分钟）	学习感悟分享	学生发言	1.参考教材：《管理学基础（第三版）》（郑承志主编，中国科学技术大学出版社）。 2.省级精品课程资源库：http://www.ehuixue.cn/index/Orgclist/course?cid=30451。 3."课程思政"教学资源：高校课程思政资源数据库（http://sz.twbxyz.net/）
		教学点评	教师发言	
形成性评价	本次教学注重过程化考核，实行课前、课中和课后三个阶段的联动考核。在课前，学生提前预习课程知识，自主学习反馈情况了解学习基础，并以问题提纲形式将学习重难点罗列清楚；在课中，以理论知识和企业案例为抓手考查学生课前预习掌握情况和课堂学习效果；在课后，以提问互动方式分享学习心得，通过交流分享增强学习体验，最后教师点评学生知识的掌握情况和领悟能力			
课后作业	1.学习研讨：从案例教学中总结提炼出领导权力和素养核心的要素，并说明理由。 2.实践作业：能够将任正非作为企业领导者的权力和素养内化于心、外化于行、行化成果，运用在日常学习和生活之中，增强学习效能，提高感性认知			

（三）教学过程

1.课前

（1）内容：教学理论知识导读（预习领导权力与素养知识内容）。

（2）方法：观看视频。

（3）过程：学生撰写观后感，并将课前预习重难点知识列举出来，在上课课堂上通过长江雨课堂以弹幕方式呈现出来，教师在课前生成词云，对预习情况进行摸底，以便有针对性地安排课中教学内容。

2.课中

（1）内容：理论知识+企业案例。

（2）方法：讲授法。

（3）过程：在课中教学过程中，用15分钟的时间讲述领导权力与素养理论知识，用10分钟的时间讲述任正非与华为的故事，主要从华为公司发展时间脉络着手，讲述任正非带领华为团队历经多次挫折并战胜困难的传奇故事，体现领导权力（影响力）和个人魅力（素养）引领企业发展的重要性，将理论知识和中国企业管理实践案例有机衔接，增强学生的学习体验。

3.课后

（1）内容：学习完领导权力与素养知识的感悟。

（2）方法：线上教学互动。

（3）过程：以现场提问的方式进行线上抢答，鼓励学生积极发言，分享观点与主题契合、条理清晰、层次分明、独创性强等给予平时成绩加分奖励。

（4）讨论：学生自己总结观点并发言，教师最后做点评。

（四）教学实效

本次教学在内容、结构和环节设计上将理论知识和企业案例高度融合，注重学生的学情和学习认知规律，按照课前、课中和课后的步骤循序渐进地实施，坚持问题导向，让学生既具有一定的学习动力，又存在学习的压力，可以做到知识传授与价值引领的有机结合，在一定程度上可以激发学生的学习兴趣，但同时对学生的自主性学习要求较高。

三、案例反思

（一）创新之处

领导权力和素养的理论知识深度相对较高，对低年级学生学习掌握知识的认知能力和理解能力有一定的要求，选择典型案例和典型人物来契合教学知识主题非常关键，既要让学生听得明白、学得进去（有理论的深度），又要让学生便于理解、易于掌握（有实践的高度），还要让学生学以致用、知行合一（有育人的温度）。

（二）下一步改进措施

对于学习态度不端正和不积极的学生，要加强课前学习纪律要求和平时成绩考核，适当施加学习压力，使其形成竞争意识。课中对教学知识点与课程思政案例的融合需要加强，教学进度要灵活掌控，并灵活运用教学方式方法。

四、案例资料

（一）课件资料

（1）教学课件基本资料一份（PPT 部分截图见图 1）。

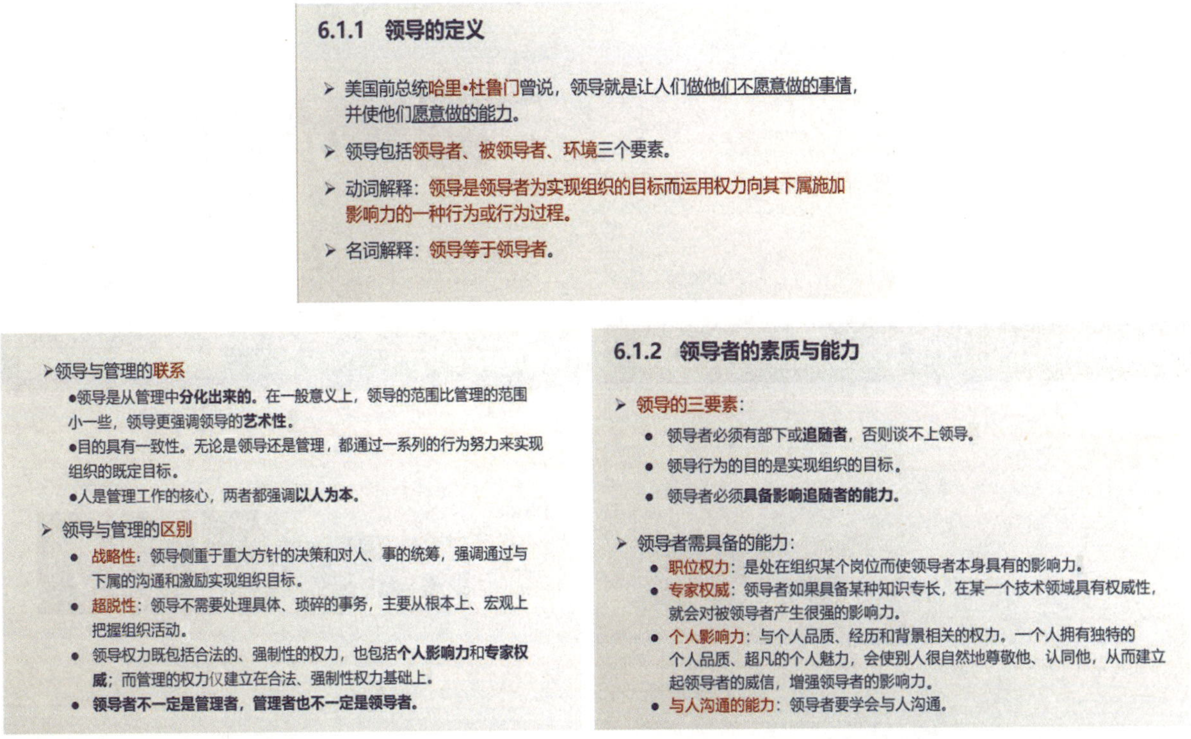

图 1　PPT 部分截图

（2）课程思政教学案例资料一份（PPT截图见图2）。

图2　PPT截图

续图 2

伟大的时代造就非凡的人物。任正非用心血造就了华为,使华为赢得了国际社会和国内各行各业的高度评价,他用实际行动诠释了中国企业家精神、领导者素养,是华为之荣耀、时代之典范、民族之栋梁。

(二)其他相关教学资源

学习导入视频观看资料一份(MP4 格式),回顾"孟晚舟事件"过程(见图 3、图 4)。任正非领导的华为公司通过采取一系列举措,攻坚克难、沉着应对、积极回应,华为的最终胜利是中国民族企业抵御外部政治势力的一次成功考验,是中国优秀企业家从容应对外部严峻环境和风险的实力证明,没有任何力量能够阻挡中国企业和中国前进的步伐。

图 3 孟晚舟事件(2018 年 12 月 1 日)

图 4 孟晚舟回国(2021 年 9 月 25 日)

Kecheng Youxuan —— Jiaoxue Sheji yu Shijian

财会金融类

所属学院： 会计学院
课程名称： 财务管理
课程类型： 专业核心课
案例章节： 第一章第四节"财务管理观念"
案例名称： 弘扬工匠精神，助推经济腾飞：时空穿越中的风险价值观念
——"财务管理"课程思政案例
案例作者： 陈云磊，张雨，姚毅，尹健，鲁学生，赵春宇，夏菊子，刘银楼，黄艺杰
课程简介： "财务管理"课程是一门以提高经济效益为目的、以运筹资金为对象的应用性的经济管理学科，阐明了财务管理的基本理论和基本方法。本课程以财务管理目标为起点、以企业资金运动为中心内容，用资金时间价值、风险价值、现金流等财务管理基本观念搭建融资、投资、营运及分配等活动的课程框架，阐述财务管理的基本概念、管理原则、管理制度等理论问题以及预测、决策、计划、控制、分析等业务方法。

弘扬工匠精神，助推经济腾飞：时空穿越中的风险价值观念
——"财务管理"课程思政案例

一、案例简介

案例1：弘扬工匠精神，助推经济腾飞

很多人都有过一个念头——穿越时空，回到过去。

回到过去可以干什么？种种答案中一定有这么一个：利用现在掌握的信息，回到过去获取人生的"第一桶金"，如在房价低迷时购置房产等，这些可以让我们承担最小的风险，获取最大的收益，提高经济效益。在现实生活中，我们无法回到过去，但想要获取同等的价值却并非痴心妄想，炉火纯青的财务管理技能可以使人"殊途同归"。

如何提升财务管理技能水平呢？要想提升财务管理技能水平，需要以专业理论知识为基础，以专业社会实践为平台，以工匠精神为支撑，努力提升自身的业务水平。其中，敬业、精益、专注、创新的工匠精神是做到持之以恒的关键。

工匠精神承载着职业精神的核心价值。因为具有工匠精神，梁骏才能二十年如一日，带领团队在芯片"卡脖子"的关键技术上攻坚克难；因为具有工匠精神，竺士杰才能自创"竺士杰桥吊操作法"，实现在高空中"穿针引线"；因为具有工匠精神，用心把控0.01毫米精准度，王光挣才能从一线车间工人成长为国家高级技师……

工匠精神是经济腾飞的精神源泉，是企业竞争发展的品牌资本，是员工个人成长的道德指引。工匠，于国是重器，于家是栋梁，于人是楷模。

案例2：大学生是否应该兼职？

大学生兼职已然成为目前高校学生就业实践的常态，但是由于课业繁多，大学生会选择校内以及校周边劳

动简单或者附加值低的兼职,而这些兼职正越来越多地计算机程序替代。与此同时,人工智能、大数据等新信息技术不断推动着社会数字化转型,加快了社会对人才需求的升级速度。

社会的数字化转型伴随着更大的职业风险,同时为具有职业积累的中高端人才提供了千载难逢的机遇和平台。选择兼职时,需要关注所从事的兼职是简单的重复劳动叠加,还是进行职业的积累。简单的重复劳动叠加能换取短期的低收入,但付出了能更好应对职业风险、可能成为行业佼佼者的机会成本。

为了帮助大学生更好地应对数字化转型带来的职业风险,2022年政府工作报告中再次强调"发展现代职业教育,改善职业教育办学条件,完善产教融合办学体制,增强职业教育适应性","继续开展大规模职业技能培训,共建共享一批公共实训基地"。这些都为大学生提供了进行职业积累的平台,让更多大学生掌握一技之长,助力三百六十行行行人才辈出。

二、案例实施

(一)教学目标

1. 知识目标
(1)了解风险的概念。
(2)理解风险价值观念。

2. 能力目标
能利用风险价值观念分析问题。

3. 素养目标
树立学生的风险价值观念。

4. 思政目标
(1)强化保护生态环境的理念。
(2)弘扬工匠精神。

(二)教学内容

1. 风险
风险是指预期结果的不确定性。在财务管理中,预期结果是指未来收益,即财务管理的风险主要是未来收益的不确定性。

2. 风险价值观念
(1)风险有价值,即预期结果的不确定性是产生价值的前提。
(2)风险与价值的关系。
投资者对风险的态度是厌恶的,对不确定的收益需要有额外的补偿,即风险价值。不确定性越强,需要的补偿越高,即需要补偿的风险价值越大。
【注意】风险偏好不同,要求的风险价值补偿会有所不同。
(3)风险价值与风险控制。
①风险不仅可能带来预期的损失,而且可能带来预期的收益。

风险投资的最终目的是得到额外收益，因此需要仔细分析风险的性质，控制与损失相关的风险，从而以最小的风险换取最大的收益。

②风险不是针对个体的，而是针对整体的，一般称为期望值。同样，收益也是如此。

普通投资者由于经验、知识不足，只能承受超过平均值的风险，获得平均值以下的收益。

专业投资者可以通过信息搜集和专业分析将风险降低至平均值以下，同时获得平均值以上的收益。

（三）学情分析

（1）学习能力：通过前期课程的学习，学生已经具备对零散知识点的整理与学习的能力。

（2）认知能力：学生能准确理解风险的概念及特征，对风险价值观念有一定的认识，但对风险价值观念的认可度不高。

（3）学习特点：偏好雨课堂等现代化教学手段，能够借助资源平台完成课前学习任务，喜欢记忆性学习方法，批判性思维意识有待提高。

（四）教学重难点

通过问卷调查发现，学生能准确把握风险的概念，但对风险价值观念的理解仅停留在记忆层面，主要问题点如下。

（1）风险为什么会有价值？

（2）为什么风险越大，价值补偿越大？

（3）既然风险是有价值的，为什么各行各业还在控制风险？

针对这一情况，本节课重点围绕风险价值观念设计教学活动，强化学生对风险价值观念的理解。

（五）教学设计

1. 教学框架设计

根据学情分析及教学重难点，本节课的教学框架设计如下。

（1）课前。

预习风险价值观念，完成线上测试题，根据线上测试结果，掌握本节课的重难点内容，即理解风险价值观念。

（2）课中。

课堂活动如表1所示。

表1 课堂活动

主要知识点	学生活动	教学活动	思政内容
风险有价值	角色扮演	不同场景下饮用水的价值及交易结果	生态保护理念
风险与价值的关系	认真听讲	案例讲解：《行业的生命周期曲线》	
风险价值与风险控制	话题讨论	如果拥有月光宝盒，你希望回到过去，还是去往未来？为什么？	工匠精神
风险价值观念应用	分组辩论	从风险价值观念角度考虑，大学生是否应该兼职？	工匠精神

（3）课后。

①以小组为单位完成开放式答题"从风险价值观念角度考虑，2022年政府工作报告中为什么再次强调防范化解重大风险？"，学生互评。

②推送课后测试题至雨课堂。

2. 具体教学安排

具体教学安排如表2所示。

表2　教学安排

（一）课前：自主学习			
环节	教学内容	教师活动	学生活动
课前导学	提前感知风险价值观念	【预习情况反馈】通过雨课堂发布线上测试题，掌握学生对风险价值观念的感知情况	预习风险价值观念，完成课前测试题
（二）课中：教学实施			
环节	教学内容	教师活动	学生活动
课前回顾（3 min）	点评线上测试结果	点评学生对风险价值观念的感知情况，总结教学重难点	认真听讲，积极思考
新课讲解（10 min）	风险有价值	1.【角色扮演】将学生分为买卖两组，设置三种不同的场景，买卖双方根据不同场景确定是否交易。 2. 总结风险价值观念	1. 积极参与话题讨论，开拓思路，踊跃发言。 2. 主动思考，分析三种场景下交易结果不同的原因
新课讲解（8 min）	风险与价值的关系	1.【案例讲解】《行业的生命周期曲线》。 2. 总结行业生命周期不同阶段中风险与报酬的关系，并分析原因	认真听讲，积极思考
新课讲解（12 min）	风险价值与风险控制	1.【话题讨论】发布话题"如果拥有月光宝盒，你希望回到过去，还是去往未来？为什么？" 2. 归纳总结风险价值与风险控制的关系	积极思考，参与话题讨论
知识运用（12 min）	风险价值观念应用	【话题辩论】"从风险价值观念角度考虑，大学生是否应该兼职？" 【辩论】 根据投票结果将学生分为正反两方，开始辩论。 反方：大学生不应该兼职。 正方：大学生应该兼职	参与话题讨论，加深对风险价值观念的理解
1课时结束			
（三）课后：自主延学			
环节	内容		
布置任务	1. 发布开放性话题，分组讨论。 2. 推送课后测试题至雨课堂		

（六）教学过程

教学过程如表3所示。

财会金融类

表3 教学过程

	（一）课前导学		
环节	教学内容	教师活动	学生活动
课前导学	提前感知风险价值观念	【预习情况反馈】通过雨课堂发布线上测试题，掌握学生对风险价值观念的感知情况	预习风险价值观念，完成课前测试题
设计意图	通过发布线上测试题了解学生预习风险价值观念过程中的难点，针对课前预习情况的反馈结果设计课堂教学活动，便于学生更高效地接受新知识		
	（二）课中实施		
环节	教学内容	教师活动	学生活动
课前回顾（3 min）	点评线上测试结果	点评学生对风险价值观念的感知情况，总结教学重难点	认真听讲，积极思考
活动结果	明确学生预习结果： 1. 风险的概念：风险是指预期结果的不确定性（已掌握）。 2. 风险价值观念（有一定的认识，但并不认可该观念）		
新课讲解（10 min）	风险价值观念理解	【角色扮演】 学生选择扮演买方或卖方，根据选择结果，学生分为买方组和卖方组。 【活动安排】 1. 为便于学生更快进入模拟场景，引入"月光宝盒"道具，假设可使用"月光宝盒"传送到某目的地。 2. 买卖双方需要在传送前确定是否交易 1.【设置场景1】 **课堂活动** 交易物资：饮用水 交易价格：50元/瓶 传送地点：柬埔寨 滞留时间：1个月 传送地背景：柬埔寨位于东南亚地区，这个国家80%以上的人口是无法使用干净淡水的，大多数人依靠存储的雨水来生活，水资源非常匮乏。 2.【总结活动结果】 **交易失败**　原因　全部买方愿意交易　No　全部卖方拒绝交易 {知识结论}预期目的地柬埔寨确定（即没有风险）时，买卖双方均可得到未来水资源价值增值的预期，所以在现在这一时点，买方愿意以 50 元/瓶的成交价买入，但卖方拒绝以 50 元/瓶的价格卖出，缺少卖方市场，交易不成立，无法产生经济价值。 {思政结论}柬埔寨极度缺水，导致水资源成为等同于生命的奢侈品。为了防止陷入缺水的困境，必须节约用水，保护水资源，保护生态环境	进入买方或卖方角色，判断是否交易，说明原因

217

续表

环节	教学内容	教师活动	学生活动
新课讲解（10 min）	风险价值观念理解	1.【设置场景2】 **课堂活动** 交易物资：饮用水 交易价格：50元/瓶 传送地点：湖北省丹江口市丹江口水库 滞留时间：1个月 传送地背景 ● 丹江口市是一座"因水库而兴"的城市。横跨鄂、豫两省的丹江口水库，是**亚洲第一大人工淡水湖**。其水质连续25年稳定在国家Ⅱ类以上标准，被誉为"亚洲天池"。 2.【总结活动结果】 **交易失败** —— 全部买方拒绝交易 / 原因 / 全部卖方愿意交易 {知识结论}预期目的地丹江口水库确定（即没有风险）时，买卖双方均可得到未来水资源价值远低于50元/瓶的预期，所以在现在这个时点，卖方愿意以50元/瓶的高价卖出，但买方拒绝以50元/瓶买入，缺少买方市场，交易不成立，无法产生经济价值。 {思政结论}树立节约用水、保护水资源、保护生态环境的可持续发展理念会带来幸福生活 1.【设置场景3】 **课堂活动** 交易物资：饮用水 交易价格：50元/瓶 传送地点：**随机传送** 滞留时间：1个月 传送地背景 ● 无确定传送地，可能传送至缺水地区，也可能传送至饮用水资源充足的地区 2.【总结交易结果】 **交易达成** —— 部分买方愿意交易 / 原因 / 部分卖方愿意交易 {知识结论}预期目的地不确定（即有风险）时： 部分买方预期可能传送至缺水地，得到未来水资源价值很可能高于50元/瓶的结论，存在交易意愿； 部分卖方预期可能传送至水源充足地，得到未来水资源价值很可能低于50元/瓶的结论，存在交易意愿。 存在买卖双方市场，交易达成，实现经济价值。 {思政结论}节约用水、保护水资源、保护生态环境，让未来的水资源仍是日用品，而不是奢侈品	进入买方或卖方角色，判断是否交易，说明原因 进入买方或卖方角色，判断是否交易，说明原因

续表

环节	教学内容	教师活动	学生活动
活动结果	通过分析三个场景下的交易结果及原因，达到以下目标： 1. 深刻理解风险是产生交易、实现经济价值的前提条件，即风险是具有价值的； 2. 深化保护生态环境理念		
新课讲解 （8 min）	风险与价值的关系	1.【案例讲解】《行业的生命周期曲线》。 2. 总结行业生命周期不同阶段中风险与报酬的关系，并分析原因	认真听讲，积极思考
活动结果	通过案例讲解，帮助学生理解风险与价值的关系，即不确定性越强，需要的补偿越高，需要补偿的风险价值越大		
新课讲解 （12 min）	风险价值与风险控制	【话题讨论】发布话题"如果拥有月光宝盒，你希望回到过去，还是去往未来？为什么？" 【提示】通过信息搜集和专业分析将风险降低至平均值以下，同时获得平均值以上的收益。 【目的】通过讨论发现，学生想通过月光宝盒"获取有价值的信息，增加未来收益预期的准确程度，控制与损失相关的风险，从而以最小的风险换取最大的收益"	积极思考，参与话题讨论
		【知识讲解】现实中如何获取有价值信息，实现风险价值？ {知识结论}依据获取的数据、专业知识、专家意见等资源，进行大数据分析、决策，将无序信息转换为可增加未来预期的信息，即利用专业知识将风险降低至平均值以下，同时获得平均值以上的收益。 {思政结论} 1. 现实生活中没有月光宝盒让我们不劳而获，但通过不断进行专业知识积累，我们可以获取与拥有月光宝盒等同的效果。 2. 有价值的信息的获取途径一定是合法合规的	认真听讲，积极思考，做好笔记
活动结果	通过话题讨论，达到以下目标： 1. 深刻理解风险价值与风险控制； 2. 弘扬工匠精神		
知识运用 （12 min）	风险价值观念应用	【投票】播放关于大学生兼职现状的视频，利用雨课堂发起投票，投票话题为"从风险价值观念角度考虑，大学生是否应该兼职？" 【提示】兼职能否降低自己可能面对的未来风险？ 【辩论】根据投票结果将学生分为正反两方，开始辩论。 反方：大学生不应该兼职。 正方：大学生应该兼职。 【学生互评】以辩论的方式点评对方观点。 【教师点评】 {知识结论} 辩论切入点：兼职对有价值的信息的搜集是否有用？ 1. 反方立脚点：人的时间有限，兼职和理论知识学习只能二者选其一，只有拥有扎实的理论基础，才能帮助我们筛选出有价值的信息，获得风险价值。 2. 正方立脚点：专业实践经验可以帮助我们筛选出有价值的信息，获得风险价值，而和专业相关的兼职是获取实践经验的重要途径。 {思政结论}拒绝和专业无关的兼职，将时间花费在和专业相关的理论学习与实践积累上（工匠精神）	参与话题辩论，加深对风险价值观念的理解
活动结果	通过话题辩论，进行学生互评、教师点评，进一步巩固风险价值观念知识，弘扬工匠精神		

1 课时结束

（三）课后拓展

环节	教学内容	教师活动	学生活动
课后拓展	风险价值观念	【话题讨论】 利用 SPOC 平台发布开放性话题："从风险价值观念角度考虑，2022 年政府工作报告中为什么再次强调防范化解重大风险？"	复习风险价值观念，完成开放性话题的讨论
设计意图	通过话题讨论，进一步巩固风险价值观念知识，帮助学生了解与专业和行业领域相关的国家战略		

（七）教学实效

1. 教学效果

（1）课后开放性话题的讨论结果显示，学生基本掌握了风险价值观念，并能使用风险价值观念分析问题，知识目标、技能目标、素养目标达成。

（2）学生课中、课后活动结果显示，学生通过对风险价值观念的学习，深化了保护生态环境理念，进一步认可了工匠精神，思政目标达成。

2. 课程思政成效体会

（1）通过角色扮演比较水资源在不同场景下的价值，提升了学生节约用水、保护水资源的意识，增强了学生的保护生态环境理念。

（2）通过话题讨论、辩论环节，学生体会到工匠精神的重要性。

三、案例反思

（一）创新之处

1. 切实提升风险价值观念实际教学效果

以课程思政理念构建风险价值观念教学框架，结合青年学生所感兴趣的话题、所关注的热点和现实问题，梳理风险价值观念中所涵盖的德育元素，能够有效提高风险价值观念授课过程中的引领力和感染力，激发学生对课程的学习热情，提升实际的教学效果。

2. 把握课程思政的核心，构建风险价值观念的思政逻辑

在风险价值观念授课过程中，以学生所关注的热点和现实问题为课程思政提供德育支点，发现财务管理知识中的善性，立足于专业学科的学术内涵，积极推动课程建设，挖掘和利用专业课程中蕴含的德育知识和思政资源。能够有效地将思政教育融入教学环节中，将学术和学科资源有效地转化为育人资源，以扭转目前专业课程中重知识、轻育人的不良情况，在丰富专业学科教育内容的同时，实现知识体系和价值体系构建的统一，促进财务管理教学"回归初心"，让课程教育回归育人本位。

（二）下一步改进措施

（1）个别学生仍无法熟练地利用风险价值观念分析问题，课后仍需加大对利用风险价值观念进行分析的练习。

（2）除帮助学生利用风险价值观念分析所关注的热点和现实问题外，在深入后续专业知识学习的基础上，需提升学生利用风险价值观念分析企业财务管理问题的能力。

四、案例资料

（一）课件资料

自制教学 PPT 一份。

（二）其他相关教学资源

1. 参考教材

（1）《企业财务管理》，杨欣、刘银楼主编，立信会计出版社。

（2）《财务管理实务（第五版）》，靳磊主编，高等教育出版社。

2.《大国工匠》纪录片

https：//tv.cctv.com/2016/12/02/VIDEzLE8MDPqLbGEUPbxbhs9161202.shtml。

3. 央视网新闻：中国梦实践者之大国工匠

http：//news.cctv.com/special/zgmsjz/all/dggj/。

所属学院：会计学院
课程名称：管理会计
课程类型：专业核心课
案例章节：第三章第 5 节
案例名称：作业成本法：降本增效，推进绿色发展
　　　　　——"管理会计"课程思政案例
案例作者：程四明
课程简介："管理会计"课程旨在引领学生善用管理会计理论与工具方法，对经济活动进行预测、决策、控制、评价，推动单位实现战略规划。通过学习管理会计的基本概念与工具方法，学生应能结合案例分析预算管理、成本管理、营运管理、投融资管理、绩效管理以及管理会计报告和管理会计信息系统，了解各种管理会计方法的适用环境及优缺点；具备管理会计基本知识，熟悉管理会计工具方法，具有良好的职业道德、敬业精神和开拓创新意识，能胜任管理会计工作岗位，为单位创造价值提供决策支持。

作业成本法：降本增效，推进绿色发展
——"管理会计"课程思政案例

一、案例简介

本节课教学内容是作业成本法，理论性和实践性较强，教学设计思路如下：以海尔集团作业成本管理案例导入新课，引导学生理解作业成本管理的重要性，探索成本管理的方法；以多样化的教学手段贯穿课程的始终，充分调动学生学习的热情；充分发掘课程思政融入点（企业成本信息不应外泄，保护商业机密是职业操守），逐渐培养学生的保护商业机密意识；结合目标成本法，培养学生的大局观、战略思维和团体合作意识；通过制定标准成本，培养学生事先制定计划的习惯，并使学生勇于追求自己的目标；逐步培养学生的节约成本、提升企业价值意识；通过案例引入变动成本法，引导学生抓住事物的本质，激发学生不断追求进步；分小组讨论作业成本法的优缺点，引导学生理解作业成本法是一种新的、科学的成本管理方法，使学生善于接受新理念、勇于开拓创新；通过多样化的教学方法和举措实现知识传授与价值引领相统一、教书与育人相结合。

二、案例实施

（一）教学目标

1. 知识目标

（1）能够阐述作业成本法的含义。

(2)能够理解作业成本法的具体步骤。

2. 能力目标

(1)熟悉作业成本法的计算。

(2)能用作业成本法解决实际问题。

3. 素养目标

通过对作业成本法的学习,逐步养成善于分析、勤于思考的习惯。

4. 思政目标

通过对作业成本法的学习,引导学生理解作业成本法是一种科学的成本管理方法,使学生善于接受新理念、勇于开拓创新。

(二)教学设计

教学设计如表1所示。

表1 教学设计

专业名称	会计、会信		设计者	程四明
课程名称	管理会计		课程代码	B2313017
单元名称	成本管理		授课学时	12课时
授课类型		□理论型（A类）　☑理实一体型（B类）　□实践型（C类）		
授课内容		3.5　作业成本法		
教学目的	知识目标： 1. 能够阐述作业成本法的含义。 2. 能够理解作业成本法的具体步骤。 能力目标： 1. 熟悉作业成本法的计算。 2. 能用作业成本法解决实际问题。 素养目标： 通过对作业成本法的学习,逐步养成善于分析、勤于思考的习惯。 思政目标： 通过对作业成本法的学习,引导学生理解作业成本法是一种科学的成本管理方法,使学生善于接受新理念、勇于开拓创新			
教学重点	作业成本法的计算			
教学难点	作业成本法与完全成本法的区别			
教学方法	任务驱动法、讲授教学法、案例教学法、实训法等			
教学资源	课堂环境：智慧多媒体教室、雨课堂。 教学平台：雨课堂、SPOC平台、1+X财务共享平台。 信息化手段：微视频、弹幕、投屏			
教学实施过程				
(一)课前：自主学习				
环节	教学内容		教师活动	学生活动
课前导学	1. 了解资源费用、作业、成本对象、成本动因的概念。 2. 理解作业成本法的含义		布置任务：学生分组调研,搜集作业成本的相关概念,理解作业成本法的含义,准备在课中汇报	分组,搜集资料,准备在课中汇报

续表

	（二）课中：教学实施		
环节	教学内容	教师活动	学生活动
课前回顾	了解课前学生任务准备情况	1. 总结。 2. 点评，引导学生开展多方位分析	分组汇报，并积极思考
引入新课	分析海尔集团作业成本管理案例，引出作业成本法的相关内容	分析海尔集团作业成本管理案例，激发学生的思考与学习兴趣	讨论案例，认真思考
新课讲解	1. 作业成本法的含义。 2. 作业成本法的相关概念。 3. 作业成本法的适用要求	1. 讲授作业成本法相关概念和含义。 2. 讨论作业成本法的适用要求，思考作业成本法的优势	1. 认真听讲，做好笔记，对作业成本法有基本认知。 2. 讨论总结：讨论作业成本法的适用要求，总结作业成本法的优势
破解教学重点	作业成本法的计算	1. 讲授作业成本法计算的流程与注意事项。 2. 以案例讲解作业成本法的计算。 3. 讨论作业成本法为何比传统的成本计算方法更准确合理	1. 聆听讲授。 2. 以案例练习作业成本法的计算。 3. 讨论总结
	1课时结束		
环节	教学内容	教师活动	学生活动
破解教学重点	1. 作业成本法与完全成本法的对比。 2. 作业成本法的优缺点	1. 案例分享：比较作业成本法和完全成本法案例，思考导致各产品利润不同的原因。 2. 实训强化。 3. 总结归纳	1. 熟悉案例，完成作业成本法和完全成本法下利润的计算，思考导致各产品利润不同的原因。 2. 实训提高。 3. 聆听总结
化解难点	作业成本法和完全成本法下成本和利润的计算，分析同一产品采用不同计算方法时利润不同的原因	1. 练习巩固。 2. 实训提高。 布置带有评分点的Excel实训题，要求学生分别用作业成本法和完全成本法计算利润，并分析利润不同的原因。 3. 讲授并总结	1. 练习巩固。 2. 实训提高。 认真完成Excel实训题，并分析产品利润不同的原因。 3. 聆听讲授与总结
课堂总结	本单元内容框架	1. 罗列知识框架图，总结作业成本法重点理论。 2. 谈论：通过发帖谈论什么企业适合采用作业成本法进行核算	1. 观看图片，总结、记忆。 2. 积极回帖
	2课时结束		
	（三）课后：自主延学		
布置任务	1. 完成书本上的课后习题。 2. 通过互联网搜索采用作业成本法成功的案例。 3. 通过雨课堂发帖谈论案例成功的原因		
	课程思政活动设计及成效体会		
课程思政活动设计	1. 在课中实施的引入新课教学环节中，通过讨论"作业成本法为何比传统的成本计算方法更准确合理"，引导学生理解方法有很多种，应寻求最适合本企业的方法，激发学生的探索欲。 2. 要求学生分组搜索企业采用作业成本法成功的案例，理解作业成本法的优势，并将成功案例提交至SPOC平台		

续表

课程思政成效体会	1. 通过 Excel 案例，引导学生积极思考，培养学生勇于创新的精神，并较好地将思政教育融入教学。 2. 通过对作业成本法的学习，引导学生理解作业成本法是一种科学的成本管理方法，使学生善于接受新理念、勇于开拓创新
教学评价与反思	
教学效果	课后知识测试结果显示，学生能较好地掌握作业成本法相关知识点，并能运用作业成本法解决实际问题，知识和能力目标达成
诊断改进	作业成本法是一种更为准确的成本管理方法，它的精髓是将制造费用分配到各项作业，再由作业分配到各种产品，计算过程复杂，但结果准确。成本的计算精准，才能更好地改善成本管理

（三）教学过程

1. 课前环节

（1）内容。

①预习作业成本法的概念。

②预习资源费用、作业、成本动因的概念。

③通过互联网搜索海尔集团作业成本管理案例。

（2）方法：任务驱动法。

（3）过程：教师通过 SPOC 平台和 QQ 群发布课前预习任务，即按照学期开始时的学生分组情况，分别完成以下任务。第一，预习作业成本法的概念。第二，预习资源费用、作业、成本动因的概念。第三，通过互联网搜索海尔集团作业成本管理案例，这一任务要求学生以小组为单位进行资料的搜集和整理，在课堂上分组做简要汇报。

（4）讨论：各小组分工合作，通过线上、线下查找资料，搜集海尔集团作业成本管理案例，结合教材预习成本管理的主要内容，讨论成本管理对企业生存和发展的重要作用。学生通过搜集案例认知成本管理的重要性，逐步培养节约成本、提升企业价值意识。

（5）作业：各小组针对海尔集团作业成本管理案例，整理出作业成本法的优势，形成文字资料。

2. 课中环节

（1）内容。

①作业成本法的含义。

②作业成本法的相关概念。

③作业成本法的适用要求。

④作业成本法的具体应用。

a. 计算流程。

b. 案例分析。

c. 学生实训。

（2）方法：理论讲授教学法、案例教学法、演示法、分组讨论法。

（3）过程：学生在开课铃响后通过云课堂平台签到，培养守时、守信的传统美德。

（4）复习回顾：简单回顾上节课知识点——对比目标成本法、标准成本法、变动成本法的公式和优缺点，分析完全成本法的缺点，正式引入本节课内容——作业成本法。

（5）新课导入：教师在雨课堂平台发布海尔集团作业成本管理案例，引导学生结合课前预习知识分析海尔集团采用作业成本法进行成本核算的优势，并开启弹幕功能，学生在弹幕上发帖分析作业成本法的优势。教师简单汇总学生的观点，总结海尔集团采用作业成本法的原因。通过海尔集团作业成本管理案例，可以看到海尔集团的成本分析方法是作业成本法，但搜不到具体数据和应用具体流程，由此可知每个企业都有自己的商业机密，培养学生保护企业成本信息等商业机密的意识。

（6）新课讲授。

①学生分组分享作业成本的含义（见图1）及相关概念，教师做总结。

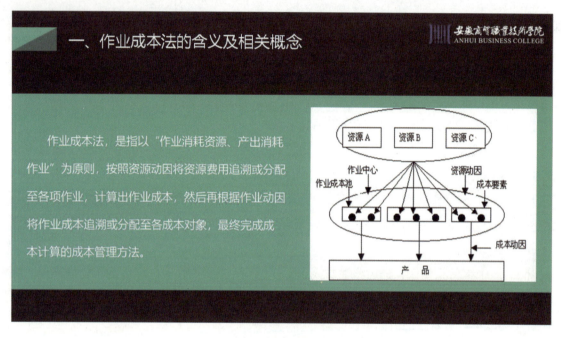

图1 作业成本法的含义

②讨论作业成本法的适用要求。

a. 作业类型较多且作业链较长。

b. 同一生产线生产多种产品。

c. 企业规模较大且管理层对产品成本的准确性要求较高。

d. 产品、客户和生产过程多样化程度较高。

e. 间接或辅助资源费用所占比重较大等。

③讲授作业成本法的计算流程和注意事项。

④作业成本法例题（见图2）讲解：通过分析与讲解，引导学生理解成本对于企业的重要性，逐步培养学生的节约成本、提升企业价值意识。

⑤学生实训：作业成本法与完全成本法对比（见图3）。

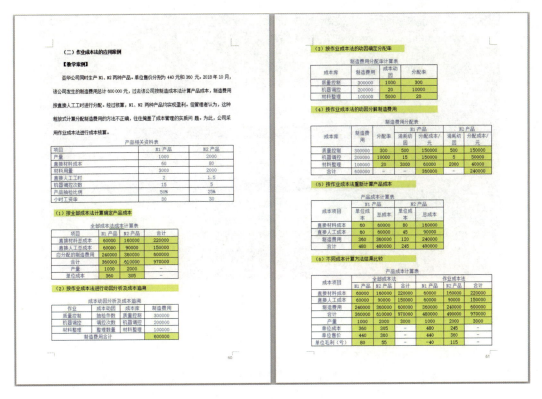

图 2　作业成本法案例

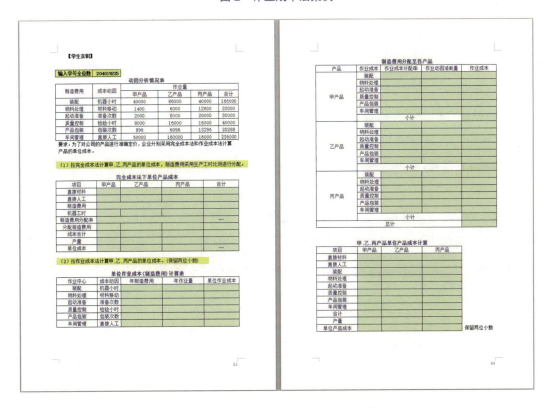

图 3　作业成本法与完全成本法的比较

⑥评价作业成本法（见图 4）。通过对作业成本法的学习，引导学生理解作业成本法是一种科学的成本管理方法，使学生善于接受新理念、勇于开拓创新。

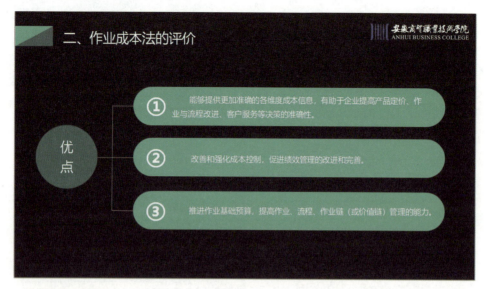

图 4　评价作业成本法

（7）讨论。

①计算产品作业成本时，有哪些注意事项？

②分别采用作业成本法和完全成本法计算的营业利润相同吗？若不同，是什么原因导致的？

（8）作业：学生实训。

某企业生产甲、乙、丙三种产品。甲、乙、丙三种产品发生的直接材料成本分别为 1 000 000 元、3 600 000 元、160 000 元；直接人工成本分别为 1 160 000 元、3 200 000 元、320 000 元；制造费用总额为（7 316 000+ 学号后 3 位 ×1000）元，其中装配费用 3 818 000 元、物料处理费用（1 128 000+ 学号后 3 位 ×1000）元、启动准备 6000 元、质量控制费用 842 000 元、产品包装费用 507 200 元、车间管理费用 1 014 800 元；生产加工总工时分别为 60 000 机器工时、160 000 机器工时和 16 000 机器工时；产量分别为 20 000 件、40 000 件和 8000 件。假定该企业没有期初、期末在产品。作业成本法计算过程如下。

①划分作业中心。企业通过对作业的归并，一共划分为装配、物料处理、启动准备、质量控制、产品包装、车间管理 6 个作业中心。

②确定作业成本分配方式。装配、物料处理、启动准备、质量控制、产品包装、车间管理六个作业中心分别以机器小时（时）、材料移动（次）、准备次数（次）、检验小时（时）、包装次数（次）、直接人工（时）为作业动因进行计算。

3. 课后环节

（1）内容。

①整理成本管理的四种方法。

②完成课后实训题。

（2）方法：总结，实践操作。

（3）过程。

①教师在课后通过 QQ 群答疑解惑，鼓励学生多多参与社会实践活动，从而提升综合素质。

②教师通过 SPOC 平台布置作业，并开展课后测试和课题总结等各项教学活动。

③教师利用平台大数据分析功能，了解和掌握学生的学习情况和对知识点的理解程度，从而同步调整教学节奏，优化教学方法，聚焦教学重点，突破教学难点。

（4）讨论。

①成本管理的工具方法有哪些？

②四种成本管理方法各有什么优缺点？分别适用于什么类型的企业？

（5）作业。

①完成SPOC平台上的作业成本法客观题。

②完成Excel表中的作业成本法实训题。

（四）教学实效

本节课有效融入思政元素，注重主流价值观引领，以海尔集团成本管理案例引入新课，使学生认知成本管理的重要性。本节课运用信息化手段实现教学的多样化，激发学生课堂参与的热情，并在教学过程中引入当前热点问题，同时使用讨论、案例、实训等多种形式将思政元素融入专业教学知识点，将课程思政与理论知识有机融合，注重对学生的价值引导，达到了教书与育人的结合，教学成效显著，学生评价非常好。

三、案例反思

（一）创新之处

第一，在理论教学中融入课程思政。在价值引领方面，管理会计体现出"立德树人""推进社会主义核心价值观教育""秉承客观公正、诚实守信、承担社会责任等积极向上的会计价值观"的育人思想，为课程思政聚焦育人方向，在课程教学中融入课程思政。本节课充分发掘课程思政融入点，运用多种形式将思政元素融入专业教学知识点，将课程思政与理论知识有机融合，实现知识传授与价值引领相统一、教书与育人相结合。

第二，以实践课程资源为有益补充。管理会计是实践性很强的专业，在人才培养过程中重视学生的实务操作能力，助力学生为未来的职业发展打下坚实的基础。会计学院鼓励学生参加中国国际"互联网+"大学生创新创业大赛等专业技能竞赛，在提升学生的专业技能的同时，增强学生的荣誉感、使命感和自信心。由于管理会计的学生主要到企事业单位从事账务处理工作，而多数企业并不愿意对外公开自己的账目，因此学生很难真正接触到专业的核心内容。也因此，对于校外实践基地建设，管理会计在坚持互惠和双赢原则的基础上建立合作机制，增强企事业单位接收学生实习的积极性，并根据现有资源定期组织学生见习、跟岗或顶岗实习，安排带队教师进行专业指导和精神引领，鼓励学生利用寒暑假到会计师事务所等用人单位实习，将实习经历记入学籍档案。通过实习，培养学生爱岗敬业、吃苦耐劳精神。另外，管理会计建立校企合作协同育人的长效机制，通过跨专业虚拟仿真平台进行情境模拟与角色体验，让学生根据自身特长扮演实际工作岗位中的不同角色，有利于学生形成良好的沟通能力和团队协作精神。

第三，充分发挥教师的为人师表作用。教师时刻以"四有"好老师的标准严格要求自己，细致入微地培养学生。教师在教学中融入典型案例、时政要闻、社会热点等，在"润物细无声"中传授知识。在教学上融入"互联网+"、讲座、微课等材料，实现资源共享、师生互动；创新教学方法，实现知识教育、能力培养、价值观提升的有机结合，切实做到立德树人。

（二）下一步改进措施

首先，以组建课程思政教学团队入手，由专业课教师和思政课教师共同建设和完善课程内容，发挥团队协同育人功效；其次，通过充分讨论和反复推演，充分挖掘管理会计课程中的核心思政元素，即"弘扬爱岗敬业、秉承客观公正、践行社会责任、培育工匠精神"，将知识、技能和职业素养巧妙融入整体设计和单元设计；最后，借助多元化课程思政平台，拓宽学生的专业知识深度与广度，制定多元化的考核评价机制，检验课程思政改革的效果。多种措施并举，使管理会计课程与思想政治理论课同向同行，形成协同效应，做到全方位、全过程、全员育人，达到课程思政"润物细无声"的目的。

四、案例资料

（一）课件资料

管理会计 MOOC，成本管理 PPT，讲稿，海尔集团作业成本管理案例。

（二）其他相关教学资源

（1）教材资源。

周阅，丁增稳. 管理会计实务［M］. 2 版. 北京：高等教育出版社，2020.

（2）视频资源。

①安徽省网络课程学习中心（e 会学）。

②安徽商贸职业技术学院 SPOC 平台。

（3）"管理会计"课程标准。

（4）"管理会计"课程讲稿，教学单元设计。

所属学院： 会计学院
课程名称： 纳税实务
课程类型： 专业基础课
案例章节： 项目六任务一
案例名称： 个税推新政，藏富为民强：走近个人所得税
——"纳税实务"课程思政案例
案例作者： 凤麟，丁增稳
课程简介： "纳税实务"是我校会计专业群的核心专业课，通过有机融合第一、第二课堂，加强学生对流转税、所得税、资源税、行为税等税种的认知，提升学生的税款计算与申报技能，提升学生的税务实操技能和职业素养。本课程思政教育重点放在爱国主义、依法纳税、家国情怀、国家战略、新徽商工匠精神、生态文明、创新创业、劳动教育、爱岗敬业、国计民生等方面，具体各单元的思政融入点统筹设计为以下十个方面：税收认知之纳税意识、税款计算之工匠精神、消费税税目之传统美德、消费税税目之生态文明、关税之国家战略、公益捐赠之家国情怀、研发费用之创新意识、税收筹划之爱岗敬业、个税缴纳之诚信意识、纳税申报之劳动教育。

个税推新政，藏富为民强：走近个人所得税
——"纳税实务"课程思政案例

一、案例简介

2018年12月27日至28日，全国财政工作会议举行，减税降费成为关键词。2019年1月1日起，国家开始实行个人所得税混合征收方法。本节课介绍个人所得税认知部分的内容，通过介绍个人所得税的纳税人、纳税义务、征税范围、税收优惠等知识点，结合公众人物逃税、国家减税降费等热点话题，培养学生的诚信纳税意识，贯彻落实习近平总书记"江山就是人民，人民就是江山"的思想，增强学生的理论自信和文化自信，提升专业课堂的文化和思想内涵，以实现知识传授与价值引领的有机统一。

教师在课前推送问卷进行调查，了解学生对个人所得税的认识情况，同时布置学生搜集社会公众人物偷逃税款案例任务，留待课堂讨论，另外要求学生自己提前搜索了解2019年个税变革的主要内容以及社会意义。

在课中，主要教学方法有视频教学法、讲授法、案例教学法、小组讨论法等。具体思政融入举措和教学成效如表1所示。

表1 思政融入举措和教学成效

思政元素	融入举措	教学成效
责任教育	通过介绍个人所得税收入近几年在财政收入中所占的比例，阐述个人所得税收入的去向，使学生明白税收在社会经济发展中的积极作用	使学生理解税收"取之于民、用之于民"的特点，并真正认识到税收一头连着国家，一头连着百姓，与经济发展须臾不分，与民生福祉息息相关

续表

思政元素	融入举措	教学成效
依法诚信纳税教育	讲解纳税义务时，引导学生探讨公众人物偷逃税款的案例	增强学生的责任意识与使命感
贯彻以人民为中心的发展思想	播放国家个人所得税变革的视频，带领学生了解国家政策、法律法规。结合案例教学，对比新旧个税政策下税负的差异	使学生了解到个税制度更加公平合理，致力于使纳税人享受减税红利
创新创业教育	在授课中向学生宣讲国家关于创新创业的政策方针，同时向学生介绍学长们创业成功的案例，鼓励学生积极参与中国国际"互联网+"大学生创新创业大赛	提升学生创新创业的思维能力，激发学生对创业的热情

二、案例实施

（一）教学目标

教学目标如表2所示。

表2 教学目标

知识目标	（1）了解个人所得税纳税人、纳税义务、征税范围、税收优惠等基本知识。 （2）熟悉综合所得的组成内容。 （3）了解2019年个人所得税政策变更内容
能力目标	（1）能够结合实际生活区分居民纳税人与非居民纳税人、纳税义务人与扣缴义务人。 （2）能够准确划分个人收入项目类别
思政目标	（1）结合国家税制改革发展历程，理解个税改革发展的时间性、过程性、紧迫性，增强依法纳税意识，提升职业道德素养。 （2）增强爱国主义、责任意识。 （3）培养劳动观念和奋斗精神

（二）教学设计

教学设计如表3所示。

表3 教学设计

专业名称	大数据与会计	设计者	凤麟	日期	第11周
课程名称	纳税实务		课程代码		B2313027
授课类型	□理论型（A类） ☑理实一体型（B类） □实践型（C类）				
单元名称	项目六任务一		授课学时		2学生
班级	大数据与会计216班		人数		48人
学情分析	知识基础：通过前期课程学习，学生已经具备基本的税法知识和计算机办公软件的操作能力。 认知能力：当下社会公众人物偷逃税款事件频繁发生，学生对个人所得税问题有较浓厚的兴趣。 学习特点：偏好视频资源、小组讨论、信息搜集等多种教学方式，能够借助资源平台完成课前学习任务，乐于开展小组互助式的学习，但缺乏对零散内容进行归纳、总结、记忆等方面的能力				

续表

		知识点	主要内容
教学内容		个人所得税概述	纳税人、纳税义务、所得来源地
		2019年个人所得税改革	2018年、2019年个税对比案例分析 2019年个税改革主要亮点介绍
		税收优惠	免税项目、减免项目、暂免征收项目
单元重点	1. 个人所得税的纳税人、征税范围等。 2. 综合所得的组成项目。 3. 2019年个税改革主要内容		
单元难点	综合与分类税制改革的内容		
教学方法手段	1. 教学方法。 任务驱动法、讲授教学法、合作学习教学法、案例教学法。 2. 教学手段。 课堂环境：智慧多媒体教室。 教学平台：雨课堂、SPOC平台、问卷星。 信息化手段：微视频、弹幕、投屏、远程连线等		

	时间分配	教学内容	教师活动	学生活动
活动历程	课前回顾 （5 min）	分享课前学生任务完成情况	总结并点评课前学生任务完成情况	1. 认真听取教师的总结。 2. 关注其他同学问卷完成情况，找到差距，带着问题进入新课学习
	引入新课 （5 min）	个税改革历程中的国与家： 1. 个税在民生发展中的作用。 2. 追梦路上，个税降费减税伴你行	1. 播放国家税务总局关于减税降费的新闻报道，总结税前后税收差异。 2. 总结视频内容，引出个人所得税相关概念	1. 观看视频，认真思考、总结、记忆。 2. 认真听讲，做好笔记
	新课讲解 （25 min）	1. 居民纳税人、非居民纳税人。 2. 纳税义务	1. 播放教师自制视频，引发学生思考：对比企业所得税纳税人，个人所得税的纳税人是什么？ 2. 推送课堂练习并解析。 3. 讲解居民纳税人与非居民纳税人知识点。 4. 分析课前活动，要求学生分组展开讨论，并做总结和点评	1. 思考个人所得税纳税人有哪些，尤其注意"自然人性质的特殊主体"。 2. 完成练习。 3. 听讲，思考居民纳税人与非居民纳税人如何界定。 4. 完成课前活动，各小组派代表发言，其他同学认真听取发言
	新课讲解 （10 min）	所得来源地	1. 讲解知识点。 2. 推送课堂练习并解析	1. 听讲，做笔记。 2. 完成练习
	破解教学重点 （20 min）	1. 个人所得税征税范围。 2. 2019年个税主要变革	1. 讲解2019年个税改革后的征税范围。 2. 推送课堂练习并解析。 3. 以案例解析新旧个税政策下税负的差异。 4. 重点介绍2019年个税改革主要亮点。 5. 播放动画视频，总结知识点	1. 认真听讲。 2. 完成练习。 3. 积极思考，对比计算。 4. 看视频，勤记忆
			1课时结束	

	时间分配	教学内容	教师活动	学生活动
活动历程	新课讲解（15 min）	税收优惠	1. 介绍个人所得税税收优惠相关政策。 2. 布置关联任务，要求学生课下汇总整理疫情期间与个人所得税有关的税收优惠政策	认真听讲并做好笔记
	课堂小结（10 min）	1. 本节课内容小结。 2. 布置课后任务	1. 总结本节课重难点，播放动画视频，总结个税变化。 2. 布置作业，发布讨论贴，布置课后任务	1. 观看视频，回忆、总结。 2. 积极回帖，完成课后作业、课后任务
	2 课时结束			
形成性评价	1. 评价构成：雨课堂平台统计成绩、返校同学课堂表现以及课后实践方案的撰写情况、未返校同学线上签到情况等。 2. 评价要素：课前任务完成情况、课件预习、考勤情况、课中表现、课后作业、单元测验。 3. 评价主体：课中、课后环节师生共同评价			
课后作业	1. 相关知识点习题。 2. 讨论贴：通过本节课的学习，你对个人所得税有了哪些认识？ 3. 关联任务：汇总整理疫情期间与个人所得税有关的税收优惠政策。 4. 实践任务：了解家人在个税 App 中申报专向附加扣除情况，如未填写，请你普及国家政策并帮助家人填写			
教学反思	教师不仅是学生学习活动的带领者，负责向学生传递知识，还是行为示范者，教师日常的行为影响着学生的行为，教师需要不断反思自己的日常行为、思想品德。个人所得税几乎涉及每一个居民，作为居民应及时履行纳税义务。教师要通过自己的言行做好潜移默化的隐性教育，弘扬新风正气，以崇德向善的文明环境熏陶人、塑造人，使社会主义主流思想文化和社会主义核心价值观在青年学生心里扎根并生长			

（三）教学过程

教学过程如表 4 所示。

表 4 教学过程

	课前任务	推送本节课课件，要求学生完成课前预习，课件阅读进度纳入过程考核		
课前任务	1. 通过问卷进行调查，掌握学生对个人所得税的了解情况。 2. 将学生随机分成 4 人一组，发布讨论贴，以小组为单位搜集公众人物偷逃税款案例并谈论看法，培养学生的信息搜集和团队合作能力。 3. 以小组为单位，搜集整理关于 2019 年个人所得税改革的主要变化的资料			
	教学环节	教学实施		思政内涵
教学过程	课前回顾	教师总结课前任务完成情况，指出学生普遍不太了解的内容，提醒学生在课堂上认真听讲		
	引入新课	1. 播放视频，介绍个人所得税，引入新课。 2. 教师总结视频内容。2019 年全国税收收入总计 157 992 亿元，其中个人所得税 10388 亿元，占比 6.58%，成为继增值税和企业所得税之后的第三大税种。对于征收的个税收入，政府可用于教育、医疗、卫生、社保、环保、大学生创新创业、养老服务、扶贫、残疾人事业等项目 ||	介绍个人所得税收入近几年在财政收入中所占的比例，阐述个人所得税收入的去向，使学生明白税收在社会经济发展中的积极作用，增强学生的责任意识与使命感

续表

教学环节		教学实施	思政内涵
教学过程	知识点1：个人所得税概述	（1）纳税义务人。 ①教师讲解纳税义务人，关联相关知识点：企业所得税的纳税义务人。 ②教师推送练习，学生完成练习，教师点评练习完成情况。 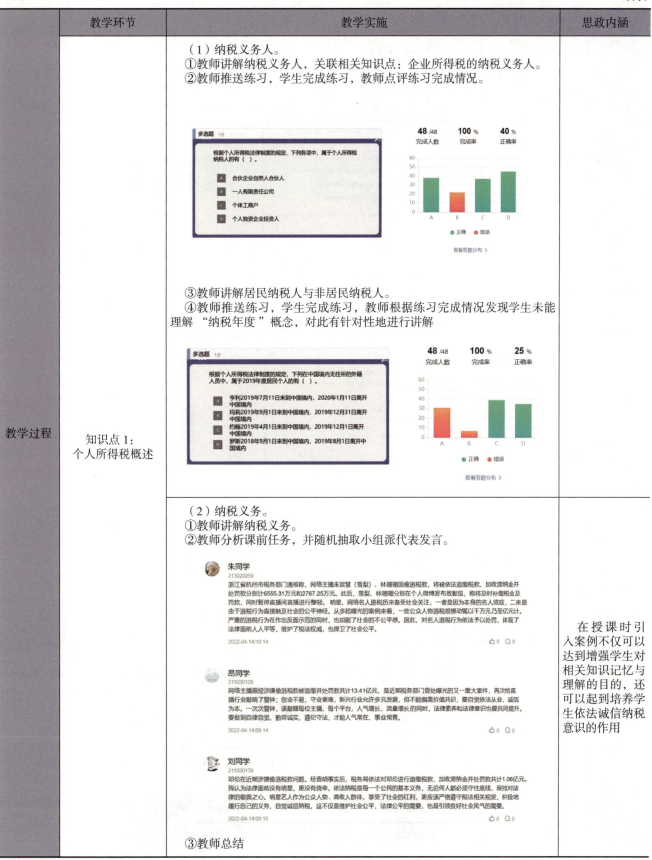 ③教师讲解居民纳税人与非居民纳税人。 ④教师推送练习，学生完成练习，教师根据练习完成情况发现学生未能理解"纳税年度"概念，对此有针对性地进行讲解 （2）纳税义务。 ①教师讲解纳税义务。 ②教师分析课前任务，并随机抽取小组派代表发言。 ③教师总结	在授课时引入案例不仅可以达到增强学生对相关知识记忆与理解的目的，还可以起到培养学生依法诚信纳税意识的作用

235

续表

教学环节		教学实施	思政内涵
教学过程	知识点1：个人所得税概述	（3）所得来源地。 ①教师讲解所得来源地。 ②教师推送练习，学生完成练习，教师点评练习完成情况 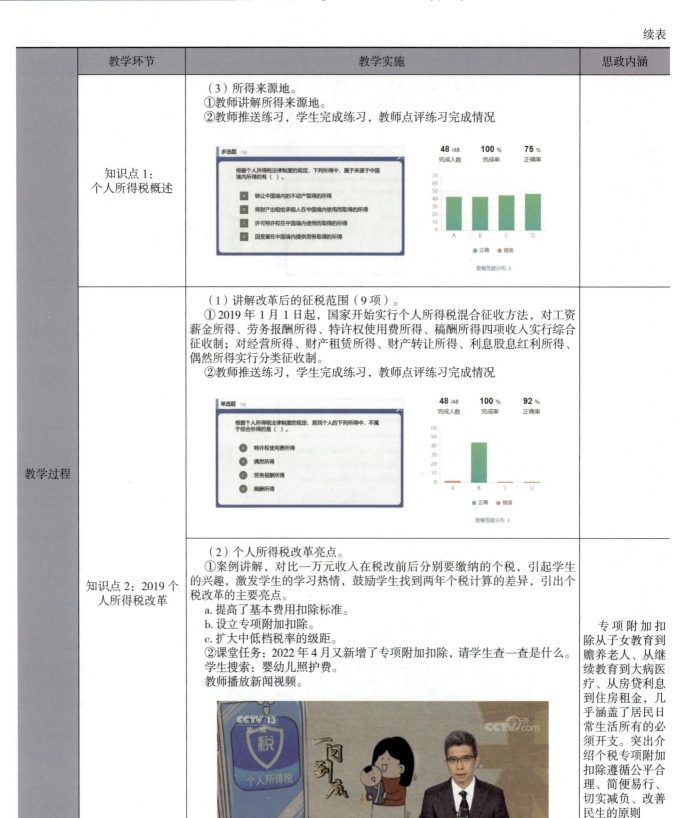	
	知识点2：2019个人所得税改革	（1）讲解改革后的征税范围（9项）。 ① 2019年1月1日起，国家开始实行个人所得税混合征收方法，对工资薪金所得、劳务报酬所得、特许权使用费所得、稿酬所得四项收入实行综合征收制；对经营所得、财产租赁所得、财产转让所得、利息股息红利所得、偶然所得实行分类征收制。 ②教师推送练习，学生完成练习，教师点评练习完成情况 （2）个人所得税改革亮点。 ①案例讲解，对比一万元收入在税改前后分别要缴纳的个税，引起学生的兴趣，激发学生的学习热情，鼓励学生找到两年个税计算的差异，引出个税改革的主要亮点。 a. 提高了基本费用扣除标准。 b. 设立专项附加扣除。 c. 扩大中低档税率的级距。 ②课堂任务：2022年4月又新增了专项附加扣除，请学生查一查是什么。 学生搜索：婴幼儿照护费。 教师播放新闻视频。	专项附加扣除从子女教育到赡养老人、从继续教育到大病医疗、从房贷利息到住房租金，几乎涵盖了居民日常生活所有的必须开支。突出介绍个税专项附加扣除遵循公平合理、简便易行、切实减负、改善民生的原则

续表

教学环节		教学实施	思政内涵
教学过程	知识点 2：2019 个人所得税改革	③教师点评课前任务完成情况。 刘同学 213020249 此次个税改革的目的是进一步便民、惠民、利民，主要内容包括：　　一是将个人经常发生的主要所得项目纳入综合征税范围，将工资薪金、劳务报酬、稿酬和特许权使用费4项所得纳入综合征税范围，实行按月或按次分项预缴、按年汇总计算、多退少补的征管模式。　　二是完善个人所得税费用扣除模式。一方面合理提高基本减除费用标准，将基本减除费用标准提高到每人每月5000元，另一方面设立子女教育、继续教育、大病医疗、住房贷款利息或者住房租金、赡养老人等6项专项附加扣除。　　三是优化调整个人所得税率结构。以现行工薪所得的3%~45%七级超额累进税率为基础，扩大3%、10%、20%三档低税率的级距，25%税率级距相应缩小，30%、35%、45%三档较高税率级距保持不变。　　四是推进个人所得税配套改革，推进部门共治共管和联合惩戒，完善自然人税收管理法律支撑。 2022-04-13/22:46 　　　　　　　　　　 👍 0 💬 0 于同学 213020251 改革提高了个人起征点，收入达5000元/月以上开始缴纳个人所得税，减税向中低收入倾斜，对税法进行了优化调整，多项支出可抵税扩大3%、10%、20%三档低税率的级距，缩小25%税率的级距，30%、35%、45%三档较高税率级距不变。 2022-04-13/22:16 　　　　　　　　　　 👍 1 💬 0 刘同学 213020252 个税所得税改革措施完善了"基本扣除+专项扣除"的税前扣除制度。一、提高个税起征点，扩大低档税率级距；二、增加专项附加扣除，增进税收公平。 2022-04-13/22:06 　　　　　　　　　　 👍 0 💬 0 ④教师播放动画视频，总结上述亮点。 2019 年个税改革较好地兼顾了公平和效率，一方面相关支出得到了合理的扣除，减负力度明显；另一方面具体操作力求简便易行，方便纳税人缴税。总体上来看，个税制度更加公平合理，在使纳税人享受减税红利的同时，有利于刺激消费、扩大需求	
	知识点 3：税收优惠	（1）教师介绍个税税收优惠政策，重点介绍疫情发生后国家新出台的政策。 新冠疫情发生以来，国家积极发挥税收的职能作用，全力进行疫情防控工作，支持企业复工复产，服务经济社会发展大局	布置课后任务，要求学生在课后将疫情期间个人所得税的税收优惠政策进行汇总整理，以增强学生的民族认同感和责任感
		（2）教师介绍关于鼓励创业的税收优惠政策。 教师向学生宣讲国家关于创新创业的政策方针，向学生介绍学长们创业成功的案例，鼓励学生积极参与中国国际"互联网+"大学生创新创业大赛	提升学生创新创业的思维能力，激发学生对创业的热情

续表

教学环节		教学实施	思政内涵
教学过程	课堂小结	（1）教师做课堂总结，播放视频。 **个税推新政 改革为民生** 美好时代我们共创 （2）教师布置课后任务	

	任务	学生完成情况
课后任务	1. 完成相关知识点习题	试卷统计（与成绩分布、习题正确率、主观题批改相关的人数统计，均为已交卷人数） 学生人数（人）　　　　　　　　　　　平均分：80.7 18 15 10 5 0 　0　10　20　30　40　50　60　70　80　90　100　分数 客观题数：17　　正确率 ⓘ　　　　　　80%
	2. 发帖讨论：通过本节课的学习，你对个人所得税有了哪些认识？	部分学生回帖： **张同学**　216040134 此次个税法修改不仅仅提高了费用扣除标准，而且增加了专项附加扣除，特别是增加了与公民生活息息相关的扣除内容。除了衣食住行等基本生活支出，每个人的情况也不一样，有的要负担子女教育支出，有的要承受大病医疗费用等。此次个税法草案调整综合考量纳税人的真实家庭状况，分类施策，可以降低公民特别是困难家庭的税收负担，让政策更具针对性与合理性地惠及民生，缓解中低收入阶层的负担。 2022-04-13/23:55　　　　　　　　　　👍0　💬0 **沈同学**　213020268 对于个人全年取得的工资薪金、劳务报酬、稿酬、特许权使用费等四项收入，除了允许扣除的"三险一金"外，增加了六项可以扣除的项目 2022-04-13/23:06　　　　　　　　　　👍0　💬0 **刘同学**　211050128 提高个税起征点表面上只是增加了绝大多数人的收益，但背后却包含着深层次的社会意义和经济意义。个税起征点偏低虽然可在短期内增加财政收入，但最终压制了中等收入者的积累和消费能力，这种局面不利于社会的整体进步。这次个税起征点调整，体现了社会发展，体现了时代进步，也体现了和谐社会人性化。征收个人所得税的初衷是调节贫富差距、促进社会公平和谐，但现在纳税主体却变成了工薪阶层，这是与其背道而驰的。今后我国相当长一段时期内，保持经济较快增长的任务就是扩大消费需求，个税调整增加了居民可支配收入，正是扩大内需最直接最有效的手段。 2022-04-13/23:05　　　　　　　　　　👍0　💬0

238

续表

	任务	学生完成情况
课后任务	3. 完成关联任务：汇总整理疫情期间与个人所得税有关的税收优惠政策	个人所得税收优惠及政策 支持防护救治（免税）：个人取得符合政府标准的疫情防控工作补助与奖金；个人取得单位发放的预防新冠肺炎的医药防护用品 鼓励公益捐赠（全额扣除）：通过公益性社会组织或县级以上人民政府及其部门等间接捐赠应对疫情的现金和物品；直接向承担疫情防治任务的医院捐赠应对疫情物品 支持复工复产：阶段性减免企业养老、失业、工伤保险单位缴费；阶段性减免以单位方式参保的有雇工的个体工商户职工养老、失业、工伤保险；阶段性减征职工基本医疗保险单位缴费；2020年社会保险个人缴费基数下限可继续执行2019年个人缴费基数下限标准；小型微利企业和个体工商户延缓缴纳2020年所得税
	4. 完成实践任务：了解家人在个税App中申报专项附加扣除的情况，如未填写，请你普及国家政策并帮助家人填写	虞同学：父母没有下载过，哥哥姐姐也没有 爸爸妈妈哥哥姐姐没有下载过 林同学：父母没下载过，不太懂 潘同学：父母没有下载过，不了解

（四）教学实效

教学实效如表 5 所示。

表 5　教学实效

知识目标	课后知识测试结果显示，学生能基本掌握个税相关知识点，并能清楚区分个税新旧政策，知识目标达成
能力目标	课后任务"专项附加扣除填写小调查"，要求学生了解家人填写专项附加扣除情况，尚未填写的请学生担任小老师，并帮助家人填写，既巩固知识点，又起到宣传国家税收优惠政策的作用，有利于增强学生的学习成就感，增强学生的劳动观念，培养学生的奋斗精神，能力目标达成
思政目标	课后讨论帖任务助力学生建立依法纳税意识，且有助于培养学生的民族自豪感，思政目标达成

三、案例反思

（一）创新之处

1. 对新旧税法进行对比

税法更新速度快，教师及时通过国家税务总局官网获取最新的税务政策法规动向及前沿信息，并传递给学生，让学生可以接收并学习到最新的相关知识。在带领学生领会个人所得税改革的基本精神时，教师只有对旧的个人所得税征收方法与新的个人所得税征收方法都有一定的了解，才能向学生讲清楚个人所得税改革后的积极影响，使学生真正了解国家进行个人所得税改革的目的，进而增强学生的理论自信与文化自信，实现知识传授与价值引领相统一。

2. 以数据"说话"

以一万元收入为例，对比 2018 年和 2019 年个税，让学生直观感受减税降费的力度，增强学生的理论自信和文化自信。新的个人所得税相关政策实施后，2019 年个人所得税征收幅度下降比例达到了 25.1%。数据具有很强的说服力，以数据"说话"有利于增强学生的民族认同感。

3. 引用反面案例

在讲解个人所得税纳税义务时，为了警醒学生以后不要偷税漏税，可以结合典型反面案例。课前布置任务，让学生自行搜集娱乐圈演艺人员、带货主播偷逃税款的案例，在课堂上分组展开讨论，既能使学生明确依法履行纳税义务的重要性，又能使学生明白当代大学生应该理性追星，时代的偶像应该是以身作则、弘扬正能量的楷模。

4. 引用视频资源

制作精良的动画视频既富有趣味性又直观易懂，可以让学生对个人所得税的变革以及其优势一目了然；新闻视频既权威又精炼，可以让学生从国家立法层面了解个税变革的重大意义，使得爱国情操油然而生。充分运用各种视频资源，取得的教学效果远远大于传统说教。

（二）下一步改进措施

随着网络的发展，各方面的信息资源非常多，常规的教学基本难以满足学生的求知欲望。在教学活动中，要积极采用有效的教学方法，以取得最佳的教学效果。要经常变换讲课方式与方法，注重师生之间的互动以及教学气氛的营造。教师应多采用启发式教学、情境教学、问题教学、案例教学等方法，使学生将学与思结合起来、思与练结合起来。教师要善于把自己的科研成果应用于相关课程的教学过程当中，以不断提高自身的创新能力，切实提高育人质量。

四、案例资料

（一）课件资料

"纳税实务"课程项目六任务一"个人所得税认知"授课配套课件截图如图 1 所示。

图 1　课件资源

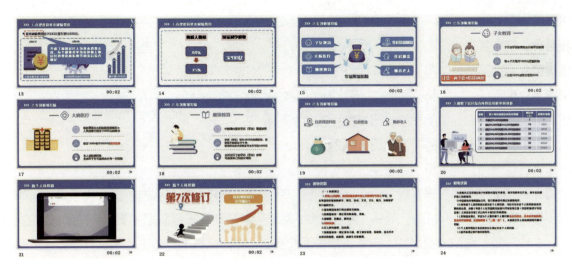

续图 1

（二）其他相关教学资源

（1）安徽省网络课程学习中心平台（e会学）：http：//www.ehuixue.cn/index/Orgclist/course?cid=34693。

（2）学校 SPOC 平台：http：//spoc.abc.edu.cn/explore/courses/1497020565955956737。

（3）国家税务总局官网：http：//www.chinatax.gov.cn/。

所属学院： 会计学院

课程名称： 纳税实务

课程类型： 专业基础课

案例章节： 5.2 企业所得税应纳税额的计算（研发费用加计扣除）

案例名称： 税惠助力，创新赋能：研发费用加计扣除
——"纳税实务"课程思政案例

案例作者： 何秀秀，杨承承，赵春宇

课程简介： "纳税实务"是我校会计专业群的核心专业课，是校企合作开发的基于税务会计工作过程的理实一体化课程。本课程通过有机融合第一、第二课堂，使学生具备胜任本专业相关职业岗位所必需的税务登记、税费计算、纳税申报、税款缴纳、会计核算等相关职业技能，同时培养学生依法节税、严谨诚信的良好职业道德。本课程思政教学具有以下特点。

（1）思政元素多。本课程思政元素包括依法纳税、家国情怀、国家战略、新徽商工匠精神、生态文明、创新创业、劳动教育、爱岗敬业等。

（2）时效性强。税收法规具有较强的政策性和时效性，便于搜集案例进行实时性教学，增强教学的趣味性。

（3）国家、企业、个人三位一体。税收关乎国家、企业及个人的实际利益，有效的课程思政教育有利于学生形成正确的价值观和人生观。

税惠助力，创新赋能：研发费用加计扣除
——"纳税实务"课程思政案例

一、案例简介

研发费用加计扣除优惠政策在促进企业科技创新、推动产业结构升级、建设创新型国家等方面发挥了积极引导作用。习近平总书记指出："抓创新就是抓发展，谋创新就是谋未来。"在全面深化改革、破解发展难题的今天，我党把创新摆在国家发展全局的核心位置。企业树立创新管理理念，可以在享受国家税收优惠的同时，提升企业的核心竞争力；个人树立创新学习理念，有助于个人开拓视野，勇于突破自身的局限。企业以及个人只有创新才能更好地适应社会，顺应时代发展需要。

课程思政融入结构思路如表1所示。

表1 课程思政融入结构思路

思政元素	课程思政融入点	成效及考核方式
经世济民	1. 教学内容： 课前——搜集企业所得税税收优惠的各项政策。 2. 融入点： 通过网络、书籍、调研等形式，搜集税收优惠政策，了解税收优惠的形式，感知国家税改初衷	1. 思政成效： 通过对各项税收优惠政策的搜集、发布和师生间交流，深刻理解国家经济发展的目的以及经世济民的内涵。 2. 考核方式： 发帖、交流

续表

思政元素	课程思政融入点	成效及考核方式
家国情怀	1. 教学内容： 课中——费用加计扣除税收优惠形式讲解。 2. 融入点： 以华为公司研发费用加计扣除为例，结合华为公司发展战略及中美贸易战背景讲解本知识点，感知家国一体、命运与共	1. 思政成效： 通过华为公司战略目标选择以及孟晚舟事件顺利解决案例，深刻理解国家强大需要企业创新，同时国家强大也为企业和家庭和谐发展提供保障。 2. 考核方式： 计算、分组研讨发言
工匠精神	1. 教学内容： 课后——报表编制，研发费用在资产负债表、利润表中的体现。 2. 融入点： 以研发费用在两张报表中单独列示的改革为切入点，一方面加深学生对本节课重点内容的理解，另一方面提升学生编制报表的技能水平	1. 思政成效： 通过新变化会计报表的编制，深刻理解国家税收优惠政策及会计报表格式变化的初衷，知其然且知其所以然，强化工匠精神培养。 2. 考核方式： 实践操作

本次课以企业所得税研发费用加计扣除知识点为例，以研发费用扣除比例由原先的 50% 调整为 75%，又调整到 100% 的税收优惠政策给华为公司带来每年数十亿元的所得税减免，结合华为 5G 技术在全球技术领域获得领先地位的案例，让学生深刻领会国家税收优惠政策对支持我国高新技术企业创新发展的重要影响，理解国家调整研发费用扣除政策实现"中国创造"的战略意图。课程思政教育贯穿课前、课中和课后，课前通过对各项税收优惠政策的搜集、发布和师生间交流，使学生深刻理解国家经济发展的目的以及经世济民的内涵；课中通过对华为公司战略目标选择以及孟晚舟事件顺利解决的讲解，使学生深刻理解国家强大需要企业创新，同时国家强大也为企业和家庭和谐发展提供保障；课后通过新变化会计报表的编制，使学生深刻理解国家税收优惠政策及会计报表格式变化的初衷，知其然且知其所以然，强化工匠精神培养。课程考核评价采用多角度、多主体、多元化的评价手段，从线上和线下两个维度以多形式、多阶段、多类型相结合的评价方式进行，引导学生形成正确的爱国情怀，强调学生的科技强国意识，增强学生的创新发展能力。

二、案例实施

（一）教学目标

1. 知识层面

熟悉企业所得税免征与减征、加计扣除、低税率、加速折旧等税收优惠形式及其具体内容。

2. 能力层面

掌握企业所得税税收优惠政策的应用思路和方法，并能够应用于具体的案例分析与计算中，增强企业所得税税收筹划的综合能力。

3. 价值层面

在个人层面，提升依法纳税意识和创新管理思维能力；在国家层面，树立经世济民的远大理想，培养家国情怀。

（二）教学设计

教学设计如表 2 所示。

表2 教学设计

环节	教学内容	教师活动	学生活动	思政元素
课前导学	（1）多途径搜集税收优惠政策；（2）按税收优惠形式对搜集的内容进行分类；（3）理解国家出台税收优惠政策的战略意图	1. 发布课前学习任务：在学习平台发布课前学习任务。2. 发布翻转课堂任务，准备课中分组汇报	1. 登录SPOC平台，预习本节企业所得税相关内容。2. 搜集资料，分析整理资料，准备在课中汇报	深刻理解国家经济发展的目的以及经世济民的内涵
新课引入（15 min）	（1）展示搜集的税收优惠政策。（2）分享个人对国家出台相关税后优惠政策的理解	1. 播放新闻视频（"国务院总理李克强主持召开国务院常务会议，部署实施提高制造业企业研发费用加计扣除比例等政策"）。2. 提问：引导学生将搜集的税收优惠政策进行分类展示	1. 观看新闻视频。2. 积极参加分享活动	加深学生对经世济民的认识，引导学生理解国家研发费用扣除政策实现"中国创造"的战略意图
新课讲解（10 min）	（1）免征与减征所得。（2）低税率优惠	1. 理论讲授，重点讲解减免税的适用范围。2. 梳理关键点，总结点评，加强学生的记忆	1. 聆听讲授，做好笔记。2. 踊跃参与汇报。3. 理解、总结和记忆	通过对减免所得税适用范围主要针对"三农"和高新技术企业的讲解，引导学生感悟稳定发展与共同富裕的战略目标
化解重点（20 min）	（3）加计扣除——研发费用	1. 翻转课堂，承接课前任务，组织学生汇报研发费用加计扣除税收优惠政策演变过程。2. 计算与分析研发费用加计扣除案例	1. 积极参加交流分享活动。2. 计算与分析案例。3. 聆听总结，做好笔记	通过翻转课堂的任务展示，提升学生的问题分析能力以及团队合作能力
1课时结束				
环节	教学内容	教师活动	学生活动	思政元素
思政案例（20 min）	①中美贸易战背景及现状。②我国高科技企业研发费用及科技创新现状。③华为技术创新及孟晚舟事件	1. 讲解课程思政案例：《中美贸易战背景及我国高科技企业发展现状》。2. 播放孟晚舟归国演讲视频。3. 组织学生交流分享	1. 聆听讲授，做好笔记。2. 观看视频。3. 踊跃参与汇报交流	通过对华为公司战略目标选择以及孟晚舟事件顺利解决的讲解，引导学生深刻理解国家强大需要企业创新，同时国家强大也为企业和家庭和谐发展提供保障
新课讲解（20 min）	（4）减计收入。（5）抵免应纳税额。（6）抵扣应纳税所得额	1. 理论讲授，讲解减计收入、税额抵免等其他优惠政策。2. 引导学生讨论不同税收优惠政策的实施目的。3. 梳理关键点，总结点评，加强学生的记忆	1. 聆听讲授，做好笔记。2. 积极参与讨论，聆听其他同学的发言。3. 理解、总结和记忆	融入爱国主义教育，使学生感知各项优惠政策下的制度自信
课堂总结（5 min）	本节内容框架	1. 绘制理论框架，总结本节内容要点。2. 发帖，了解学生对本节的兴趣、疑惑等	1. 聆听讲授，总结，记忆。2. 积极回帖	
2课时结束				
环节	教学内容	教师活动	学生活动	思政元素
课后任务	（1）2020年研发支出报表列示项目变化。（2）资产负债表和利润表编制案例	1. 发布课后任务：搜集2020年会计报表中关于研发支出报表列示的改革内容，并根据所给数据编制资产负债表和利润表。2. 师生交流：研发支出报表列示项目变化的意义	1. 从网上搜集研发支出报表列示的改革内容。2. 根据所给数据编制资产负债表和利润表。3. 积极交流研发支出报表列示项目变化的意义	通过新变化会计报表的编制，引导学生深刻理解国家税收优惠政策及会计报表格式变化的初衷，知其然且知其所以然，在理解的基础上动手实践操作，强化工匠精神培养

（三）教学过程

教学过程如表 3 所示。

表 3 教学过程

	课前：自主学习
教学内容	企业所得税税收优惠政策搜集、整理与分享
教学方法	任务驱动法，自主学习法
教学过程	1. 发布课前任务：分组搜集企业所得税税收优惠具体政策。学生登录平台预习本节企业所得税相关内容。 2. 发布翻转课堂任务：对搜集的税收优惠政策进行分类，准备在课中分组汇报
案例	安徽圣奥化学科技有限公司是一家主要从事橡胶防老剂、硫化剂等绿色化工产品研发、生产和销售的民营企业。企业基于核心业务发展防老功能配方产品，创新科技发展模式，自主新产品研发，紧跟国际同类先进产品的发展步伐，致力于逐步实现橡胶助剂多个产品的进口替代；在满足本土市场需求的同时，不断改进产品工艺，为全球市场提供技术研发支持。企业先后建立了"安徽省企业技术中心""安徽省橡胶防老化助剂工程技术研究中心""安徽圣奥绿色橡塑助剂院士工作站"等科研平台，主要产品防老剂 6PPD 及中间体 RT 培司的各项核心工艺技术均居世界领先水平。2018 年由企业参与完成的"取代芳胺系列产品绿色催化合成关键技术与工业应用"项目荣获年度国家技术发明奖二等奖；2019 年 6 月，企业入围工信部第一批专精特新"小巨人"企业名单。 公司财务负责人表示："'十三五'期间，公司研发费用加计扣除累计超过 3000 万元，政策红利扩大了公司的利润空间，使企业有更多的资金投入研发中去，为我们抢占产业链中高端环节摁下了'快进键'。"
	课中：教学实施
教学内容 1	翻转课堂：课前教学任务成果展示（15 min）
教学方法	任务驱动法、讲授法
教学过程	1. 播放新闻视频（"国务院总理李克强主持召开国务院常务会议，部署实施提高制造业企业研发费用加计扣除比例等政策"）；学生观看视频。 2. 学生分组汇报：选择 3 组的学生代表将搜集的税收优惠政策分类进行展示，并结合税收优惠政策制定的背景和意图进行简要分析，每组汇报时间为 3～5 分钟。 3. 讨论并总结：提问企业所得税税收优惠主要针对哪些方面，学生踊跃回答，教师总结

续表

新闻视频	2021年3月24日国务院总理李克强主持召开国务院常务会议，部署实施提高制造业企业研发费用加计扣除比例等政策。新出台的政策强调了两个要点，一是延续执行研发费用75%的加计扣除政策，二是对实体经济的基础——制造业给予100%这样一个更大的优惠力度，明确将实施更大力度的研发费用加计扣除、高新技术企业税收优惠等普惠性政策 
讨论	1. 讨论①：学生搜集的税收优惠政策的按不同形式进行归类。 目的：加深学生对税收优惠政策类别的理解。 2. 讨论②：研发费用加计扣除的政策效果。 目的：理解"中国创造"的国家战略意图（课程思政融入点1）。 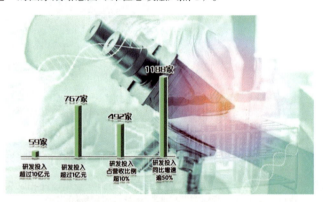 A股公司2021年上半年研发投入情况
教学内容2	企业所得税减免征以及低税率税收优惠（10 min）
教学方法	讲授法
教学过程	1. 理论讲授：讲解企业所得税减免征范围及低税率使用范围。 2. 讨论分析：企业所得税减免征及低税率税收优惠与国家战略的对应关系，如 （1）"三农"经济发展； （2）环境保护； （3）大众创业、万众创新等。 3. 总结记忆。

续表

案例	全国人大代表、重庆谭妹子金彰土家香菜加工有限公司（简称"谭妹子"公司）董事长谭建兰被人亲切地称为土家"辣妹子"。2004年，她看准石柱县大力发展辣椒产业的时机，开始经销辣椒，最初是进行辣椒的初级加工，以家庭作坊式进行生产。2008年，随着国家不断加大"三农"支持力度，她决定改变经营模式，成立了重庆谭妹子金彰土家香菜加工有限公司和三红辣椒专业合作社，以"公司＋合作社＋基地＋农户"的模式扩大规模。合作社主要负责辣椒种植、为农户提供技术指导、从农户处保底收购辣椒。"谭妹子"公司则将收购的辣椒加工成干辣椒、辣椒酱、火锅底料等调味产品。就这样，"辣妹子"蹚出新路子，实现新布局。自创业以来，"辣妹子"享受到农业项目所得减免征收企业所得税、西部大开发企业所得税优惠、重点群体创业就业等各类税费优惠政策。仅2021年，谭建兰经营的3家企业累计享受各项税费优惠41.3万元（课程思政融入点2）
教学内容3	教学重点：企业所得税加计扣除税收优惠（20 min）★
教学方法	任务驱动法、案例教学法
教学过程	1.翻转课堂，承接课前任务，组织学生汇报讲解加计扣除税收优惠，并结合研发费用、安置残疾人员及所支付的工资等加计扣除项目进行分享。 2.案例分析。  3.点评总结：学生根据课前分组准备内容，踊跃参与汇报，同时聆听总结，做好笔记，加强记忆
翻转课堂	1.引导学生感知国家政策对科技创新的鼓励和引导。 2.通过翻转课堂任务，提升学生的思辨能力，加强学生对知识点的理解：通过学习企业所得税中研发支出加计扣除，引导学生理解通过降低税率和放宽税前扣除标准，可以降低企业税负，增加企业的税后盈余，有利于加快企业产品研发、技术创新和人力资本提升的进程，引导学生树立创新学习理念，形成不断创新发展的学习意识

续表

	1课时结束
教学内容4	思政案例讲解（20min）
教学方法	讲授法、讨论法
教学过程	教学内容如下。 1. 中美贸易战的背景及现状。 2. 我国高科技企业研发费用及科技创新现状。 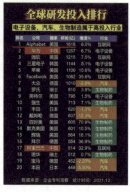 3. 华为公司技术创新及孟晚舟事件 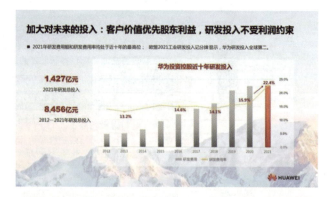 

案例	2021年9月25日22时14分，中国公民孟晚舟乘坐的中国政府包机抵达深圳宝安国际机场，舱门打开，孟晚舟走出机舱，挥手致意。孟晚舟在机场发表简短讲话，她表示："有五星红旗的地方，就有信念的灯塔。如果信念有颜色，那一定是中国红！"随后，现场的欢迎人群唱起《歌唱祖国》。
	  在被加拿大无理拘押1000多天后，孟晚舟终于回到祖国的怀抱，与家人团聚。这是党中央坚强领导的结果，是中国政府不懈努力的结果，是全中国人民鼎力支持的结果，是中国人民的重大胜利。
	  孟晚舟事件是百年未有之大变局的一个集中缩影。孟晚舟事件的实质，是美国试图阻挠甚至打断中国发展进程。中国所做的努力，维护的不仅是一位公民的权利、一家企业的权益，更是中国人民过上更美好的生活、国家实现现代化的权利。透过孟晚舟事件，中国人民更加清晰地看到，越是接近民族复兴越不会一帆风顺，越充满风险挑战乃至惊涛骇浪

续表

讨论	1. 高新技术企业研发费用支出的必要性。 2. 孟晚舟事件顺利解决的历史必然性（课程思政融入点3）
教学内容5	企业所得税其他税收优惠政策（20 min）
教学方法	讨论法、讲授法
教学过程	1. 翻转课堂：学生根据搜集的税收优惠政策展示减计收入、税额抵免等税收优惠政策内容。 2. 讨论分析：不同税收优惠政策的实施目的。 3. 总结点评：分类总结，加强记忆
课堂总结	教学内容总结（5 min）
教学过程	1. 绘制理论框架，总结本节课内容要点；学生聆听讲授，做好总结并记忆。 2. 发帖，了解学生对本节课的兴趣、疑惑等；学生基于对本节课的感受积极回帖
课后：自主延学	
教学内容5	2020年研发支出报表列示项目变化及报表编制
教学方法	任务驱动法
教学过程	1. 信息搜集：搜集2020年会计报表中关于研发支出报表列示的改革内容。 2. 报表编制：根据所给数据编制资产负债表和利润表。 **利润表** 编制单位：　　　　　　　　　　　　　　　年　月　　　　　　　　　　会企02表 单位：元 | 项　目 | 本期金额 | 上期金额 | |---|---|---| | 一、营业收入 | | | | 减：营业成本 | | | | 　　税金及附加 | | | | 　　销售费用 | | | | 　　管理费用 | | | | 　　研发费用（新增） | | | | 　　财务费用 | | | | 　　其中：利息费用（新增） | | | | 　　　　　利息收入（新增） | | | | 　　资产减值损失 | | | | 加：其他收益 | | | | 　　投资收益（损失以"-"号填列） | | | | 　　其中：对联营企业和合营企业的投资收益 | | | | 　　公允价值变动收益（损失以"-"号填列） | | | | 　　资产处置收益（损失以"-"号填列） | | | | 二、营业利润（亏损以"-"号填列） | | | | 加：营业外收入 | | | | 减：营业外支出 | | | | 三、利润总额（亏损总额以"-"号填列） | | | | 减：所得税费用 | | | | 四、净利润（净亏损以"-"号填列） | | | | （一）持续经营净利润（净亏损以"-"号填列） | | | | （二）终止经营净利润（净亏损以"-"号填列） | | | 3. 总结点评：研发支出报表列示项目变化的意义

（四）教学实效

通过课前导学中华为公司的案例，以及新课引入中李克强总理关于提高制造业研发费用加计抵扣比例的部署，激发学生的学习兴趣，引导学生感知国家政策对科技创新的鼓励和引导。后续通过学习企业所得税中研发支出加计扣除理论，引导学生理解通过降低税率和放宽税前扣除标准，可以降低企业税负，增加企业的税后盈余，有利于加快企业产品研发、技术创新和人力资本提升的进程，引导学生树立创新学习理念，形成不断创新发展的学习意识。

三、案例反思

（一）创新之处

坚持把立德树人作为根本任务，将社会主义核心价值观培育融入专业人才培养目标；根据课程特点优化教学内容设计，构建课程思政教育教学体系；行企政校共同发力，打造专业实践和社会实践平台，引导学生深入社会实践、关注实现问题，培育学生经世济民、诚信服务、德法兼修的职业素养。

本次课以企业所得税研发费用加计扣除知识点为例，以研发费用扣除比例由原先的 50% 调整为 75%，又调整到 100% 的税收优惠政策给华为公司带来每年数十亿元的所得税减免，结合华为 5G 技术在全球技术领域获得领先地位的案例，让学生深刻领会国家税收优惠政策对支持我国高新技术企业创新发展的重要影响，理解国家调整研发费用扣除政策实现"中国创造"的战略意图。

（二）下一步改进措施

本节课知识细节较多，在课上花了较多时间在总结梳理上，后期可加强信息化平台的运用，丰富融入育人元素的教学材料展现形式，进一步提高新媒体信息技术辅助教学水平，开展"互联网+"教学资源库建设，探索"互联网+"课程思政的有效教学形式。同时，进一步完善和丰富思政元素的自然融入形式，以"切入点""动情点""融合点"作为评判是否开展课程思政的基本标准，进行课程思政的认定，使得思政元素的切入适时，思政元素能够适用于学科知识，最终引起学生的情感共鸣，触动学生的灵魂，启迪学生的思想。

四、案例资料

（一）课件资料

课件资料如图 1 所示。

图 1　课件资料

二、企业所得税优惠

（一）免税收入

1. 国债利息收入免税。
2. 符合条件的居民企业之间的股息、红利等权益性投资收益免税，但不包括连续持有居民企业公开发行并上市流通的股票不足12个月取得的投资收益。
3. 在中国境内设立机构、场所的非居民企业从居民企业取得与该机构、场所有实际联系的股息、红利等权益性投资收益免税，但不包括连续持有居民企业公开发行并上市流通的股票不足12个月取得的投资收益。

（一）免税收入

4. 符合条件的非营利组织取得的特定收入免税，但不包括非营利组织从事营利性活动取得的收入，国务院财政、税务主管部门另有规定的除外。

5. 下列所得免征企业所得税：
（1）外国政府向中国政府提供贷款取得的利息所得。
（2）国际金融组织向中国政府和居民企业提供优惠贷款取得的利息所得。

（一）免税收入

6. 债券利息减免税：
（1）对企业取得的2012年及以后年度发行的地方政府债券利息收入，免征企业所得税。
（2）自2018年11月7日起至2021年11月6日，对境外机构投资境内债券市场取得的债券利息收入暂免征收企业所得税。暂免征收企业所得税的范围不包括境外机构在境内设立的机构、场所取得的与该机构、场所有实际联系的债券利息。
（3）对企业投资者持有2019—2023年发行的铁路债券取得的利息收入，减半征收企业所得税。

不征税收入

1. 财政拨款。
2. 依法收取并纳入财政管理的行政事业性收费、政府性基金。
3. 国务院规定的其他不征税收入。

国务院规定的其他不征税收入，是指企业取得的由国务院财政、税务主管部门规定专项用途并经国务院批准的财政性资金。
例如：
（1）县级以上人民政府将国有资产无偿划入企业，凡指定专门用途并按规定进行管理的，企业可作为不征税收入进行企业所得税处理。其中，该项资产属于非货币性资产的，应按政府确定的接收价值计算不征税收入。
（2）2018年9月20日起，对全国社会保障基金理事会及基本养老保险基金投资管理机构在国务院批准的投资范围内，运用养老基金投资取得的归属于养老基金的投资收入，作为企业所得税不征税收入。
（3）2018年9月10日起，对全国社会保障基金取得的直接股权投资收益、股权投资基金收益，作为企业所得税不征税收入。

（二）减、免税所得

2. 企业从事下列项目的所得，减半征收企业所得税：
（1）花卉、茶以及其他饮料作物和香料作物的种植；
（2）海水养殖、内陆养殖。

3. 从事国家重点扶持的公共基础设施项目投资经营的所得。
（1）企业从事上述国家重点扶持的公共基础设施项目的投资经营的所得，自项目取得第1笔生产经营收入所属纳税年度起，第1年至第3年免征企业所得税，第4年至第6年减半征收企业所得税，简称"三免三减半"。
（2）企业承包经营、承包建设和内部自建自用上述项目，不得享受上述企业所得税优惠。

（二）减、免税所得

4. 从事符合条件的环境保护、节能节水项目的所得。

符合条件的环境保护、节能节水项目，包括公共污水处理、公共垃圾处理、沼气综合开发利用、节能减排技术改造、海水淡化等。项目的具体条件和范围由国务院财政、税务主管部门商国务院有关部门制定，报国务院批准后公布施行。

企业从事上述规定的符合条件的环境保护、节能节水项目的所得，自项目取得第1笔生产经营收入所属纳税年度起，第1年至第3年免征企业所得税，第4年至第6年减半征收企业所得税。

（二）减、免税所得

6. 非居民企业所得

在中国境内未设立机构、场所的，或者虽设立机构、场所但取得的所得与其所设机构、场所没有实际联系的非居民企业，其取得的来源于中国境内的所得，减按10%的税率征收企业所得税。
下列所得可以免征企业所得税：
（1）外国政府向中国政府提供贷款取得的利息所得。
（2）国际金融组织向中国政府和居民企业提供优惠贷款取得的利息所得。
（3）经国务院批准的其他所得。

续图1

（二）减、免税所得

5. 符合条件的技术转让所得。

符合条件的技术转让所得免征、减征企业所得税，是指一个纳税年度内，居民企业技术转让所得不超过 500 万元的部分，免征企业所得税；超过 500 万元的部分，减半征收企业所得税。

其计算公式为：

技术转让所得＝技术转让收入－技术转让成本－相关税费

（二）减、免税所得

7. 小型微利企业所得

符合条件的小型微利企业，减按 20% 的税率征收企业所得税。

自2019年1月1日至2021年12月31日，对小型微利企业年应纳税所得额不超过100万元的部分，减按25%计入应纳税所得额，按20%的税率缴纳企业所得税；对年应纳税所得额超过100万元但不超过300万元的部分，减按50%计入应纳税所得额，按20%的税率缴纳企业所得税。

（三）民族自治地方的减免税

民族自治地方的自治机关对本民族自治地方的企业应缴纳的企业所得税中属于地方分享的部分，可以决定减征或者免征。

自治州、自治县决定减征或者免征的，须报省、自治区、直辖市人民政府批准。

对民族自治地方内国家限制和禁止行业的企业，不得减征或者免征企业所得税。

（四）加计扣除

1. 研究开发费用

研究开发费用的加计扣除，是指企业为开发新技术、新产品、新工艺发生的研究开发费用，未形成无形资产计入当期损益的，在按照规定据实扣除的基础上，按照研究开发费用的75%加计扣除；形成无形资产的，按照无形资产成本的175%摊销。

2. 安置残疾人员及所支付的工资

企业安置残疾人员所支付的工资的加计扣除，是指企业安置残疾人员的，在按照支付给残疾职工工资据实扣除的基础上，按照支付给残疾职工工资的100%加计扣除。

（四）加计扣除

举个例子

某制造业企业，2021年上半年符合条件的研发费用金额为 50 万元。

以前：
加计扣除 75%
即税前扣除 50 万元 ×（1+75%）= 87.5 万元
- 研发费用要到 2022 年所得税汇算清缴时扣除。

现在：
加计扣除 100%
即税前扣除 50 万元 ×（1+100%）= 100 万元

- 该企业税前可以多扣除 **12.5万元**，上半年的研发费用在2021年10月份预缴时即可扣除，有利于缓解企业资金压力，降低企业资金成本。

（四）加计扣除

思政案例

1. 中美贸易战的背景及现状。
2. 我国高科技企业研发费用及科技创新现状。
3. 华为公司技术创新及孟晚舟事件。

（五）应纳税所得额抵扣

创业投资企业采取股权投资方式投资于未上市的中小高新技术企业两年以上的，可以按照其投资额的 70% 在股权持有满两年的当年抵扣该创业投资企业的应纳税所得额；当年不足抵扣的，可以在以后纳税年度结转抵扣。

（六）加速折旧

企业的固定资产由于技术进步等原因，确需加速折旧的，可以缩短折旧年限或者采取加速折旧的方法。可以采取缩短折旧年限或者采取加速折旧的方法的固定资产，包括：

1. 由于技术进步，产品更新换代较快的固定资产；
2. 常年处于强震动、高腐蚀状态的固定资产。

采取缩短折旧年限方法的，最低折旧年限不得低于法定折旧年限的 60%；采取加速折旧方法的，可以采取双倍余额递减法或者年数总和法。

续图 1

（七）减计收入

企业以《资源综合利用企业所得税优惠目录》规定的资源作为主要原材料，生产国家非限制和禁止并符合国家和行业相关标准的产品取得的收入，减按90%计入收入总额。前述所称原材料占生产产品材料的比例不得低于前述优惠目录规定的标准。

（八）应纳税额抵免

企业购置并实际使用《环境保护专用设备企业所得税优惠目录》、《节能节水专用设备企业所得税优惠目录》和《安全生产专用设备企业所得税优惠目录》规定的环境保护、节能节水、安全生产等专用设备的，该专用设备的投资额的10%可以从企业当年的应纳税额中抵免；当年不足抵免的，可以在以后5个纳税年度结转抵免。

享受上述规定的企业所得税优惠的企业，应当实际购置并自身实际投入使用上述规定的专用设备；企业购置上述专用设备在5年内转让、出租的，应当停止享受企业所得税优惠，并补缴已经抵免的企业所得税税款。

续图1

（二）其他相关教学资源

（1）视频教学资源：学校SPOC平台"纳税实务"线上资源。

（2）国家税务总局：http：//www.chinatax.gov.cn/。

（3）税屋网：https：//www.shui5.cn/。

所属学院： 会计学院
课程名称： 财经法规与会计职业道德
课程类型： 专业基础课
案例章节： 第一章第二节
案例名称： 全面构造"三位一体"的会计工作管理体制
——"财经法规与会计职业道德"课程思政案例
案例作者： 李海燕
课程简介： "财经法规与会计职业道德"是会计专业针对会计岗位（群）基本职业能力培养设置的专业基础课程。本课程的内容包括财经法规和会计职业道德两个部分。通过本课程的学习，学生应基本掌握会计法规体系、支付结算、预算法、政府采购法及国库集中收付制度的主要规定等知识，深刻体会会计职业道德的内涵。本课程帮助学生了解会计专业和会计行业的法律法规和相关政策，重在培养学生遵守财经法规的意识和严于律己的职业操守，引导学生深入社会实践、关注现实问题，培育学生经世济民、诚信服务、德法兼修的职业素养，为学生顺利走上会计工作岗位并严格执行会计法律规范和技术规范奠定良好的基础。

全面构造"三位一体"的会计工作管理体制
——"财经法规与会计职业道德"课程思政案例

一、案例简介

本次课主要认知会计工作管理体制，理论性较强，以案例导入新课，多样化的教学手段贯穿课程的始终，以便充分调动学生学习的热情。同时，本次课充分发掘课程思政融入点，将制度自信和文化自信等爱国情怀融入制度体系的学习；结合会计行业的内外部发展，激发学生对会计职业的认同感和自豪感；引入案例，培养学生诚实守信、坚持准则、遵纪守法的职业素养；开展小组讨论活动，锻炼学生责任担当、投身实践、团队协作的专业精神。本次课以多样化的教学方法和举措实现知识传授与价值引领相统一、教书与育人相结合。

二、案例实施

（一）教学目标

1. 知识目标

认知会计工作管理体制：政府管理、内部管理和社会管理。

2. 能力目标

能全面理解"三位一体"的会计工作监督体系。

3. 思政目标

将制度自信和文化自信等爱国情怀融入会计工作管理体制的学习中；结合会计行业就业的多维度分析激发学生对会计职业的认同感和自豪感；通过引入案例培养学生诚实守信、坚持准则、遵纪守法的职业素养；通过小组讨论锻炼学生责任担当、投身实践、团队协作的专业精神。

（二）教学设计

教学设计如表1所示。

表1 教学设计

课题	全面构造"三位一体"的会计工作管理体制				
学情分析	1. 本课程是会计专业的基础课，授课对象为大一新生，他们刚开始学习会计理论，对会计这个职业没有明晰的概念，学习的方向感不强。 2. 大一新生对未来职业充满憧憬和向往，对财经课程学习热情高。 3. 学生对信息化教学工具的接受度较高，乐于接受多元文化，敢于尝试新鲜事物，乐于表达自己的看法，较适应信息化教学手段的应用				
重点分析	会计工作的政府管理、单位内部会计工作管理；对会计职业认同感和自豪感的培养				
难点分析	会计工作的社会管理；专业精神、职业素养和爱国情怀与课程内容的有机融合				

教学环节		教学内容	教师活动	学生活动	思政元素融入点	教学工具
课前导学		1. 复习上节课内容，即我国会计法律制度的构成。 2. 预习本节课内容，即我国会计工作管理体制。 3. 了解国外特别是西方国家的会计工作管理体制	1. 在SPOC平台和班级QQ群发布本节课教学任务。 2. 布置任务，即学生分组进行资料的搜集和整理，对比中西方会计工作管理体制的差异	1. 在SPOC平台上完成上节课的配套练习，巩固上节课内容。 2. 分组搜集资料，准备在课堂上汇报	通过对比中西方会计工作管理体制的差异，使学生感受社会主义制度的优越性，激发学生的制度自信、理论自信、文化自信，培养学生的爱国情感	SPOC平台、QQ群
课堂教学	温故知新（5 min）	1. 梳理上节课知识点。 2. 分享课前学生任务准备情况	1. 选取两组上台展示，总结学生课前任务完成情况。 2. 对学生的分析内容和过程进行点评，引导学生多角度分析。 3. 在雨课堂上发布签到任务	1. 签到。 2. 分组汇报。汇报形式为PPT、总结报告等。 3. 听取汇报，积极思考。 4. 认真聆听教师的点评，对比本组报告进行查漏补缺	通过团队合作的形式完成任务，培养学生的团队意识、集体荣誉感和实践动手能力	雨课堂
	引入新课（3 min）	以案例的形式引入我国会计工作管理体制	1. 在雨课堂上发布课程案例。 2. 讲解案例，引发学生思考	观看案例资料、认真听讲，认真思考		
	新课讲解（20 min）	认知会计工作管理体制 一、会计工作的行政管理 （一）会计工作的行政管理体制 （二）会计工作行政管理的内容 二、会计工作的自律管理 （一）中国注册会计师协会 （二）中国会计学会 三、单位内部的会计工作管理 （一）单位负责人的职责 （二）会计机构的设置 （三）会计人员的选拔和任用 （四）会计人员回避制度	1. 展示我国最高会计管理机构——财政部的图片。 2. 深入讲解会计工作行政管理的体制和内容。 3. 播放会计师事务所工作视频。 4. 介绍我国会计工作两大自律组织。 5. 深入讲解我国单位内部的会计工作管理主要制度。 6. 在雨课堂上发布3~5道客观题，巩固会计工作管理体制基本理论知识。 7. 讲解，总结学生的做题情况，表扬完成较好的同学，分析出现差错的原因	1. 认真倾听教师的讲解，做好笔记，认真思考。 2. 和教师积极互动，完成教师在雨课堂上发布的同步练习。 3. 总结自己掌握不深刻的知识点，加深印象	1. 引导学生认识中国会计工作管理体制，一方面，使学生树立服从监督、依法行政、严谨工作的意识，另一方面，增进学生对国家制度和改革发展成就的理性认同，激发学生经国济世的社会责任感和担当意识，培养知行合一的社会主义事业建设者。 2. 使学生认知我国会计工作管理体制，增强学生的遵纪守法意识。 3. 通过小组讨论，锻炼学生责任担当、投身实践、团队协作的专业精神，塑造"千里之行，始于足下"的踏实作风	

教学环节		教学内容	教师活动	学生活动	思政元素融入点	教学工具
课堂教学	知识升华（15 min）	1."三位一体"的会计工作监督体系。 2.单位负责人的任职条件。 3.会计人员回避制度在企业中的具体应用	1.分析"三位一体"会计工作监督体系中各监督主体的地位、作用。 2.引导学生思考如何建立一体化的会计工作监督联动机制。 3.在雨课堂上发弹幕"每个同学畅想自己未来的工作！"，引导学生畅想未来从事会计工作的维度	1.独立思考教师提出的第一个问题，提出自己的想法和观点。 2.分组讨论如何建立一体化的会计工作监督联动机制。 3.在雨课堂平台上发弹幕，畅所欲言自己未来想从事的会计工作	1.通过分组讨论，启发思考，培养学生独立思考、团队合作的能力，增强学生的实践能力和团队合作精神。 2.通过思考如何建立一体化的会计工作监督联动机制，增强学生关于财务工作的主人翁意识。 3.通过畅想未来从事会计工作，增强学生对会计职业的认同感和责任感	雨课堂
	课堂小结（2 min）	会计工作管理体制的内容、体系和相互关系	1.点评学生课堂活动的参与度。 2.点评各学习小组对课堂问题的讨论结果	思考本节课自己的学习收获以及存在的问题	通过启发思考，培养学生知行合一的工作精神	
课后巩固		1.巩固会计工作管理体制知识。 2.预习会计核算	1.通过QQ群答疑解惑。 2.通过SPOC平台布置作业、课后测试题，开展课题总结等各项教学活动。 3.利用平台大数据分析功能了解和掌握学生的学习情况和对知识点的理解程度	1.完成SPOC平台上教师布置的任务。 2.思考、总结。 3.遇到问题及时通过平台或QQ和教师沟通	通过实践操作提升学生自主学习的能力，培养学生知行合一的工作精神	SPOC平台、QQ群

（三）教学过程

教学过程分课前、课中和课后三部分设计，如图1所示，每一部分包括内容、方法、过程、讨论和作业等。在学情分析的基础上，按学生学习的认知发展规律实施教学。教学过程不是一成不变的，可根据课堂效果、学生的反馈和学生的学习情况进行动态调整、不断完善。

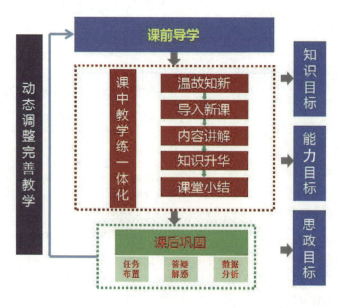

图1 教学过程

1. 课前环节

（1）内容。

①复习上节课内容，即我国会计法律制度的构成。

②预习本节课内容，即我国会计工作管理体制。

③了解国外特别是西方国家的会计工作管理体制。

（2）方法：任务驱动。

（3）过程：教师在 SPOC 平台和班级 QQ 群发布课前预习任务——对比中西方会计工作管理体制的差异。按照学期开始时的学生分组情况，要求学生以小组为单位进行资料的搜集和整理，教师将在课中随机抽取小组做简要汇报。

课前环节如图 2 所示。

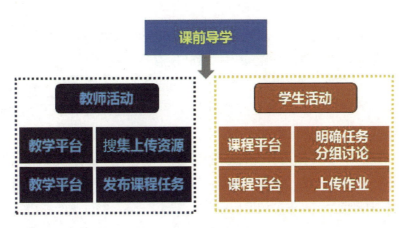

图 2　课前环节

（4）讨论：各小组分工合作，整理西方国家美国和英国会计管理工作体制的主要内容，结合教材预习我国会计工作管理体制的主要内容，讨论中西方会计工作管理体制的差异。通过对比中西方会计工作管理体制的差异，使学生感受社会主义制度的优越性，激发学生的制度自信、理论自信、文化自信，培养学生的爱国情感。

（5）作业：各小组简要分析中国和美国以及英国在会计工作管理体制上的差异，形成文字资料。

2. 课中环节

（1）内容：认知会计工作管理体制。

①会计工作的行政管理。

a. 会计工作的行政管理体制。

b. 会计工作行政管理的内容。

②会计工作的自律管理。

a. 中国注册会计师协会。

b. 中国会计学会。

③单位内部的会计工作管理。

a. 单位负责人的职责。

b. 会计机构的设置。

c. 会计人员的选拔和任用。

d. 会计人员回避制度。

（2）方法：理论讲授、案例导入、分组讨论。

（3）过程：开课前教师通过雨课堂发布签到任务，建立上课的仪式感。

①复习回顾：教师简单回顾上节课知识点，检查课前预习任务完成情况，选取两组上台展示，对表现相对较好的一组计入平时成绩，激发学生的集体荣誉感；对学生的分析内容和过程进行点评，引导学生多角度进行分析，正式引入本节课内容。

②引入新课：教师在雨课堂平台发布案例《康美药业300亿元造假案》，引导学生结合课前预习知识分析康美药业造假主要是会计管理工作的哪个环节出了问题；教师开启弹幕功能，鼓励学生在弹幕上发帖各抒己见。教师简单汇总学生的想法，对于到底是哪个环节出了问题，教师留下悬念，暂不给出答案，正式开始本节课知识点的学习。

③新课讲解：教师展示我国最高会计管理机构——财政部的图片，引入会计工作的行政管理内容，深入讲解会计工作行政管理的体制和具体内容。教师播放会计师事务所工作视频，介绍我国会计工作自律组织。教师深入讲解我国单位内部的会计工作管理制度，结合《康美药业300亿元造假案》案例，指出康美药业主要是会计工作内部出现了严重的漏洞，解答课前疑问，警示学生将来从事会计工作一定不能像康美药业的会计人员一样违法乱纪，要诚实守信、遵纪守法。教师讲解完会计工作管理体制基本理论知识以后，在雨课堂上发布3~5道客观题，学生以抢答的方式完成，教师表扬最先完成的3名学生，同时计入课程平时成绩，激发学生学习的热情。教师讲解题目并总结学生的做题情况，表扬完成较好的学生，分析出现差错的成因。

④知识升华：教师在雨课堂上发布三项讨论作业：a. "三位一体"会计工作监督体系中各监督主体有什么地位？作用如何？ b. 如何建立一体化的会计工作监督联动机制？ c. 未来同学们想从事什么样的会计工作？学生独立思考教师提出的每一个问题，积极举手发言，提出自己的想法和观点。通过思考如何建立一体化的会计工作监督联动机制，可增强学生对财务工作的主人翁意识；通过分组讨论如何建立一体化的会计工作监督联动机制，启发思考，可培养学生独立思考、团队合作的能力，增强学生的实践能力和团队合作精神；通过在雨课堂平台上发弹幕，畅所欲言自己未来想从事的会计工作，可增强学生对会计职业的认同感和自豪感。

⑤课堂小结：教师点评学生课堂活动参与情况，点评各小组对课堂问题的讨论结果，并启发学生思考，培养学生知行合一的工作精神。

课中环节如图3所示。

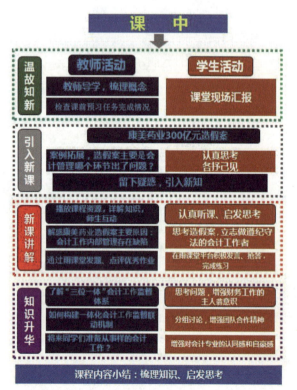

图3 课中环节

（4）讨论。

①"三位一体"会计工作监督体系中各监督主体有什么地位？作用如何？

②如何建立一体化的会计工作监督联动机制？

③未来同学们想从事什么样的会计工作?

（5）作业。

①"三位一体"的会计工作管理体制主要包括（　　）。

A. 会计工作的行政管理　　　　　　　B. 会计工作的自律管理

C. 单位内部的会计工作管理　　　　　D. 单位的内部控制

②会计工作行政管理的内容主要包括（　　）。

A. 制定国家统一的会计准则制度　　　B. 会计市场管理

C. 会计专业人才评价　　　　　　　　D. 会计监督检查

③会计工作的自律管理组织主要包括（　　）。

A. 中国注册会计师协会　　　　　　　B. 中国会计学会

C. 中国总会计师协会　　　　　　　　D. 中国管理会计师协会

④下列属于单位内部的会计工作管理的内容有（　　）。

A. 单位负责人的职责　　　　　　　　B. 会计机构的设置

C. 会计人员的选拔与任用　　　　　　D. 会计人员回避制度

3. 课后环节

（1）内容。

①巩固会计工作管理体制知识。

②预习会计核算。

（2）方法：实践操作。

（3）过程。

①教师在课后通过QQ群答疑解惑，鼓励学生多多参与社会实践活动，提升综合素质。

②教师通过SPOC平台布置作业、课后测试题，开展课题总结等教学活动。

③教师利用平台大数据分析功能，了解、掌握学生的学习情况和对知识点的理解程度，并同步调整教学节奏，优化教学方法，聚焦教学难点，形成教学闭环。

课后环节如图4所示。

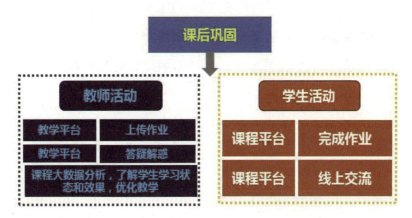

图4　课后环节

（4）讨论。

①本节课对同学们将来从事会计工作有哪些帮助？

②同学们对课程教学进度是否满意？需不需要调整？并说明理由。

（5）作业。

①完成 SPOC 平台"财经法规与会计职业道德"课程第一章第二节同步练习。

②预习会计核算。

（四）教学实效

本节课以理论教学为主，以案例的形式引入新课，将枯燥的理论融于会计工作实际；运用信息化手段实现教学的多样化，激发学生的课堂参与热情；同时在知识传授的同时，使用讨论、案例、图片、热点问题等多种形式将思政元素融入专业教学知识点，将课程思政与理论知识有机融合，注重对学生的价值引导，实现了教书与育人的结合，教学成效显著，学生评价非常好。

三、案例反思

（一）创新之处

按照任务驱动和案例导向的教学方法对教学内容进行教学设计，以案例导入新课，多样化的教学手段贯穿课程的始终，充分调动学生学习的热情。充分发掘课程思政融入点，以多种形式将思政元素融入专业教学知识点，将课程思政与理论知识有机融合，实现知识传授与价值引领相统一、教书与育人相结合。同时，教师利用平台大数据分析功能，了解和掌握学生的学习情况和对知识点的理解程度，同步调整教学节奏，形成教学闭环。

（二）下一步改进措施

本节课为该课程的第二次课，针对会计专业的新入学学生，调动学生学习的兴趣是前提。本节课知识难度不大，难点是将课程思政融入课堂教学内容。下一步将邀请课程团队成员和行业专家进行座谈，商讨如何改进教学方法，从而使课程思政的融入更加合理顺畅，同时探索运用现代化的教学信息化手段使课堂教学形式更立体、内容更丰富。

四、案例资料

（一）课件资料

课件资料如图 5 所示。

财会金融类

图 5　课件资料

（二）其他相关教学资源

（1）教材资源。

丁增稳.财经法规与会计职业道德［M］.4 版.北京：中国人民大学出版社，2018.

（2）视频资源。

①安徽省网络课程学习中心（e 会学）。

②安徽商贸职业技术学院 SPOC 平台。

（3）"财经法规与会计职业道德"课程标准。

（4）"财经法规与会计职业道德"课程讲稿，教学单元设计。

（5）案例《康美药业 300 亿元造假案》。

所属学院： 会计学院

课程名称： 审计基础

课程类型： 专业基础课

案例章节： 10.1 "销售与收款循环的审计"

案例名称： 销售与收款循环的审计
——"审计基础"课程思政案例

案例作者： 鲁静，杨承承

课程简介： "审计基础"是我校会计专业群的核心专业课，本课程拟通过有机融合第一、第二课堂，加强学生对审计基础理论的认知，并通过行企政校四方共建的实践平台，提升学生的审计实操技能。在"审计基础"课程思政教育中，课程团队运用辩证唯物主义指导学生建立逻辑思维、人文思维、科学思维和批判性思维，培养学生诚信、独立、客观与公正的职业素养，使学生树立正确的价值观、科学观和社会责任观。同时，在明确课程思政目标的基础上，在审计基础知识体系中，挖掘与德育知识体系的交集，提炼其中蕴含的德育元素，以喜闻乐见的方式，进行"润物细无声"的思想政治教育。本课程主要从辩证唯物主义角度出发，紧密结合"面向现代化、面向世界、面向未来"的教育理念，引导学生明确新时代审计人员的角色定位，帮助学生认知审计理论与实务要点。在课程思政中，本课程以习近平总书记关于审计工作的重要讲话和重要指示批示精神为根本遵循，正面传递执业质量是行业的生命线的信条，强化诚实守信、实事求是的工作作风，帮助学生树立遵纪守法和敬畏准则的职业信念，为学生将来从事会计、审计及财务等经济工作打下坚实的专业基础。

销售与收款循环的审计
——"审计基础"课程思政案例

一、案例简介

本次授课引入了很多案例，以提升学生对理论知识的认知以及调动学生的积极性。其中，不少的案例与道德和价值观有关。比如我国经典的康得新财务造假案例，财务造假造成了巨大的损失，这其中就涉及舞弊者的道德与价值观的缺失。案例教学并不仅仅是把案例给学生阅读一遍，而是让学生进行分析和思考，找出他们认为错误的行为，让学生明白职业道德和价值观的缺失会给一个公司甚至一个行业或一个国家带来多么严重的后果。

在教学方法与举措上，通过理论知识自主学习，引导学生了解作为一个审计人员需要具备怎样的职业道德，价值观和销售与收款循环的业务的相关性，以及什么可为、什么不可为，让学生对职业道德有初步的认识。在课程的其他阶段，涉及与职业道德有关的内容时，再次重复并加深学生对此知识点的印象，直到学生记忆深刻。

教学成效以一定的习题和考试来评价。

二、案例实施

（一）教学目标

1. 知识目标

（1）了解销售与收款循环的业务流程和相关凭证、记录及涉及的账务处理。

（2）熟悉销售与收款循环的审计目标及关键控制点。

2. 能力目标

（1）能明确销售与收款循环的业务流程及关键控制点。

（2）能识别常用的舞弊手段。

（3）培养业务循环审计逻辑。

（4）具备鉴别真伪，分析问题和解决问题，作出客观公正的审计结论的能力。

3. 思政目标

（1）培养执业谨慎、爱岗敬业、勤勉尽责的工匠精神。

（2）养成保持独立、坚持准则、客观公正的工作作风。

（二）教学设计

教学设计如表 1 所示。

表 1　教学设计

课前：自主学习				
环节	教学内容	教师活动	学生活动	思政元素
课前导学	初步形成业务循环审计思路	1. 发布课程资料：在 SPOC 平台发布课程资料。 2. 在 SPOC 平台发布财务造假分组案例搜集任务，引导学生总结案例中涉及的业务循环内容。 3. 设置讨论任务，要求学生就学习中产生的困惑在平台上留言讨论，激发学生的学习兴趣	1. 登录 SPOC 平台学习与销售和收款循环相关的理论内容。 2. 完成平台分组案例搜集任务；关注时事热点，感知职业道德缺失带来的严重影响。 3. 对于学习中疑惑的点，积极在平台留言板留言讨论	通过搜集案例任务，提升学生的团队合作能力

续表

课中：教学实施				
环节	教学内容	教师活动	学生活动	思政元素
课前回顾	1. 点评学生课前任务完成情况。 2. 梳理业务循环之间的关系	1. 安排学生有序上台汇报课前搜集任务。 2. 总结、点评学生课前任务完成情况。 3. 请每组学生上台发言汇报。 4. 对汇报结果进行总结、点评，引入新课	1. 分组上台汇报。 2. 听取不同组别的汇报，记录各组阐述的要点。 3. 对各组信息点进行补充和提出疑问。 4. 倾听教师的总结与点评	
导入新课	播放康得新财务造假新闻视频	播放新闻视频，提醒学生关注其中涉及的销售与收入业务循环内容，引发学生思考	观看视频，认真思考、总结、记忆	通过学习新闻案例，培养学生的规范意识和精益求精的工匠精神
实战演练	承接康得新案例，巩固重点内容	播放案例视频，要求学生记录案例中的数据	观看视频案例，记录案例中涉及的业务流程	
新课讲解	10.1.1 销售与收款循环审计的特点 1. 业务流程及相关凭证、记录。 2. 账务处理	1. 构建销售与收款循环业务流程框架；讲授业务流程中涉及的相关凭证、记录及账务处理。 2. 承接课前任务，引导学生结合案例理解销售与收款循环中涉及的相关凭证、记录及账务处理内容	1. 聆听讲授，做好笔记。 2. 汇总课前搜集的资料，联系讲授理论完成知识点在案例分析中的应用	
1课时结束				
环节	教学内容	教师活动	学生活动	思政元素
新课讲解	10.1.2 销售与收款循环的审计目标和关键控制点 1. 销售业务的审计目标和关键控制点。 2. 收款业务的审计目标和关键控制点	1. 举例讲授：举例讲解销售和收入业务的审计目标和关键控制点。 2. 布置任务：总结知识要点，为抢答做好准备	1. 聆听讲授，做好笔记。 2. 思考、总结知识要点，为下一环节做好准备	通过举例，增强学生的法治和责任观念
抢答环节	识别销售与收款循环中常见的舞弊手段（以收入确认为例）	发布案例，设置分组抢答，并给每组学生打分	认真判断讨论，准备抢答	抢答活动在增强了课堂趣味性的同时，有助于培养学生的团队合作意识和集体荣誉感
课堂总结	播放动画，总结本次课程知识内容——销售与收款循环审计目标和关键控制点	1. 点评学生抢答结果，展示学生得分。 2. 播放动画，总结本次课程重点内容	观看视频、回忆、总结并记录知识要点	
2课时结束				
课后：自主延学				
布置任务	利用SPOC平台进行测试，根据测试结果和学生在线反馈，及时进行线上与线下答疑解惑			

（三）教学过程

教学过程如表2所示。

表2 教学过程

	课前：自主学习
教学内容	初步形成销售与收款业务循环审计思路
教学方法	任务驱动法，案例教学法
教学过程	1. 在SPOC平台发布课程学习任务；学生登录SPOC平台学习销售与收款循环相关理论内容。 第61节： 销售与收款业务审计 课时38： 销售和收款循环的特点 课时39： 销售和收款循环的特点 课时40： 审计目标和关键控制点 2. 在SPOC平台发布财务造假分组案例搜集任务，引导学生总结案例中涉及的业务循环内容，提升学生的团队合作能力；学生完成平台分组案例搜集任务，关注时事热点，感知职业道德缺失带来的严重影响。 3. 设置讨论任务，要求学生就学习中产生的困惑在平台上留言讨论，激发学习兴趣；学生根据学习情况，对于学习中疑惑的点，积极在平台留言板留言讨论
案例收集	分组搜集近年财务造假相关案例，总结其中涉及的业务循环内容
讨论	讨论本次自学内容中的困惑，以此作为课中教学重点的重要依据
	课中：教学实施
教学内容1	点评学生课前任务完成情况，梳理业务循环之间的关系
教学方法	任务驱动法
教学过程（课前回顾）	（1）总结、点评学生课前任务完成情况；学生分组上台汇报。 （2）每组学生上台发言汇报；其他同学听取汇报，记录各组阐述的要点，并对各信息点进行补充和提出疑问。 （3）对汇报结果进行总结、点评，引入新课；学生倾听教师的总结与点评。
案例汇报	指导学生根据课前搜集的财务造假案例上台进行汇报
教学内容2	播放康得新财务造假新闻视频导入新课
教学方法	案例教学法
教学过程（导入新课）	播放新闻视频，提醒学生关注其中涉及的销售与收入业务循环内容，引发学生思考，从而培养学生的规范意识和精益求精的工匠精神

续表

实战演练	承接康得新案例，巩固重点内容。播放案例视频，要求学生关注并记录案例中涉及的与销售和收款业务流程相关的数据
教学内容3	讲解销售与收款循环审计的特点、审计目标和关键控制点
教学方法	讲授法
教学过程（新课讲解）	（1）构建销售与收款循环业务流程框架，讲授业务流程中涉及的相关凭证、记录及账务处理；学生聆听讲授，做好笔记。 接受订单 → 信用审批 → 供货 → 运货 → 开具账单 坏账注销 ← 坏账准备 ← 退回与折让 ← 记录销售 ← 收款 （2）承接课前任务，引导学生结合案例理解销售与收款循环中涉及的以上内容。学生汇总课前搜集的资料，联系讲授理论完成知识点在案例中的应用。 （3）举例讲授：举例讲解销售和收入业务的审计目标和关键控制点，增强学生的法治和责任观念。 特点　审计目标与关键控制点　控制测试　实质性程序 2. 收款业务的审计目标和关键控制点 收款业务审计目标和关键控制点 审计目标： ➢ 确定本期入账的资金是否已发生且是企业真正在销售中取得的收款权利(发生认定)； ➢ 确定所有的收款业务是否均已登记入账(完整性认定)； ➢ 确定与收款交易和事项有关的金额及其他数据是否以恰当的金额记录(准确性认定)； ➢ 确定属于本期的收款业务是否已记录于正确的会计期间(截止认定)； ➢ 确定所有有关业务是否进行正确的分类(分类认定)，并在财务报表中作出恰当的列报(列报认定)。 关键控制点： ➢ 被审计单位将销售所收到货款及时入账 ➢ 对于预收货款也要进行完整的记录，恰当记入有关账户，防止挪用 ➢ 被审计单位应当定期与往来客户的应收票据、应收账款等进行核对 ➢ 银行存款、现金收入事项与销售票据核对 （4）布置任务：总结知识要点，为抢答环节做好准备
抢答	发布案例，设置分组抢答，并给每组学生打分，增强课堂的趣味性，培养学生的团队合作意识和集体荣誉感，并引导学生识别销售与收款循环中常见的舞弊手段
教学内容4	播放动画，总结本次课知识内容
教学方法	讲授法
教学过程（课堂总结）	（1）点评学生的抢答结果，展示学生得分。 （2）播放动画，总结本次课重点内容
动画	播放动画，形象总结本次课程知识内容——销售与收款循环的特点及审计目标和关键控制点
课后：自主延学	
作业任务	利用SPOC平台组题测试，根据测试结果和学生在线反馈，及时进行线上与线下答疑解惑

（四）教学实效

构建课程思政评价体系，优化过程与结果的评价机制。以考勤、测试、案例分析、课堂表现、在线学习频率（如讨论与答疑次数）、在线学习深度（如讨论与答疑质量）、期末考试为主要评价指标，实现过程评价与结果评价相结合。

课程思政的平时成绩考核可由五个环节构成：课外阅读、主题讨论、小论文写作、团队知识竞赛、主题演讲。其中，课外阅读、主题讨论、小论文写作可利用互联网平台实现，团队知识竞赛和主题演讲可在课堂教学中实现。课外阅读由教师提供阅读素材并发布至教学平台，利用平台监控学生的阅读情况，以阅读进度作为评分标准；主题讨论由教师在线发布讨论主题，学生可通过回帖、点赞、转发等方式进行互动，也可自行发布符合思政教育主旨的讨论主题，讨论内容由教师利用平台实施监控，以平台统计的参与讨论、获得点赞的数据结合讨论内容作为评分标准；小论文写作由学生将符合要求的课程论文上传至课程平台，以论文内容作为评分标准；团队知识竞赛由师生共同选取竞赛主题，教师随堂发布竞赛题目，团队成员分工协作完成竞赛，以竞赛成绩作为评分标准；主题演讲由学生自选主题，从思政教育的角度搜集审计基础相关案例当堂演讲，以演讲内容和表达流畅度作为评分标准。

2021年5月，本课程团队教师举办两场学习会，分别是"审计精神与中国精神相结合"交流会、"习近平新时代经济建设与审计思想"座谈会，学生在会场上匿名填写调查问卷，反馈效果良好。2017级审计班的代同学，在毕业之后的第一年一次性通过注册会计师考试的所有科目，还被安徽师范大学录取为本科生。2018届审计专业毕业生中有28人成功专升本，52人就业，其中部分进入会计师事务所工作。由此可见，"审计基础"课程思政已经积累了一定的建设经验和成果，具有可复制、可推广的价值，也具有良好的示范作用，对教学改革及提高人才培养质量起到积极的促进作用。

三、案例反思

（一）创新之处

（1）课前设计小组合作搜集案例并总结，提升学生的团队合作能力。

（2）课前导入通过设计新闻案例引入，引发学生思考会计师事务所和注册会计师该如何开展和执行对各业务循环的具体审计工作，培养学生的规范意识和精益求精的工匠精神。

（3）课中设计抢答环节，既增强课堂的趣味性，又培养学生的团队合作精神和集体荣誉感。

（二）下一步改进措施

本节知识内容细节较多，在课上花了较多时间在总结梳理上，后期可加强信息化平台的运用，及时巩固知识要点，同时及时解决个性化问题。

四、案例资料

（一）课程案例

【案例1】世界那么大，风险时时有

曾经，康得新复合材料集团股份有限公司（以下简称"康得新"）一直是中国A股市场新材料领域最被看好的"白马股",包括奔驰、宝马、苹果、茅台、五粮液、香奈儿等顶级大牌都是它的客户。康得新凭借自主研发技术,仅用3年时间就从盘踞20年的美国3M公司手中夺下了中国汽车窗膜市场。2017年,康得新在中国的市场份额已近1/4。自2010年上市以来,康得新一度被媒体称为"中国的3M公司",且一上市涨至千亿元市值,是行业当之无愧的领军者。然而,就是这样一家业绩一路"高歌猛进",年年净利润高达几十亿元的明星公司,却因一则15亿元短期融资债券本息无力支付而"跌落神坛",由此也牵出了康得新辉煌背后的财务造假大案。康得新过往年报显示,上市以来,康得新业绩呈高速增长的态势,营业收入从2010年的5.24亿元增长至2017年的117.89亿元,复合增长率高达221.28%;归属于母公司股东的净利润从2010年的7009.25万元增长至2017年的24.74亿元,复合增长率高达404.31%。然而,2019年1月,康得新无力按期兑付15亿元短期融资债券本息,业绩的真实性引起市场的广泛和高度质疑,证监会随即对康得新立案调查。2019年7月,证监会发布对康得新的处罚决定。证监会的调查公告显示,康得新涉嫌在2015—2018年间,通过虚构销售业务等方式虚增营业收入,并通过虚构采购费用、生产费用、研发费用、产品运输费用等方式虚增营业成本、研发费用和销售费用。通过上述方式,康得新在2015—2018年的年报中分别虚增利润23.81亿元、30.89亿元、39.74亿元、24.77亿元,累计虚增利润超119亿元。此外,康得新还涉嫌未在相关年度报告中披露控股股东非经营性占用资金的关联交易和为控股股东提供担保,以及未如实披露募集资金使用情况等。上述行为导致康得新披露的相关年度报告存在虚假记载和重大遗漏。在此期间,康得新的年报均由瑞华进行审计。其中,2015年、2016年和2017年年报均为标准无保留意见,2018年为无法表示意见。

【案例2】分析不足 执行不力

中天运及其两名注册会计师在粤传媒收购香榭丽项目审计过程中,未保持应有职业谨慎和职业怀疑,未识别出存在的舞弊风险。香榭丽业务单一,收入主要为户外LED屏体广告收入,2011年至2013年6月,该类收入占比均达100%。由该业务产生的应收账款为香榭丽最主要的资产之一。香榭丽应收账款余额大、占比高,且呈现快速上升趋势,2011年末、2012年末和2013年6月末的应收账款账面余额分别约为1.18亿元、2.04亿元和2.52亿元,占总资产的比例分别约为37.58%、48.11%和60.87%。香榭丽应收账款具有重要性和异常性特征。香榭丽实际控制人叶某自己承接的广告业务单(以下简称"公司单")数量、金额占比高,且业务特征与正常业务单存在明显异常:一是单个合同金额大,均为100万元以上的合同,而正常业务单个合同金额较小,通常是几万或几十万元;二是审批流程简化,没有相关销售副总、销售区域负责人等人的签名;三是发起流程非常规,由销售管理部总监郑某娟代为发起,而正常销售业务合同申请的发起人通常为销售部(与销售管理部不同)的人员。香榭丽公司单具有重大性和异常性特征。

中天运在对香榭丽2011年年报、2012年年报、2013年半年报审计(以下简称"香榭丽630审计")过程中,已经识别出了香榭丽因面临业绩压力,存在收入高估的舞弊风险,以及香榭丽因未成立内审部门,存在管理层凌驾于控制之上的风险。

中天运识别香榭丽报表层次和营业收入、应收账款认定层次存在特别风险后,未结合香榭丽公司单这一异常情况,对公司单审批流程简化等异常情形保持合理的职业怀疑。

(二)课件资料

课件资料如图1所示。

1

销售与收款循环的审计

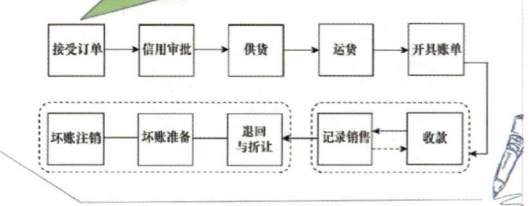

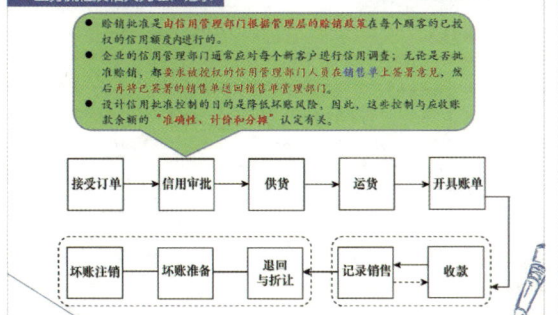

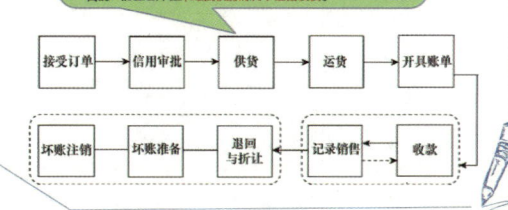

图 1　课件资料

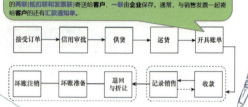

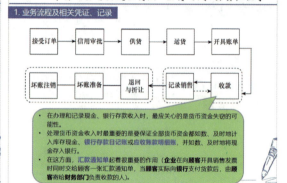
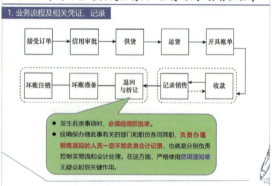
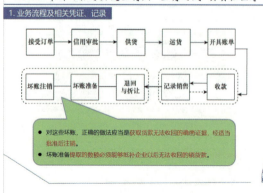
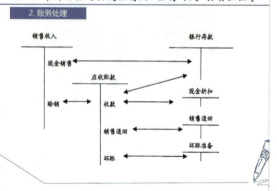

续图1

续图 1

（三）其他相关教学资源

（1）视频教学资源：学校 SPOC 平台"审计基础"线上资源。

（2）辅助资源：中国大学慕课网（https：//www.icourse163.org/）。

（3）实操平台：福斯特审计实训平台、网中网审计竞赛平台。

所属学院： 会计学院

课程名称： 初级会计实务

课程类型： 专业必修课

案例章节： 固定资产的加速折旧法

案例名称： 从世界工厂迈向制造强国：固定资产的加速折旧法
——"初级会计实务"课程思政案例

案例作者： 吕能芳，赵春宇，郑兴东，谢玲芳，胡甜予

课程简介： 本次课主要内容是加速折旧法的应用。加速折旧法，顾名思义，是指在固定资产预计使用寿命的前期多计提折旧，后期少计提折旧。这会导致企业近期利润和资产账面价值下降，减少企业税负，鼓励企业更新设备。因此，本次课引入的案例名称为"从世界工厂迈向制造强国"，通过鼓励企业更新设备，实现制造行业整体升级改造，最终实现从世界工厂迈向制造强国的目标。本次课旨在增强学生对实现中国梦的使命感，向学生传递解放思想、求真务实、积极探索、勇于创新的时代精神；同时，让学生明白在实现中国梦的过程中，同样可以实现个人的价值，鼓励学生明确努力方向、吃苦耐劳。

从世界工厂迈向制造强国：固定资产的加速折旧法
——"初级会计实务"课程思政案例

一、案例简介

（一）背景

制造业是国民经济的主体，是立国之本、兴国之器、强国之基。我国制造业已经建成了门类齐全、独立完整的产业体系，增加值占世界的比重接近30%，促使我国成为名副其实的世界工厂。与此同时，我国制造业面临高端制造、智能制造的产业基础仍不够牢固等问题。

（二）思想政治教育的融入点

2019年4月，财政部、国家税务总局下发《财政部 税务总局关于扩大固定资产加速折旧优惠政策适用范围的公告》，称自2019年1月1日起，适用《财政部 国家税务总局关于完善固定资产加速折旧企业所得税政策的通知》（财税〔2014〕75号）和《财政部 国家税务总局关于进一步完善固定资产加速折旧企业所得税政策的通知》（财税〔2015〕106号）规定固定资产加速折旧优惠的行业范围，扩大至全部制造业领域。该公告的发布，使得制造业企业可以减少税负，从而增强企业的创新活力，推进设备更新和制造业升级。

（三）教学方法与举措

课堂讨论、案例讲解、图片展示、视频等。

（四）教学成效

本次课的教学成效体现在以下方面：增强了学生对实现中国梦的使命感，向学生传递出解放思想、求真务实、积极探索、勇于创新的时代精神；同时，让学生明白了在实现中国梦的过程中，同样可以实现个人的价值，鼓励学生明确努力方向、吃苦耐劳。

二、案例实施

（一）教学目标

1. 知识目标

掌握固定资产折旧的范围、折旧方法及其账务处理知识。

2. 能力目标

能够正确地核算固定资产，及时提供固定资产的信息。

3. 思政目标

培养解放思想、求真务实、积极探索、勇于创新的时代精神。

（二）教学设计

教学设计如表1所示。

表1　教学设计

专业名称	大数据与会计	设计者	吕能芳	日期	第8周
课程名称	初级会计实务		课程代码		40002004
授课类型	☑理论型（A类）　□理实一体型（B类）　□实践型（C类）				
单元名称	固定资产的加速折旧法		授课学时		2学时
班级	大数据与会计212班		人数		49人
学情分析	通过上节课的学习，学生已经掌握了固定资产的折旧原理和具体年限平均法、工作量法的计算。通过由雨课堂推送的练习，发现学生正确率平均为90%，说明掌握程度较好，可以作为本节课的学习基础				
单元重点	固定资产两种加速折旧法的计算				
单元难点	固定资产两种加速折旧法的计算				
教学方法手段	1. 教学方法：讲授法、练习法、模拟法。 2. 教学手段：讨论、案例				

续表

单元教学目标	知识目标：掌握固定资产折旧的范围、折旧方法及其账务处理知识。 能力目标：能够正确地核算固定资产，及时提供固定资产的信息。 思政目标：培养解放思想、求真务实、积极探索、勇于创新的时代精神。			
思政融入点	本次课介绍了两种加速折旧法，向学生介绍财政部、国家税务总局 2019 年下发的《财政部 税务总局关于扩大固定资产加速折旧优惠政策适用范围的公告》中规定，固定资产加速折旧优惠的行业范围将扩大至全部制造业领域。这对于制造业企业来说，加速折旧可以让成本快速补偿、减少纳税，有助于资本留存、淘汰落后产能。这是国家对制造业强有力的扶持，有助于促进我国高端制造、智能制造发展。然后带领学生学习相关文件，理解我国从世界工厂迈向制造强国的决心和信心。 本次课旨在增强学生对实现中国梦的使命感，向学生传递解放思想、求真务实、积极探索、勇于创新的时代精神；同时，让学生明白在实现中国梦的过程中，同样可以实现个人的价值，鼓励学生明确努力方向、吃苦耐劳			
活动历程（含辅助手段、时间分配）	时间分配	教学内容	教学活动	教学资源
	5 分钟	1.复习与固定资产折旧之直线法有关的内容。 2.引入新课	教师活动： 1.带领学生复习，推送客观题。 2.引入新课，介绍本节课框架。 学生活动：完成答题	雨课堂
	40 分钟	一、双倍余额递减法 （一）定义 （二）计算 （三）特点	教师活动： 1.讲解这种加速折旧方法的计算过程。 2.发布讨论题。 学生活动： 1.开展课堂讨论，回答问题。 2.认真听课，做好笔记	PPT、视频、雨课堂
	课次 1 结束			
	40 分钟	二、年数总和法 （一）定义 （二）计算 （三）特点	教师活动： 1.讲解新课。 2.布置讨论。 学生活动： 1.认真听课，做好笔记。 2.完成随堂练习	雨课堂、PPT、视频、图片
	5 分钟	本节课内容框架	教师活动： 1.带领学生回顾总结。 2.布置作业。 学生活动： 1.翻看笔记，回顾课堂内容。 2.记录课后作业	SPOC 平台
	课次 2 结束			
形成性评价	根据学生课堂发言、雨课堂随机点名回答问题和课后讨论完成情况形成评价			
课后作业	完成 SPOC 平台推送的测试，并对照教材，做好错题记录。对于"我能为建设制造强国做什么贡献？"的发言，系统会根据发言情况计入平时成绩。教师在参与讨论时也可以针对比较典型的案例提出表扬			
教学反思	本次课折旧计算是难点，通过雨课堂随堂测试发现很多学生因粗心而没有审题导致出错，以后要多注意培养学生谨慎的工作态度			

（三）教学过程

1.课前

培养学生的比较分析能力，引导学生了解经济的发展对会计准则发展的影响，培养学生关注前沿动态的职业习惯，培养学生发现问题的敏锐性和判断力，提升学生的探索性和批判性思维能力。课前将两种加速折旧法的视频（见图1、图2）放在 SPOC 平台上，要求学生了解加速折旧法的基本原理。

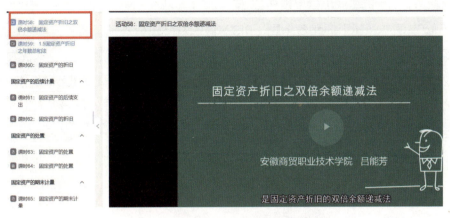

图1　预习作业：双倍余额递减法

图2　预习作业：年数总和法

2. 课中

（1）打开雨课堂弹幕功能（见图3），向学生提问：你觉得我国的制造业发展水平如何？

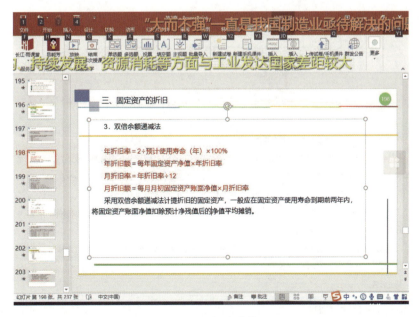

图3　雨课堂弹幕

（2）融入思政元素。

①中国制造业困境。

通过讲解我国制造业的发展模式仍然是粗放型，引导学生了解我国制造业仍处于中低端、粗放型发展阶段。比如，2020年8月，美国商务部工业和安全局（BIS）将华为公司列入了所谓的"实体清单"，全面实施技术和产品封锁一事。英特尔、高通、赛灵思和博通都不再给华为公司供应芯片。任正非认为："目前国内制造业正处于一个比较尴尬的地位，高端企业想要更进一步困难重重，因为没有核心技术受到各种排挤与打压。而中低端的制造业则是因为人工成本等问题，开始撤出国内搬去东南亚、印度、越南等人工成本较低的地区。"

世界制造业层次分布如图4所示。

图4　世界制造业层次分布

②如何走出困境。

2019年4月，财政部、国家税务总局下发《财政部　税务总局关于扩大固定资产加速折旧优惠政策适用范围的公告》（见图5），称固定资产加速折旧优惠的行业范围，扩大至全部制造业领域。其他相关文件截图见图6、图7。

财政部　税务总局
关于扩大固定资产加速折旧优惠政策适用范围的公告

财政部　税务总局公告2019年第66号

【字体：大 中 小】打印本页

为支持制造业企业加快技术改造和设备更新，现就有关固定资产加速折旧政策公告如下：

一、自2019年1月1日起，适用《财政部 国家税务总局关于完善固定资产加速折旧企业所得税政策的通知》（财税〔2014〕75号）和《财政部 国家税务总局关于进一步完善固定资产加速折旧企业所得税政策的通知》（财税〔2015〕106号）规定固定资产加速折旧优惠的行业范围，扩大至全部制造业领域。

二、制造业按照国家统计局《国民经济行业分类和代码（GB/T 4754-2017）》确定。今后国家有关部门更新国民经济行业分类和代码，从其规定。

三、本公告发布前，制造业企业未享受固定资产加速折旧优惠的，可自本公告发布后在月（季）度预缴申报时享受优惠或在2019年度汇算清缴时享受优惠。

特此公告。

财政部　税务总局

图5 《财政部 税务总局关于扩大固定资产加速折旧优惠政策适用范围的公告》

财政部 国家税务总局
关于完善固定资产加速折旧企业所得税政策的通知
财税〔2014〕75号

【字体：大中小】 打印本页

各省、自治区、直辖市、计划单列市财政厅（局）、国家税务局、地方税务局，新疆生产建设兵团财务局：

为贯彻落实国务院完善固定资产加速折旧政策精神，现就有关固定资产加速折旧企业所得税政策问题通知如下：

一、对生物药品制造业、专用设备制造业、铁路、船舶、航空航天和其他运输设备制造业、计算机、通信和其他电子设备制造业、仪器仪表制造业、信息传输、软件和信息技术服务业等6个行业的企业2014年1月1日后新购进的固定资产，可缩短折旧年限或采取加速折旧的方法。

对上述6个行业的小型微利企业2014年1月1日后新购进的研发和生产经营共用的仪器、设备，单位价值不超过100万元的，允许一次性计入当期成本费用在计算应纳税所得额时扣除，不再分年度计算折旧；单位价值超过100万元的，可缩短折旧年限或采取加速折旧的方法。

二、对所有行业企业2014年1月1日后新购进的专门用于研发的仪器、设备，单位价值不超过100万元的，允许一次性计入当期成本费用在计算应纳税所得额时扣除，不再分年度计算折旧；单位价值超过100万元的，可缩短折旧年限或采取加速折旧的方法。

图6 《财政部 国家税务总局关于完善固定资产加速折旧企业所得税政策的通知》

财政部 国家税务总局
关于进一步完善固定资产加速折旧企业所得税政策的通知
财税〔2015〕106号

【字体：大中小】 打印本页

各省、自治区、直辖市、计划单列市财政厅（局）、国家税务局、地方税务局，新疆生产建设兵团财务局：

根据国务院常务会议的有关决定精神，现就有关固定资产加速折旧企业所得税政策问题通知如下：

一、对轻工、纺织、机械、汽车等四个领域重点行业（具体范围见附件）的企业2015年1月1日后新购进的固定资产，可由企业选择缩短折旧年限或采取加速折旧的方法。

二、对上述行业的小型微利企业2015年1月1日后新购进的研发和生产经营共用的仪器、设备，单位价值不超过100万元的，允许一次性计入当期成本费用在计算应纳税所得额时扣除，不再分年度计算折旧；单位价值超过100万元的，可由企业选择缩短折旧年限或采取加速折旧的方法。

三、企业按本通知第一条、第二条规定缩短折旧年限的，最低折旧年限不得低于企业所得税法实施条例第六十条规定折旧年限的60%；采取加速折旧方法的，可采取双倍余额递减法或者年数总和法。

按照企业所得税法及其实施条例有关规定，企业根据自身生产经营需要，也可选择不实行加速折旧政策。

四、本通知自2015年1月1日起执行。2015年前3季度按本通知规定未能计算办理的，统一在2015年第4季度预缴申报时享受优惠或2015年度汇算清缴时办理。

图7 《财政部 国家税务总局关于进一步完善固定资产加速折旧企业所得税政策的通知》

（3）提问：加速折旧对企业有哪些影响？请利用已经学过的会计知识作答。

3. 课后

学生通过SPOC平台的讨论模块讨论"我能为建设制造强国做什么贡献？"系统会根据发言情况计入平

时成绩。教师在参与讨论时也可以针对比较典型的案例提出表扬。学生 PPT 见图 8、图 9。

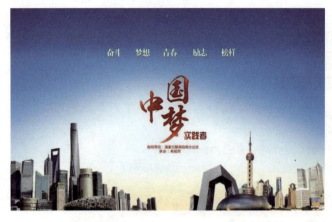

图 8 学生 PPT（一）

图 9 学生 PPT（二）

（四）教学实效

学生爱国热情被激发，也明白了在实现中国梦的过程中，同样可以实现个人的价值，明确了努力方向，教学效果达成。

三、案例反思

（一）创新之处

此案例不是生硬地给学生灌输思政元素，而是结合热点话题，激发学生的爱国情愫。更重要的是，是让学生知道把个人发展和国家命运结合在一起，从而鼓励学生坚韧不拔、吃苦耐劳，实现个人价值。

（二）下一步改进措施

（1）需要进一步增强学生讨论的积极性，如多使用雨课堂弹幕功能，鼓励学生多表达自己。

（2）通过讨论发现，学生对时政热点知一不知二。"两耳不闻窗外事，一心只读圣贤书"的时代已经过去，鼓励学生做关注社会、关注现实、关注中国腾飞，并对其有正确理解和思考的智慧青年。

四、案例资料

（一）课件资料

课件资料为"固定资产折旧之加速折旧法" PPT（见图 10）。

图 10 课件资料"固定资产折旧之加速折旧法" PPT

（二）其他相关教学资源

（1）《财政部　税务总局关于扩大固定资产加速折旧优惠政策适用范围的公告》（财政部　税务总局2019年第66号）。

（2）《财政部　国家税务总局关于完善固定资产加速折旧企业所得税政策的通知》（财税〔2014〕75号）。

（3）《财政部　国家税务总局进一步完善固定资产加速折旧企业所得税政策的通知》（财税〔2015〕106号）。

所属学院： 会计学院
课程名称： 财务管理
课程类型： 专业核心课
案例章节： 资金时间价值的认知
案例名称： 校园贷的高利贷陷阱与风险防范：资金时间价值的认知
——"财务管理"课程思政案例
案例作者： 张雨
课程简介： 本次课旨在使学生认识资金时间价值的含义和意义，理解现值与终值、年金、名义利率与实际利率等基本概念，重点把握一次性收付款现值和终值的计算，掌握资金时间价值的计算原理。本次课以校园贷为背景，以小组为单位完成开放式答题，解密校园贷的骗局，而校园贷是一种残酷剥夺借贷者私人财产的手段，最为常见的校园贷有所谓的"驴打滚""利滚利"，即以一月为限，过期不还者，利转为本，本利翻转，越滚越大，这是最厉害的复利计算形式，从而引入知识点复利终值的计算。通过对校园贷的讲解及课后校园贷开放式话题讨论的开展，展示校园贷的危害，引导学生树立正确的消费观，加强学生的风险防范意识。

校园贷的高利贷陷阱与风险防范：资金时间价值的认知
——"财务管理"课程思政案例

一、案例简介

（一）校园贷的概念及特征

1. 校园贷的概念

校园贷是指在校学生向金融机构或者其他网络借贷平台申请信用贷款的行为。校园贷的本质是消费信用贷和小额信用贷。2015年，中国人民大学信用管理研究中心调查了全国252所高校近5万名大学生，并撰写了《全国大学生信用认知调研报告》。调查显示，在弥补资金短缺时，有8.77%的大学生会使用贷款获取资金，其中网络贷款几乎占一半。只要是在校学生，网上提交资料、通过审核、支付一定手续费，就能轻松申请信用贷款。大学生金融服务成了近年来P2P金融发展最迅猛的产品类别之一。校园贷的业务类型严格来说可以分为以下四类。

（1）消费金融公司信用贷，部分还提供较低额度的现金提现。

（2）P2P贷款平台（网贷平台）贷款，用于大学生助学和创业。目前因国家监管要求，大多数正规网贷平台均已暂停校园贷业务。

（3）线下私贷，俗称高利贷。高利贷通常会进行虚假宣传、线下签约、做非法中介、收取超高费率，同时存在暴力催收等问题，受害者通常会遭受巨大财产损失甚至使自身安全受到威胁。

（4）银行机构贷款，即银行面向大学生提供校园产品。

2. 校园贷的特征

（1）校园贷虽然有申请便利、手续简单、放款迅速等优点，但存在信息审核不严、高利率、高违约金等特点，学生在不断膨胀的消费欲望和侥幸心理之下可能陷入"连环贷"的陷阱。

（2）校园消费贷款平台的风控措施差别较大，个别平台存在学生身份被冒用的风险。此外，部分为学生提供现金借款的平台难以控制借款流向，可能导致缺乏自制力的学生过度消费。

（3）随着学生网贷的平台增多，仅靠降低贷款利率和提高贷款额度博眼球，只会使越来越多的学生借款人掉入分期陷阱，抹黑自己的信誉。

3. 校园贷的常见陷阱

套路一：诱惑借款——借点短钱，利息不会高。

校园贷一般起借金额不高，但是会让人越借越多。为了诱惑大学生借款，放贷者一般提供的金额起初只有3000~5000元，期限较短。这样基本年化利息高，但短期内的利息金额不会高，学生一般不会太敏感。但加上手续费和各类费用，实际利息非常高。一旦超过学生还款能力，就需要一直"拆东墙补西墙"。

套路二：砍头息，坑你没商量。

砍头息是民间金融业内的行话，指的是放高利贷者或地下钱庄，给借款者放贷时先从本金里面扣除一部分钱，这部分钱就叫作砍头息。

例如，出借人借给借款人10万元，但在给付借款人款项时直接把利息2万元扣除，只给借款人8万元，而借款人则给出借人出具了10万元借据，即借据记载的数额大于实际借款数额。因为学生群体往往缺少自我保护意识，即便在此过程中觉得有问题，也往往不敢言，任人摆布。

套路三：还不起？给你介绍门路去平账。

平账即由另一家小额贷款公司偿还第一家公司的钱，借款人再签下更高额的欠款合同。为了平账，借贷公司甚至会故意让借款者违约，如还款时借故到外地，让借款人无法联系到，或将违约的条款设置得非常苛刻，如逾期还款的逾期时间是按小时甚至分钟计算，从而使得债务翻着倍地往上涨。

套路四：规避法律风险，留有一手。

为了规避法律风险，这些高利贷机构往往留有一手。例如，在借款过程中，因为法律不保护高利贷机构，高利贷机构往往会骗借款人前往银行转账取款并拿走现金，留下银行流水作为证据。比如，与借款人一同到银行转账，高利贷机构先将欠条上允诺的金额20万元打入借款人卡中，接着让借款人取出，然后拿走其中的10万元，而借款人却没有拿到还款单。借款人实际到手的钱只有10万元，但是银行流水却显示有20万元进账。

（二）校园贷的危害

近年来，高利贷披上了校园贷款的外衣，将罪恶的魔爪伸向了纯洁的校园。不少学生因为借了校园贷，利滚利欠下了巨额贷款，最后无力还款，无奈走上了绝路。校园贷引发的恶性案件频频曝光，已引起社会的高度关注。校园贷款的危害表现在以下方面。

（1）校园贷款具有高利贷性质。

不法分子将目标瞄准高校，利用高校学生社会认知能力较差、防范心理弱的劣势，进行短期、小额的贷款活动，从表面上看这种借贷是薄利多销，但实际上不法分子获得的利率是银行贷款的20~30倍，肆意压榨无固定收入的学生。

（2）校园贷款会滋生借款学生的恶习。

高校学生的经济来源主要靠父母提供的生活费，学生若具有攀比心理，势必会养成超前消费的观念，父母提供的生活费不足以满足其需求。这些学生可能会转向借校园高利贷获取资金，并引发赌博、酗酒等不良恶习，严重的可能因无法还款而逃课、辍学。

（3）若不能及时归还贷款，放贷人会采用各种手段向学生讨债，可能引发恶性案件。

校园贷平台有整个催款程序，催款程序包含"十步曲"：①发逾期短信；②单独发短信；③单独打电话；④联系贷款者室友；⑤联系父母；⑥再次警告本人；⑦发送律师函；⑧给学校发通知；⑨在学校公共场合张贴大字报；⑩群发短信。一些放贷人在放贷时会要求学生提供学生证、身份证复印件，以及父母联系方式等，对学生个人信息十分了解，因此一旦学生不能按时还贷，放贷人可能会采取恐吓、殴打、威胁等方式暴力讨债，对学生的人身安全和高校的校园秩序造成重大危害。

（4）有不法分子利用高利贷实施其他犯罪。

放贷人可能利用高利贷诈骗学生的抵押物、保证金，或利用学生的个人信息进行电话诈骗、骗领信用卡等。

二、资金时间价值的认知

（一）资金时间价值的含义

资金在周转使用过程中会随着时间的推移而发生增值，使资金在投入、收回的不同时点上价值不同，形成价值差额。资金时间价值也称为货币时间价值，是指一定量的资金在不同时点上价值量的差额，是资金在周转使用过程中随时间的推移而发生的价值增值。

在市场经济条件下，即使不存在通货膨胀，等量资金在不同时点上的价值量也不相等，现在的1元钱比将来的1元钱更值钱。例如，现在有1000元准备存入银行，银行的年利率为5%，1年后可得到本利和1050元。于是，我们认为现在的1000元与1年后的1050元价值相等。因为这1000元经过1年的时间增值了50元，这增值的50元就是资金时间价值。人们将资金在使用过程中随时间的推移而发生增值的现象，称为资金具有时间价值的属性。

资金只有被当作资本投入生产和流通后才能发生增值。也就是说，资金时间价值是资金在周转使用中产生的，是资金的所有者让渡资金的使用权而参与社会财富分配的一种形式。企业资金的循环是从资金货币形态开始的，经过生产过程、销售环节，最后又回到资金货币形态。经过一次循环，由于劳动创造了价值，收回的资金大于初始投入资金的数量，增加了一定的数额，并随着循环次数的增多，资金的增值额也就越大。因此，随着时间的延续，资金总量在不断的循环中按几何级数增长，使得资金具有时间价值。

（二）资金时间价值的计算

由于资金在不同时点上具有不同的经济价值，因此不同时点上的资金不能直接进行比较，必须换算到相同的时点上才能进行比较。因此，掌握资金时间价值的计算很重要。资金时间价值的计算包括一次性收付款项和非一次性收付款项（年金）的终值和现值计算。一次性收付款项是指在某一特定时点上一次性的支出或收入，经过一段时间后再一次性收回或支出的款项。例如，现在将一笔10 000元的现金存入银行，5年后一次性取出本利和。

资金时间价值的计算，涉及两个重要的概念：现值和终值。现值又称本金，是指未来某一时点上的一定量现金折算到现在的价值。终值又称将来值或本利和，是指现在一定量的现金在将来某一时点上的价值。在该知识点中，采用复利计提利息。复利是指不但对本金要计息，而且对本金所生的利息也要计息，即利滚利。

复利的终值是指一定量的本金按复利计算的若干年后的本利和。

$$F = P \times (1+i)^n$$

$(1+i)^n$：称为复利终值系数或1元复利终值系数，用符号$(F/P, i, n)$表示，其数值可查阅1元复利终值系数表。

由上述公式可以看出，随着时间的延续，资金总量在不断的循环中按几何级数增长，使得资金具有时间价值。

通过上述知识点，我们发现校园贷是索取特别高额利息的贷款。最为常见的校园贷是所谓的"驴打滚"、"利滚利"，即以一月为限，过期不还者，利转为本，本利翻转，越滚越大，这是最厉害的复利计算形式。校园贷常采取"大耳窿""驴打滚""羊羔息""坐地抽"等借贷方式。

三、提高在校大学生的金融风险防范意识

（1）引导大学生树立正确的消费观，合理安排消费。

调查发现，62.5%的大学生属于"月光族"，25.3%的学生常常感到资金不足，20.7%的学生有过借贷行为。大学生普遍自制能力差，极易产生冲动型消费行为，且因为群体居住的特点，易互相攀比、互相影响。因此，在大学的思想政治教育课程中，应正确引导和培养学生的人生观、世界观和价值观，大力宣传中华民族勤俭节约的美德，鼓励学生参加勤工俭学，体会挣钱的艰辛，体会父母工作的不易，帮助并引导学生制定合理的消费计划，满足日常消费开支，杜绝高消费及与自身经济情况不符的消费。

通过各种途径，丰富大学生的金融知识，提高大学生的金融素养，引导大学生杜绝高消费及与自身经济情况不符的消费。学校可通过慕课、课外讲座等形式，开展大学生金融知识普及教育，让非财经类大学生能掌握一些基本的金融财务知识，如实际利率与名义利率的关系，不同还款方式下利息是如何计算的，投资回报率、资金时间价值等。通过班会讨论分享一些校园贷案例，帮助学生提高金融风险防范意识，提升大学生的财商与情商。

（3）加强大学生的诚信教育。

学校应通过各种途径开展诚信教育，培养学生的契约精神，让学生明白规章制度不是摆设，清楚违反规章制度、违反契约的后果，让学生明白违纪就要承担责任，培养学生的责任感与诚信意识。通过强有力的校园诚信约束机制来规范学生的行为，杜绝学生的侥幸心理，从而杜绝校园贷的违约责任与一系列后果。

（4）构建集公安、学校、监督机构、家长于一体的大学生金融风险防范体系。

对于互联网金融机构开展网络借贷业务，首先要明确其监管机构，实现相关立法或规则制定。将互联网金融平台与央行的征信系统进行对接，核实借款人的真实负债情况，避免大学生向网络平台借款。学校应定期开展网络校园贷排查统计工作，发现"裸贷""高利贷""巨额贷"等问题，及时通知家长或公安经侦部门，共同构建集公安、学校、监督机构、家长于一体的大学生金融风险防范体系。

四、案例实施

（一）教学目标

1. 知识目标

认识资金时间价值的含义和意义，理解现值与终值、年金、名义利率与实际利率等基本概念，掌握资金时间价值的计算原理。

2. 能力目标

具有时间价值和风险价值观念，具备运用资金时间价值计量原理与方法对企业财务活动中资金和现金流量的时间价值进行计算、分析与比较的能力。

3. 思政目标

通过对校园贷的讲解及讨论，展示校园贷的危害，加强学生的风险防范意识，使学生能够树立正确的消费观。

（二）教学设计

教学设计如表1所示。

表1　教学设计

课程名称	财务管理	授课学时	2学时
授课对象	高职财会类专业二年级学生	授课地点	智慧教室
授课内容	货币时间价值观念		
教学重点	一次性收付款现值和终值的计算		
教学难点	货币时间价值观念		
教学方法	讲授教学法、案例教学法、引导教学法、问题探究法		
教学资源	课堂环境：智慧教室、钉钉会议。 教学平台：SPOC平台。 信息化手段：微视频、雨课堂等。		
教学实施过程			
（一）课前：自主学习			
环节	教学内容	教师活动	学生活动
课前导学	提前感知货币时间价值观念	通过SPOC平台发布课前测试题，掌握学生对货币时间价值观念的感知情况	预习货币时间价值观念，完成课前测试题
（二）课中：教学实施			
环节	教学内容	教师活动	学生活动
课前回顾引入新课	1. 点评课后任务，复习上一节课有关内容。 2. 引入新课，介绍本节课框架	1. 复习上节课知识点。 2. 总结学生对货币时间价值观念的感知情况，同时引入新课	认真听讲，积极思考

续表

环节	教学内容	教师活动	学生活动
新课讲解	货币时间价值观念	1. 打开炒股软件同花顺，引导学生观察时间变化下的股票价值变化。 2. 开展话题讨论。 发布话题，即给你两种选择：（A）现在给你100元钱；（B）1年后给你100元钱。你的选择是什么？为什么？	1. 认真观察股票价值变化，并做总结。 2. 参与话题讨论，加深对货币时间价值观念的理解
新课讲解	复利下一次性收付款现值： ①复利现值概念； ②复利现值计算	1. 讲解复利现值的计算。 2. 通过雨课堂发布课堂测试题。 3. 讲解测试题	1. 认真听讲，做好笔记。 2. 完成课堂测试。 3. 分析、总结错误点
1 课时结束			

环节	教学内容	教师活动	学生活动
新课讲解	复利下一次性收付款终值： ①复利终值概念； ②复利终值计算	1. 开展话题讨论：发布话题"你眼中的校园贷"。 2. 以校园贷为背景，讲解复利终值的计算。 3. 通过雨课堂发布课堂测试题。 4. 讲解测试题	1. 积极参与话题讨论，思考为什么要警惕校园贷。 2. 认真听讲，做好笔记。 3. 完成课堂测试。 4. 分析、总结错误点
课堂总结	本节课内容框架	带领学生回顾并总结	翻看笔记，复习总结
2 课时结束			
（三）课后：自主延学			
布置任务	以小组为单位完成开放式答题，解密校园贷的骗局，并上传至云班课，学生互评		
课程思政活动设计及成效体会			
课程思政活动设计	1. 通过观察炒股软件中股票价值变化得出货币时间价值概念，同时强调"股市有风险，投资需谨慎"的风险意识。 2. 通过对校园贷的讲解及课后校园贷开放式话题讨论的开展，展示校园贷的危害，引导学生树立正确的消费观，加强学生的风险防范意识		
课程思政成效体会	1. 通过观察炒股软件中股票价值变化得出货币时间价值概念的同时，学生认识到"股市有风险，投资需谨慎"，应拒绝股票投机行为。 2. 通过对校园贷的讲解及课后校园贷开放式话题讨论的开展，展示了校园贷的危害，加强了学生的风险防范意识，培养了学生从实际出发、理性消费的意识		
教学评价与反思			
教学效果	课后知识测试结果显示，学生能基本掌握财务管理目标的相关知识点；同时，在课堂上学生参与度高且活跃，教学重难点得以突破，教学目标达成		
诊断改进	关于资金时间价值理念的学习，学生对于知识的掌握有一定的难度，需要精讲多练，逐步深入理解，同时帮助学生树立自信，克服畏难情绪，使学生敢于挑战未知		

（三）教学过程

1. 课前

学生提前感知货币时间价值观念。教师通过 SPOC 平台发布课前测试题，掌握学生对货币时间价值观念的感知情况。

2. 课中

（1）引入新课。

①教师打开炒股软件同花顺，引导学生观察时间变化下的股票价值变化。

②教师组织开展话题讨论。教师发布话题，即给你两种选择：（A）现在给你100元钱；（B）1年后给你100元钱。你的选择是什么？为什么？由此引入新课——资金时间价值。

（2）融入思政元素。

教师发布话题"你眼中的校园贷"，以校园贷为背景，讲解复利终值的计算，引导大学生树立正确的消费观，合理安排消费。教师通过各种途径，丰富大学生的金融知识，提高大学生的金融素养。加强大学生的诚信教育。

3. 课后

通过 SPOC 平台的讨论模块，学生以小组为单位完成开放式答题，解密校园贷的骗局，并上传至云班课，完成互评。教师在参与讨论时也可以针对比较典型的案例提出表扬。

（四）教学实效

（1）通过观察炒股软件中股票价值变化得出货币时间价值概念的同时，学生认识到"股市有风险，投资需谨慎"，应绝股票投机行为。

（2）通过对校园贷的讲解及课后校园贷开放式话题讨论的开展，展示了校园贷的危害，加强了学生的风险防范意识，培养了学生从实际出发、理性消费的意识。

五、案例反思

（一）创新之处

1. 提升资金时间价值观念实际教学效果

学生认识了资金时间价值的含义和意义，理解了现值与终值、年金、名义利率与实际利率等基本概念，掌握了资金时间价值的计算原理。

2. 把握课程思政的核心，构建正确消费观

通过对校园贷的讲解及讨论，展示了校园贷的危害，加强了学生的风险防范意识，有助于学生树立正确的消费观。

（二）下一步改进措施

关于资金时间价值理念的学习，学生对于知识的掌握有一定的难度，需要精讲多练，逐步深入理解，同时帮助学生树立自信，克服畏难情绪，使学生敢于挑战未知。

六、案例资料

（一）课件资料（课堂教学使用）

课件资料如图1所示。

图 1 课件资料

（二）其他相关教学资源

1. 参考教材

（1）《企业财务管理》，杨欣、刘银楼主编，立信会计出版社。

（2）《财务管理实务（第五版）》，靳磊主编，高等教育出版社。

2. 金融监管部门提示：谨防校园贷款连环套、"AI 换脸"等新型诈骗手段

https：//news.cctv.cn/2023/10/07/ARTIMTK8WIyXwMUBTKSz9JMF231007.shtml。

所属学院： 金融科技学院

课程名称： 经济学基础

课程类型： 专业基础课

案例章节： 第二章第三节"供求理论"

案例名称： "双碳"背景下的汽车转型之路：倡导低碳出行
——"经济学基础"课程思政案例

案例作者： 姜涛，赵志芳，王伟，朱芬华，赵静

课程简介： 本课程旨在引领学生掌握经济学的基础理论，具备经济学的思维方式。本次课通过课堂展示、小组讨论引导学生运用供求/效用/生产成本理论分析微观经济现象，通过经济观察、案例分析引导学生运用宏观经济理论解决宏观经济问题，帮助学生更好地了解我们所生活的世界，更理性地参与经济生活，更明确理解政府经济政策的潜力与局限性。

"双碳"背景下的汽车转型之路：倡导低碳出行
——"经济学基础"课程思政案例

一、案例简介

伴随着全球变暖不断加剧，极端天气越来越频繁地出现。联合国政府间气候变化专门委员会曾发布报告称，在 2010 年至 2019 年之间，全球的温室气体排放量处于历史最高水平。节能减排成为摆在全人类面临的重要课题。以习近平同志为核心的党中央统筹国内国际两个大局，适时作出实现"碳达峰、碳中和"的重大战略决策，其意义重大、影响深远。汽车行业面临着传统燃油车碳排放量高、污染环境的新发展阶段，如何更好贯彻党中央的新发展理念，运用新能源汽车碳排放量低、使用成本低的优势，使用新能源汽车代替传统燃油车，从而构建汽车行业节能减排的新发展格局，成为汽车行业亟待解决的一个问题。

二、案例实施

（一）教学目标

1. 知识目标

（1）掌握供求均衡、均衡价格、均衡数量的含义。

（2）理解供求均衡形成的过程。

（3）掌握均衡变动的情况和供求定理的内容。

2. 能力目标

（1）能举例说明供求均衡形成的过程。

（2）能判断均衡价格和均衡数量变动的方向，能用供求定理分析特定产品价格变化。

3. 思政目标

（1）培养学生的节能减排意识，推广节能低碳型新能源汽车这一交通工具，积极引导学生绿色出行、低碳出行。

（2）引导学生立足我国新发展阶段，贯彻新发展理念，助力构建新发展格局。

（二）教学设计

本次课以进入新发展阶段、贯彻新发展理念和构建新发展格局为引领，以传统燃油车和新能源汽车为研究对象，实现了教学内容与国家"十四五"规划的高度契合。本次课通过课前 MOOC 学习和小组任务的完成，引导学生建立初步认识；在课中实施图形推理、重难点精讲，实现师生互动，并展示小组作业，引导学生互评、生生互动；在课后以思考题目拓展学生的思路。

（1）立足新发展阶段（见图1）：传统燃油车碳排放量高、污染环境。

图 1　立足新发展阶段

（2）贯彻新发展理念（见图2）：新能源汽车碳排放量低、使用成本低。

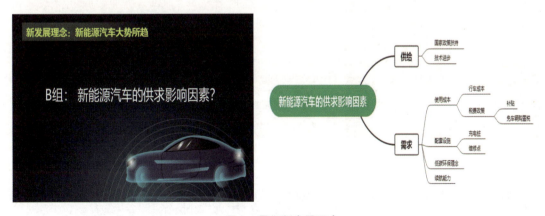

图 2　贯彻新发展理念

（3）构建新发展格局（见图3）：新能源汽车代替传统燃油车。

现阶段，行业公认的汽车产业减碳的有效措施之一是加大新能源汽车对传统燃油车的替代效应。这一举措可以有效改善汽车使用环节的碳排放。相关数据显示，相对于传统燃油车，新能源乘用车每年在使用阶段减少的碳排放量约为 1500 万吨。

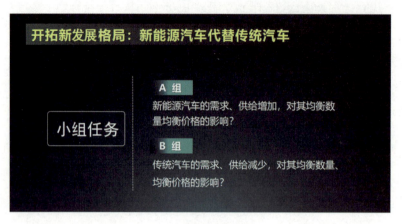

图 3　新发展格局

（三）教学过程

实施路径如图 4 所示，教学过程如表 1 所示。

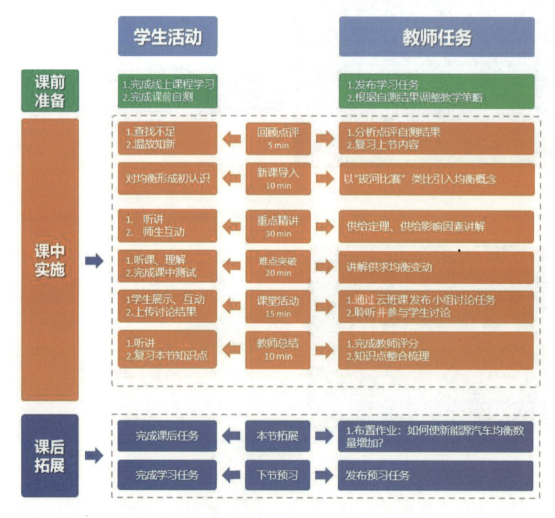

图 4　实施路径

表 1　教学过程

3.1　课前准备			
环节	设计目的	教师活动	学生活动
课前准备	发布本次课预习任务单，学生进行线上自学和测评，教师进行线上测试并统计测评结果，据此调整教学策略并备课	（1）将课前学习资料上传至云班课App，并发布任务，让班级学生进行自主学习和小组活动准备。 （2）查看学生线上课前测评的答题情况，对测评结果进行分析，调整授课重点	（1）打开云班课App，按照预习任务单进行学习； （3）完成线上课前测试
3.2　课中实施			
环节	设计目的	教师活动	学生活动
回顾点评 （5 min）	通过统计解析课前测试结果，让学生对自己学习的效果进行反思和重新思考；复习、梳理上节知识点逻辑，加深学生的记忆和理解	（1）完成云班课投屏。 （2）组织线上签到。 （3）打开课前测试完成统计页面，对错误率高的题目，请学生自愿解答，在学生解答后再次提问，考查学生的掌握情况	（1）打开App完成一键签到。 （2）根据其他同学的讲解，重新思考课前自测的错误题目，回答教师的提问

续表

环节	设计目的	教师活动	学生活动
新课导入 师生互动 （10 min）	以小见大，让学生更易理解均衡，调动学生的积极性，加强师生交流	发布图片，提出问题。 通过云班课选人答题，对学生的回答进行点评和有针对性的启发	观察图片，总结特点，回答教师的提问
新课精讲 师生互动 （30 min）	本节重点1——知识点一：供求均衡的含义（15 min）		
	让学生理解、掌握基础理论	教师讲授，在黑板上绘制供求图，总结均衡的特点	学生听讲，理解
	本节重点2——知识点二：均衡的形成（15 min）		
	让学生理解均衡形成的过程	1. 以牛肉市场均衡的形成为例，分析三种情况：牛肉价格过高导致供给过剩；牛肉价格过低导致供不应求；牛肉价格等于均衡价格时，需求量等于供给量。 2. 解答学生的问题	学生听讲，向教师提问
课间休息 （10 min）	课间休息（10 min）		
难点突破 （40 min） 师生互动+ 生生互动	结合教师讲授，学生小组作业展示、小组课堂讨论，教师答疑，实现师生互动、生生互动，使学生掌握均衡的变动这一知识点	1. 提问：均衡状态是否会静止不动？ 2. 组织各学生展示小组课前作业。 3. 对小组作业进行点评、评分。 4. 发布课堂讨论任务。 5. 对小组讨论结果进行总结、答疑，总结供求定理	1. 思考并回答问题。 2. 汇报课前作业。 3. 在云班课上进行组间互评。 4. 参与讨论，发现问题，提出问题。 5. 理解供求定理的内容
课后拓展	提高学生的理论运用能力	1. 布置课后作业。 2. 发布学习任务	1. 理解作业、学习任务的要求。 2. 在课后完成各项作业、任务
环节一 教师导入 （1 min）	教师：刚才我们学习了市场力量如何自发地实现供求均衡。当市场处于供求均衡这样的状态时，是不是这种均衡状态会静止下来，永远不变呢？显然，答案是否定的。如果影响供求中任一方的力量发生变动，这种供求均衡就会被打破。 接下来我们通过新能源汽车的供给需求变动分析其均衡价格和均衡数量的变化。课前将同学们分为两组，分别搜集传统汽车和新能源汽车的供求影响因素，并利用思维导图进行整理。现在A组先来汇报一下传统汽车供求的影响因素		

续表

环节	设计目的	教师活动	学生活动
环节二 学生汇报 （2 min）	A 组	学生 1：现在由我来给大家汇报我们组整理的传统汽车供给和需求的影响因素。 供给的影响因素主要有政策因素和生产成本、厂商对未来的预期，在需求方面主要受环保意识、政策导向和使用成本的影响	
环节二 学生汇报 （2 min）	B 组	学生 2： 新能源汽车的供求影响因素 供给——国家政策扶持、技术进步 需求——使用成本（充电费用、政策优惠）、配套设施（充电桩、维修点） 新能源汽车的供给影响因素主要有政府政策扶持、技术进步、未来的预期。 需求的影响因素主要有使用成本、配套设施等。环保意识普遍提高后，消费者更偏好于节能环保的新能源汽车。油价上涨后，新能源汽车相较于传统汽车使用成本更低。消费者的顾虑主要是新能源汽车的基础配套设施还不完善，如充电点太少	
教师总结 学生回答 （1 min）	教师：我们两个组的同学找出了这么多影响传统汽车和新能汽车供求的因素。大家有没有发现，未来汽车行业发展的一个大趋势啊？A 组的同学先来说一下。 学生 3：我们组在搜集整理关于传统汽车供求的材料时，看到了许多关于传统汽车污染的信息，我感觉可能未来汽车行业还是要向环保汽车方向发展。 教师：很好，环保汽车是未来发展的趋势。B 组的同学再来说一下。 学生 4：通过整理新能源汽车供求影响因素的材料发现，为了我国的能源安全，也为了保护环境，政府和消费者都会更多地选择新能源汽车，所以汽车行业未来应该会生产更多、更好的新能源汽车。 教师：两组的同学通过分析两类汽车的供求都发现，未来环保汽车是发展趋势。事实也的确如此，下面大家一起来看一段新闻		
时事新闻 （2 min）	碳达峰、碳中和		
教师总结 （1 min）	教师：为了我们国家能如期实现碳中和，需要从多方面努力，新能源汽车替代传统汽车就是其中一个方面。现在有一个新的任务要交给大家，接下来，你们要分析这些影响汽车供求的因素对汽车的均衡价格和均衡数量有什么样的影响。我给大家设置了四个情境，并把同学们分成了四组。我已经把具体的讨论内容和要求上传了，大家找到自己的组员并开始讨论吧		
小组讨论 结果汇报： （3 min） （每组讨论 一个情境）	情境一：供给不变，需求增加。国家对购买新能源汽车免税，在社区、停车场设立充电桩，人们环保意识提高，均衡价格提高，均衡数量增加。 情境二：供给不变，需求减少。石油价格上涨，均衡价格降低，均衡数量减少。 情境三：需求不变，供给增加。国家对新能源生产进行补贴，均衡价格降低，均衡数量增加。 情境四：需求不变，供给减少。传统汽车生产政策成本增加，均衡价格提高，均衡数量减少		
教师总结 1 min	供求定理的内容： 在其他条件不变的情况下，需求的变动引起均衡价格和均衡数量同方向变动。供给的变动将引起均衡价格反方向和均衡数量同方向变动		
学生提问 教师解答 2 min	学生提问：如果需求和供给同时变动，均衡价格和均衡数量如何变动？ 教师：这位同学提的问题很好。在现实中，供给和需求往往是同时发生变化的，现在我们还是以新能源汽车的供求为例来分析一下。 1. 供给和需求同时增加，均衡数量增加，均衡价格不一定提高。 2. 供给和需求同时减少，均衡数量减少，均衡价格不一定提高。 3. 供给增加，需求减少（电动车自燃事故），均衡数量不一定增加，均衡价格降低。 4. 供给减少，需求增加，均衡价格提高，均衡数量不一定增加		

续表

教师总结（1 min）	教师：为了我们的碧水蓝天，要更多地用新能源汽车代替传统汽车，也就是说要不断增加新能源汽车的均衡数量。现在大家看看我们前面的分析，在什么情况下均衡数量一定会增加呢？ 学生答：在供给和需求都增加的情况下。 教师：那如何使供给和需求都增加呢？我给大家布置以个课后小作业，大家结合前面分析的新能源汽车的供求影响因素，想想如何使新能源汽车的均衡数量不断增加

（四）教学实效

本次课通过组织学生自主探究新能源汽车、传统汽车的供求影响因素，在使学生更好地掌握经济学知识的同时，提高了学生的逻辑思维能力，培养了学生的节能环保意识，使学生更好地理解国家碳中和愿景；通过师生互动、生生互动，提高了学生的沟通能力和表达能力、理论联系实践的能力。本次课运用任务驱动法创设教学情境，有序完成课前制定方案和课中分享方案、优化方案、实施方案等以及课后拓展训练，将学习和实践相结合，充分体现了"在做中学、在学中做"的职教理念。

三、案例反思

（一）创新之处

1. 立足课程教学，融入政府报告

本次课强调以进入新发展阶段、贯彻新发展理念和构建新发展格局为引领，以传统燃油车和新能源汽车为研究对象，实现了教学内容与国家"十四五"规划的高度契合。

2. 立足祖国大地，讲好经济故事

为了更好地提升课堂教学的育人效果，本次课立足身边事、立足祖国大地，讲好中国经济故事，讲好祖国发展取得的伟大成就，更容易"润物细无声"，更容易使学生产生共鸣。

（二）下一步改进措施

（1）做好课前任务布置工作。本次课的正常开展有一个重要前提，即学生需要在课前完成相关任务（如新知识的学习和测试），尤其是A组和B组学生的相关资料搜集、整理和分享。教师在课前要对搜集资料做具体的分工，并指导学生搜集材料。学生资料搜集的质量和高度，会影响到课堂教学效果。

（2）进一步思考以哪个案例切入正课。均衡价格是此次课的关键词，在课中以新能源汽车为例，结合需求、供给的影响因素，着重介绍了新能源汽车均衡价格的变动。后续可以考虑从俄乌战争、油价上涨等视角从新能源汽车的价格切入，引出均衡价格的含义。这方面的资料可以进一步补充完善。

（3）适当增加课程思政元素。本次课的思政教育旨在培养学生的节能减排意识，推广节能低碳型新能源汽车这一交通工具，积极引导学生绿色出行、低碳出行。在介绍新能源汽车相关资料的基础上，可以考虑突出国产新能源汽车的品牌优势，引导学生支持国货。

四、案例资料

（一）课件资料

课件资料如图 5 所示。

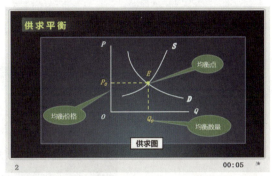

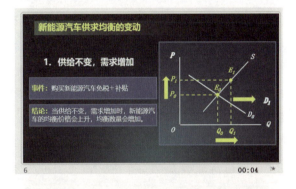
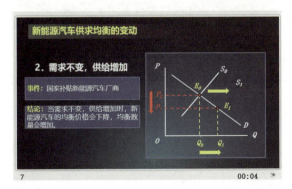
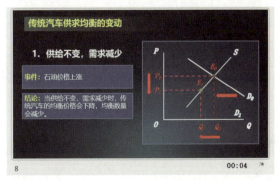

图 5 课件资料

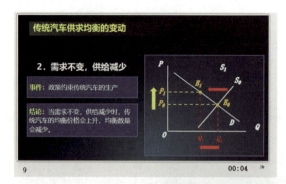

续图 5

（二）其他相关教学资源

相关教学资源如下。

（1）"经济学基础"省级精品视频公开课，朱芬华，2012 年立项，已结项。

（2）"经济学基础"省级 MOOC，姜涛，2014 年立项，已结项。

（3）"生活经济学"省级 MOOC，王伟，2015 年立项，已结项。

（4）"经济学基础"安徽省"十三五"规划教材，高等教育出版社，2016 年。

（5）"经济学基础"云教材，西安交通大学出版社，2019 年。

（6）"经济学基础"课程标准、授课计划、教学教案、教学课件、案例解析、名著赏析（网上资源电子版）等日常教学资源。

（7）"经济学基础"试题库（1000 题，可分章节编排可直接组卷，含参考答案及评分标准）。

（8）蓝墨优选教学资源包含省级 MOOC 视频课件与讲稿各 1 套、MOOC 视频 30 个、教学动画 17 个、知识卡片 9 个，练习题及答案 9 组，期中和期末考试试题 1 套等课程资源。课程教学活动包括随堂测试、课堂展示、头脑风暴、小组讨论等 105 个各类交互活动。

（9）"经济学基础"教学资料库（http：//www.abc.edu.cn：8001/zz/index.jhtml）。

（10）本课程拥有一支教学理念先进、知识结构合理、年龄结构协调、团结协作意识强、师资配置整体优化的"双师型"教学队伍。

五、测试题

1. 当需求减少时，均衡价格会（　　），均衡数量会（　　）。

A. 上升，减少　　　　B. 下降，增加　　　　C. 上升，增加　　　　D. 下降，减少

2. 当供给增加时,均衡价格会( ),均衡数量会( )。
A. 上升,减少　　　　　B. 下降,增加　　　　　C. 上升,增加　　　　　D. 下降,减少

3. 新能源汽车的续航能力大幅提升,新能源汽车市场的( )。
A. 均衡价格和均衡数量都将上升
B. 均衡价格的变化无法确定,均衡数量将增加
C. 均衡价格和均衡数量都将下降
D. 均衡价格上升,均衡数量无法确定

4. 俄罗斯和乌克兰战争导致国际油价暴涨,使得新能源汽车市场的均衡价格( )和均衡数量( )。
A. 上升,减少　　　　　B. 下降,增加　　　　　C. 上升,增加　　　　　D. 下降,减少

六、案例

为什么苹果在旺季价格下降,海滨别墅却在旺季价格上升?

就苹果而言,季节性消费量的增加,主要由供给增加所致;而就海滨别墅而言,季节性消费量的增加,主要由需求增加所致。在夏季,苹果的需求基本不变,而苹果供给大量增加,使得苹果的均衡价格下降、均衡数量增加;在旅游旺季,海滨别墅的供给基本不变,但海滨别墅的需求大幅度增加,使得海滨别墅的均衡价格上升、均衡数量增加。

苹果和海滨别墅的消费量都在夏季最高。苹果的价格夏季最低,因为苹果消费量的增加是由供给增加所致。海滨别墅的价格夏季最高,因为消费量的增加是由需求增加所致。也就是说,苹果的"旺"旺在供给上,海滨别墅的"旺"旺在需求上,二者截然不同。

所属学院：金融科技学院

课程名称：金融基础

课程类型：专业基础课

案例章节：单元二　货币与货币制度（2.1　货币的起源与变迁）

案例名称：货币的起源与变迁：数字人民币，"钱"途无限，未来可期
　　　　　——"金融基础"课程思政案例

案例作者：许贤丽，胡艳，吴雪萍，夏佳佳，胡增芳

课程简介："金融基础"是财经类专业的专业基础课程。通过教学，引导学生认识货币与金融体系的运行机制、货币运行与经济运行的关系，使学生能够通过学习将金融知识与现实生活相联系，更好理解国家制定金融政策的背景与政策目的，为后续的学习奠定比较扎实的知识基础。本课程贯彻"价值塑造、金融应用能力、金融专业知识"三位一体的育人理念，把价值观培育和塑造"基因式"地融入课程，并逐步渗透于实习实践当中，深入系统地推进立德树人。本课程结合市场需求和育人要求，将思政融入点统筹设计为九个方面：金融概述之金融强国、责任、担当；货币与货币制度之货币文化；信用与利息之诚实守信；金融机构与金融市场之民族自信；商业银行的业务经营之服务意识、徽商工匠精神；证券市场及其业务之合规理念；保险公司的业务经营之职业操守；认识国际金融之国际视野；货币供求均衡与货币政策之理想信念。

货币的起源与变迁：数字人民币，"钱"途无限，未来可期
——"金融基础"课程思政案例

一、案例简介

（一）案例综述

数字人民币，即中国人民银行发行的数字形式的法定货币。经过全国部分地区的试点后，数字人民币的试点测试从此前的"10+1"格局，扩容为 2022 年的二十多个城市，数量上增长了一倍多，且已覆盖长三角、珠三角、京津冀、中部、西部、东北、西北等不同地区，试点范围在全国加速铺开。自 2019 年底开始大规模测试以来，中国已经有超 1 亿人使用过数字人民币。试点地区大多采取数字人民币红包形式，鼓励老百姓体验数字人民币线下场景消费，让普通群众渐渐接触这一新鲜事物。

自 1986 年以来，奥运会官方场馆的支付方式有且只有两种——现金和 Visa 卡。这种情况直到 2022 年北京冬奥会才得以改变。在充满活力的"奥运泡泡"内部，除了传统的支付方式外，来自世界各地的运动员、记者及工作人员和所有其他客人有了一种全新的支付选择——中国的数字人民币。

2022 年北京冬奥会被誉为"科技冬奥"，而数字人民币又是北京冬奥会的科技"名片"。数字人民币在

北京冬奥会交通出行、餐饮住宿、购物消费、旅游观光、医疗卫生、通信服务、票务娱乐等七大类场景实现全覆盖（见图1）。

图1　数字人民币在北京冬奥会中的应用

除了七大场景外，在北京冬奥会期间数字人民币的另外一大亮点是：消费者可根据自身习惯及使用偏好，选用手机App形式的数字人民币软钱包，或选用不依托手机的数字人民币硬钱包，如卡式硬钱包、可穿戴设备等，甚至滑雪手套、滑雪手杖、徽章等，均可以设计成数字人民币硬钱包（见图2），以方便不同场景下的消费。

图2　数字人民币硬钱包

（二）思政教育融入点

国务院总理李克强在2022年政府工作报告中提道："促进数字经济发展。加强数字中国建设整体布局。建设数字信息基础设施，逐步构建全国一体化大数据中心体系，推进5G规模化应用，促进产业数字化转型，发展智慧城市、数字乡村。加快发展工业互联网，培育壮大集成电路、人工智能等数字产业，提升关键软硬件技术创新和供给能力。完善数字经济治理，培育数据要素市场，释放数据要素潜力，提高应用能力，更好赋能经济发展、丰富人民生活。"

"金融基础"课程思政的育人特色为"一体两翼三协同"，即：以立德树人为主体，合理设置课程目标，梳理课程内容，深入挖掘课程蕴含的思政元素和承载的育人功能；探索"课程思政"内涵，实现第一、第二课堂两翼融合，在课堂教学中融入科学精神、价值观念、人文情怀和高尚品质，培养德才兼备的高职金融复合型人才，并发挥第二课堂实践育人功能，创新性地融入场景教学、校企合作，打造实训室和实习基地；通过教学活动的宏观、中观、微观协同设计，培育学生长效的金融素养。在课程思政推进过程中，本课程充分发挥教师党支部的战斗堡垒作用，达到"课程思政引领教学改革，校企合作助力学生成才"的目的。

以"货币形态的演变"知识点为例，首先通过案例让学生了解越来越多场景的加入正稳步推进数字人民币应用，并以数字人民币生态体系将更加完善作为切入点，引导学生思考我国积极推动数字人民币背后的战略意义——是人民币走向国际化的有力武器。然后，以讨论"数字人民币和我们现在使用的电子支付手段有什么区别？"发起头脑风暴，通过学生各自分享使用电子支付手段的经验，引出数字人民币的核心特征，同时播放央视专题报道《揭秘数字人民币》，引起学生感情上的强烈共鸣，在激发学生学习兴趣的同时，通过教师总结，让学生理解数字人民币在双循环新发展格局中的作用，进一步体会以数字人民币试点和推广为抓手，加快金融科技创新、深化数字金融发展、推进数字经济建设对建设社会主义现代化国家、实现中华民族伟大复兴的重要意义，并培养学生的社会责任感和爱国爱党的情怀，激励当代青年担当作为，为中华民族伟大复兴做出自己的贡献。

（三）教学方法与举措

在课程设计的过程中，注重教学内容、教学模式、教学方法的选择和教学资源的建设，立足于教材，结合生活，关注社会热点问题，挖掘金融类专业基础课程教学内容中的思政素材，通过将思政教育自然地融入专业课程教学中，做到显性教育和隐性教育相统一，以实现教育教学中的"三全育人"。主要的教学方法有任务驱动法、讲授教学法、合作学习教学法、角色扮演教学法，具体的举措如下。

（1）在知识中渗透世界观、价值观和人生观，给学生以启发。专业课是思政教育的隐形助力，专业课教学的核心是专业知识，根本是坚持立德树人，不断引导学生树立正确的价值观，以价值观支撑知识的学习，为学生成长成才打好价值底色。在讲述人民币国际化进程时，介绍我国数字人民币试点情况及战略意义，引导学生共同探讨这一制度的意义，增强学生对社会主义制度优越性的认可程度，帮助学生理解货币制度和国家主权的联系，增加学生对家国情怀的认同感。

（2）通过教学渗透一种辩证思维。马克思说："辩证法在对现存事物的肯定的理解中同时包含对现存事物的否定的理解，即对现存事物的必然灭亡的理解；辩证法对每一种既成的形式都是从不断的运动中，因而也是从它的暂时性方面去理解。"在讲解货币起源这部分内容时，先介绍我国古代和西方的货币起源学说，其中包括先王制币说和创造发明说等唯心主义的货币起源学说，在此基础上着重介绍马克思的货币起源学说，从辩证唯物主义角度出发，与学生探讨学习货币起源的全部过程。

（3）传承中华美德，引导学生树立文化自信。习近平总书记指出，我们要坚定中国特色社会主义的道路自信、理论自信、制度自信、文化自信。在讲述我国货币形态发展历程时，介绍我国最早的金币——郢爰、全世界最早的纸币——交子，让学生铭记我国这些引以为豪的历史，引导学生树立文化自信。

（四）教学成效

（1）实施课程思政教学改革后有助于提升学生的获得感。

通过教学观察，授课班级学生对课程所蕴含着的思政元素基本更加容易吸收，教学"拔节孕穗"的作用得到更进一步显现。著名教育学家陶行知指出，全部的课程包括全部的生活，一切课程都是生活，一切生活都是课程。在教学过程中，结合"数字人民币"这一热点话题，请学生通过互联网检索各地出台的数字人民币相关试点政策文件、落地方案和试点效果报道，结合本节课所学的知识，思考和梳理数字人民币对双循环新发展格局的作用，提升学生的获得感。

（2）实施课程思政教学改革后有助于提升教师的获得感。

课程思政教学改革能进一步提高教师对思想教育工作的认识，将课程思政元素融入专业课程的教学过程中，引导专业教师感受到课程思政的重要性和紧迫性，努力把思想政治工作贯穿教育教学全过程，实现全程育人、全方位育人，积极贯彻落实"思政教育主力军"这一要求。

课程思政教学改革能进一步有效提升教师的教学能力，增强教师教书育人的政治责任感。在教学过程中，专业教师通过不停挖掘课程思政的素材这一过程，能够切实提升德育意识和价值教育能力。只有教师对核心价值有深刻的理解，明确课堂教育中的德育责任，才能引导学生树立正确的价值观，做好学生健康成长的指导者和引路人，真正实现"亲其师，信其道"。例如，在讲解数字人民币时，教师深挖数字人民币运行机制、机理，带着学生从"白皮书"也就是数字货币项目的项目书开始研究，看项目背后有没有正确的商业逻辑支撑，看它的价值来源于何处。对于想"发币"的学生，建议他们先去做区块链开发，去研究在底层怎样处理相关的程序响应、如何才能保证交易的安全性等。学生成功撰写发表论文《数字货币 Libra 的运行机制、全球影响及应对策略探析》，极大地增加了教师的获得感。

（3）开展课程思政教学改革对课程建设起到反哺作用。

课程思政教学改革有助于进一步拓宽师生的视野。在教学过程中，专业教师不停地挖掘课程思政的素材，如生活案例、时政热点等，在提升了自身思政素养的同时拓宽了视野，有助于进一步增强教学的效果。

二、案例实施

（一）教学目标

1. 知识目标

（1）掌握货币的含义和本质。

（2）了解货币的起源。

（3）掌握货币形式的演变。

（4）熟悉货币层次划分的标准及具体内容。

2. 能力目标

（1）能够正确分析现实经济中的货币现象。

（2）具备运用货币的各项职能处理现实经济事务的能力。

3. 思政目标

增强学生对社会主义制度的优越感、家国情怀，引导学生树立文化自信，培养学生的社会责任感和爱国爱党的情怀。

（二）教学设计

1. 教学基本情况

教学基本情况如表 1 所示。

表 1　教学基本情况

授课内容	货币的起源与变迁		
授课对象	高职金融类专业一年级学生	授课学时	2 学时
授课地点	智慧多媒体教室	授课形式	线上线下混合式教学模式
内容分析	单元二　货币与货币制度 2.1　货币的起源和变迁 货币的起源与变迁： — 货币起源 → 货币的定义，货币产生的历程 — 货币形态的演变 → 实物货币、代用货币、信用货币 — 货币层次的划分 → 货币层次划分的依据		
学情分析	知识基础：通过对单元一内容的学习，学生对金融的概念与范畴、金融体系的构成以及金融投融资方式有所了解，具备了整理与学习零散知识点的能力。 认知能力：学生对金融有了整体上的认识，对金融具体的门类有较浓厚的兴趣，对生活中的货币很熟悉，但是对货币的起源与演变以及货币制度还是缺少了解。 学习特点：学生偏好视频资源的线上教学方式，能够借助资源平台完成课前学习任务，对零散内容进行归纳、总结、记忆等方面的能力依然有待提高，因此在本单元的教学中，通过提问、视频以及案例展示等教学手段，引导学生积极思考，查阅资料，提升学生的学习能力		
参考教材	（1）《金融学概论》，翟建华主编，东北财经大学出版社。 （2）《金融学》，黄达主编，中国人民大学出版社。 （3）《金融基础（第三版）》（"十三五"职业教育国家规划教材），郭福春、吴金旺主编，高等教育出版社。		
教学目标	知识目标： （1）掌握货币的含义和本质。 （2）了解货币的起源。 （3）掌握货币形式的演变。 （4）熟悉货币层次划分的标准及具体内容。 能力目标： （1）能够正确和分析现实经济中的货币现象。 （2）具备运用货币的各项职能处理现实经济事务的能力。 思政目标： 增强学生对社会主义制度的优越感、加过情怀，引导学生树立文化自信，培养学生的社会责任感和爱国爱党的情怀		
教学重点	货币形态的演变	解决措施	课堂思政、视频
教学难点	货币层次的划分	解决措施	案例讲授、视频
教学方法	情境导入法、任务驱动法、小组讨论法、讲授教学法		
教学资源	（1）课堂环境：智慧多媒体教室、PPT。 （2）教学平台：SPOC 平台、问卷星。 （3）信息化手段：微视频、雨课堂等		

续表

教学设计框架	本节课的教学设计思路如下。在课前推送学习任务：日常生活中我们有哪些场景可以使用电子支付？现金的使用频率还有多高？要求学生分组搜集资料，准备在课堂上讨论电子支付会不会取代现金、我们会不会进入无现金社会，引出本次课的重点内容——数字人民币。在课中，教师通过播放短视频，引导学生进行问题发散分析，结合国家数字人民币推行历程，通过讨论"数字人民币和我们现在使用的电子支付手段有什么区别？"发起头脑风暴，并采取播放视频、联系中国人民银行专家等方式，让学生对货币形式的演变以及货币层次的划分较为全面的认识和记忆。 本次课的教学设计思路图如下图所示。 **课前** • 1.我国现在支付现状的主题讨论 • 2.学生分组搜集资料，讨论电子支付会不会取代现金 • 1.思政教育 • 2.信息素养 • 3.团队意识 **课中** • 1.播放动画《人民币穿越70年》，引出货币起源知识点 • 2.开展数字人民币案例分析及讨论，破解教学重难点 • 3.连线中国人民银行专家 • 1.翻转课堂 • 2.分组展示 • 3.课程思政 **课后** • 1.课后SPOC平台学习 • 2.准备"数字人民币对经济的深远影响"活动方案 • 1.课程思政 • 2.全过程考核 • 3.个性化需求

（三）教学过程

教学过程如表2所示。

表2 教学过程

(一)课前导学			
环节	教学内容	教师活动	学生活动
课前导学	1.发帖：现在我们主要有哪些支付方式？ 2.回顾之前的学习内容，思考电子支付会不会取代现金	1.发布讨论帖，搜集学生上传的照片等。 2.发布讨论帖，让学生思考我们会不会进入无现金社会。 3.根据学生的回帖，调整授课内容	1.回帖讨论，上传照片等。 2.回帖讨论，积极思考
设计意图	通过发布讨论帖了解学生对货币使用与形态变化的了解程度与兴趣，有针对性地发布课前任务，同时通过分组准备案例播报的方式，促进学生探究式学习，便于学生更高效地接受新知识		
信息化手段	SPOC平台		

(二)课中实施			
环节	教学内容	教师活动	学生活动
课前回顾 （3 min）	结合我们当今实际，在现在的经济背景下，我们有哪些支付方式？	1.教师选择两名学生进行展示，并邀请他们分享自己在日常生活中支付的场景。 2.教师点评	上台讲述日常生活中的支付方式
引入新课 （5 min）	播放动画《人民币穿越70年》，并引发学生思考货币的起源	1.播放视频。 2.引发思考。 3.请学生发言	1.观看视频。 2.思考货币的本质是什么。 3.踊跃发言

续表

环节	教学内容	教师活动	学生活动
新课讲解（25 min）	1. 货币的本质。 2. 货币的起源（着重介绍马克思的货币起源说）。 3. 货币价值形式演变的四个阶段。 4. 播放电影《一出好戏》片段	1. 重点讲解货币的本质。 2. 介绍我国古代和西方的货币起源说，在此基础上着重介绍马克思的货币起源说，从辩证唯物主义的角度出发，与学生探讨学习货币起源的全部过程。 3. 播放电影片段，引发学生讨论一种物品想要成为货币至少需要具备哪些特征	1.仔细聆听教师的讲解，做好笔记。 2. 回答货币价值形式演变每个阶段的特点。 3. 积极参与讨论
课堂思政教育（12 min）	1. 播放《揭秘数字人民币》视频。 2. 讲解案例《北京冬奥会上的全新支付方式——数字人民币》	1. 播放视频。 2. 介绍案例。 3. 引发学生思考：数字人民币和我们现在使用的电子支付手段有什么区别？ 4. 培养学生的创新意识、社会责任感和爱国爱党的情怀，激励当代青年担当作为，为中华民族伟大复兴做出自己的贡献	1. 观看视频。 2. 踊跃发言谈感想
新课讲解（20 min）	货币形态的演变： 1. 实物货币。 2. 代用货币。 3. 信用货币	1. 重点讲解信用货币的三种形式：现金、银行存款和电子货币。 2. 提问：我国最早的金币是什么？全世界最早的纸币是什么？由此引导学生树立文化自信。 3. 结合前面的数字人民币案例，请学生分析为什么国家要发行数字货币，由此引导学生树立制度自信	1.仔细聆听教师的讲解，做好笔记。 2. 踊跃发言
突破难点（20 min）	1. 货币层次划分的依据。 2. 货币层次划分的具体内容。 3. 货币层次划分的意义	1.结合前面介绍的数字人民币知识，引发学生思考数字人民币定位于M0还是M1。 2. 发布教学案例，并讲解。 3. 联系中国人民银行专家，请专家从监管者角度讲解货币层次划分的意义，并强调数字人民币法定货币的地位	1. 分组讨论，每组发言。 2.仔细聆听教师的讲解，做好笔记。 3. 聆听中国人民银行专家的讲解并提问
课堂总结（5 min）	播放微视频，总结本次课内容	1. 播放微视频。 2. 总结本次课内容	观看微视频，总结
信息化手段	微视频、雨课堂等		

续表

	（三）课后拓展		
环节	教学内容	教师活动	学生活动
课后拓展	1. 巩固本次课内容，为下次课做准备。 2. 再次让大学生认识数字人民币的作用和意义，理解数字人民币在双循环新发展格局中的作用，进一步体会以数字人民币试点和推广为抓手，加快金融科技创新、深化数字金融发展、推进数字经济建设对建设社会主义现代化国家、实现中华民族伟大复兴的重要意义，培养学生的社会责任感和爱国爱党的情怀，激励当代青年担当作为，为中华民族伟大复兴做出自己的贡献	1. 推送课后测试题至SPOC平台。 2. 查看学生课后测试结果，给出评价。 3. 布置让学生写一篇关于数字人民币对经济的深远影响的小论文的任务	1. 回顾本次课内容，并完成在线测试。 2. 思考数字人民币对经济的深远影响，并撰写小论文

（四）教学实效

（1）课程强化"三评价"，健全课程思政考核评价机制。

一是课程考核评价应立足于大学生德育与专业素养的全面培养，关注学生的情感体验和价值认同。二是将教师参与课程思政建设情况和教学效果作为教师考核评价的重要内容。三是引入学生和社会评价。本课程致力于让学生的归属感、参与感、获得感、成就感更充实，使学生对课程教学效果满意。同时，本课程也收获了来自中国人民银行、行业企业一线以及兄弟院校的广泛好评。

（2）课程思政如盐在水，初见成效。

课题组对课程开展了思政教学成效调研，有效的课程思政教育对专业能力、职业道德的提升有较大的帮助，金融基础思政之"盐"，初步发挥铸魂育人预期功效。

（3）课程建设基础扎实，示范引领效应明显。

本课程有效融入思政元素，注重主流价值观引领，获得多项省级荣誉，积累了丰富的建设经验和成果，为全省财经院校课程建设起到了很好的示范辐射作用。

三、案例反思

（一）创新之处

（1）在课程设计的过程中，注重教学内容、教学模式、教学方法的选择和教学资源的建设，立足于教材，结合生活案例——电子支付方式的使用，关注社会热点话题——数字人民币在北京冬奥会中的应用，挖掘了课程教学内容中的思政素材，使思政教育自然地融入专业课程教学中，做到了显性教育和隐性教育相统一，实现了教育教学中的"三全育人"。

（2）以学生成长需要为导向，在教学中积极围绕服务地方经济社会发展培养高素质技能型人才，打造学生的技能高、能力强的优势，引导学生树立文化自信、制度自信，培养学生的工匠精神和创新意识等，助力区域产业升级培养人才，为新阶段现代化美好安徽建设提供人才和智力支撑。

（二）下一步改进措施

作为金融类相关专业的基础专业课，"金融基础"起着承上启下的作用。作为授课教师，要做到必须深刻理解教学大纲，充分发掘知识点，将课程思政元素自然而然地融入渗透到课程中，让学生在掌握金融学基本知识的同时，潜移默化地接受深刻的思想政治教育，培养学生的爱国情操，将专业教育与思政教育无缝衔接、有机结合。作为专任教师，有责任也有义务探索课程教学新模式、总结提炼宝贵经验并扩展到相应的专业课程中，努力将教育思政工作落细、落长、落实，并通过专业传授、教育引导、思政引领，为培养政治素养过硬、职业技能突出的高素质技能人才做出贡献。

四、案例资料

（一）课件资料

1. 教学课件基本资料

教学课件基本资料 1 份，部分截图见图 3。

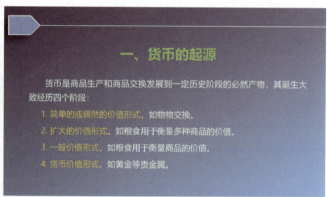
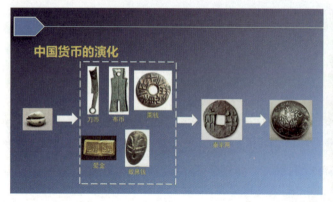

图 3　教学课件基本资料

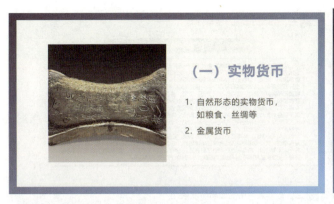
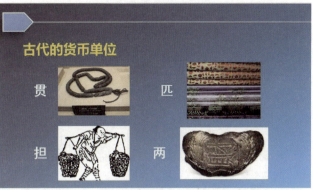

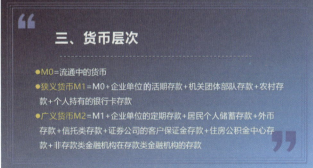

续图 3

2. 课程思政教学案例资料

课程思政教学案例资料 1 份，部分截图见图 4。

课程思政
数字人民币
"钱"途无限，未来可期

一、数字货币的产生与分类

1. 货币发展历程

从历史上看，货币是社会生产力发展到一定阶段的必然产物，它的形态随着社会生产力和技术的发展而不断地演变。数千年来，人类社会货币的演变经历了三个阶段，依次是实物货币、金属货币、纸币。实物货币是货币发展的最初形式，人们从原始社会物物交换的商品中，分离出一些被所有人认可的具有普遍交换价值的实物，作为一般等价物即实物货币，来随时随地换取自己所需要的商品。在中国的历史上，贝壳、谷物和布帛都曾经长期作为实物货币来使用。在古波斯、意大利、印度等地，牛羊曾作为实物货币来进行交易。随着生产力的不断发展，具有易分割、易保存、易携带等特点的金属货币诞生，比如中国的刀币、铜钱等，但是金属货币由于自身的贵金属性，在进行大宗和远距离交易时携带不方便，无法满足更大范围的商品流通。因而在人类社会经济生活不断进步的情况下，纸币应运而生。虽然纸币已有数千年的历史，在我国宋朝时期就出现了交子、会子等纸币形式，但是直至近代，纸币才取代金属货币成为货币的主要流通形式。纸币是以国家信用作为担保，由国家中央银行统一印发的信用货币。其本身没有价值，其地位是由法律规定并强制流通的。纸币的出现意味着货币的符号化，是人类历史的一大重要进步。纸币的出现促进了商品的流通和经济的飞速发展，但同时也存在无法解决的问题，如国家滥发货币会导致通货膨胀，从而引发严重的金融危机。

一、数字货币的产生与分类

2. 数字货币的产生

2008年11月1日，化名为"中本聪"的学者发表了著名的比特币白皮书《比特币：一种点对点的电子现金系统》，详细阐述了比特币的运行机制：所有人都有记账权，整个账本也完全公开透明，货币不能超发，用现代计算机技术和密码学保障其安全性。2009年1月3日，比特币正式诞生，成为最早的数字货币。此外之后，在比特币的基础上又陆续出现了多种数字货币，如以太、瑞波币、泰达币和莱特币等。沃尔玛、摩根大通、脸书公司（Facebook）等大型商业机构也开始纷纷布局数字货币领域。截至2020年底，全球数字货币种类共计8153种，总市值达到7727.3亿美元，其中，比特币市值5436.4亿美元，占比70.4%。数字货币在短短十几年的时间里发展飞速，为应对个人和商业机构发行的数字货币的冲击，包括欧州央行和日本央行、中国人民银行在内的各国央行正在采取措施，积极开展法定数字货币的研究和试点实践。根据2020年8月国际清算银行发布的报告《央行数字货币崛起：动因、方法和技术》，截至2020年7月，至少有36个国家发布了央行数字货币的计划，厄瓜多尔、乌克兰、乌拉圭、巴哈马、柬埔寨、中国、韩国、瑞典、东加勒比货币联盟进行了央行数字货币试点。另外分别有18、13个国家的央行公布了零售型央行数字货币、批发央行数字货币的研究工作。

二、数字人民币的概念与发展

1. 数字人民币的概念

数字人民币简称"e-CNY"，是由中国人民银行发行的数字形式的法定货币，由指定运营机构参与运营并向公众兑换，以广义账户体系为基础，支持银行账户松耦合功能，与纸钞和硬币等价，具有价值特征和法偿性，支持可控匿名。

二、数字人民币的概念与发展

上述定义可以从四个层面理解：

（1）从货币定位看：
数字人民币由中国人民银行发行，是一种和纸钞、硬币等价的法定货币，定位于流通中现金（M0），属于基础货币范畴，具有法律地位和与现金相同。

（2）从发行管理看：
数字人民币由中国人民银行中心化发行，指定运营机构负责数字人民币的运营和兑换服务，并实现可控匿名，属于双层运营体系下的混合型央行数字货币。

（3）从应用客群看：
数字人民币面向公众发行，可广泛地用于个人和企业各类日常支付场景。

（4）从支付角度看：
数字人民币以数字形式存在，自身具有价值，以国家信用作为担保，支持银行账户松耦合功能，因此数字人民币能够作为数字化支付手段，并在一定程度上支持匿名交易。数字人民币示意图如右图所示。

数字人民币
（图片来源：艾瑞咨询）

二、数字人民币的概念与发展

2. 数字人民币的发展历程

习近平总书记曾指出："积极参与数字货币、数字税等国际规则制定，塑造新的竞争优势。"在法定数字货币研发上，中国人民银行表现出了较强的前瞻性，走在了各国央行的前列。2014年，中国人民银行便成立法定数字货币研究小组，开始相关研究工作。2016年，中国人民银行成立数字货币研究院，全面开展法定数字货币的研究，特别是后来启动的一个被称为DC/EP(digital currency electronic payment)的央行数字货币CBDC(central bank digital currency)项目，吸引了全球的广泛关注。到2019年，基本完成了数字人民币的顶层设计、标准制定、功能研发、联调测试等工作。2020年，数字人民币进入了试点测试及场景选择的新阶段。2021年，数字人民币开始进入大规模试点落地阶段，数字人民币时代全面到来。

三、数字人民币的核心特征

数字人民币凭借全新的货币形态和运营架构具备不同于传统支付手段的核心特征。

▶ **1. 具有价值特征和无限法偿性**

数字人民币由中国人民银行信用背书发行，是央行对公众的负债，具有官方赋予的价值特征，并且在日常支付使用时无须绑定银行账户就能实现价值转移。另外，纸质和数字形式的人民币都属于法币，具有无限法偿性。这意味着任何机构和个人不能拒绝接受。只要能使用电子支付的地方，就必须接受数字人民币。

三、数字人民币的核心特征

▶ **2. 具有M0属性，基于100%准备金发行**

数字人民币能够部分代替流通中的现金，具有M0属性，不计付利息。为保证数字人民币发行和回笼不改变中央银行货币发行总量，银行存款准备金和数字人民币之间有等额兑换机制。

▶ **3. 支持收支双方"双离线"支付**

"双离线"是指收支双方设备在不具备网络的条件下也能进行支付交易。相比于需要网络支持的微信和支付宝，数字人民币在这一点上完全吸收了纸钞的设计理念。数字人民币的"双离线"设计展现出极大的环境适用性优势。

三、数字人民币的核心特征

▶ **4. 采取账户"松耦合"形式，实现可控匿名**

可控匿名作为数字人民币的一个重要特征，一方面体现了其M0的定位，保障公众合理的匿名交易和个人信息保护的需求；另一方面，也是防控和打击洗钱、恐怖融资、逃税等违法犯罪行为，维护金融安全的客观需要。可控匿名首先要满足合理的匿名支付和隐私保护的需求。数字人民币采取"小额匿名、大额可溯"的设计。现行的电子支付方式如银行卡支付、第三方支付等，都采用账户的"紧耦合"形式，即转账、支付和交易都需要通过实名认证且与银行卡绑定。数字人民币与银行账户"松耦合"，可以在技术上实现小额匿名。同时，数字人民币钱包在线支付场景下，可开立子钱包并推送到电商平台，这样电商平台在无法获知个人信息，能够更好地保护个人隐私。与比特币所采用的完全匿名不同，数字人民币的匿名是以风险可控为前提的有限匿名，使得央行可以通过大数据分析追溯用户的交易信息及行为特征，打击洗钱、匿名操纵、恐怖融资等违法犯罪行为。

三、数字人民币的核心特征

▶ **5. 采取中心化的管理体系**

央行在发行数字人民币的过程中坚持中心化的地位，拥有发行数字人民币的最高权限。对数字人民币坚持中心化的管理模式，一方面，可以通过央行背书为数字人民币提供强有力的信用担保，确保央行数字货币具备同人民币一样的法律效力；另一方面，通过中心化的管理使得央行能够及时掌握数字人民币的投放数量、投放领域及流通情况，更有利于央行精准实施货币政策和宏观审慎监管。

▶ **6. 唯一性与可编程性**

数字人民币在形式上是中央银行担保并签名发行的代表具体金额的加密数字串，包含编号、金额、所有者和发行者签名等。其中，编号是数字人民币的唯一标识，可以作为数字人民币的索引使用。数字人民币引入了智能合约技术，具有可编程性，可以附加用户自定义的可执行脚本。

图4　课程思政教学案例资料

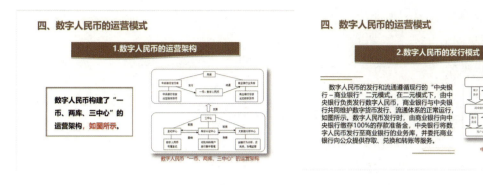

续图 4

（二）其他相关教学资源

（1）2022 年政府工作报告。

（2）《安徽省国民经济和社会发展第十四个五年规划和 2035 年远景目标纲要》。

（3）动画《人民币穿越 70 年》。

（4）电影《一出好戏》。

（5）央视《揭秘数字人民币》视频。

（6）案例：《北京冬奥会上的全新支付方式——数字人民币》。

（7）中国人民银行网站。

所属学院： 金融科技学院

课程名称： 个人理财

课程类型： 专业核心课

案例章节： 项目五第六节

案例名称： "宅"的精明：房贷还款方式的选择
　　　　　　——"个人理财"课程思政案例

案例作者： 余迎昕，马静，李慧君，戴昕

课程简介： "个人理财"是我校财富管理、金融服务与管理、金融科技应用专业核心课程，已被列为省级课程思政示范课。本课程内容包括个人理财基本知识、理财计算和八个具体的子规划，旨在激发学生把个人发展与国家需求紧密结合，认清个人理财行业巨大的发展潜力，立志投身国家投资理财事业。本课程通过"明确思政目标、调整教学内容、创新教学方法、完善评价机制"四位一体的路径，实现价值引领、知识传授和技能培育的有机统一，促进育人目标的实现。

"宅"的精明：房贷还款方式的选择——"个人理财"课程思政案例

一、案例简介

习近平总书记在全国高校思想政治工作会议上强调指出："要用好课堂教学这个主渠道，思想政治理论课要坚持在改进中加强，提升思想政治教育亲和力和针对性，满足学生成长发展需求和期待，其他各门课都要守好一段渠、种好责任田，使各类课程与思想政治理论课同向同行，形成协同效应。"习近平总书记的重要论述既指出了思想政治理论课发展的重点之所在，也指明了大学各类课程和思想政治理论课同向同行、协同建设的根本方向。

"个人理财"是高职金融类专业核心课程，内容涉及金融学、证券投资学、保险学、税收学、金融服务与礼仪、会计学、财务管理等多学科多领域知识，综合性强，是培养理财服务型人才必须开设的课程。本次课选取项目五"住房规划"中的第六节内容"房贷还款方式的选择"为例，展示该课程如何真正做到"思政进课堂"的。

（一）凝练思政育人目标，坚持立德树人

在课程原有的知识、能力层次的课程目标基础上，增加思维、品格等思政方面的目标，加强顶层设计和思政引领，进一步对标专业人才培养方案。在教学内容中融入思政育人因素，凝练思政目标，如表1

所示。

表1 教学知识点、思政融入点和思政目标

教学知识点	思政融入点	思政目标
学习使用理财计算器、Excel函数、房贷计算器等多种计算工具计算房贷还款金额	不满足于简单的计算工具，而是尽可能多地去学习，帮助学生理解计算原理	旨在夯实专业基础，培养学生精益求精的学习精神，发扬学生对待学习与工作高标准、严要求的工匠精神
已知房贷利率、贷款金额、还款期限和还款方式，计算月供金额	改变计算参数，导致计算结果出现天壤之别	教导学生一定要树立全局观和整体观，不能只看眼前首付款金额，而忽视了未来房贷的压力，学会站在平衡一生收支的角度进行合理规划，加强职业责任感教育
"住房规划"仿真实训	学生分组合作完成实训任务	以学生为中心开展课堂活动，培养学生自主自信的品格，同时，分组活动也能培养学生的组内协作精神和对外竞争意识
我国房贷政策新规	在课堂上网络连线企业导师，为学生解读政策热点	企业导师站在行业角度，为学生解读国家政策，引导学生关注民生民情，培养学生的家国情怀，引导学生担负起时代赋予当代青年的历史使命
制作住房规划书	学生结合前面章节完成的作业"学生家庭数据调查表"上的财务信息，搜索家庭所在地的购房政策，制作一份住房规划书	培养学生的自学能力和信息素养，使学生能主动搜集信息，实时更新知识

（二）丰富课堂组织形式，增强学生的学习兴趣

在课程实施设计中，以适应"以项目为中心，以任务为驱动"的教学模式为主。在课前，根据教学情境设计下发任务书和相关学习资料，让学生了解本课程的基础知识。在课中，学生通过亲身实践活动进行学习，完成任务。教师通过启发、提问等形式，引导学生自主学习、分析、思考。在课后，继续延展课堂所学，温故知新。本课程旨在提升学生的理财综合素质，特别是团结协作能力和实践创新能力，同时以春风化雨的形式巧妙地将思政元素融入学生学习过程中。

教学设计框架如图1所示。

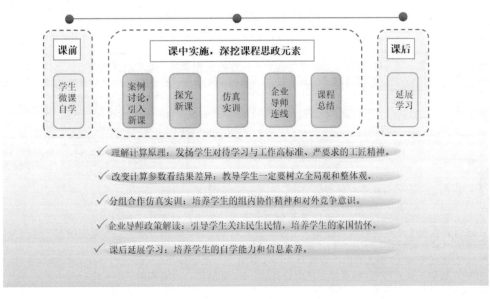

图1 教学设计框架

（三）优化考核方式，确保课程思政教学成效

学习评价贯穿始终，坚持以学生为中心，变"单一的知识能力测评"为"对学生综合素质的多维度测评"，确保思政育人落到实处。

采取经优化的考核方式后，学生课堂出勤率、课堂抬头率、课堂参与率有所提升。教师在课前认真备课，充分挖掘思政元素，并将思政元素准确自然地与授课知识点进行融合，做到了立德树人、"润物无声"。

二、案例实施

案例实施如表2所示。

表2 案例实施

一、教学基本信息				
授课标题	房贷还款方式的选择			
授课对象	投资与理财201班		授课学时	2学时
授课地点	智慧多媒体教室		授课时间	2022年3月30日
内容分析	本节课是本章节的最后一次课，主要内容如下。 1. 房贷还款方式的种类和各自的含义。 2. 等额本息和等额本金两种还款方式下月供金额的计算方法（教学难点）。 3. 房贷还款方式的选择（教学重点）。 本次课学完之后，学生要学会利用本章学到的知识点制作住房规划书			
学情分析	1. 知识基础：已初步掌握了房贷还款方式的概念，但是对于不同还款方式之间的特点以及应用方法等，还缺乏了解。 2. 技能基础：前面已经学习了货币时间价值的概念，已初步具备理财计算能力，会使用理财计算器和Excel函数等计算房贷还款金额，但是对于较为复杂的房贷计算，还需要进一步学习。 3. 素养水平：已经树立了正确的理财观，能为客户"量体裁衣"，一切以客户为中心，但是信息处理能力和综合规划能力还有待加强			
教学目标	知识目标	1. 理解房贷还款方式的种类及各自的含义。 2. 掌握等额本息和等额本金两种还款方式的优缺点以及适用人群		
	技能目标	1. 能够使用Excel函数、理财计算器、房贷计算器等多种计算工具计算不同还款方式下的每月还贷金额。 2. 能够为不同类型家庭选择合适的房贷还款方式		
	思政目标	1. 具备较强的自学能力和良好的信息素养，能主动搜集信息，实时更新知识。 2. 具备刻苦钻研、精益求精的专业精神，一切以客户为中心，为其制定合理的规划		
教学重点	等额本息和等额本金两种还款方式的优缺点比较以及适用人群		解决措施	使用Excel函数动态演示，引导学生自主探究
教学难点	等额本息和等额本金两种还款方式下月供金额的计算		解决措施	三种计算工具+实训软件多维度操作练习
教学方法	讲授法；案例分析法；任务导向法；自主探究学习法；仿真实训法；小组合作学习法			
教学资源	1. 教材选用：选用普通高等职业教育"十三五"规划教材《个人理财实务（第三版）》，参考国家职业资格培训教程《理财规划师基础知识（第五版）》《理财规划师专业能力（第五版）》，以及1+X职业技能等级证书家庭理财规划配套教材《家庭理财规划（初级）》。 2. 课程资源："个人理财"在线开放课程资源。 3. 教学工具：PPT、雨课堂、理财计算器、Excel软件、投资理财规划实训软件、学习强国App。 4. 教学环境：智慧多媒体教室			

财会金融类

续表

教学设计框架	课前：学生微课自学 课中实施，深挖课程思政元素：案例讨论，引入新课 / 探究新课 / 仿真实训 / 企业导师连线 / 课程总结 课后：延展学习 ✓ 理解计算原理：发扬学生对待学习与工作高标准、严要求的工匠精神。 ✓ 改变计算参数看结果差异：教导学生一定要树立全局观和整体观。 ✓ 分组合作仿真实训：培养学生的组内协作精神和对外竞争意识。 ✓ 企业导师政策解读：引导学生关注民生民情，培养学生的家国情怀。 ✓ 课后延展学习：培养学生的自学能力和信息素养。

二、教学过程

（一）课前导学

环节	教学内容	教师活动	学生活动	设计意图及信息化手段
课前自学	两种房贷还款方式的概念。 1. 等额本息。 2. 等额本金	【发布任务，推送微课】 通过 e 会学平台发布公告，要求学生在课前在 e 会学平台观看微课视频	【自学微课视频】 1. 登录 e 会学平台，观看微课视频《5.6 "宅"的精明——房贷还款方式的比较》。 2. 学习完成，将获得系统自动给的分	设计意图： 1. 依托平台，实现线上线下混合式教学。 2. 生成分数，计入学生学习评价成绩。 信息化手段： e 会学、微课视频

（二）课中实施

环节	教学内容	教师活动	学生活动	设计意图及信息化手段
新课导入 （10 min）	案例讨论：疫情之下，收入减少或者失业，导致房贷断供有什么影响？	【发布案例，引入新课】 发布案例，要求学生进行头脑风暴，并将思考的结果以弹幕的形式发送至雨课堂平台	【参与讨论】 根据本章所学内容，对案例进行思考，并在雨课堂发送讨论的结果	设计意图： 通过案例引入激发学生的学习兴趣，开启新知学习。 信息化手段： 雨课堂
知识点一学习 （15 min）	房贷还款方式的种类和各自的含义。 1. 等额本金还款法。 2. 等额本息还款法	【计算演示，讲解新知】 1. 打开网页版房贷计算器，一边演算，一边讲解新知。 2. 使用 PPT 对知识点进行总结	【新知学习】 结合课前自学情况，认真观看教师的计算演示，有针对性地做好笔记	设计意图： 在课前学生已经观看过微课视频并进行自学，在课上教师稍加总结和强调，即可帮助学生消化知识点。 信息化手段： PPT、网页版房贷计算器

续表

环节	教学内容	教师活动	学生活动	设计意图及信息化手段
知识点二学习（15 min）	等额本息和等额本金两种还款方式下月供金额的计算方法。 1. 理财计算器。 2. Excel函数。 3. 房贷计算器。	【多种工具，拆分讲解】 1. 发布计算案例。 2. 播放理财计算器操作视频，讲解使用方法。通过雨课堂发布填空题，要求学生使用理财计算器解出答案并填写。 3. 利用Excel函数进行演示，发送Excel版试题，要求学生操作并提交答案，系统自动评分。 4. 房贷计算器的使用非常简单，要求学生自己练习。 5. 对知识点进行总结	【边学边测】 1. 观看理财计算器操作视频，记下关键步骤；自己动手操作，在雨课堂完成填空题作答，系统自动出分。 2. 学习Excel函数计算方法，跟随教师步骤进行操作练习。 3. 点开网页版房贷计算器，自行演算。 4. 听取教师的点评和总结，做好笔记。	设计意图： 1. 对于技能型知识点，只有学生边看边听边学边做，才能真正掌握，突破教学难点。 2. 融入课程思政：采用多种方法的教授有助于帮助学生理解房贷还款金额计算原理，夯实专业基础，培养学生精益求精的学习精神，发扬学生对待学习与工作高标准、严要求的工匠精神。 信息化手段： 理财计算器、Excel软件、网页版房贷计算器、雨课堂、PPT
知识点三学习（15 min）	房贷还款方式的选择。 1. 等额本金和等额本息两种房贷还款方式的优缺点比较。 2. 不同还款方式适用对象分析	【动态演示，归纳总结】 1. 使用Excel函数，对同一笔房贷进行两种还款方式的计算演示。 2. 引导学生根据计算过程数据，对比总结两种房贷还款方式的特点。 【发布游戏，讲解新知】 1. "连连看"：将适用情形与对应的房贷还贷方式进行连线。 2. 点评讲解，用PPT对知识点进行讲解	【自主探究】 1. 观看教师的演示，进行对比学习，总结出两种房贷还款方式的优缺点。 2. 将自己的总结在课堂进行分享。 【完成游戏】 1. 根据前面知识点的学习，进行思考，完成游戏。 2. 听取教师的讲解，对照自己的作答情况，查缺补漏。 3. 做好笔记	设计意图： 1. 教师只演示过程，引导学生自主探究，更有助于对教学重点的巩固。 2. 融入课程思政：演示过程中稍微改变设定参数，最后的计算结果会天壤之别，教导学生一定要树立全局观和整体观，不能只看眼前首付款金额，而忽视了未来房贷的压力，要学会站在平衡一生收支的角度进行合理规划，加强职业责任感教育。 信息化手段： Excel软件、雨课堂
仿真实训（15 min）	住房规划实训练习	【组织实训，巡回指导】 1. 安排学生分组完成实训任务。 2. 巡回指导，及时纠错。 3. 系统出分后，点评，总结	【实训练习】 1. 学生分组进入典阅投资理财规划实训平台，完成案例客户的住房规划。 2. 听取教师的点评，做好笔记	设计意图： 1. 借助实训软件进行仿真练习，再次巩固对教学重难点的学习，同时对整章内容进行复习总结。 2. 融入课程思政：以学生为中心开展课堂活动，培养学生自主自信的品格，同时，分组活动也能培养学生的组内协作精神和对外竞争意识。 信息化手段： 实训软件

续表

环节	教学内容	教师活动	学生活动	设计意图及信息化手段
企业导师连线 （15 min）	住房规划汇报展示	【企业连线，听取汇报】 1. 连线企业导师，听取学生的住房规划汇报。 2. 点评、打分。 3. 企业导师点评、打分，并为学生解读目前芜湖市房贷政策新规	【汇报展示】 1. 由实训软件导出住房规划文档，每组派一名代表，进行住房规划结果展示。 购房规划 购房资金总需求 还款方式 住房规划文档导出 2. 听取教师和企业专家的点评，完成小组互评。 3. 听取企业导师解读热点新闻，做好笔记	设计意图： 1. 学生汇报展示，旨在做到"知行合一"、学以致用。 2. 连线企业导师，请企业导师点评、讲解，可加强"工学结合"。 3. 融入课程思政：企业导师站在行业角度，为学生解读国家政策，引导学生关注民生民情，培养学生的家国情怀，引导学生担负起时代赋予当代青年的历史使命。 信息化手段： 雨课堂、实训软件
课程总结 （5 min）	总结本章内容	【内容梳理，总结归纳】 1. 对本章的学习内容进行全面总结。 2. 点评、展示学生本章的学习得分情况。 3. 布置课后作业	【回顾复习】 1. 对本章内容的学习和表现进行复盘，做好笔记。 2. 接收课后作业	设计意图： 温故而知新，不断总结，才能有新的收获。 信息化手段： PPT、雨课堂

（三）课后拓展

环节	教学内容	教师活动	学生活动	设计意图及信息化手段
延展学习	制作住房规划书	【发布任务，课后指导】 1. 要求学生根据自己家庭的实际情况，利用本章所学内容，以学生家庭所在地为背景制作一份住房规划书。 2. 要求学生将住房规划书上传至雨课堂，教师查阅并评分	【完成作业】 1. 结合前面章节完成的作业"学生家庭数据调查表"上的财务信息，搜索家庭所在地的购房政策，制作一份住房规划书。 2. 将住房规划书上传至雨课堂	设计意图： 1. 让学生巩固本章所学知识，实现前后知识点的串联。 2. 延伸课堂所学，保证学习的连贯性。 3. 融入课程思政：培养学生的自学能力和信息素养，使学生能主动搜集信息，实时更新知识

三、教学评价及反思

教学评价

	评价内容	评价主体	评价方式	评价权重	评价维度
课前	微课视频学习	e会学	客观	根据完成程度评价	10%	知识
课中	学生考勤情况	雨课堂	客观	根据雨课堂"签到"功能数据统计	10%	素养
	理财计算器操作	雨课堂	客观	根据答题情况系统自动出分	10%	技能
	Excel函数操作	Excel软件	客观	根据答题情况软件出分	10%	技能
	"连连看"游戏	雨课堂	客观	根据答题情况软件自动出分	10%	知识
	仿真实训	个人理财规划实训软件	客观	根据实训软件导出分数	20%	知识+技能
	汇报展示	师生共评+企业导师打分	主观	根据学生汇报情况打分	10%	素养
	课堂参与度	教师评价	主观	根据学生答题情况进行打分	10%	素养

续表

评价内容		评价主体	评价方式		评价权重	评价维度
课后	制作住房规划书	教师评价	主观	根据学生提交的住房规划书进行评分	10%	技能
教学效果		\multicolumn{5}{l}{1. 课前自学环节显示学生微课视频观看完成度达96%，说明绝大部分学生都已经在课前学习了房贷两种还款方式的概念，对知识点有了初步认识。 2. 在课中，通过案例讨论、计算练习、仿真实训、汇报展示等学习环节，结合教师点评、学生互评、企业导师点评三种评价方式生成的学生过程评价平均分数达到81.5分（不含课后作业分数，满分90分），表明学生课堂参与度较高、课堂学习成效明显，初步达成教学目标。 3. 课后作业完成度达97%，作业平均分为9.02分（满分10分），表明学生在课后延展学习中得到了更大的提升。}
课程思政成效体会		\multicolumn{5}{l}{1. 学生课堂出勤率、课堂抬头率、课堂参与率有所提升。 2. 教师在课前认真备课，充分挖掘思政元素，并将思政元素准确自然地与授课知识点进行融合，做到了立德树人、"润物无声"。}

三、案例反思

（一）创新之处

（1）连线企业导师，请企业导师解读"房住不炒"国家政策，引导学生关注时政，了解行业前沿动态，提升育人效果——实现思政元素融入方式多样化创新。

（2）学习评价贯穿始终，坚持以学生为中心，变"单一的知识能力测评"为"对学生综合素质的多维度测评"——融入课程思政评价，实现教学评价体系创新。

（二）下一步改进措施

问题：在住房规划书展示环节，每组选出的发言代表通常都是外向型、善于表达的学生，容易导致需要提升表达能力的学生缺少锻炼机会。

改进：后续可以开启雨课堂随机选人功能，尽可能地让更多的学生得到展示的机会。

Kecheng Youxuan —— Jiaoxue Sheji yu Shijian

计算机类

所属学院：信息与人工智能学院
课程名称：iOS 交互式 UI 设计
课程类型：专业必修课
案例章节：单元 3　Sketch 图标及界面设计
案例名称：小元素，大影响：UI 图标设计
　　　　　——"iOS 交互式 UI 设计"课程思政案例
案例作者：朱丽进，刘斌，赵思琪
课程简介："iOS 交互式 UI 设计"课程旨在引领学生掌握交互式 UI 设计规范和高保真原型设计技术。本课程通过 Sketch 来实现 App 各类图标、UI 界面设计，以及阴影、模糊、投影等扁平化设计风格的修饰，最后利用 Axure RP 添加交互用例，以实现 App 原型设计；通过讲解整个移动端 UI 的发展历程和具体设计，引导学生对未来职业进行规划，并明确自身价值和社会定位；通过讲解设计规范，强化学生的纪律意识；通过在设计中融入符号、语言等元素，培养学生们的爱国主义情怀、精益求精的工匠精神；通过分小组完成任务并答辩演示，并引导学生开展批评和自我批评，使学生不断改进，努力提升自身各方面的素质，增强学生的责任担当意识，培养学生的团结协作精神，以及诚实守信的科学态度。

小元素，大影响：UI 图标设计
——"iOS 交互式 UI 设计"课程思政案例

一、案例简介

本案例介绍了 App 图标设计元素及其中运用的各种文化元素，并通过甲骨文的引入、图片展示，引导学生认识到图标设计元素都是从生活中抽象出来的，同时理解了解文明的进步，进一步增强学生的爱国主义情怀。

在图标设计阶段，从整体设计到细节把握，引导学生把握各个环节，培养学生的纪律意识，引导学生树立正确的技能观，努力提高自己的技能，为社会和人民造福，警示学生决不能利用自己的技能去从事危害公众利益的活动，包括构造虚假信息、剽窃别人的知识产权等。

另外，本案例通过小组合作增强学生的责任担当意识，培养学生的团结协作精神，以及诚实守信的科学态度。

二、案例实施

（一）教学目标

1. 知识目标

（1）熟练掌握 Sketch 各种工具的使用。

（2）掌握 Sketch 导入和导出图片的方法。

（3）了解 Sketch 模板和第三方插件的使用。

（4）熟练掌握 Sketch 的图标设计技巧。

2. 能力目标

（1）能理解图标设计原则。

（2）会设计各种类型的启动图标。

（3）会切片导出各种尺寸图标。

（4）培养学生的自主学习能力和查阅相关资料的能力。

（5）培养学生合作学习、互相协助解决问题的能力。

3. 思政目标

（1）将习近平新时代中国特色社会主义理论和中华优秀传统文化融入 UI 图标设计中。

（2）对比各类优秀的 App 图标，深入剖析 App 软件领域的快速发展，培养学生的科技创新意识，增强学生的科技强国抱负，增强学生的荣誉感和自豪感。

（3）培养学生的工匠精神，在潜移默化中培育学生的社会主义核心价值观，提高学生的综合职业素养，引导学生培养社会主义职业精神。

（4）引导学生树立正确的技能观，努力提高自己的技能，为社会和人民造福，警示学生决不能利用自己的技能去从事危害公众利益的活动，包括构造虚假信息、剽窃别人的知识产权等。

（二）教学设计

教学设计如表 1 所示。

表 1　教学设计

专业名称	移动互联应用技术	设计者	朱丽进
课程名称	iOS 交互式 UI 设计	课程代码	B2513024
授课类型	□理论型（A 类）　☑理实一体型（B 类）　□实践型（C 类）		
单元名称	单元 3　Sketch 图标及界面设计	授课学时	2 学时
班级	移动互联 202 班	人数	51 人
学情分析	熟悉 UI/UE 设计基础知识，掌握 iOS 设计规范		
单元重点	Sketch 遮罩，基本图形布尔运算，复制旋转，切片		
单元难点	遮罩，第三方插件		
教学方法手段	1. 教学方法：案例对比；引导分析；团队合作；实操演示；合作分工；实战操作；过程记录；现场互评；素养培养。 2. 教学手段：PPT 展示任务驱动；评价导向；雨课堂扫码学习；小组协作头脑风暴；角色分工；现场实施巡回指导；现场点评并记录；延伸拓展		

续表

思政融入点	1. 将习近平新时代中国特色社会主义理论和中华优秀传统文化融入UI图标设计中。 2. 对比各类优秀的App图标，深入剖析App软件领域的快速发展，培养学生的科技创新意识，增强学生的科技强国抱负，增强学生的荣誉感和自豪感。 3. 培养学生的工匠精神，在潜移默化中培育学生的社会主义核心价值观，提高学生的综合职业素养，引导学生培养社会主义职业精神。 4. 引导学生树立正确的技能观，努力提高自己的技能，为社会和人民造福，警示学生决不能利用自己的技能去从事危害公众利益的活动，包括构造虚假信息、剽窃别人的知识产权等

	教学环节	学生活动	教学活动	教学资源
活动历程（含辅助手段、时间分配）	任务引入 （10分钟）	1. 通过雨课堂扫码进入课堂，并准备回答问题。 2. 观看PPT，听取教师的点评。 3. 听取本节课任务要求。 4. 明确评价表要求	1. 利用PPT展示上节课的学习内容。 2. 随机抽取学生回答问题并做好考评记录。 3. 引入本节课的课程要求，简要介绍本单元的学习内容、重难点及应用场景	PPT 评价表 雨课堂
	App图标设计 （30分钟）	1. 讨论并回答教师的问题。 2. 观看PPT，学习图标设计。 3. 观看实操演示。 4. 讨论设计草图并由组长进行展示	1. 组织讨论手机桌面启动图标中使用的元素。 2. 引导学生学习图标设计。 3. 利用Sketch进行设计演示。 4. 确定旅游主题，让各组自主设计	PPT 评价表 雨课堂 Sketch
	学生实操 （35分钟）	1. 组内讨论，分工完成设计任务。 2. 组长提交设计文件。 3. 听取教师的指导意见。 4. 组长根据任务完成情况对组员进行评分	1. 强调设计的规范性。 2. 提出设计文件提交要求。 3. 提供小组内评分表。 4. 巡回指导纠错	小组评分表 Sketch
	总结评价 （15分钟）	1. 听取教师的评价。 2. 回顾知识技能点。 3. 记录作业	1. 收缴每组作业和评分表。 2. 评价每组的作品和职业素养并记录评分表中的分值。 3. 总结知识技能点，布置课后作业	电子档任务文件 评分表

形成性评价	1. 课堂参与（60%）：学习态度及考勤（30%）、课堂提问及讨论（30%）、组内互评（40%）。 2. 课后作业（40%）
课后作业	你在手机上使用频率最高的App的启动图标有什么特点？你喜欢这款App的理由是什么？
教学反思	本单元内容较为充实，通过发掘自己手机上App的特点并进行思考总结，开始本节课图标设计知识详解，激发学生的学习积极性，同时提出设计任务，让学生分组完成图标设计实践工作，最后推选出小组负责人，由小组负责人针对小组设计稿进行陈述，小组间开展批评与自我批评，指出作品的不足和优点并相互借鉴。整节课下来，小组内部和小组间不断讨论交流，学生的积极性比较高，教学效果较好

（三）教学过程

教学过程如表2、表3、表4所示。

表2 阶段一：知识回顾与任务引入（15分钟）

教学内容	活动设计
一、组织教学 考勤，填写教学日志，调节课堂气氛，调动学生主动参与课堂的积极性，创造和谐活泼课堂，使学生做好接受新知识的准备工作。 二、复习回顾（Sketch基本操作） （1）Sketch能否替代Photoshop？ 小组（学生）回答：Sketch和Photoshop是两款定位完全不同的软件，Sketch是一款矢量图形软件，而Photoshop是一款位图编辑软件，因此Sketch不能替代Photoshop。 教师补充：在UI设计领域，Sketch在一定程度上可以替代Photoshop，且因为Sketch是为UI设计而生的软件，所以Sketch在某些方面相比Photoshop有绝对优势。 （2）Sketch也就是一款普通的矢量图形软件，为什么宣称功能强大？ 小组（学生）回答：它的第三方插件很多，借助Sketch插件，可以将复杂和烦琐的工作变得异常简单。 教师补充：强大的第三方插件，可以让设计师更专注于创意本身，同时种类繁多的插件也弥补了Sketch的短板，让它有无限扩展的可能。  线上课程同步 三、任务引入（任务：图标设计） 如果说App是智能手机的灵魂，那么图标就犹如App的精气神。图标体现出App所表达的核心内容，也是App的外在体现，它关系着整个程序设计的成败。 图标设计的基本原则包括：可识别性，差异性，合适的精细度，元素个数以及风格统一性。 本节课将从整体出发，研究智能手机App图标风格设计的理念，并挖掘制作统一风格的图标的方法	由组长负责考勤并记录在每位同学的评分表中。 教师在SPOC平台上创建讨论话题，让学生在线讨论。学生讨论之后，各个小组派代表上台陈述观点，同时教师引导学生往正确方向思考，并合理提出针对性强的问题引导学生从多种角度去思考。 教师导入要解决的重点问题：如何设计出App图标？

表3 阶段二：图标设计知识讲解（50分钟）

教学过程	教师活动	学生活动	思政育人目标
引入课题	确定任务：App图标设计。 在UI设计中，图标作为核心设计内容之一，是界面中重要的信息传播载体。精美的图标往往起到画龙点睛的作用，从而提高点击率和推广效果。 图标（ICON）是具有明确指代性含义的计算机图形，通过抽象化的视觉符号向用户传递某种信息。它具有高度浓缩并快速传达信息和便于记忆的特点，一般源自生活中的各种图形标识，是计算机应用图形化的重要组成部分	和教师一起探讨： 1.对于一个完整的App，UI设计师需要做哪些工作？ 2.App中哪些是图标？	加深学生对专业知识和技能的认可度和专注度

续表

教学过程	教师活动	学生活动	思政育人目标
自主学习	让学生直接观察自己手机上的 App 图标，并指导学生查阅资料。 1. 提供参考网址，让学生自行上网搜索与图标相关的资料。 2. 引导查阅参考教材。 3. 引导学生整理归纳图标中运用的元素。 【目标】培养学生搜集、整理、归纳信息的能力	1. 学生根据教师所提供的网址和教材搜集资料。 2. 分组讨论 App 图标中运用了哪些元素	提高学生自主学习和持续学习的意识和能力
计划过程	1. 图标类型： （1）应用型图标：指的是在手机主屏幕上看到的图标，点击它可以进入应用中。应用型图标表现为视觉图形，设计风格有多种。应用型图标类似于品牌标志，具有唯一性。 （2）功能型图标：是存在于应用界面内的图标，是简单明了的图形，起表意功能和辅助文字的作用。功能型图标类似于公共指示标志，具有通用性。它根据外观形状进行划分，通常分为线形图标、面形图标和扁平线形图标。 2. 应用型图标设计中一般会综合运用以下元素。 （1）中文字体：单个字体、多个字体、字体加辅助图形、字体加几何图形。 （2）英语、数字、特殊符号：单个英文字母、多个英文字母、英文字母+背景图案、英文字母+图形、数字、特殊符号。 （3）图形：动物剪影等。 3. 根据学习内容与班级整体规模以及机房分布，以 4 人为一组。综合考虑每组学生的性别、能力高低、知识基础、爱好特长、性格等各方面因素，进行分组。每组认领一组元素来进行相关优缺点的讨论。 【目标】培养学生的合作协调能力及研讨能力	教师展示一组图标，让学生参与分类并讨论元素的运用	1. 通过对比学习各类图标，使学生深入了解中华优秀传统文化，并通过深入剖析 App 软件领域的快速发展，培养学生的科技创新意识，增强学生的科技强国抱负，增加学生的荣誉感和自豪感。 2. 培养学生的工匠精神，在潜移默化中培育学生的社会主义核心价值观，提高学生的综合职业素养，引导学生培养社会主义职业精神
提出任务	要求学生设计一款红色旅游 App 的图标	完成任务	

续表

教学过程	教师活动	学生活动	思政育人目标
交流讨论	师生进行专业交流讨论。 重点：学生说明怎样做、为什么这样做、结果会怎样。 特别要注意设计的多样性，尽量发挥学生的想象力，训练学生的发散性思维。 定义主题→寻找隐喻→抽象图形→绘制草图→确定风格→制作和调整→场景测试 【目标】培养学生的发散性思维	学生在讨论后，完成以下工作任务。 1. 分析主题。 2. 绘制草图。 3. 数字呈现	让学生掌握图标设计全过程，把握各个环节
项目实操	任务分析如下。 1. 图标设计尺寸。 按照图标尺寸 512×512 像素的设计规范进行，具体如下表所示。 | 图标尺寸（像素）| 圆角（像素）| 分辨力（像素）| | 512×512 | 90 | 72 | 2. 设计风格。 （1）抽象图形，绘制草图。 （2）熟悉扁平化风格：扁平化设计是将现实物品拍平，核心就是丢掉一切多余的装饰，呈现给用户最简洁的效果。 （3）颜色运用：根据主题和应用人群场景选定主色调。 （4）利用 Sketch 进行具象化处理	1. 每组学生分别自行尝试，小组之间可以协作进行绘制，教师巡视，对疑难问题进行解答。 2. 教师询问学生还有没有不理解的地方，并对学生不理解的知识点给予解释。 3. 每组学生选拔推举出设计最优的作品并上传到"交互项目平台"进行展示，小组之间进行互评	1. 通过遵守设计规范，引导学生养成认真负责的工作态度，增强学生的责任担当意识、大局意识和核心意识。 2. 引导学生树立正确的技能观，努力提高自己的技能，为社会和人民造福，警示学生决不能利用自己的技能去从事危害公众利益的活动，包括构造虚假信息、剽窃别人的知识产权等

表4 阶段三：设计测试与评价（25分钟）

教学流程	教师活动	学生活动	思政育人目标
授课过程	确定任务：测试的必要性。 应在设备上测试图标设计，仅在 Photoshop 中查看效果或者在 iPhone 模拟器里查看效果是不够的。图标在实际设备上的视觉效果和在电脑上是不同的。 分析原因： 电脑显示器的色彩和亮度与触摸屏移动设备不同。并非所有的触摸屏显示器都是一样的	将设计作品切片导出，并通过微信、QQ 等工具发送到自己的手机上。 1. 查看颜色和设计比例。 2. 确定下一步修改意见。 全体学生思考如何完成整个图标设计，并和教师进行讨论和交流	通过不断测试改进，告知学生科学设计来不得半点虚假和偷工减料，培养学生实事求是、打破砂锅问到底的科学探究精神
评价阶段	如何进行图标测试？可参考四个量化指标。 （1）发现性：用户能否发现页面上的图标。 （2）理解性：用户能否理解图标的意义。 （3）预测性：用户能否猜到点击图标会发生什么。 （4）吸引力：图标是否美观	1. 学生自己对个人项目进行自评打分。 2. 组长对自己组的成员进行评价打分。 3. 组长收起本组评价表，教师对各个小组的项目进行综合评价，总结出各组的优缺点，并提出改进的意见和建议。 【目标】培养学生的合理评价能力	1. 通过开展批评与自我批评，引导学生不断改进，努力提升自己各方面的素质。 2. 通过小组合作增强学生的责任担当意识，培养学生的团结协作精神，以及诚实守信的科学态度
课后作业	利用 Sketch 进行微信图标设计，利用基本图形和布尔运算进行微信图标绘制。通过完成课后练习，加强对知识的巩固，达到举一反三的效果		

（四）教学实效

（1）本节课结合学生手机中常用的 App 图标进行讲解，引导学生归纳和总结出 App 图标设计流程，并且进行确定主题的实战操作，以进一步巩固本次教学内容。

（2）在教学过程中，有意识地培养发现问题并解决问题的能力，鼓励学生发挥自己的创意思维，设计 App 图标，并指导学生参加中国国际"互联网+"大学生创新创业大赛，获得多项奖项。

（3）对于学生的优秀设计作品，作为指导教师也会进一步指导学生进行修改和加工，作为案例引入 UI 设计的教材中去。

三、案例反思

（一）创新之处

（1）基于信息与人工智能学院和马克思主义学院的课程思政一体化共建平台，由专业教师、马克思主义学院教师和辅导员共同构成建设团队，积极挖掘课程中的思政元素，以做好示范课程教学实施工作，努力实现"1+1+1>3"的效果，形成典型经验，同时做好推广。

（2）实施以任务为驱动的一体化教学，结合信息化教学手段，使线上和线下无缝衔接，同时进行分组任务，并采用组长评分、小组互评、教师点评等多元考核方式，以学生为主体，促进学生积极参与课堂，提高课堂教学效果。

（二）下一步改进措施

（1）继续加强对现有教学资源的整合与提炼，充分利用现代信息技术将最新课程改革研究成果予以推广，有效发挥教学资源库的大容量、便捷性优势，丰富教学形式，增强教学效果。

（2）将学生的优秀案例汇编成册，一方面方便在课堂上展示，另一方面用以激励学生，提高学生学习的积极性。

四、案例资料

（一）课件资料

自制 PPT 一份。

（二）其他相关教学资源

（1）学校 SPOC 平台上"iOS 交互式 UI 设计"课程资源（见图1）：http://spoc.abc.edu.cn/my/index.html#/student/course/13530007931284411137/plan/1353211646444412929。

（2）iconfont 阿里巴巴矢量图标库：https://www.iconfont.cn/。

（3）教材《UI 设计与开发》（中国水利水电出版社，见图2）和《UI 交互设计与实现》（中国铁道出版社有限公司，见图3）。

图 1 学校 SPOC 平台上"iOS 交互式 UI 设计"课程资源

图 2 教材《UI 设计与开发》

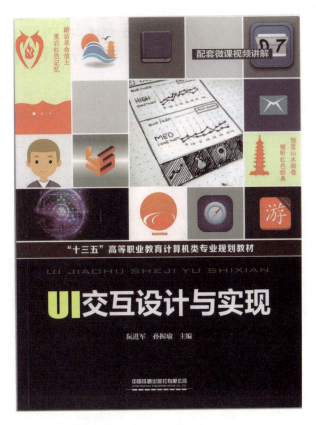

图 3 教材《UI 交互设计与实现》

所属学院：信息与人工智能学院
课程名称：C 语言程序设计
课程类型：专业基础课
案例名称：灵活简洁 for 语句：不要小看积少成多的力量
　　　　　——"C 语言程序设计"课程思政案例
案例作者：朱先远，许美珏，周正贵，罗青青，孙靡尧
课程简介："C 语言程序设计"课程旨在引领学生掌握 C 语言程序设计的理论和方法，掌握正确的程序设计学习方法，养成良好的代码编写习惯，初步建立程序开发兴趣和自信（目的）。通过对初识 C 语言、数据类型与运算符、流程控制、数组、函数、指针、字符串操作、结构体和共用体的学习（历程），引导学生熟练应用 VC++6.0 环境进行 C 语言程序的编写、编译与调试，达到后续"单片机应用技术"课程中对 C 语言基础的要求，并通过程序设计的实操训练，培养学生严谨的工作习惯，吃苦耐劳、不畏困难的人文品德和创新意识，严谨求实、诚实守信的职业道德，并使学生具有强大的抗压能力和良好的团结协助能力，成为有社会责任感、有创新能力、会学习、有修养、有知识文化、有实践能力、身心健康、对社会有用的人（预期成果）。

灵活简洁 for 语句：不要小看积少成多的力量
——"C 语言程序设计"课程思政案例

一、案例简介

本案例通过使用 for 语句解决棋盘麦粒问题，引出不可小视积少成多的道理。教育学生不要小看积少成多的力量，使学生认识到只要坚持不懈地去学习，总有"水滴石穿"的那一天。

本案例主要采用线上线下混合式教学法和理实一体化教学法。混合式教学是将传统的面对面教学与线上教学有效结合，从而实现线下与线上学习的融合。线上实施分为课前准备、课堂实施、课后拓展三个环节。在课前利用微课、FLASH 动画、工程案例等在线学习资源，借助雨课堂等信息化手段为课中环节做准备；在课中进行辅助学习，并逐步完成学习任务；在课后进行拓展。理实一体化教学法主要用于将教师讲授与学生讨论相结合，将教室与实训室有机融合，引导学生在做中学、在学中做，实现教、学、做合一。

本次 for 语句的教学通过融入"不要小看积少成多的力量""脱贫攻坚"等哲学、时事内容到课堂中，做到了传授知识与塑造学生世界观的有机统一，并让学生深刻领会到学习专业知识的过程更是一个自我发现、自我培养和超越自我的过程。本次课通过对从"精准扶贫"到"全面脱贫"的介绍，使学生进一步坚定制度自信。

"教育不是灌输，而是点燃火焰"，如何点燃每一位学生是摆在我们面前的问题。学生最初使用 C 语言编写程序时，容易停留在照抄教师演示代码层面，缺乏对知识的深入理解和吸收。教师在教学过程中可着力调动学生的积极性，并为学生积极主动理解和编写程序创造条件，如在课后时间开放实训室，鼓励学生反复练习，

从而保证教学质量。

二、案例实施

（一）教学目标

1. 知识目标

（1）掌握 for 循环结构语句的语法格式及使用方法。
（2）掌握 for 语句程序的流程图。

2. 能力目标

（1）培养学生良好的代码编写习惯。
（2）培养学生提出问题、分析问题及解决问题的能力。

3. 思政目标

（1）培养学生的团队协作精神、遵守安全规范意识和自主学习意识。
（2）引导学生坚定理论自信，认真学习专业知识，并建立起正确的世界观。

（二）教学设计

教学设计如表 1 所示。

表 1　教学设计

授课类型	□理论型（A 类）　☑理实一体型（B 类）　□实践型（C 类）		
单元名称	灵活简洁 for 语句	授课学时	2 学时
班级	物联网应用技术 212 班	人数	62 人
学情分析	学习基础：学生在前面已经学习了流程控制的顺序结构、选择结构，以及循环结构的 while 语句和 do…while 语句。学习特点：学生在互联网社会成长，信息获取能力强，运用信息化的教学方式更容易提升他们的学习主观能动性		
单元重点	for 循环结构语句的语法格式及使用方法		
单元难点	灵活运用 for 循环结构语句解决实际问题		
教学方法手段	1. 教学方法：线上线下混合式教学法、理实一体化教学法。 2. 教学手段：极域电子教室系统软件、雨课堂等		
单元教学目标	1. 知识目标。 （1）掌握 for 循环结构语句的语法格式及使用方法。 （2）掌握 for 语句程序的流程图。 2. 能力目标。 （1）培养学生良好的代码编写习惯。 （2）培养学生提出问题、分析问题及解决问题的能力。 3. 思政目标。 （1）培养学生的团队协作精神、遵守安全规范意识和自主学习意识。 （2）引导学生坚定理论自信，认真学习专业知识，并建立起正确的世界观		

思政融入点	从while、do…while循环语句入手，重点讲解循环结构编程的三个关键问题，充分利用相关教学案例和SPOC平台等，采用讲、练、实战相结合的方式，系统讲授for语句的相关知识，训练学生相关操作技能，让学生通过职业实践活动掌握for语句。此外，通过使用for语句解决棋盘麦粒问题，引出不可小视积少成多的道理，教育学生不要小看积少成多的力量，使学生认识到只要坚持不懈地去学习，总有"水滴石穿"的那一天			
活动历程（含辅助手段、时间分配）	时间分配/分	教学内容	教学活动	教学资源
	15	复习回顾，做好铺垫	教师活动： 1. 复习回顾while循环、do…while循环。 2. 结合电子课件串讲：一个循环结构编写主要包含循环变量赋初值、循环结束条件的判断、确定循环体和修改循环变量四项内容。 3. 布置本次课要完成的任务。 学生活动： 回答教师的提问：while循环属于"有言在先"类型，先检查循环条件是否成立，成立则进入循环，循环体有可能不被执行；do…while循环属于"先斩后奏"类型，先执行循环体，执行完后检查循环条件是否成立，成立则继续循环，循环体至少执行一次	学习资源链接：http://spoc.abc.edu.cn/my/index.html#/online-learn/1353040334577049602/plan/1353040334635769857/task?type=preview&taskId=1375792551 2265707521；https://tv.cctv.com/2017/10/14/VIDEaJcT5KSJH3lLYAoldEra171014.shtml
	30	新课讲解，明确概念	教师活动： 1. 讲解for语句执行流程，培养学生严谨、专注的工匠精神。 2. 示范用for语句解决1，2，…，100的累加和问题。 3. 介绍棋盘麦粒问题，分析求解思路，并编写程序。 4. 总结引入思政元素"不可小视积少成多的道理"。2013年习近平总书记首次提出"精准扶贫"，经过努力，全国各县市区逐步脱贫摘帽，引导学生坚定制度自信。 学生活动： 1. 学生认真听教师的分析，观看教师的编程演示过程。 2. 回答教师提出的相关问题并提出疑问	1. 求100以内的自然数之和。 2. 棋盘麦粒问题（数学文化）。背景故事：在印度有一个古老的传说。舍罕王打算奖赏国际象棋的发明人——宰相西萨·班·达依尔。国王问他想要什么，他对国王说："陛下，请您在这张棋盘的第1个小格里，赏给我1粒麦子，在第2个小格里给2粒，第3小格给4粒，以后每一小格都比前一小格加一倍。请您把这样摆满棋盘上所有的64格的麦粒，都赏给您的仆人吧！"国王觉得这要求太容易满足了，就命人给他这些麦粒。当人们把一袋一袋的麦子搬来开始计数时，国王才发现：就是把全印度甚至全世界的麦粒全拿来，也满足不了宰相的要求。那么，宰相要求得到的麦粒到底有多少呢？总粒数为：$(1+2+4+8+\cdots+2^{63})$ 粒 $=(2^{64}-1)$ 粒 $=18\,446\,744\,073\,709\,551\,615$ 粒。人们估计，全世界需要500年生产这么多麦子！教师串讲分析，并验证代码。① 定义整型变量count记录方格数，定义double total记录米粒总数；② count初始值为1，累加结束条件为"count<=64"，循环增量为每次增加1；③ for语句为"for（count=1；count<=64；count++）"
	30	课堂练习，巩固新知	教师活动： 指导学生完成棋盘麦粒问题程序的编写。 学生活动： 1. 分组合作，完成程序的编写。 2. 将编写的程序进行分组展示汇报	棋盘麦粒问题程序

续表

	时间分配/分	教学内容	教学活动	教学资源
活动历程（含辅助手段、时间分配）	5	课堂小结，布置作业	教师活动： 1. 总结三种循环语句的异同点； 2. 布置作业：①登录安徽省MOOC平台，完成5.4节、5.5节内容学习；②完成e会学上5.4节、5.5节作业； 学生活动： 三种语句都可以用于实现循环，一般情况下可以互相替代；三种语句书写形式不同，执行流程也有些区别；学生完成指定的内容学习和作业	
	课次1结束			
形成性评价	成绩评价由课前、课中、课后三部分组成，如下图所示。 课前 25%　课中 50%　课后 25%			
课后延伸作业	试题1：请按照题目的要求编写程序并给出运行结果。 1个农场有头母牛，现在母牛才1岁，要到4岁才能生小牛，4岁之后，每年生1头小牛。假设每次生的都是母牛，并且也遵守4年才生育并生母牛的原则，且所生的牛都不会死。设计程序，求出20年之后共有多少头牛。 试题2：请通过编写代码实现以下要求。 已知字符数组s，设计程序将其中不是大写字母的字符删除（要求用for循环语句实现）			
教学反思	1. 本次for语句的教学通过融入"不要小看积少成多的力量""脱贫攻坚"等哲学、时事内容到课堂中，做到了传授知识与塑造学生世界观的有机统一，并让学生深刻领会到学习专业知识的过程更是一个自我发现、自我培养和超越自我的过程。本次课通过对从"精准扶贫"到"全面脱贫"的介绍，使学生进一步坚定制度自信。 2. "教育不是灌输，而是点燃火焰"，如何点燃每一位学生是摆在我们面前的问题。学生最初使用C语言编写程序时，容易停留在照抄教师演示代码层面，缺乏对知识的深入理解和吸收。教师在教学过程中可着力调动学生的积极性，并为学生积极主动理解和编写程序创造条件，如在课后时间开放实训室，鼓励学生反复练习，从而保证教学质量			

（三）教学过程

1. 课前

课前教学过程如表2所示。

表2　课前教学过程

教师活动	1. 播放视频，布置课前作业。 ①观看for语句知识点视频。 ②布置课前作业：for语句可以解决生活中哪些你所熟知的问题？ 2. 通过e会学查看课前预习及作业完成情况，及时调整教学策略
学生活动	1. 登录e会学，观看视频，学习课件资源。 2. 完成课前作业

教学资源	1. e 会学：在课前，将预习内容推送到 e 会学平台。学生在手机上可以收到推送内容，学习预习课件，观看视频，完成课前作业。 2. 视频：实拍视频细微细致展现了实操的接线过程，使得教学重点清晰可见 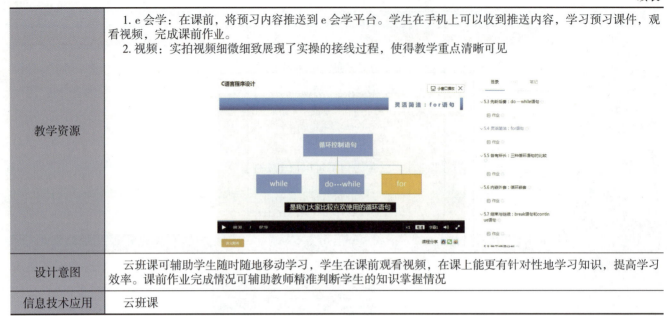
设计意图	云班课可辅助学生随时随地移动学习，学生在课前观看视频，在课上能更有针对性地学习知识，提高学习效率。课前作业完成情况可辅助教师精准判断学生的知识掌握情况
信息技术应用	云班课

2. 课中

（1）复习回顾，引入新课，如表 3 所示。

表 3 复习回顾，引入新课

教师活动	1. 复习回顾 while 循环、do…while 循环。 2. 教师结合电子课件串讲：一个循环结构编写主要包含循环变量赋初值、循环结束条件的判断、确定循环体和修改循环变量四项内容。 3. 布置本次课要完成的任务
学生活动	回答教师的提问： while 循环属于"有言在先"类型，先检查循环条件是否成立，成立则进入循环，循环体有可能不被执行； do…while 循环属于"先斩后奏"类型，先执行循环体，执行完后检查循环条件是否成立，成立则继续循环，循环体至少执行一次
教学资源	学习资源链接： http://spoc.abc.edu.cn/my/index.html#/online-learn/1353040334577049602/plan/1353040334635769857/task?type=preview&taskId=1375792512265707521。 https://tv.cctv.com/2017/10/14/VIDEaJcT5KSJH3lLYAoldEra171014.shtml
设计意图	督促学生学习平台资源，使学生养成课前预习的习惯
信息技术应用	雨课堂、投影仪

（2）新课教学，明确知识，如表 4 所示。

表 4　新课教学，明确知识

教师活动	1. 讲解 for 语句执行流程，培养学生严谨、专注的工匠精神。 2. 示范用 for 语句解决 1, 2, …, 100 的累加和问题。 3. 介绍棋盘麦粒问题，分析求解思路，并编写程序。 4. 总结引入思政元素"不可小视积少成多的道理"。2013 年习近平总书记首次提出"精准扶贫"，经过努力，全国各县市区逐步脱贫摘帽，引导学生坚定制度自信
学生活动	学生认真听教师的分析，观看教师的编程演示过程，回答教师提出的相关问题并提出疑问
教学资源	1. 求 100 以内的自然数之和； 2. 棋盘上的麦粒问题（数学文化） 背景故事： 在印度有一个古老的传说。舍罕王打算奖赏国际象棋的发明人——宰相西萨·班·达依尔。国王问他想要什么，他对国王说："陛下，请您在这张棋盘的第 1 个小格里，赏给我 1 粒麦子，在第 2 个小格里给 2 粒，第 3 小格给 4 粒，以后每一小格都比前一小格加一倍。请您把这样摆满棋盘上所有的 64 格的麦粒，都赏给您的仆人吧！"国王觉得这要求太容易满足了，就命人给他这些麦粒。当人们把一袋一袋的麦子搬来开始计数时，国王才发现：就是把全印度甚至全世界的麦粒全拿来，也满足不了那位宰相的要求。那么，宰相要求得到的麦粒到底有多少呢？总数为： 第 第 第 第　　　第 1　2　3　4　　64 格 格 格 格　　 格 （$1 + 2 + 4 + 8 + \cdots + 2^{63}$）粒 =（$2^{64}-1$）粒 　　　　　　　　　　= 18 446 744 073 709 551 615 粒 人们估计，全世界需要 500 年生产这么多麦子！ 教师串讲分析，并验证代码：①定义整型变量 count 记录方格数，定义 double total 记录米粒总数；② count 初始值为 1，累加结束条件为 "count <=64"，循环增量为每次增加 1。③ for 语句为 "for (count =1;　count <=64;　count ++)"
设计意图	教师通过亲自示范程序编写，让学生直观体会到程序编写时的要点，培养学生专注、严谨的工匠精神

（3）课堂练习，巩固新知，如表 5 所示。

表 5　课堂练习，巩固新知

教师活动	指导学生完成棋盘麦粒问题程序的编写
学生活动	分组合作，完成程序的编写，将编写的程序进行分组展示汇报
| 教学资源 | ```c
#include
void main ( )
{
    int count ;    // 记录方格数
    double total = 1;    // 记录米粒总数
    double current = 1;    // 记录当前方格的米粒数
    printf ( "pane_num    current      total\n" );
    for ( count = 1;   count <= 64;  count++ )
    {
        current = current * 2;
        total = total + current;
        printf ( "%5d %15.4e %12.2e\n", count, current, total );  /* 每计算一个方格的米粒数便打印出来。其中 15.4e 中的 15 表示空白字段数，.4 表示取的小数的有效位数。*/
    }
}
``` |
| 设计意图 | 锻炼学生分组合作的能力，培养学生的信息化素养和工匠精神 |
| 信息技术应用 | 雨课堂 |
```

（4）课堂小结，布置作业，如表6所示。

表6　课堂小结，布置作业

教师活动	1. 总结三种循环语句的异同点。 2. 布置作业： （1）登录安徽省MOOC平台完成5.4节、5.5节内容学习； （2）完成e会学上5.4节、5.5节作业
学生活动	三种语句都可以用于实现循环，一般情况下可以互相替代；三种语句书写形式不同，执行流程也有些区别
设计意图	让学生在课下可以根据所学知识解决新的问题，加强对所学知识和技能的巩固
信息技术应用	雨课堂

3. 课后

课后教学过程如表7所示。

表7　课后教学过程

教师活动	下发for语句应用编程题，让学生自行编程并调试
学生活动	利用课余时间在实训室进行编程和调试，将程序截图上传至e会学平台，将录制的调试过程视频上传至e会学平台
教学资源	**试题1：请按照题目的要求编写程序并给出运行结果。** 考核时间：20min。 1个农场有头母牛，现在母牛才1岁，要到4岁才能生小牛，4岁之后，每年生1头小牛。假设每次生的都是母牛，并且也遵守4年才生育并生母牛的原则，且所生的牛都不会死，设计程序，求出20年之后共有多少头牛。 **试题2：请通过编写代码实现以下要求。** 考核时间：20min。 已知字符数组s，设计程序将其中不是大写字母的字符删除（要求用for循环语句实现）。
设计意图	让学生在课下可以根据所学知识解决新的问题，加强对所学知识和技能的巩固
信息技术应用	e会学

（四）教学实效

经过一年多的不懈努力，在课程思政方面，线下课堂取得了一定的育人成效，学生对课程培养质量的满意度较高，学生职业技能水平大大提升，并在2021年安徽省高校物联网应用创新大赛中获得一等奖1项、二等奖1项。同时，课程团队成员的教科研水平也得到大大提升，发表课程思政相关论文2篇，获得国家发明专利1项。

本课程在下一步仍有很多方面需要努力，比如对本课程一年多的育人成效进行客观评价与总结，检查人才培养成效是否吻合课程标准定位的育人功能，对课程思政元素需要进一步挖掘和更新，对与课程配套的视频资源、练习作业等中的课程思政元素进行更新等。

三、案例反思

（一）创新之处

（1）任务驱动促成效,"教－学－做－评"一体化。

本课程教学主要依托雨课堂平台，按照课前导学、课中练课、课后磨课的方式，环环相扣实施。本次课采用了"教－学－做－评"一体化的模式开展教学，大大促进了学生学习的积极性，助力培养学生的工匠精神。

（2）混合教学重应用，综合能力在平时。

本课程采用线上线下相结合的方式，采用微课视频资源，引导学生紧密结合企业实际，学会团队合作，乐于分享，敢于表达观点。另外，本次课注重任务问题的解决，突出实践运用能力的培养，有力保证了教学目标的实现。

（二）下一步改进措施

如何点燃每一位学生是摆在我们面前的问题。在课堂上学生是变化的，学生的专业知识背景、学生所处的时代背景都是变化的，根据学生的兴趣爱好设计出更具有吸引力的教学案例是调动学生积极性重要的一环。下一步需要结合不同专业学生的专业知识背景编制对应的专业教学案例，并融合相应的思政元素，以提升课程的育人成效，保证教学质量。

所属学院： 信息与人工智能学院
课程名称： 计算机应用基础
课程类型： 公共基础课
案例章节： 第五章　演示文稿制作
案例名称： 共防时疫　同赴未来
　　　　　——"计算机应用基础"课程思政案例
案例作者： 李春秋，何军，朱静怡，戴昕
课程简介： "计算机应用基础"是一门关于计算机基础知识和基本技能的入门课程，以价值引领、知识学习和技能培养为确定教学目标的依据，遵循高等职业教育"行动领域和项目导向"的理念，按照实际工作中对计算机基本技能的要求，将思想价值引领贯穿课程教学过程的各个环节，进而将思政理念和实践应用有机结合起来，注重培养学生的价值观、人生观和使用计算机获取知识、分析问题和解决问题的能力以及创新意识，从而实现与培养"德、智、体、美、劳"全面发展的社会主义建设者和接班人相对应的课程育人目标。

共防时疫　同赴未来
——"计算机应用基础"课程思政案例

一、案例简介

本案例基于 PowerPoint 2016 幻灯片制作章节要求进行设计，在技能层面要求学生能够制作一套成品幻灯片模板，在知识层面要求学生掌握幻灯片母版的构造、设计等一系列知识。课程思政教育从 PPT 模板主题入手，通过让学生检索新型冠状病毒相关资料等素材，完成以"共防时疫　同赴未来"为主题的 PPT 模板设计制作任务。本案例将课程思政点和技能知识点有机结合，在保证学生掌握计算机应用基础的实践技能和理论知识的同时，让学生感受到"此生无悔入华夏"的豪情，从"为谁培养人"的角度坚定学生"来世还做中国人"的理想信念，努力提高学生的政治站位和思想觉悟。

二、案例实施

（一）教学目标

1. 知识目标

（1）掌握演示文稿的基本操作。
（2）理解母版的类型及应用。

2. 能力目标

（1）使用和修改母版。

（2）掌握插入多媒体对象的操作方法。

（3）熟练掌握设置动画和超链接的方法。

3. 思政目标

（1）培养学生的审美情操、团队协作能力和爱国主义情怀。

（2）坚定学生的理想信念，提升学生的责任意识和大局意识，增强学生的民族自信心和自豪感。

（二）教学设计

教学设计如表1所示。

表1 教学设计

教学环节	教学内容	教师活动	学生活动	设计意图和思政融入点
课前	课前预习	发布调查问卷、视频资源，要求学生检索新型冠状病毒相关资料等素材	完成课前任务	1. 设计意图。 通过调查问卷了解学生对 PowerPoint 软件的了解和使用情况，据此调整授课内容；通过搜集新型冠状病毒相关资料，培养学生的信息检索能力。 2. 思政融入点。 通过搜集整理新型冠状病毒和等素材资料，引导学生了解到我国抗疫的成果离不开中国共产党的坚强领导、离不开"逆行者"的舍生忘死、离不开全国人民在关键时刻的伟大凝聚力，感受到作为中国人的自豪感，同时了解到新型冠状病毒的危害，增强学生的自我保护意识、责任意识和大局意识
课中	1. 背景选择、颜色搭配及排版原则。 2. 演示文稿中母版、版式的创建及应用。 3. 动画、超链接等设置的技巧	1. 启发式教学：欣赏优秀PPT。 2. 案例教学：通过多媒体课件，演示具体操作过程，讲解如何设计、制作、美化PPT。 3. 研讨式教学：针对不同的主题背景选择、颜色搭配、排版等，每个小组从不同的角度确定设计思路	1. 分组讨论并回答教师提出的问题。 2. 模仿制作PPT	1. 设计意图。 通过欣赏、拆分讲解案例，分别从母版架构、配色、字体和布局展开教学，引导学生清楚了解整个案例的制作过程，使学生在设计制作PPT时更有的放矢。 2. 思政融入点。 由主题模板的配色需求，引申到五星红旗的红色，选取长征路上湘江战役作为党史教育题材，引导学生了解到今天的和平是由先烈们的鲜血铸成的；再从字体需求层面解释宋体的由来，在肯定秦桧的书法水平的同时也明确其作为历史上有名的奸臣造成的影响，引导学生树立"德才兼备，以德为先"的价值观，增强学生的民族自信心，坚定学生的理想信念
课后	技能拓展	布置作业：以"共防时疫 同赴未来"为主题制作PPT宣传片	制作PPT宣传片并分组讨论	

（三）教学过程和实施

本课程采用线上线下混合式教学方法。学生先通过教材、实训指导书、线上视频和教师布置的任务进行课前准备，并参加课程线下课堂教学活动。学生根据教师的指导，完成理论学习和实践。课程教师团队通过线上和线下方式，向学生提供学习支持服务，解决学生在学习中遇到的问题。

1. 课前准备

（1）利用雨课堂提前发布课程公告（见图1）、教学视频和学习任务（见图2）等，明确教学目标。

图1　课程公告

图2　教学视频和学习任务

（2）通过雨课堂平台查看学生的预习进度、习题作答情况及问卷检测效果，调整上课教学内容。

2. 课中实施（欣赏—模仿—创新—评析）

1）欣赏

精心选择具有爱国主义教育意义，有助于学生树立正确的价值观、人生观、世界观的优秀PPT案例。优秀PPT案例欣赏如图3所示。

图 3　优秀 PPT 案例欣赏

小组讨论：案例欣赏结束，可以从幻灯片排版、配色、主题背景、布局和字体等方面进行讨论，讨论时间为 5 分钟，每组确定好发言人和记录人。

教师讲解知识点：对课前学生的作业和案例进行点评分析，重点讲解不同主题的背景如何选择、如何排版及注意事项等；同时引导学生关注主题中容易忽略的设计师职责和社会影响力等，引导学生认识到好的演示设计不应该只局限于视觉美化，而是应基于场景化思考，寻求最优解决方案，引导学生从民族自信、文化自信等角度挖掘主题。

2）模仿

教师讲解知识点：根据主题按照场景化应用设计（见图4），分别从母版架构、配色、字体和布局展开教学，详细讲解母版制作与应用操作步骤、动画设置及插入对象等，引导学生注重编辑过程与设计的严谨性。

学生实践操作：在学生模仿设计过程中，教师要营造良好的课堂氛围，让学生愿意和教师进行沟通交流；同时，鼓励小组成员、小组之间进行切磋交流，让学生感受到互助友爱的氛围，培养学生的团结协作精神。

思政点：通过搜集素材，潜移默化地让学生感受祖国的强大、中国人民的凝聚力和中国特色社会主义制度的优越性；再从字体需求层面解释宋体的由来，在肯定秦桧的书法水平的同时也明确其作为历史上有名的奸臣造成的影响，引导学生树立"德才兼备，以德为先"的价值观，增强学生的民族自信心，坚定学生的理想信念。

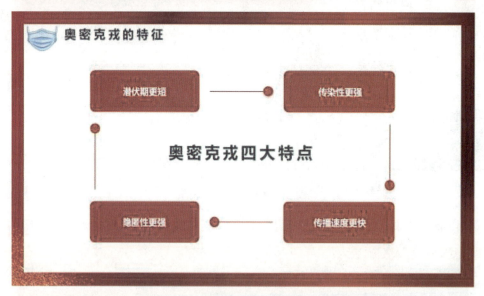
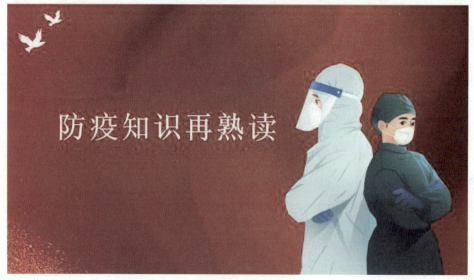

图4　场景化应用设计

续图4

3）创新

学生作品制作安排在教师案例讲解和学生模仿制作作品完成后。此次制作主题为"共防时疫 同赴未来"，也可以由学生选择相近的主题进行制作，作品制作完成后分小组进行展示，介绍作品设计理念，然后通过互评的方式改进、优化作品，培养学生的团队协作能力和不服输的精神。

4）评析

教师对学生作品进行点评，指出学生作品中的不足之处，让学生逐步完善作品，并通过学生投票选出优秀作品作为示范课件，提高学生创作的积极性和自信心，形成良好的竞争氛围。

（四）教学实效

（1）通过本次教学，学生进一步了解了国家的疫情防控政策，强化了学生的自我保护意识及主动遵守各项防疫政策的意识，坚定了学生的理想信念，提升了学生的责任意识和服从国家大局的意识，同时使学生感受到了国家的强大，提高了学生的民族自信心和自豪感。

（2）线上教学资源丰富，课程教师团队力量雄厚。本课程是省级精品资源共享课，以"优秀"等级结项，课程线上资源免费开放，课程教师团队全天在线答疑，有助于及时解决学生在学习过程中遇到的各种问题。

三、案例反思

（一）创新之处

（1）深入挖掘课程思政内容。针对不同的专业，选择与该专业相关的行业案例，将专业知识和思政内容深度融合，将课堂理论和实践教学相结合，提升课程思政的教育引领力，达到专业课程与思政课程同向同行、协同育人的效果。在学生学习专业知识的同时，培养了学生正确的人生观、价值观、世界观。

（2）注重案例的前沿性。根据时事动态及时更新教学案例，将课程思政由显性教育转变为隐性教育，巧妙地将我国取得的抗疫成果合理地嵌入课程教学内容中，让学生感受到祖国的强大和中国特色社会主义制度的优越性，增强学生的民族自豪感和民族自信心。

（3）分层次教学，因材施教。针对不同专业不同招生类别的学生，有选择性和针对性地开展教学，设计不同的教学目标，运用不同的教学方法，实行"分层次教学、分阶段达标、多层次训练"教学模式，循序渐进地提高学生的学习能力。

（4）注重学生增值能力的培养。改变之前一张试卷决定学生分数的考核方式，尊重学生的认知规律，以学生为中心，秉持有教无类的教学理念，充分尊重学生的个体差异，只要学生态度端正、付出努力，在教师授课后能力得到了提升，均给予充分的肯定和鼓励，激励学生把个人全面发展融入实现中国梦的伟大实践中。

（二）下一步改进措施

（1）加强师资队伍建设。组建由专业教师、思政教师、辅导员、企业导师"等人员组成的课程教师团队，形成多方参与、协同育人的格局。同时，加大课程教师团队的培训力度，切实提高团队教师的政治敏感度和思想政治理论水平。

（2）提升学生的获得感。加强与辅导员、学生课后的沟通交流，把知识传授和学生个人需求有机结合起来，在提高学生信息技术水平的同时，发挥课程思政的价值引领作用，潜移默化地帮助学生塑造正确的人生观、价值观、世界观。

Kecheng Youxuan —— Jiaoxue Sheji yu Shijian

文化艺术类

所属学院： 文化与法律学院
课程名称： 会务管理
课程类型： 专业核心课
案例章节： 模块二任务四
案例名称： 凡事预则立：会前的会场布置
　　　　　——"会务管理"课程思政案例
案例作者： 童玉，刘飞，秦垒，胡晶晶，黄蓉
课程简介： "会务管理"课程为面向现代文秘专业二年级学生开设的专业核心课，旨在使学生系统地掌握会务管理的基础知识、基本操作方法和技巧，从而具备良好的会务管理能力。本课程紧跟新时代国家对职业教育的功能定位，根据现代文秘专业的特色优势和育人目标，将课程思政目标确定为：注重培养学生基本的秘书职业素质、职业道德、职业情感和职业能力，厚植家国情怀，提升品德修养，增长知识见识，弘扬奋斗精神，兼顾人文素养与创新创业能力的培养与提升。本课程依据专业教学标准、人才培养方案及课程标准，立足长三角地区大量的秘书人才需求，不断优化课程设计、创新课堂教学模式，结合学院现有设备优势，创设秘书工作情境，营造沉浸式学习氛围，以实现将学生培养为"适应市场需求的高水平技能型文秘人才"的专业人才培养目标。

凡事预则立：会前的会场布置
——"会务管理"课程思政案例

一、案例简介

会前的会场布置是会议进行的关键环节和前提条件，通过教学使学生掌握会场布置的知识和具备会场布置的能力，启发学生感悟"凡事预则立"的战略思维和精益求精的工匠精神，引导学生认识到：作为文秘人员，应该着眼长远、把握大势、注重细节、耐心细致，尽可能地对会前的会场布置工作做好周密的计划和准备，以保证会议的顺利召开。

本案例的教学内容包括：确定会议地点与场所，会场布置的要求、原则及技巧，会场布置实训等。教学策略包括：项目驱动，围绕真实企业办会项目，建构情境，开展学习探索和实训任务；实战演练，在校内理论学习与实训基地实训基础上，完成会议组织与服务的任务；分组学习，在学情分析的基础上，将学生按照具体任务进行分组，如分为物料组、后勤组、设备组、礼仪组等；信息化融合，采用腾讯会议、云班课互动教学平台等信息化技术手段，切实提升课堂教学效率。

本案例课程思政的关键词为：大国自信；礼仪文化；工匠精神；战略思维。课程思政融入点为：展示在我国召开的国际级高端会议（如世界互联网大会、博鳌亚洲论坛等），彰显大国担当和大国自信，让学生在思考与讨论的同时，真切感受到我国的世界影响力和大国形象；展示各类不同会议的布置风格与会务细节，如庄重风、商务风、典雅风、简约风、喜庆风、休闲风、极简风等，让学生感悟秘书会务工作精益求精的工匠精神；在理论知识的系统学习之后，让学生通过具体实践项目进行分组实训，引导学生关注会场布置细节，完成由理论层到技能层再到素养层的提升，使学生在掌握专业核心技能的同时，体悟中国传统礼仪文化的深刻精髓、团队合作精神，并树立"凡事预则立"的战略思维。

二、案例实施

（一）教学目标

1. 知识目标

（1）了解影响会议地点与会场选择的因素。

（2）了解会场布置的原则与要求。

（3）了解会场的布局类型。

（4）了解主席台座次与普通参会人员座次安排的技巧。

2. 能力目标

（1）能够根据具体的会议案例选择合适的会议地点和会议场所。

（2）能够根据实际案例选择合适的会场布局和会场布置风格。

（3）能够根据不同的会场布局设置主席台的座次。

3. 思政目标

（1）了解世界范围内的高端会议（世界互联网大会、博鳌亚洲论坛等）选择在我国召开的原因，认可我国在世界上的影响力。

（2）感受全国人民代表大会的会场风格和布置细节，感受我国最高权力机关的庄严和权威，同时培养精益求精的工匠精神。

（3）分析主席台座次安排的技巧，追溯我国源远流长的礼仪文化。

（二）教学设计

教学设计如表1所示。

表1 教学设计

授课内容	会前筹备——会前的会场布置		
授课对象	高职现代文秘专业二年级学生	授课学时	2学时
授课地点	智慧多媒体教室（理论）、录播室（实训）	授课形式	线上线下混合教学形式
内容分析	会前的会场布置：确定会议地点与场所；会场布置的要求、原则和技巧；会场布置实训	影响会议地点的因素；区分会议地点与场所；确定会议场所的方法 会场风格适用的场合；会场布置的要求、原则；会场布置的技巧（布局、装饰和座次安排） 项目驱动：校企合作共建实习基地的签约仪式	
学情分析	知识基础：通过前期课程的学习，学生已经掌握了秘书办事、办文方面的基础知识，具备了一定的办会素养。 认知能力：学生对会前筹备工作有了基本的了解，对会务的实际工作有较浓厚的兴趣。 学习特点：学生能够借助资源平台完成课前学习任务，注重场景的体验感，渴盼真实工作环境下的实操		
教学重点	不同会场的布置风格及布置技巧	解决措施	案例讲授、视频
教学难点	根据具体的实训项目，选择合适的会场布局并进行会场布置	解决措施	校企合作、实时指导

续表

教学方法	任务驱动法、讲授法、讨论法
教学资源	课堂环境：智慧多媒体教室、录播室。 教学平台：云班课平台。 信息化手段：视频、远程连线等

（一）课前导学	
环节	教师活动	学生活动
---	---	---
课前导学	1. 完成授课课件的制作、相关网络资源的下载。 2. 准备会场布置演练所需要的物品和器材。 3. 在云班课平台发布课前预习任务：观看世界互联网大会和全国人民代表大会的视频片段，分析其会场布局的风格特点	1. 协助教师准备会场布置演练所需的物品和器材，并搬送至实训教室。 2. 在云班课平台完成教师布置的预习任务
设计意图	根据教学内容有针对性地发布课前预习任务，同时让学生参与实训物品和器材的准备，便于学生提前认知和了解本节课的内容，从而更高效地接受新知识	
信息化手段	云班课平台	

（二）课中实施		
环节	教师活动	学生活动
课前回顾 （2 min）	总结前面所学的会前筹备工作的相关知识	仔细聆听教师的讲解
引入新课 ——影响会议地点选择的因素 （5 min）	1. 播放视频。 2. 引出案例讨论：世界互联网大会为何选择在乌镇召开？博鳌亚洲论坛为何选择在海南小渔村召开？ 3. 请学生分组讨论并请代表发言。 4. 点评小组讨论结果，并分析案例	1. 观看视频。 2. 思考世界互联网大会选择在乌镇召开的原因、博鳌亚洲论坛选择在海南小渔村召开的原因。 3. 小组讨论并踊跃发言。 4. 理解教师的点评意见及对应案例的解析
新课讲解 ——确定会议场所的影响要素 （8 min）	1. 讲解会议地点和会议场所的概念区分。 2. 重点讲解会议地点与会议场所的选择和确定	仔细聆听教师的讲解，做好笔记
新课讲解 ——会场布置的要求、原则和技巧 （30 min）	1. 展示会务照片，组织进行"大家来找茬"的游戏。 2. 请学生分组讨论课件展示的会场风格所适用的实际场合并派代表发言。 3. 点评小组讨论结果并进行总结延伸。 4. 重点讲解会场布置的要求、原则和技巧（布局、装饰和座次安排）	1. 观察会务照片，积极思考。 2. 以小组为单位讨论课件展示的会场风格所适用的实际场合，并进行汇报。 3. 理解教师的点评意见及总结延伸的知识点。 4. 聆听并理解相关理论知识，做好笔记
设计意图	通过对世界互联网大会、博鳌亚洲论坛、全国人民代表大会等会务细节的展示，潜移默化地融入思政元素，让学生在思考与讨论的同时，真切地感受到我国的大国自信和大国担当，巧妙植入爱国主义情感和精益求精的工匠精神，不仅激发学生的学习兴趣，还培养学生的担当意识和爱国主义精神	
信息化手段	视频	

1 课时结束		
环节	教师活动	学生活动
引入项目 （2 min）	布置项目任务，在教学平台上推送会议信息和要求	认真查看项目的会议信息，聆听教师梳理实训流程及要求
布置任务 （3 min）	发布实训任务，对各组进行任务分工，分发实训任务清单	查看实训任务清单，确认本组的任务分工
会务实训 （30 min）	学生根据任务要求开展实训，教师与企业导师同步指导和答疑	根据任务要求开展实训，在实训过程中遇到问题随时请教教师和企业导师
课堂总结 （10 min）	1. 企业导师点评。 2. 教师点评并总结实训要点	1. 聆听企业导师的点评。 2. 聆听教师的评价和总结，与教师共同总结实训要点

续表

设计意图	会场布置实训为本次课的难点，通过分组讨论、合作实施提升学生自主学习的能力和团结协作的能力。企业导师现场进行指导并点评，加强实训与秘书工作实务的紧密结合。通过项目任务和实训，创设工作情境，激发学生的学习兴趣和动力，让学生体悟中国传统文化的深刻精髓、精益求精的工匠精神和"凡事预则立"的战略思维
信息化手段	云班课平台、腾讯会议

2 课时结束

（三）课后拓展

环节	教师活动	学生活动
课后拓展	1. 在教学平台上发布课后任务：总结经验，形成文字材料并上交。 2. 学生可随时发布问题，教师进行答疑指导。 3. 布置下节课预习任务	1. 完成课后任务。 2. 针对在本节课学习过程中遇到的问题及时请教教师。 3. 完成预习任务
设计意图	通过完成课后任务，及时巩固本节知识点，提升学生自主学习的能力	
信息化手段	云班课平台	

（三）教学过程

1. 课前

（1）在云班课平台发布课前预习任务。

①教师要求学生提前了解世界互联网大会的办会地址，分析会址选择乌镇的原因。

②学生观看全国人民代表大会的视频片段，与其他会议场所的视频片段进行比较，分析会场布局的不同风格特点。

（2）师生共同准备会场布置实训所需的物品和器材，并搬送至实训教室。

2. 课中

（1）课前回顾：总结前面所学的会前筹备工作的相关知识。

（2）影响会议地点选择的因素。

①教师播放视频：世界互联网大会（见图1）、博鳌亚洲论坛（见图2）视频片段。

图1　世界互联网大会

图 2　博鳌亚洲论坛

②案例讨论：世界互联网大会为何选择在乌镇召开（见图 3）？博鳌亚洲论坛为何选择在海南小渔村召开？

图 3　世界互联网大会为什么选择乌镇

③教师引导学生分组思考并讨论影响会议地点选择的因素，以小组为单位进行案例的讨论，并形成文字进行汇报。

④教师针对小组讨论结果，分析案例，总结影响会议地点选择的因素（见图 4）。

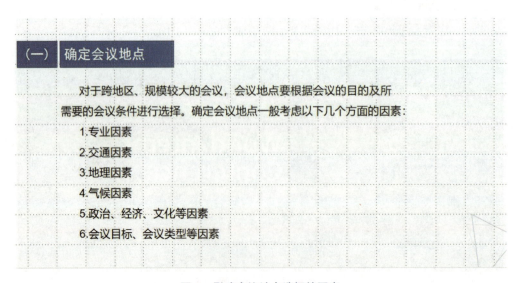

图 4　影响会议地点选择的因素

（3）确定会议场所的影响要素。

①会议地点、会议场所的概念区分。

会议地点多指会议场所所在地，如人民大会堂所在地北京、世界互联网大会的永久会议地点乌镇等。

会议场所主要是指会议组织者和会议参与者进行问题的讨论、研究，信息的交流，思想的沟通并达成会议交易目的的特定场所。会议场所往往指的是具体的开会场所，如人民大会堂、酒店等。

②确定会议场所。

在选择完会议地点之后，就必须根据会议的主题和规模、会议成本等因素选择合适的会议场所。教师指导学生按照会议地点的分析方法，举例分析，并总结确定会议场所一般要考虑的因素：交通因素、空间因素、设备因素、成本因素、服务因素、配套设施因素。

（4）会场布置的要求、原则及技巧。

①学生观察不同会议的会务照片（见图5），进行"大家来找茬"的游戏。

教师引导学生找出会议布置的不同风格，并指出怎样的会场布置可以保证会议质量。

教师引导学生进行会场布置归类，归纳布置风格，总结布置原则。

教师提醒学生注意观察会场座位、装饰、座次安排等情况，总结会场布置技巧。

图5　不同会议的会务照片

续图 5

②学生以小组为单位讨论课件展示的会场风格所适用的实际场合。

③教师点评小组讨论结果。

④教师重点讲解会场布置的相关知识。首先，教师总结会场布置的整体规划要求。会场布置的整体规划要求具体涉及主席台设置、座位排列、会场内花卉陈设等许多方面。要保证会议的质量，会议的整体布局要做到以下几点：会议的整体布局庄重、美观、舒适，体现出会议的主题和气氛，同时还要考虑会议的性质、规格、规模等因素；会场的整体格局要根据会议的性质和形式创造出和谐的氛围；大中型会议要保证有一个绝对的中心，因此大中型会场多采用半圆形、大小方形的形式，以突出主持人和发言人。另外，大中型会场还要注意进、退场的方便性，小型会场要注意集中和便捷性。

其次，教师归纳会场布置的原则。会场布置的原则具体包括切合主题、区别类型、整体协调。会场布置的风格包括庄重风、典雅风、行政风、田园风、喜庆风等。

最后，教师总结会场布置技巧，具体如表 2 所示。

表 2 会场布置技巧

技巧	说明
会场内座位布局。引导学生以小组为单位，根据给定的会议场合，选择会议主席台座位布局，并邀请某一小组为代表进行现场展示	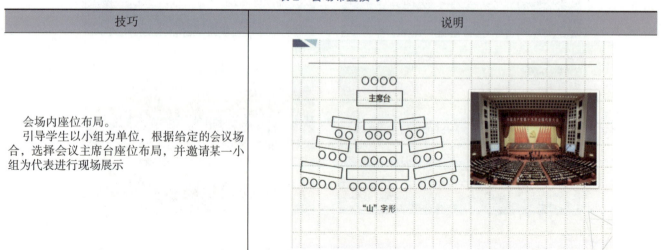

续表

技巧	说明
会场的装饰布置。 引导学生根据不同的会议内容，选择适当的背景色调或摆放、悬挂突出会议主题的装饰物等。会场的装饰要讲求艺术性，要注意实用、美观、得体。 一般而言，党代会朴素大方，庆祝会喜庆热烈，纪念会隆重典雅，座谈会和谐融洽，追悼会庄严肃穆，工作会简单实用，展览会新颖别致	<table><tr><th>室外及入口布置</th><th>室内布置</th></tr><tr><td>主会标</td><td>会标、背景板</td></tr><tr><td>欢迎拱门、条幅</td><td>主席台/听众席、演讲台</td></tr><tr><td>彩球、鲜花、氢气球</td><td>鲜花、彩球、彩带等装饰</td></tr><tr><td>地毯</td><td>音像辅助设备</td></tr><tr><td>展架、易拉宝、广告板</td><td>灯光、电源设备</td></tr><tr><td>引导牌</td><td>茶点</td></tr><tr><td>灯箱</td><td>奖品、礼品、活动道具</td></tr><tr><td>签到台</td><td>台签</td></tr><tr><td>休息座椅等</td><td>摄像设备</td></tr></table>
会场的座次安排。 会场座次排列是指对与会人员在会场内座位次序的安排。设有主席台的会议，座次排列既包括在主席台就坐的人员的座次排列，也包括场内其他人员的座次排列。会场座次的排列应当合理，符合惯例。 主席台座次，依照职务的高低和选举的结果安排，职务最高者居中，按先左后右、前高后低的顺序依次排列。	奇数型（3 1 2 主席台） 偶数型（3 1 2 4 主席台）
与会代表的座次安排	**（三） 会场布置的技巧** **4.与会代表的座次安排** 根据会议的不同要求，有不同的座次排列方法： 横排法。横排法是指按照参加会议人员的名单以其姓氏笔画或姓名笔画为序，从左至右横向依次排列座次的方法。 竖排法。竖排法是按照各代表团或各单位成员的既定次序或姓氏笔画从前至后纵向依次排列座次的方法。 左右排列法。左右排列法是以参加会议人员姓氏笔画或单位名称笔画为序，以会场主席台中心为基点，向左右两边交错扩展排列座次的方法。

(5)会场布置的实操演练。

①教师布置项目任务(见图6),在教学平台上推送会议信息和要求。

图6 项目任务

②教师发布实训任务(见图7),对各组进行任务分工,分发实训任务清单,并结合特定案例——校企合作共建实习与就业基地的签约仪式,引导学生内化会场布置知识点,分组完成实训任务。

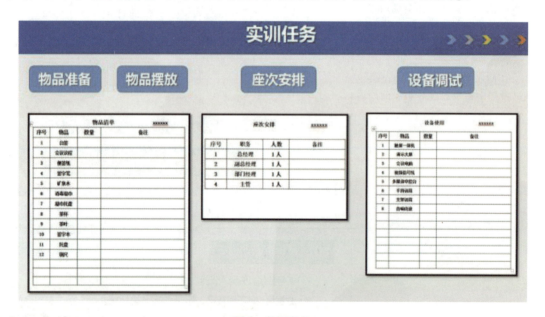

图7 实训任务

③学生根据任务要求开展实训,教师与企业导师同步指导和答疑。

④企业导师和教师点评,并总结实训要点。企业导师和教师针对会议地点与场所的选择、会场的布置等实训内容,从职业道德、职业态度、职业技能等方面,给学生提指导意见,希望学生通过实际案例,能够将所学理论应用于实践,在实践中培养细心、耐心和匠心,感知中国传统礼仪文化的深刻精髓、会议筹备精益求精的工匠精神和"凡事预则立"的战略思维。

3. 课后

（1）教师在云班课平台发布课后作业：总结在此次办会演练中你认为的可取之处和不足之处，形成文字材料，不少于 500 字。

（2）教师在云班课平台为学生在线答疑解惑。

（3）教师在云班课平台发布下一次课程的预习任务：什么是接站？接站需要做哪些准备？

（四）教学实效

1. 对接岗位，文秘知识得以强化

本案例在分解秘书岗位会前筹备的工作内容及知识、能力、素质要求的基础上，明确思政目标，设计教学环节，安排教学内容。本次课针对会前的会场布置，对照真实工作流程，采取校内教师和企业导师联合授课的方式，分为确定会议地点和会议场所，会场布置的要求、原则及技巧，会场布置的实训演练三个教学任务阶段，做到知识与岗位无缝衔接，切实提高学生的文秘理论水平。

2. 校企协同，文秘技能得以提升

本次课依托校企合作创办的文昌秘书事务所（见图 8），营造沉浸式学习氛围。在本案例实践教学中，学生同时具有学习者、事务所运营者、企业员工三重身份。本次课采用项目驱动法，围绕真实企业办会项目，建构情境，引导学生开展学习探索、完成实训任务。本次课以学生为主体，以教师为指导，以项目为载体，实现教、学、做一体，切实提升学生的文秘技能。

图 8　文昌秘书事务所

3. 线上线下相结合，文秘素养得以育成

本次课充分利用职业教育现代文秘专业国家教学资源库中的丰富教学资源，综合运用微课、FLASH 动画、腾讯会议、云班课互动教学平台等多种信息技术，打破案例单一的知识点、技能点局限，通过案例实训项目（见图 9）将团队合作、人际交流、文秘礼仪、信息化应用、新媒体操作等文秘综合素养融入教学过程之中，切实培育学生的文秘综合素养。

图 9　案例实训项目

4. 团队合作，思政案例得以丰富

"会务管理"课程教学团队以专业带头人、骨干教师为核心，老中青结构合理，"双师"素质突出。本案例的教学设计、教案讲稿、课件资料等教学资源由教学团队教师合力打造，案例的微课堂、微视频在现代文秘专业微信公众号"皖江文秘"（见图 10）等新媒体平台发布，深受广大师生的好评。与案例相关的教学资源已纳入现代文秘专业课程思政案例资源库，进一步推进了"会务管理"课程的优质教学资源共享和现代文秘专业课程思政案例资源库的建设。

图 10　现代文秘专业微信公众号"皖江文秘"

三、案例反思

（一）创新之处

1. 深入挖掘思政元素，并贯穿教学环节

本次课内容为确定会议地点及会场布置，教学过程完整，教学环节紧密相连，既包含深入浅出的理论讲解，又包含技能展示的实践环节。通过对世界互联网大会、博鳌亚洲论坛、全国人民代表大会等会务细节的展示，潜移默化地融入思政元素，让学生在思考与讨论的同时，真切地感受到我国的世界影响力和大国形象，巧妙植入了爱国主义情感和精益求精的工匠精神。在授课中所展示的案例兼具课程思政与专业知识两大内容，使知识获得与思政教育同向同行。此外，在理论知识的系统学习之后，又借助具体案例的实践操作，引导学生关注会场布置细节，完成由理论层到技能层再到素养层的提升，让学生体悟工匠精神、团队合作精神的要义，感知中国传统礼仪文化的深刻精髓。

2. 课程案例关联度高，理实一体出实效

课程内容选取了高度关联且丰富、可感的会务案例，贴合对应授课主题进行形象化讲解，易于学生理解和掌握知识点。例如：借助世界互联网大会、博鳌亚洲论坛典型案例引导学生讨论、分析确定会议地点的影响因素；在会场布置环节，结合丰富的图片案例展示不同类型的会务风格，结合"平面图＋真实的会议图"展示会场布置技巧等。同时，为进一步验证和强化学生对重难点内容的掌握，开展了现场的会场布置实操训练，将理论与实践相结合，并通过课后作业及在线答疑解惑将课堂内的学习延伸至课堂外，有效助力学生职业核心技能的打造。

3. 线上线下混合式教学，形成教学闭环

课程教学采取了线上线下混合式教学方法，利用云班课信息化平台有效连接课堂内外。在课前，基于云班课平台发布任务，让学生进行提前预习；在课中，结合讲授法、案例分析法、讨论法、情境模拟法等多样化的教学方法，激发学生的学习兴趣，层层递进，引导学生有所思、有所得；在课后，借助云班课平台进行知识点的巩固强化，教师随时跟进，针对性解答疑难点。利用信息化平台，通过对课前—课中—课后的全流程跟踪，在拓展教学资源的同时，有效发挥了学生的主动性，形成了教学闭环。

（二）下一步改进措施

（1）进一步丰富企业真实案例。强化校企合作，丰富引入的会议类型、规模、层级等。针对本课程的内容，以文昌秘书事务所为主体，进行真实会务服务项目的实操学习，带领学生进入真实会务场地进行布置，进一步强化学生的实践感知，同时加深学生对工匠精神、职业精神等思政元素的理解。

（2）强化智能化的课堂建设。例如，引入VR眼镜及相应的信息化内容资源，让学生真切体验不同会务现场的布置风格和布置细节，如感受全国人民代表大会的庄严，感受中国举办的世界级规模大会的风采，感受不同风格会议布置的细致精巧，让爱国主义情感、中国传统礼仪文化、工匠精神等思政元素更加入脑入心。

四、案例资料

（一）课件资料

教学课件为"会务管理模块二任务四教学课件.pptx"，课件主要部分的截图如图11所示。

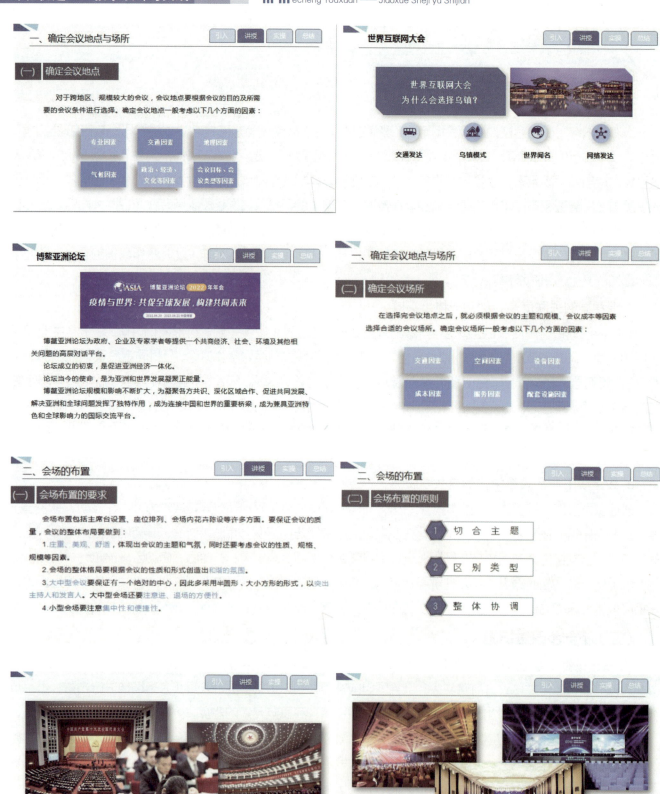

图11　会务管理模块二任务四教学课件主要部分

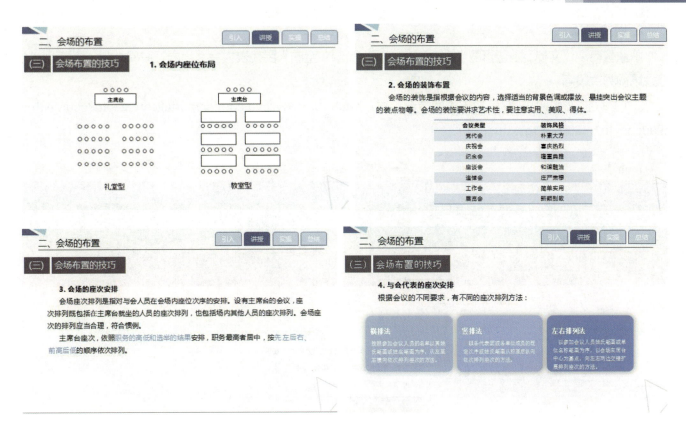

续图 11

（二）其他相关教学资源

1. 教材资源

《会议管理实务（第三版）》（见图 12），大连理工大学出版社，陈建国主编。

图 12　教材《会议管理实务（第三版）》

2. 网络资源

职业教育现代文秘专业国家教学资源库中的课程资源；全国人民代表大会、世界互联网大会、博鳌亚洲论坛会场视频片段等。

（1）职业教育现代文秘专业国家教学资源库：https：//www.icve.com.cn/portal/courseinfo?courseid=lss2adcqpyfp1mkhpxsx1g（见图13）。

图13　职业教育现代文秘专业国家教学资源库

（2）全国人民代表大会：http：//www.npc.gov.cn/（见图14）。

图14　全国人民代表大会网站首页

[视频]十三届全国人大五次会议在京闭幕：http：//v.npc.gov.cn/2022/03/11/VIDE0GnnGw3zaJaSEvfDa3ts220311.shtml。

（3）世界互联网大会：https：//www.wicwuzhen.cn/（见图15）。

图15　2021年世界互联网大会乌镇峰会

（4）博鳌亚洲论坛：https：//www.boaoforum.org/（见图16）。

图16 博鳌亚洲论坛网站首页

3. 硬件资源

（1）多媒体教室（见图17）。

图17　多媒体教室

（2）录播室（见图18）。

图18　录播室

（3）席卡（见图19）。

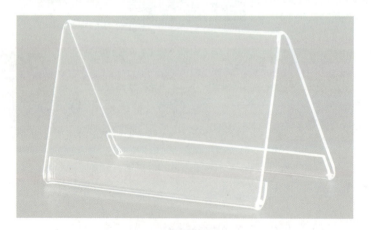

图19　席卡

（4）水具（见图20）。

实操演练时，提供一次性杯子、带盖茶杯、玻璃杯供学生选择。

图20　水具

（5）文具。

文具包括纸、笔、夹板等，如图21所示。

图21　文具

（6）话筒（见图22）。

图 22　话筒

4. 软件资源

（1）云班课软件：https：//www.mosoteach.cn/（见图23）。

（2）腾讯会议（见图24）。

图 23　云班课软件

图 24　腾讯会议

所属学院：艺术设计学院

课程名称：美术鉴赏

课程类型：专业选修课

案例章节：单元2　中国美术的历程

案例名称：璀璨的中国美术
　　　　　——"美术鉴赏"课程思政案例

案例作者：王超，孙湛，张军，陈诚，朱文

课程简介："美术鉴赏"作为一门通识课程，是培养学生认识美、爱好美和创造美的能力的教育，是全面发展教育不可缺少的组成部分。早在100多年前，蔡元培先生就曾说过："美育是最重要、最基础的人生观教育。"本课程团队充分发挥"美术鉴赏"课程所具有的思政教育潜能，从美术史的学习中反思我们的审美文化和视觉经验，从理论高度不断推动我们的认识发展，激发我们的美术想象力和创造力，能动地改造世界，并让世界人民更深刻地理解中华民族的独特性和多元格局。

璀璨的中国美术
——"美术鉴赏"课程思政案例

一、案例简介

通过本章节学习，学生可充分了解中华民族的视觉文化史和美术遗产，了解我们悠久、独特而又多彩的优秀民族文化，并在掌握中华民族审美历史的基础上，体会中华民族自古以来所具有的开放胸怀、创造精神和文化自信。

二、案例实施

（一）教学目标

1. 知识目标

让专业学生对中国美术史产生系统性的认识，知道中华民族的视觉文化和美术遗产是独特而多彩的。

2. 能力目标

了解中国美术史的研究对象，掌握中国美术史的总体脉络，熟悉中国美术史的研究方法。

3. 思政目标

深刻认识中国美术史在时空上具有复杂性，在文化上具有多元性，体现出中国美术在民族和文化上的多样性和融合性发展特征。

（二）教学设计

教学设计如表1所示。

表 1　教学设计

课程类型	全院公选课	设计者	王超	日期	第 6～13 周
课程名称	美术鉴赏		课程代码		A2613053
授课类型	☑理论型（A 类）　□理实一体型（B 类）　□实践型（C 类）				
单元名称	单元 2　中国美术的历程		授课学时		4 学时
班级	全院班级		人数		60 人
学情分析	1. 授课对象：全院公选课学生。 2. 职业兴趣：学生对美术抱有强烈的学习兴趣。 3. 学习基础：学生已经具备相应的美术鉴赏能力。 4. 学习不足：学生对美术的认识停留在漫画层面，缺乏对美术史的认识和判断。 5. 课程期待：学生期待掌握美术史并将相关知识运用到实践项目中				
单元重点	1. 美术的概念和美术大致分类。 2. 美术在日常生活中的运用。 3. 美术的起源说及其代表人物和观点。 4. 美术作品的优劣与艺术家的所感所想				
单元难点	1. 美术的起源说及其代表人物和观点。 2. 美术作品的优劣与艺术家的所感所想				
教学方法手段	1. 教学方法：讲授法、案例分析法。 2. 教学手段：PPT、分组式讨论、结果汇报				
单元教学目标	1. 知识目标。 让专业学生对中国美术史产生系统性的认识，知道中华民族的视觉文化和美术遗产是独特而多彩的。 2. 能力目标。 了解中国美术史的研究对象，掌握中国美术史的总体脉络，熟悉中国美术史的研究方法。 3. 思政目标。 深刻认识中国美术史在时空上具有复杂性，在文化上具有多元性，体现出中国美术在民族和文化上的多样性和融合性发展特征				
思政融入点	通过课堂实例练习，融入课程思政，挑选有代表性的美术作品，培养学生的欣赏与实操能力，在实操的过程中增加学生对国内外美术的了解				

活动历程（含辅助手段、时间分配）	时间分配	教学内容	教学活动	教学资源
	10 分钟	中国传统文化技法探讨	教师提问，学生回答，师生共同讨论，引出木版画	1. 教材资源：李泽厚《美的历程》。 2. 文献资源：中国知网、维普资讯、万方数据。 3. 网络资源：世界经典美术作品库（http://th.reasonlib.com/index.html）
	20 分钟	美术的起源	教师：讲授美术基本理论知识。 学生：理解并掌握美术的起源，针对不明白的知识点进行提问。 教师：解答学生的疑问	
	20 分钟	美术的作用	教师：讲授美术基本理论知识。 学生：理解并掌握美术的作用，针对不明白的知识点进行提问。 教师：解答学生的疑问	
	40 分钟	中国美术的发展历程	教师：讲授美术基本理论知识。 学生：理解并掌握中国美术的发展历程，针对不明白的知识点进行提问。 教师：解答学生的疑问	
	课次 1 结束			

（三）教学过程

1. 中国美术的欣赏对象

教师以感性的方式切入，引导学生说出他们心中哪些作品属于美术作品（见图1），通过问答引出美术史的研究对象包括美术作品、与美术作品相关的人物、与作品及人物相关的社会环境、阶级关系、思想观念、宗教信仰和风俗习惯，以及美术制度、运行机制和意识形态等。

图1　美术作品

2. 中国美术的总体脉络

教师结合幻灯片讲述中国美术史的分期。

教师为学生设定阅读目标、内容和方法，请学生通过网络自主搜索不同历史时期的美术作品资料，以形成感性认识；同时引导学生思考美术的时代性与阶级性，使学生认识到立足当代的美术创作应表现时代精神。

课堂实况如图2所示。

图2　课堂实况

3. 中国美术欣赏方法

教师以个案分析的方法使学生对图像学方法、风格分析法等美术史研究方法有初步了解。其中，外部研究关注作品的社会背景、功能和传播途径等社会因素；内部研究关注图像（见图3）的风格与样式。美术是社会需要的产物，有明显的政治、宗教和经济属性。教师运用启发式、讲授式和参与式相结合的教学法，力求使中国美术的研究对象、总体脉络和研究方法这些基础性知识能够吸引学生的注意力，培养学生运用相关知识分析、理解和探讨具体作品的能力。教师在传授中国美术史专业知识的同时，激发学生了解和学习中国特色社会主义理论，使学生认识到中华民族的视觉文化史是独特而多彩的，进而激发学生的民族自信心和爱国情感。

图3　图像

（四）教学实效

（1）学习目标对接达成。通过学习和实践，提高了学生锤炼高尚品德的自觉性、主动性和创造性。在实践中，爱岗敬业、精益求精、诚实守信等道德准则成为学生对自身的第一要求，学生的学习态度端正，投入热情明显增强。

（2）课程满意度明显提升。通过项目化教学，学生在完成任务、推进项目的过程中，对思政育人的内容有了深入理解和深刻体会，课堂抬头率与点头率大大提升，课堂参与度和活跃度保持较高水平。

（3）职业道德、文化素养显著提高。开课前，大部分学生重职业技能轻职业道德，而课程结束后，学生均意识到职业道德及文化自信的重要性，注重从传统文化中寻找创意点，职业道德、文化素养显著提高。

三、案例反思

（一）创新之处

（1）以立德树人为引领，强化课程思政教育，塑造匠人品质，将思政教育贯穿教与学全过程。

（2）极大调动了学生的学习积极性。

（二）下一步改进措施

教学方法与课程思政载体相呼应方面需要加强。需要通过应用教师引导、学生参与、校内外同步的教学方法，全方位融入课程思政教育。

四、案例资料

相关教学资源为世界经典美术作品库（http：th.reasonlib.com/index.html），如图4所示。

图 4　世界经典美术作品库

所属学院：艺术设计学院
课程名称：平面广告设计
课程类型：专业核心课
案例章节：第6单元　平面广告设计的流程
案例名称：一幅思政宣传主题公益平面海报的诞生
　　　　　——"平面广告设计"课程思政案例
案例作者：孙湛，杨卫宏，韩飚，高理想，王茵雪
课程简介："平面广告设计"是视觉传达设计专业的核心课程，旨在使学生掌握平面广告设计基础理论知识和常用设计方法与技巧，通过"以赛代练、真题真做"等多种教学实践方式锻炼和提高学生的设计、创意、制作能力，培养学生的团队合作精神和艺术综合素质修养，使学生毕业后能够快速胜任设计企业平面广告相关工作岗位。教学过程中，思政元素融入课堂项目、专业赛事以及公益广告案例，做到思政教育与专业技能学习自然、全面融合。

一幅思政宣传主题公益平面海报的诞生
——"平面广告设计"课程思政案例

一、案例简介

（一）课程思政教育融入点

本节教学就是开展一次思政主题项目真题真做教学实践。本单元的教学目标在于通过带领学生进行一次完整广告案例的全流程实践，帮助学生融合在前面教学环节中学习的知识点，全面掌握平面广告设计的步骤和流程，为今后进行平面广告案例的设计打好基础。在本节的教学中，这一完整广告案例实践教学选题选取的是第13届全国大学生广告艺术大赛（简称大广赛）公益类选题——理想照耀中国，结合建党百年这一契机，引导学生主动开展思政内容学习和思考。

（二）教学方法与举措

依据课程标准和学生素质能力培养要求，结合学情，本项目采取任务驱动、分组项目教学和"以赛代练"教学的策略。以全国大学生广告艺术大赛当年赛事公益类选题"理想照耀中国"作为本节课的项目实践任务选题，紧密围绕赛事选题策略单的具体要求，依据完整的平面广告设计步骤与流程，将整个项目分成"选题分析

及创意构想""创意草图绘制""设计实践""作品展示"四个项目教学环节，以建党百年为契机，通过对"见证百年历史成就""什么是英雄人物""青春应该怎样修炼"等分选题的创作，从党史教育、爱国主义教育、三观教育等多个层面切入，结合平面广告（招贴）创作，开展思政教育。

在具体举措方面，在"选题分析及创意构想"环节，授课教师邀请马克思主义学院思政教师与该教学班级学生一起召开项目开题座谈会，与学生深入交流，对"理想照耀中国"选题从思政角度进行深入剖析，并解答学生的问题。会上，思政教师通过基于思政角度对主题及分选题的详细阐述，对广告创意的切入点进行开题分析，为学生"支招"。思政教师与专业教师的灵感碰撞更是产生了大量意想不到的"创意点"。

在"设计实践"环节，思政教师再次来到课堂，与任课教师一起对所有学生的初稿作品进行逐一点评，从思想高度、创意形式、画面表现、文案编写等多个方面对作品逐一"把脉"，对所有作品提出修改意见，帮助学生对作品进行更高水平的修改。

在"作品展示"环节，将所有作品投稿到大广赛安徽赛区，更重要的是在院内开展主题展览，让广告发挥自身应有的宣传引导作用，真正实现"真题真做"，让学生在创作过程中更有动力和使命感。为提升作品水平，学生会更加主动地了解和掌握思政内容。

思政类公益广告命题和马克思主义学院思政教师对设计专业教学过程的参与，实现了思政教学与专业技能教学无缝衔接，让学生在通过实践掌握平面广告设计完整流程的同时，主动学习和思考思政内容。"以赛代练"和"真题真做"，使思政教育内容与课程设计和课堂教学无缝衔接，实现了对于思政内容由"要我学"变为"我要学"的教育效果。

二、案例实施

（一）教学目标

1. 知识目标

（1）精熟平面广告构成要素和常用创意思维方法。

（2）了解和自觉遵守平面广告相关法律法规，广告创意与表达不违反公序良俗。

2. 能力目标

（1）能够根据广告创意的不同选择合适的表现技法来进行内容传达。

（2）熟练使用平面广告制作常用的图形图像软件，以及平面广告的设计制作程序和一般方法技巧。

3. 思政目标

（1）具备使用平面广告表现形式开展思政教育、宣传、推广的能力。

（2）具有爱祖国、爱社会、爱岗敬业的道德观念，具备胜任本专业工作的良好身心素质。

（二）教学设计

教学设计如表1所示。

表1 教学设计

单元名称	平面广告设计的流程		授课学时		12学时
班级	视传191班		人数		26人
学情分析	该班学生已经具备基本的软件操作能力和编排设计能力，基本了解平面广告的创意和表现方式，学习的主动性较强。但是通过调查发现，学生对平面广告设计知识点的掌握较为分散，无法独立完成完整的平面广告设计，且对公益广告与商业广告的差异不够了解				
单元重点	1. 平面广告的深入、发展、完善。 2. 思政公益主题的表达与传播				
单元难点	完成平面广告（招贴）的制作、修改、发布				
教学方法手段	教学方法：项目调研法、任务驱动法、讲授法、案例分析法、方案汇报法。 教学手段：多媒体教学、实践教学、信息化工具辅助教学				
单元教学目标	知识目标：精熟平面广告构成要素和常用创意思维方法；了解和自觉遵守平面广告相关法律法规，广告创意与表达不违反公序良俗。 能力目标：能够根据广告创意的不同选择合适的表现技法来进行内容传达；熟练使用平面广告制作常用的图形图像软件，以及平面广告的设计制作程序和一般方法技巧。 思政目标：具备使用平面广告表现形式开展思政教育、宣传、推广的能力；具有爱祖国、爱社会、爱岗敬业的道德观念，具备胜任本专业工作的良好身心素质				
思政融入点	项目选用思政类公益广告命题，邀请马克思主义学院思政教师参与设计专业教学过程，实现思政教学与专业技能教学无缝衔接，让学生在通过实践掌握平面广告设计完整流程的同时，主动学习和思考思政内容				
活动历程（含辅助手段、时间分配）	时间分配	教学内容	教学活动		教学资源
	5分钟	考勤与课堂准备	教师：做好课堂教学准备，帮助学生进入学习状态		1. 课程PPT。 2. 网络资源：站酷网、花瓣网、设计联盟网、全国大学生广告艺术大赛官网。 3. 信息化教学工具（雨课堂）
	10分钟	本次课教学内容简述	教师：简要介绍本次课教学内容、学习目标、学习重点与难点等，使学生基本了解本次课学习内容和学习方式		
	45分钟	1. 教师结合PPT，讲述正常情况下一幅完整的平面广告的设计流程。 2. 商业海报案例赏析。 3. 公益海报案例赏析。 4. 公益海报与商业海报在设计流程方面的区别	教师： 1. 结合PPT讲授平面广告的设计流程。 2. 以往届大广赛获奖作品为素材，分别分析商业海报和公益海报案例。 3. 以公益广告为例简单演示平面广告设计流程。 学生：认真听讲，做好笔记		
	80分钟	召开项目开题座谈会	思政教师和任课教师以座谈会的形式与学生深入交流，对"理想照耀中国"选题从思政角度进行深入剖析，重点研讨思政元素与设计表现的结合，并解答学生的问题。 学生：与思政教师和专业教师交流，提出自己对选题的看法		
	40分钟	创意草图绘制	学生：以两人为一组组合成13个工作组，确定选择"见证百年历史成就""什么是英雄人物""青春应该怎样修炼"三个分选题中的一个开展设计流程，整理在座谈会上形成的创意思路，完成作品思维导图，尝试进行部分创意草图的绘制（通过雨课堂将确定的分选题上报汇总给教师）。 教师：随堂指导，解答学生的问题，对思维导图和创意草图绘制进行一对一指导		
	课次1结束				

续表

时间分配	教学内容	教学活动	教学资源
5分钟	考勤与课堂准备	教师：做好课堂教学准备，帮助学生进入学习状态	1. 课程PPT。 2. 网络资源：站酷网、花瓣网、设计联盟网、全国大学生广告艺术大赛官网。 3. 信息化教学工具（雨课堂）
10分钟	复习	教师：帮助学生复习昨天学习的内容，强调避免昨天创意草图中出现的常见错误	
65分钟	创意考图绘制	学生：针对选定的分选题，每组完成不少于5组的创意草图	
60分钟	创意草图点评分析	教师：对每组的创意草图逐一进行点评和分析，帮助学生去除无法进一步开展设计工作的错误草图，对较好的草图提出修改意见	
40分钟	设计实践：公益广告作品成品绘制	学生：确定可执行创意草图，在此基础上完成作品正稿的绘制。 教师：随堂指导，纠正学生作品完成过程中出现的错误	

课次2结束

时间分配	教学内容	教学活动	教学资源
5分钟	考勤与课堂准备	教师：做好课堂教学准备，帮助学生进入学习状态	1. 课程PPT。 2. 网络资源：站酷网、花瓣网、设计联盟网、全国大学生广告艺术大赛官网。 3. 信息化教学工具（雨课堂）
10分钟	复习	教师：帮助学生复习昨天学习的内容，强调避免昨天创意草图中出现的常见错误	
70分钟	设计实践：阶段成品（初稿）点评分析会	教师：思政教师与任课教师一起，对所有学生的初稿作品逐一进行点评，从思想高度、创意形式、画面表现、文案编写等方面对作品提出修改建议。专业教师在思政教师的建议的基础上对每组初稿的设计表现逐一进行点评和分析，提出修改意见	
75分钟	设计实践：设计定稿制作	学生：根据指导教师和思政教师的意见，对初稿作品进一步进行修改，完成定稿作品。 教师：随堂指导，纠正学生作品完成过程中出现的错误	
20分钟	作品点评	教师：使用信息化工具收学生作品（共20件），对所有的学生作品进行简要点评和分析	

课次3结束

课后作业	1. 继续对完成的作品进行修整，对细节部分进一步进行强化。 2. 收集整理作品，完成大赛投稿相关工作和课程展筹备工作

（三）教学过程

教学过程如表2所示。

表 2　教学过程

课前	1. 课前使用信息化工具发放调查问卷，进行学习分析。 2. 完成教学内容 PPT 制作。 3. 整理网络资源：通过站酷网、花瓣网、设计联盟网、全国大学生广告艺术大赛官网等，搜集整理课程教学需要使用的案例图片和选题策略单
课中	1. 教师：引出话题——让你做一幅完整的平面广告，你该以怎么样的流程开展设计？ 2. 学生：根据话题开展讨论并发言。 3. 教师：通过 PPT 讲授平面广告设计的流程，即选题分析—创意方案—创意草图绘制—初稿绘制—设计研讨—完成成品。 4. 教师：思政教师和任课教师以座谈会的形式与学生深入交流，对"理想照耀中国"选题从思政角度进行深入剖析，重点研讨思政元素与设计表现的结合，并解答学生的问题。 5. 学生：在项目研讨会上与思政教师和专业教师交流，提出自己对选题的看法。   6. 学生：以两人为一组组合成 13 个工作组，确定选择"见证百年历史成就""什么是英雄人物""青春应该怎样修炼"三个分选题中的一个开展设计流程，整理在座谈会上形成的创意思路，完成作品思维导图，针对选定的分选题，每组完成不少于 5 组的创意草图。 7. 教师：随堂指导，解答学生的问题，对思维导图和创意草图绘制进行一对一指导。 8. 学生：确定可执行创意草图，在此基础上完成作品正稿的绘制。 9. 教师：随堂指导，纠正学生作品完成过程中出现的错误。 10. 教师：思政教师与任课教师一起，对所有学生的初稿作品逐一进行点评，从思想高度、创意形式、画面表现、文案编写等方面对作品提出修改建议。专业教师在思政教师的建议的基础上对每组初稿的设计表现逐一进行点评和分析，提出修改意见。 

课中	11. 学生：根据指导教师和思政教师的意见，对初稿作品进一步进行修改，完成定稿作品。 12. 教师：随堂指导，纠正学生作品完成过程中出现的错误，使用信息化工具收学生作品（共20件），对所有的学生作品进行简要点评和分析
课后	1. 学生继续对完成的作品进行修整，对细节部分进一步进行强化。 2. 学生收集整理作品，完成大赛投稿相关工作。 3. 学生布置课程展 
教学反思	1. 学生与思政教师、专业教师交流、沟通，相当于完成了一次高效的头脑风暴会，有效拓展了创意思路。 2. 尝试使专业教学资源与高水平、专业化思政教学资源协同联动，从而使专业教学与思政教学实现1+1>2的教学效果。 3. 跨院部合作的尝试为后续多院部、跨专业联合课程资源开发、项目申报、赛事参与打下基础

（三）教学实效

（1）达成学生专业学习目标。通过本节内容的教学与实践，学生对平面广告设计的流程有了充分的了解和掌握，能够独立和合作完成相对完整的平面广告设计项目。

（2）学生对课程思政内容的接受度明显提升。通过实施项目化教学和真题真做、"以赛代练"教学，学生在完成思政主题项目、推进设计流程的过程中，在项目、赛事、展览活动的驱动下，对思政内容产生主动性的深入学习，对思政内容的接受度和认可度提升，课堂活跃度和专注度大大提升，课程项目作品整体水平较高。

（3）通过课程学习和项目实践，提高了学生学习的自觉性、主动性和创造性。在实践中，团队合作、精益求精等岗位精神成为学生对自身的素质要求，学生的专业学习态度端正，投入热情明显增强。

三、案例反思

（一）创新之处

（1）思政教师、专业教师、学生多维度进行思维碰撞，互相启发，有效拓展了学生的创意思路。

（2）尝试使专业教学资源与高水平、专业化思政教学资源协同联动，从而使专业教学与思政教学实现 1+1>2 的教学效果。

（3）不局限于本院部教学资源，尝试多院部合作，为后续多院部、跨专业联合课程资源开发、项目申报、赛事参与打下基础。

（4）以真题真做的高水平赛事驱动教学，以思政选题推动学生主动开展思政内容的学习。

（二）下一步改进措施

（1）思政内容的融入不局限于项目选题。在教学环节以多种形式融入课程思政内容，实现课程思政教育和专业技能教育双提升。

（2）进一步修订课程标准，优化课程教学内容，细化课程评量方式。进一步有机结合课程德育目标与课程专业技能目标，实现课程思政教育和专业技能教育互促共进。

四、案例资料

（一）课件资料

自制 PPT 一份。

（二）其他相关教学资源

（1）学校 SPOC 平台上"平面广告设计"课程资源：http：//spoc.abc.edu.cn/explore/courses/1430087359322337281（见图1）。

图 1　学校 SPOC 平台上"平面广告设计"课程资源

（2）全国大学生广告艺术大赛历届获奖作品库（电子版）。

（3）通过网络搜集的平面、影视广告资源。

所属学院：艺术设计学院

课程名称：包装设计

课程类型：专业核心课

案例章节：第三章第四节

案例名称：为茶做"嫁衣"：茶叶包装主题设计
　　　　　——"包装设计"课程思政案例

案例作者：刘方义，陈雪影，魏菲娅，王茵雪，孙湛

课程简介："包装设计"作为视觉传达设计专业的核心课程，以市场需求为导向，以实践能力培养为重点，以产学研用相结合为目标，采取了"教、学、研、用"一体化的工作室教学模式，旨在使本专业学生具备必备的专业技能，使学生在将来走出校园后，能够快速适应包装设计及相关岗位工作的需求，达到企业的用人标准，使学生"会调研、有方法、能创作、懂制作"，并塑造学生良好的职业道德和岗位意识，将学生培养成为包装设计行业高素质技能型人才。

为茶叶做"嫁衣"：茶叶包装主题设计
——"包装设计"课程思政案例

一、案例简介

（一）课程思政教育融入点

围绕包装设计技术员岗位能力需求，通过构建"三驱、两线、一体"专业课程思政教育模式，形成"任务驱动、项目导向"的项目化教学体系。通过研究学情发现，学生知识储备多，但是实际操练少，虽具备了作为包装设计人员一定的职业能力，但是劳动观念弱，美育素养较差。课程思政教育侧重对学生职业精神和职业道德的培育，具体包括文化自信、执业独立、勤勉尽责、勇于创新、精益求精等内容。

（二）教学方法与举措

依据岗位要求，结合学情，本项目采取任务驱动、工作室教学和工作流程融入教学的策略；由以校企合作企业安徽省繁昌县汇丰制罐包装有限公司提出项目设计需求，依据设计公司标准工作流程，将整个项目分成"设计调研分析""主题设计方向""素材创作""设计实践"四个任务，实现教学目标；让学生在运用新技术、新工艺、新方法的同时，提高技能报国的积极性和主动性；以核心理念、教学方法、教学目标、操作程序、教学评价为基本框架，以项目化教学为主要思路，通过"做中学"和"学中做"，让思政育人成分在课程设计和课堂教学中"如盐在水"，达到"春风化雨、润物无声"的育人效果。

（三）教学成效

（1）学习目标对接达成。通过学习和实践，提高了学生锤炼高尚品德的自觉性、主动性和创造性。在实践实训中，爱岗敬业、精益求精、诚实守信等道德准则成为学生对自身的第一要求，学生的学习态度端庄，投入热情明显增强。

（2）课程满意度明显提升。通过项目化教学，学生在完成任务、推进项目的过程中，对思政育人的内容有了深入理解和深刻体会，课堂抬头率与点头率大大提升，课堂参与度和活跃度保持较高水平。

（3）职业道德、文化素养显著提高。开课前，大部分学生重职业技能轻职业道德，至课程结束后，学生均意识到职业道德及文化自信的重要性，注重从传统文化中寻找创意点，职业道德、文化素养显著提升。

二、案例实施

（一）教学目标

1. 知识目标

（1）理解茶叶包装设计的相关基本概念。

（2）掌握茶叶包装设计技法。

（3）掌握包装素材制作方法。

（4）熟悉包装设计制作。

2. 能力目标

（1）能够根据调研报告，熟悉茶叶包装设计工艺和材料。

（2）掌握包装设计素材制作方法，对版画风格素材进行创作，最终进行茶叶包装设计效果图制作。

3. 思政目标

（1）培养客观、公正的职业素养，形成实事求是、与时俱进、严谨负责的设计态度，始终坚持作为包装设计师的职业道德和职业操守。

（2）注重文化传承与创新，塑造精益求精的工匠品质。

（二）教学设计

教学设计如表1所示。

表1　教学设计

单元名称	茶叶礼品包装设计	授课学时	8学时
班级	包装设计工作室	人数	14人
学情分析	授课对象为视觉传达设计专业工作室学生，他们已经具备基本的软件操作能力、图形字体设计能力，学习的主动性较强，对真实项目有兴趣。但是通过调查发现，学生对包装设计的方法和流程不够清晰，导致设计效率偏低、方案得不到认可，同时自信心不足，钻研深度不够		
单元重点	茶叶包装版画风格素材创作、包装设计实践		
单元难点	木版画素材雕刻、设计方案效果图制作		

续表

教学方法手段	教学方法：项目调研法、任务驱动法、讲授法、案例分析法、方案汇报法。 教学手段：多媒体教学、实践教学			
单元教学目标	1. 知识目标。 理解茶叶包装设计的相关基本概念；掌握茶叶包装设计技法；掌握包装素材制作方法；熟悉包装设计制作。 2. 能力目标。 能够根据调研报告，熟悉茶叶包装设计工艺和材料；掌握包装设计素材制作方法，对版画风格素材进行创作，最终进行茶叶包装设计效果图制作。 3. 思政目标。 培养客观、公正的职业素养，形成实事求是、与时俱进、严谨负责的设计态度，始终坚持作为包装设计师的职业道德和职业操守；注重文化传承与创新，塑造精益求精的工匠品质。			
思政融入点	1. 包装设计助力乡村农产品振兴。 2. 中国传统文化木版画技法。 3. 文化自信，提高国家文化软实力。 4. 精益求精的工匠精神			
活动历程（含辅助手段、时间分配）	时间分配/分	教学内容	教学活动	教学资源
	10	中国传统文化技法探讨	教师提问，学生回答，师生共同讨论，引出木版画	1. 教材资源：《包装设计》（华中科技大学出版社）。 2. 线上资源：http://spoc.abc.edu.cn/explore/courses/1352969558482079746。 3. 网络资源：站酷网、花瓣网、古田路9号网等
	20	1. 木版画的概念及发展历程。 2. 木版画的表现语言特征：平衡、虚实、对比等	教师：讲授木版画的概念及发展历程；具体分析木版画的表现语言特征。 学生：理解木版画的概念及发展历程知识；认真记录并观察、思考木版画的表现语言特征	
	45	1. 教师引入木版画案例，师生开展话题讨论。 2. 案例赏析。 3. 导入木版画雕刻工具木版、木刻刀、油墨颜料、滚筒、木蘑菇和印纸的使用规范。 4. 学生根据教师的讲解使用工具	教师：导入木版画案例，讲解木版画雕刻工具及其使用方法。 学生：掌握木版画雕刻工具的使用规范；完成对木版画素材的雕刻	
	45	1. 教师分享优秀木版画作品。 2. 播放演示木版画的雕刻步骤和流程动画。 3. 教师利用云课堂，推送优秀的木版画教学资源	教师：鉴赏名家木版画，讲解木版画的雕刻步骤和流程。 学生：能够对优秀的木版画作品进行分析；按照步骤和要求进行木版画雕刻	
	45	1. 教师讲授木版画转印的步骤和方法。 2. 教师利用云课堂，推送教学资源。 3. 学生实践反馈，教师总结，完成学习内容	教师：讲解木版画转印的步骤和方法，演示如何将木版画转印到纸上。 学生：掌握木版画转印的方法和步骤，能够对优秀的包装作品进行设计分析	
	15	木版画作品分析	教师：集中展示和分析作品。 学生：分析素材中的问题，并进行总结	
	课次 1 结束			
	15	探讨版画素材在茶叶包装中如何应用	师生共同讨论，导入案例	1. 教材资源：《包装设计》（华中科技大学出版社）。 2. 线上资源：http://spoc.abc.edu.cn/explore/courses/1352969558482079746。 3. 网络资源：站酷网、花瓣网、古田路9号网等
	30	"印象徽州"主题案例分享	教师：以问题与学生互动，师生共同探究设计方法，寻找切入点。 学生：思考印象中的徽州元素有哪些，寻找方案的切入点	
	30	1. 木版画风格茶叶包装设计素材处理方式。 2. 图文排版的原则和方法	教师：分析案例设计的呈现方式，解读素材用法，寻找方案切入点。 学生：优秀作品交流探讨与方案构思	

续表

	时间分配/分	教学内容	教学活动	教学资源
活动历程（含辅助手段、时间分配）	45	茶叶包装版画素材制作	教师：引导设计思路，解读素材用法，寻找方案切入点。 学生：方案交流探讨与创作	1. 教材资源：《包装设计》（华中科技大学出版社）。 2. 线上资源：http://spoc.abc.edu.cn/explore/courses/1352969558482079746。 3. 网络资源：站酷网、花瓣网、古田路9号网等
	45	茶叶包装效果图制作与方案指导	教师：演示茶叶包装效果图的制作，指导方案设计。 学生：优化设计方案，制作茶叶包装设计效果图。	
	15	茶叶包装作品展示	优秀学生作品分享交流	
	课次 2 结束			
课后作业	1. 茶叶包装设计效果图方案优化调整。 2. 思考用其他传统技法创作茶叶包装。 3. 完成新课网络资源学习			

（三）教学过程

教学过程如表 2 所示。

表 2　教学过程

课前	1. 学生利用线上资源（http://spoc.abc.edu.cn/explore/courses/1352969558482079746）对课程基本内容进行学习。 

续表

课前	 2. 学生完成茶叶包装设计现状调研，并以 PPT 的形式呈现调研结果。 3. 网络资源：站酷网、花瓣网、古田路 9 号网等  

续表

课中	1. 教师：引出话题——中国传统文化技法有哪些？（思政融入点：文化自信，提高国家文化软实力。）  2. 学生：根据话题展开讨论。 3. 教师：通过 PPT 展示中国传统技法有剪纸、版画、刺绣等，引出茶叶包装如何与传统技法元素进行结合。 4. 教师：讲授木版画的概念及发展历程，具体分析木版画的表现语言特征。   5. 学生：理解木版画的概念及发展历程知识，认真记录并观察、思考木版画的表现语言特征。 6. 教师：导入木版画案例，介绍木版画的雕刻工具及其使用方法。 

7. 学生：掌握木版画雕刻工具的使用规范，完成对木版画素材的雕刻。
8. 教师：鉴赏名家木版画，讲解木版画的雕刻步骤和流程。
9. 学生：对优秀的木版画作品进行分析，按照步骤和要求进行木版画雕刻。
10. 教师：讲解木版画转印的步骤和方法，演示如何将木版画转印到纸上。
11. 学生：掌握木版画转印的方法和步骤，对优秀的包装作品进行设计分析。

续表

课中	 12. 教师：集中展示作品。 13. 学生：分析素材中的问题，并进行总结 1. 教师：引出话题——包装设计助力乡村振兴的路径是怎样的？ （1）分析芜湖市农博会米包装设计案例。  （2）分析芜湖市茶叶包装厂包装设计案例。  

续表

课中	2. 教师：从传统文化中寻找创意点，与学生探讨版画素材在茶叶包装中如何应用。 3. 教师：讲授案例。 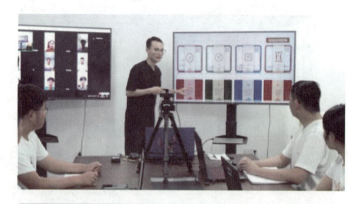  4. 师生：以问题与学生互动，师生共同探究包装设计主题方向的寻找方法、切入点的寻找方法。 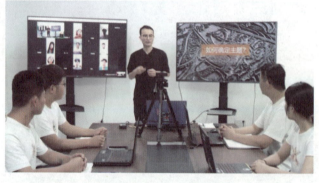  5. 学生：思考印象中的徽州元素有哪些，寻找方案的切入点。 6. 教师：讲解木版画风格茶叶包装设计素材处理方式。 7. 教师：讲解茶叶包装设计图文排版遵循的设计原则和方法。

课中

8. 教师：分析案例的设计呈现方式，解读素材用法，寻找方案切入点。
9. 学生：相关优秀作品交流探讨与方案构思。
10. 学生：茶叶包装版画素材制作。

续表

11. 教师：引导设计思路，解读素材用法，寻找方案切入点。

课中

12. 学生：方案交流探讨与创作。
13. 教师：演示茶叶包装效果图的制作，指导方案设计。

文化艺术类

续表

课中	

14. 学生：优化设计方案，制作茶叶包装设计效果图。
15. 学生：展示茶叶包装作品，分享优秀作品

 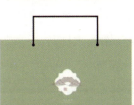 

续表

课中	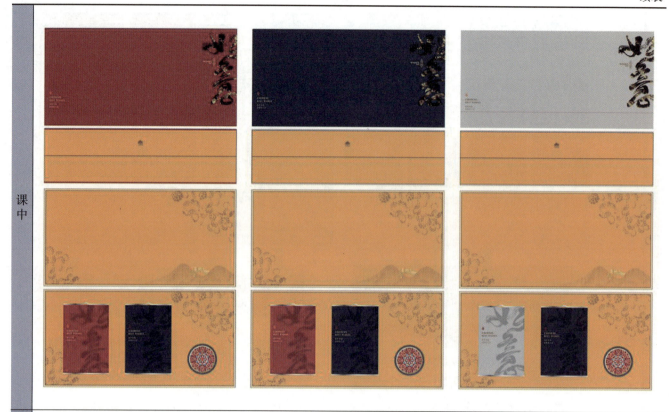
课后	1. 茶叶包装设计效果图方案优化调整。 2. 思考用其他传统技法创作茶叶包装。 3. 完成新课网络资源学习
教学反思	1. 助力乡村振兴：立足农产品包装设计，将课程内容与乡村振兴有机结合，从课程细分方向助力乡村产业发展。 2. 增强文化自信：既对学生进行了专业知识的传授，又将传统文化技艺融入包装设计中，提升了学生对国家民族文化的自信心。 3. 加强政治学习：始终坚持思想政治内容学习，为更好地融入课程思政元素提供理论支持

（四）教学实效

（1）学习目标对接达成。通过学习和实践，提高了学生锤炼高尚品德的自觉性、主动性和创造性。在实践中，爱岗敬业、精益求精、诚实守信等道德准则成为学生对自身的第一要求，学生的学习态度端正，投入热情明显增强。

（2）课程满意度明显提升。通过项目化教学，学生在完成任务、推进项目的过程中，对思政育人的内容有了深入理解和深刻体会，课堂抬头率与点头率大大提升，课堂参与度和活跃度保持较高水平。

（3）职业道德、文化素养显著提高。开课前，大部分学生重职业技能轻职业道德，至课程结束后，学生均意识到职业道德及文化自信的重要性，注重从传统文化中寻找创意点，职业道德、文化素养显著提高。

三、案例反思

（一）创新之处

（1）以立德树人为引领，强化课程思政教育，塑造匠人品质，将思政教育贯穿教与学全过程，包装设计课程制作过程中融入木版画、剪纸等非遗元素，增加包装设计中的人文情怀，体现传统文化的传承和创新。

（2）实践项目教学极大调动了学生的积极性，通过任务驱动、工作流程融入教学，实施工作室教学育人模式，学生的包装设计能力和创意设计水平显著提高，职业素养有效提升。

（3）创新教学环境，多维度提升教学效果。根据项目需要，在包装设计工作室、木工坊、包装实训室等场所进行教学，让教学理念、与教学环境"硬件"良性互动，创造了多元化教学环境，构建了"全空间"育人格局。

（二）下一步改进措施

（1）教学方法与课程思政载体相呼应方面需要加强。需要通过应用教师引导、学生参与、校内外同步的教学方法，全方位融入课程思政教育。

（2）再修订课程标准，再优化课程教学内容，再细化课程考核。进一步有机结合课程德育目标与课程目标，实现"双目标"齐头并进。

四、案例资料

（一）课件资料

课件资料截图如图 1 所示。

"课程思政"建设情况报告.pdf

单元设计.pdf

教学展示料.pdf

课程标准.pdf

课程教案.pdf

图 1　课件资料

3.1农产品包装设计综述.pptx　　3.2农产品包装设计风格类型.pptx　　3.3农产品包装设计趋势与建议.pptx　　3.4 3.5我要新衣服——生鲜农产品包装设计（上、下）.pptx

4.1酒品包装设计综述.pptx　　4.2走进酒包装——洋酒品牌包装设计.pptx　　4.3.1解读酒品类包装视觉要素——字体.pptx　　4.4 酒包装设计制作流程.pptx　　4.3.2解读酒品类包装视觉要素——图案.pptx

5.1礼品包装设计综述.ppt　　5.2.0礼品包装的创作思维脉络.ppt　　5.2.1礼品包装设计细节的表达.ppt　　5.2.2礼品包装的寓意化设计.ppt

续图 1

（二）其他相关教学资源

（1）安徽省 e 会学平台：http：//www.ehuixue.cn/index/detail/index.html?cid=33873（见图 2）。

图 2　安徽省 e 会学平台

（2）学校网络课程资源平台: http://spoc.abc.edu.cn/explore/courses/1352969558482079746（见图 3）。

文化艺术类

图3　学校网络课程资源平台

（3）教材《包装设计》（见图4）。

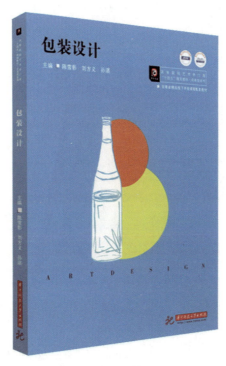

图4　教材《包装设计》

（4）"包装设计"课程公众号平台学习资源（见图5）。

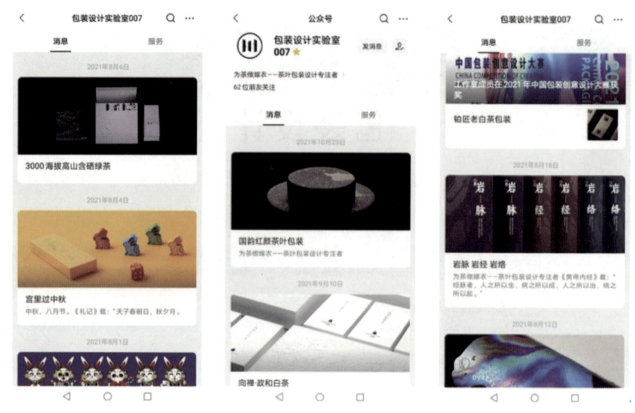

图 5 "包装设计"课程公众号平台学习资源